Sociologia religiosa e folclore

Dados Internacionais de Catalogação na Publicação (CIP)
(Câmara Brasileira do Livro, SP, Brasil)

Hertz, Robert, 1881-1915. Sociologia religiosa e folclore : coletânea de textos publicados entre 1907 e 1917 / Robert Hertz ; tradução de Guilherme João de Freitas Teixeira. – Petrópolis, RJ : Vozes, 2016. – (Coleção Antropologia)

Título original : Sociologie religieuse et folklore : recueil de textes publiés entre 1907 et 1917.
Bibliografia
ISBN 978-85-326-5279-9

1. Antropologia 2. Hertz, Robert, 1881-1915 – Morte e funeral 3. Morte 4. Religião – História 5. Ritos e cerimônias I. Título. II. Série.

16-03988   CDD-291.38

Índices para catálogo sistemático:
1. Ritos e cerimônias : Religião comparada   291.38

Robert Hertz

Sociologia religiosa e folclore

Coletânea de textos publicados entre 1907 e 1917

Tradução de Guilherme João de Freitas Teixeira

Petrópolis

Título do original em francês: *Sociologie religieuse et folklore. Recueil de textes publiés entre 1907 et 1917*.
Paris: Les Presses Universitaires de France / PUF, col. Bibliothèque de sociologie contemporaine, reimpr., 2ª ed., 1970, 208 p. [MAUSS, Marcel (ed.). *Mélanges de Sociologie religieuse et folklore*. Paris: Librairie Félix Alcan, col. Travaux de *L'Année sociologique*; Bibliothèque de philosophie contemporaine, 1ª ed., 1928, 252 p.].

© desta tradução:
2016, Editora Vozes Ltda.
Rua Frei Luís, 100
25689-900 Petrópolis, RJ
www.vozes.com.br
Brasil

Todos os direitos reservados. Nenhuma parte desta obra poderá ser reproduzida ou transmitida por qualquer forma e/ou quaisquer meios (eletrônico ou mecânico, incluindo fotocópia e gravação) ou arquivada em qualquer sistema ou banco de dados sem permissão escrita da editora.

CONSELHO EDITORIAL

Diretor
Gilberto Gonçalves Garcia

Editores
Aline dos Santos Carneiro
Edrian Josué Pasini
José Maria da Silva
Marilac Loraine Oleniki

Conselheiros
Francisco Morás
Leonardo A.R.T. dos Santos
Ludovico Garmus
Teobaldo Heidemann
Volney J. Berkenbrock

Secretário executivo
João Batista Kreuch

Editoração: Fernando Sergio Olivetti da Rocha
Diagramação: Mania de Criar
Revisão gráfica: Nilton Braz da Rocha / N.S. Menezes
Capa: Felipe Souza | Aspectos
Ilustração de capa: Imagem da página 174. San Besso. Festa 2009.

ISBN 978-85-326-5279-9

Editado conforme o novo acordo ortográfico.

Este livro foi composto e impresso pela Editora Vozes Ltda.

Sumário

Preâmbulo, 7
por Marcel Mauss (1928)

Introdução, 9
por Alice Robert Hertz (1928)

Resenha biográfica: Alice Robert Hertz, 15
por Marcel Mauss (1928)

I – Contribuição para um estudo sobre a representação coletiva da morte (1907), 17

II – A preeminência da mão direita – Estudo sobre a polaridade religiosa (1909), 97

III – São Besso – Estudo de um culto alpestre (1913), 122

IV – Contos e provérbios coletados na frente de combate entre os soldados [*poilus*] da Primeira Guerra Mundial, originários do Departamento de Mayenne e de outras regiões, 175

V – Seitas russas (1917) – Resenha crítica do livro do professor de Teologia Karl K. Grass, *Die Russischen Sekten*. Leipzig, 1907, 219

Referências, 235

Índice, 269

Preâmbulo

por Marcel Mauss (1928)

Estamos publicando a obra sistemática de Robert Hertz, impressa enquanto ele era vivo, ou, melhor dizendo, seus trabalhos teóricos: "Contribution à une étude sur la représentation collective de la mort" (*Année Sociologique*, 1re série, t. X, 1907) e "La prééminence de la main droite" (*Revue Philosophique*, XXXIV, 1909); esses dois textos fazem parte dos estudos empreendidos por Robert Hertz sobre a impureza e sobre esse aspecto da moral religiosa. Por sua vez, "Saint-Besse. Étude d'un culte alpestre" (*Revue de l'Histoire des Religions*, LXVII, 1913) e "Contes et dictons" (*Revue des Traditions Populaires*, 1917) referem-se a seus trabalhos sobre mitologia comparada e teórica, nos quais ele manifesta também amplamente suas capacidades de observador, folclorista e escritor.

Enfim, pensamos que deveríamos acrescentar uma obra parcialmente inédita. À semelhança do que ocorreu com todos nós, Robert Hertz teve de submeter-se à disciplina de Durkheim e às condições de publicação na revista *L'Année Sociologique*. Em virtude das restrições de espaço, Durkheim tinha sido obrigado a encurtar significativamente o verdadeiro e considerável trabalho que R. Hertz havia dedicado ao admirável livro de K.K. Grass sobre as seitas russas; a resenha foi publicada no tomo XI da 1ª série. Desta vez, esse texto é publicado em sua integralidade, o que fornecerá uma ideia da obra crítica, tão profundamente sociológica, de Robert Hertz.

A Sra. Alice Robert Hertz escreveu o prefácio desta coletânea, tendo acrescentado preciosas informações à memória que guardamos de nosso amigo.

Introdução

por Alice Robert Hertz (1928)

Robert Hertz foi morto em Marchéville-en-Woëvre (Departamento de Meuse na região da Lorena), em 13 de abril de 1915.

Ele havia acalentado a ideia, enquanto estava vivo, de reunir as "Memórias" que estão sendo publicadas atualmente. Mas, nessa época, seu fichário estava repleto; ele trabalhava em sua tese sobre "Le péché et l'expiation dans les sociétés primitives" [O pecado e a expiação nas sociedades primitivas]. Tal publicação era apenas um projeto entre um grande número de outros: o futuro de um homem de 33 anos não conhece limites... Veio a guerra... Este volume, que estamos publicando agora, contém todos os estudos que haviam sido concluídos por esse trabalhador obstinado.

Robert Hertz começou a "Contribuição para um estudo sobre a representação coletiva da morte" imediatamente após sua graduação na École Normale, em 1904. Tendo obtido o primeiro lugar no concurso para professor de Filosofia [*agrégation*], ele pediu uma bolsa de estudos para a Inglaterra; assim, foi em Londres que reuniu os elementos desse trabalho.

Aqueles que, nesse momento, estiveram em contato com o jovem de 23 anos podem dar testemunho de seu ardor: depois de ter trabalhado, o dia inteiro, na biblioteca do British Museum, ele passava as noites andando de um lado para outro em seu pequeno alojamento de Highgate, refletindo, amadurecendo a ideia que emergia gradualmente da enorme compilação dos fatos... E foi um dia de exultação aquele em que teve a certeza de percebê-la com clareza, já que experimentava o sentimento de descobrir um novo fato sociológico: a morte – enquanto passagem, período de transição entre a desintegração do indivíduo excluído da sociedade dos vivos e sua integração na sociedade mítica dos antepassados – culmina, depois de ter começado por cerimônias fúnebres provisórias, nas exéquias definitivas que constituem seu termo, ou seja, ressurreição, iniciação, comunhão do indivíduo com o mundo do além.

Estaríamos exagerando, talvez, a importância dessa descoberta? No entanto, que seja permitido a uma testemunha desses dias felizes evocar esse jovem cientista – que tinha apenas deixado a adolescência – absorvido a tal ponto por seu trabalho que viveu com os Dayaks de Bornéu, durante vários meses e até aprender a respectiva língua; aliás, esse povo tornou-se para ele não o material para preencher fichas, mas a realidade em carne e osso. Sua interpretação das duplas exéquias germina, por assim dizer, de um contato direto com os "povos primitivos" dessa região.

A redação de sua dissertação é marcada, sem dúvida, por esse entusiasmo juvenil. Ao entregar seu trabalho aos professores, estes se encarregaram de reduzi-lo a suas razoáveis proporções. Tornou-se necessário desbastar, restringir, ajustar a tela, esboçada com um pouco demais de fantasia, no enquadramento científico da revista *L'Année Sociologique*: "Eles têm razão", reconhecia Robert Hertz, "era algo de infantil".

O estudo, "A preeminência da mão direita", foi publicado na *Revue Philosophique*, em dezembro de 1909.

A ambidestridade, talvez, tenha chamado sua atenção, antes de considerá-la como um problema sociológico; com efeito, o fato de ter conhecimento dos novos métodos pedagógicos que desenvolvem, simultaneamente, a mão direita e a mão esquerda das crianças, levou-o a interessar-se pelo assunto. Havia um ano que ele tinha um filho. Do ponto de vista sociológico, esse estudo era uma contribuição para a análise da nossa representação do espaço: profundamente assimétrico, vivo e místico, para o homem primitivo; e, para os geômetras, desde Euclides de Alexandria (360-295 a.C.) até os modernos, algo de abstrato, vazio e absolutamente isótropo.

O ensaio sobre o culto de São Besso começou em Cogne, durante as férias grandes de 1912. No verão precedente, com uma mochila, Robert Hertz tinha feito um passeio nos Alpes Graios. Esse lugarejo – a algumas horas de caminhada de Aosta, no sopé do Parc Grand Paradis, isolado na montanha por falta de estradas pavimentadas[1] – tinha chamado sua atenção: a torrente azul espumante, a velha ponte de pedras cor-de-rosa, os agrupamentos de casas nas quais, durante séculos, a vida flui sem mudanças... Para si mesmo, ele tinha feito o propósito de voltar, sem ideia preconcebida, simplesmente por causa da beleza da região e dos costumes primitivos dos habitantes.

---

1. Cogne passou, segundo parece, por grandes mudanças depois da guerra por causa da exploração mais intensiva de suas minas de ferro. • Quanto aos Alpes Graios, constituem uma das divisões dos Alpes Ocidentais, localizada na fronteira da França (Saboia) com a Itália (Piemonte e Vale de Aosta) e a Suíça (Valais Ocidental) [NT.].

Sem que ele tivesse manifestado um desejo específico, nem tivesse procedido a uma busca focalizada, o estudo do culto de São Besso acabou por se impor.

Em primeiro lugar, a festa. Deve-se pernoitar em uma granja de Alpe de Chavanio, sair de casa bem antes da aurora em companhia de um dos pastores para passar o desfiladeiro, bastante árido – no qual os cristais aparecem à tona dos rochedos e as camurças deslocam-se sem nenhuma dificuldade – que liga Cogne a Val Soana. Após uma longa descida solitária entre pastos perdidos, chega-se quase de repente no meio de grupos de pessoas trajadas com as melhores roupas, moças elegantes com colares de contas oriundos de Paris, famílias barulhentas e alegres. A animação desse *pardon*[2] em plena montanha é extraordinária e parece insólita em local que se situa em tamanha altitude, tão longe de tudo.

Na proximidade das assadeiras em pleno vento, os pernis são tomados de assalto. Cada grupo procura um bom lugar para um piquenique à vontade. Após o recolhimento solene da festa religiosa, a multidão fervilhante distrai-se, come, as rolhas estouram... Em torno de um pernil é que Robert Hertz travou conhecimento com uma ou duas pessoas que lhe serviram de fontes de informação.

Os habitantes de Cogne vão embora mais cedo; o trajeto é longo. Os outros, por sua vez, dispersam-se aos poucos. Em breve, restam alguns bêbedos que têm mais dificuldade de se locomoverem... Em seguida, o silêncio reina: silêncio como só é possível encontrar em uma pastagem sem cursos de água.

As velas acabam por consumir-se na capela sombria; a escada encostada no rochedo, atrás do altar, já não tem de suportar o peso daqueles que, há pouco, estavam empoleirados nos degraus para raspar um pedaço da pedra sagrada...

Antes de descer para Val Soana, Robert Hertz permaneceu um longo momento a refletir, perto do imenso rochedo informe e da capelinha com esquadria perfeita...

A partir desse dia, iniciou-se a divertida sondagem, se é que esse termo é apropriado para designar suas conversações tão simples e familiares com as pessoas da região.

Em sua conclusão, R. Hertz afirma que

> a hagiografia adotará um ótimo procedimento se não vier a negligenciar instrumentos de pesquisa, tais como um par de sapatos confortáveis e um bordão com ponta de ferro [...].

Mas de que serviriam tais ferramentas sem essa rara capacidade de simpatia, essa bonomia irradiante que elimina quase instantaneamente a desconfiança, uma

---

2. Literalmente, "perdão": forma de peregrinação e uma das manifestações mais tradicionais da fé popular na Bretanha [N.T.].

modéstia tão completa que abole qualquer distância, além do poder socrático – aliás, única qualidade que ele reconhecia como própria – de tornar as pessoas loquazes, de valorizá-las, "de inflamar" suas mentes? Deve-se levar em consideração que nada é mais difícil do que fazer pesquisas desse tipo entre as pessoas mais desconfiadas do mundo, seja os camponeses incultos que vivem longe de estranhos, ou os clérigos italianos. E apesar disso, à maneira de um naturalista que encontra facilmente, nessa mesma região, as borboletas ou as plantas que lhe faltam, sem esforço, passeando, vivendo no meio das pessoas do lugarejo, ele coletava fatos e relíquias. Certo dia, uma mulher de bem lhe ofereceu, em uma cabana do Val Soana, uma imagem do santo, ornada com iluminuras e protegida de forma rudimentar por uma caixa de vidro pintado.

Ele dedicou-se com paixão a esse estudo.

Esse contato direto com realidades tão fecundas em possibilidades, quanto os rituais dos povos primitivos da outra extremidade do mundo, foi incontestavelmente mais vivo que suas consultas em biblioteca.

Ele nunca abandonou esse estudo a respeito de São Besso, tendo estendido suas pesquisas não só ao culto dos rochedos e ao "salto da rocha", mas também ao culto dos olhos d'água, das fontes santas e dos cumes sagrados das montanhas, encontrando inclusive na mitologia grega analogias categóricas entre a origem do culto a alguns personagens do Olimpo (Atenas, Pégaso), por um lado, e, por outro, o do humilde Besso.

Ao comentar o trabalho inspirado por São Besso – *Légendes et cultes des roches, des monts et des sources* [Lendas e cultos das rochas, das montanhas e das fontes] – que R. Hertz não teve tempo de concluir, um amigo escreve que

> a rocha íngreme, o cume vertiginoso da montanha, a energia de uma rachadura ou de uma caverna despertam na mente dos homens determinadas imagens que compõem não só mitos em que tais elementos são ainda bastante aparentes, mas também outros em que a transposição, mais completa, deixa apenas adivinhar a origem da imagem (Atena que emerge da cabeça de Zeus).

Em setembro de 1914, ele preparava-se para fazer uma viagem à Grécia com o amigo, Pierre Roussel; com efeito, para esse novo estudo, ele pretendia – além do conhecimento obtido nos livros – ver com os próprios olhos a paisagem grega, em particular, as regiões escarpadas em que o tema do "salto da rocha", do "nascimento de Atena" e da "inspiração poética simbolizada por Pégaso", tivesse supostamente sua origem (Acarnânia, Rochas Délficas, Arcádia, Etólia, Acrocorinto etc.).

E rebentou a guerra... Este volume termina com provérbios populares relacionados ao canto dos pássaros: coletados na frente de combate – mais precisamente, na Floresta de Herméville-en-Woëvre, perto de Étain – região em que ele passou os últimos meses de vida em companhia dos *"poilus*[3] da Mayenne e de outras regiões", que lhe forneceram suas derradeiras alegrias enquanto folclorista.

Eis a carta que acompanhava o manuscrito com os provérbios:

Envio-lhe um suplemento para minha coleção de provérbios... Gostei, em particular, de coletar as conversas sobre pássaros. Não estou ciente do que há de inédito e original nesse material. Sei que muitos já foram publicados, mas trata-se de um domínio em que as mais insignificantes variantes têm seu interesse. Certo dia, eu trouxe-lhe da biblioteca algumas notas a respeito do canto dos pássaros, extraídas do livro de Rolland[4] sobre a Faune populaire de la France *[Fauna popular da França]. Mas como é diferente coletá-las da própria boca dos camponeses, colher flores bem frescas em vez de extraí-las, desbotadas e secas, de um herbário coberto de pó! Evidentemente, teria sido necessário anotar as melodias, o que foi impossível em decorrência de minha ignorância.*

Todas essas conversas são oriundas de idosos; trata-se de uma ciência tradicional que, infelizmente, deixou de ser transmitida. A partir daí, a criança (e o adulto) exercitavam-se a reconhecer e a reproduzir o ritmo e o tom do canto dos diferentes pássaros, adicionando um elemento instrutivo ou cômico, raramente moralista. Inclusive meus companheiros mais jovens daqui manifestam um grande prazer a lembrar-se dessas "conversas". Trata-se de um jogo de reconhecimento que certamente desenvolve a habilidade a perceber e discernir os sons. Sinto isso pelos progressos que eu próprio tenho feito. É interessante comparar a diversidade de nomes atribuídos, segundo as regiões, ao mesmo pássaro; encontramos constantemente o mesmo ritmo, o mesmo som e os mesmos elementos fundamentais. E depois, seria curioso procurar o modo como procede o engenho popular para adicionar um sentido a esses múltiplos sons. Uma vez mais, o que me surpreende, é a seriedade ou a pouca seriedade de tudo isso: houve um tempo em que os avós iniciavam os netos, levando-os a compreender o canto dos pássaros.

[...] Ainda espero completar minha pequena coletânea. Ela levou-me a passar momentos agradáveis no decorrer dessas longas horas de "trabalho noturno" ou, então, nos distraiu do ruído dos obuses em nossas pequenas cabanas na orla da floresta: esse é talvez todo o seu interesse.

Ele morreu apenas um mês após ter escrito essa carta, dando a vida por seu país; dom feito, aliás, desde o primeiro dia da guerra, porque ele estava feliz por

---

3. Literalmente, "peludos", designa popularmente o soldado francês na Primeira Guerra Mundial (1914-1918) [N.T.].

4. Eugène Rolland (1846-1909), etnólogo francês, publicou numerosos estudos sobre o folclore na França, entre os quais: *Faune populaire de la France – Noms vulgaires, dictons, proverbes, contes et superstitions*. 13 tomos. Paris: Maisonneuve & Cie., 1877-1915. Em 1877, com o editor científico de sua obra, Henri Gaidoz (1842-1932), E. Rolland fundou a Revista *Mélusine* para divulgar os trabalhos efetuados nesse domínio [N.T.].

desaparecer na massa anônima, por ser "humilde sargento do exército do Leste", como ele dizia com um sorriso. Assim termina sua obra. Em vez de estudá-las abstratamente, ele vivenciou – e com qual intensidade! – essas formidáveis experiências sociais que são as guerras...

Apesar dos inúmeros vínculos que o ligavam à vida, ele aspirava "à região ardente em que é consumido o pleno sacrifício" e em que o indivíduo desaparece, absorvido pelas forças sociais às quais ele desejou, conscientemente e com toda a sua alma, submeter-se. Qual outeiro sagrado – semelhante àquele de onde ele, inocente e sem ódio, começou a marcha em direção aos alemães invisíveis que metralhavam os trezentos metros de terreno a descoberto –, ele e seus companheiros sabiam que tinham de atravessá-lo para atacar Marchéville, minúscula linha branca atrás de uma cortina de árvores. Todos morreram sob o fogo – ele, de cabeça erguida e impelido por seu ardor...

Resenha biográfica: Alice Robert Hertz

por Marcel Mauss (1928)

Esta obra – tão desejada por Alice Robert Hertz, cujo nome de família era Bauer – estava ainda no prelo quando ela faleceu após uma longa e cruel doença, cuja gravidade não lhe havia escapado, mesmo que ela tivesse conseguido dissimulá-la das pessoas à sua volta. Dessa família dedicada à ciência, à educação, ao bem e ao belo, resta apenas Antoine-Robert Hertz, o caçula, para carregar o nome tão conscientemente honrado pelo pai.

Alice Robert Hertz havia concluído, com todo o empenho, o ensino médio e superior, sobretudo em biologia e ciências naturais. Ela era mais velha que Robert. No entanto, eles souberam bem cedo fazer a escolha de ficarem juntos, garantindo assim uma incomparável vida sentimental. Ela nunca se desviou nem um instante ao seguir, passo a passo, a vida científica, moral e política do marido, tendo sido para ele a conselheira indispensável e um apoio em todas as circunstâncias. Ele, por sua vez – de acordo com a frase que lhe escreveu da frente de combate –, era o único que conhecia "a florzinha azul dos Alpes" que ela cultivava em si mesma.

Fora do lar, o entusiasmo, a superioridade moral e a delicadeza enérgica de Alice Robert Hertz manifestaram-se em um amplo empreendimento na área da educação. Há muito tempo que ela tinha ficado impressionada com as lacunas da instrução da criança de tenra idade, tal como era praticada nos berçários do ensino público francês, no final do século XIX. Ela conhecia o problema e sua solução. Mas foi durante sua viagem de lua de mel, no biênio de 1904 a 1905 em que estudou na Inglaterra, em Highgate, que ela sentiu definir-se sua vocação. Assim, tomou conhecimento dos "Jardins de crianças", do movimento oriundo da Suíça e da Holanda, que estava encontrando um grande sucesso em Londres e, em particular, no subúrbio mais abastado. A Escola de Hampstead, instituição que a recebeu e na qual exerceu o magistério, foi para ela uma revelação; tendo seguido com ardor os cursos de pedagogia infantil, ela obteve o certificado instituído pelo London County Council. Em 1906 e 1907, durante sua estadia com Robert na cidade de Douai [Departamento do Nord], ela teve tempo para meditar, aperfeiçoar, adaptar ao ensino francês os métodos que tinha aprendido; começou inclusive a aplicá-los quando fundou, em Paris, os primeiros "Jardins d'enfants", na Rue Claude-Bernard e na Rue de la Source. A partir de 1909, com a ajuda da Srta. Sance, ela organizou a Ecole Normale desses "Jardins" no Collège Sévigné, tendo sido a professora e a alma dessa instituição; aliás, ela é a referência para o pessoal mais qualificado desses estabelecimentos, em Paris e em Estrasburgo. Ao dedicar-se à inspeção dos "Jardins" inspirados em sua escola, por seu ensinamento e pelos numerosos artigos publicados – em particular, na revista de circulação restrita, *L'éducation Joyeuse* [A educação jubilosa] –, Alice Robert Hertz manteve, até o final da vida, sua autoridade e ação.

Ela estava, aliás, envolvida nessa atividade quando a morte de Robert retirou-lhe uma de suas razões de viver. Por imprudência e dedicação, acabou excedendo os limites do dever e de suas forças; mesmo que sua saúde fosse delicada antes da guerra, no entanto, ela não poupava seus esforços. Imediatamente após o falecimento de Robert, em setembro de 1915, ela cometeu excessos de trabalho e ação, tendo contraído uma doença grave quando, após o armistício, ela se dirigiu à planície de Verdun para mandar erigir o túmulo em que suas cinzas estão enterradas ao lado dos restos mortais do marido. Essa doença reinstalou uma fragilidade inveterada, de modo que Alice Robert Hertz nunca a levou em devida consideração, tendo em vista proteger sua saúde; reduziu sua atividade somente pouco antes de falecer. À semelhança de Robert Hertz, ela identificava-se inteiramente com nossa causa: aplicou até o fim a moral do serviço social e da responsabilidade coletiva que, afinal, constitui o objetivo de nossos trabalhos; aliás, de acordo com o depoimento da esposa, esse lema havia sido adotado por ele. Vamos publicar, um dia, as páginas de profunda convicção e de lúcida razão escritas por Hertz sobre esse assunto; elas são confirmadas pela vida e morte de ambos.

I
Contribuição para um estudo sobre a representação coletiva da morte[5]

Cada um de nós acredita que possui um conhecimento suficiente a respeito da morte pelo fato de que ela é um acontecimento familiar, além de suscitar uma intensa emoção. Colocar em dúvida o valor desse conhecimento íntimo e pretender raciocinar sobre um assunto no qual apenas o coração é competente parece ser, ao mesmo tempo, ridículo e sacrílego. No entanto, levantam-se questões a propósito da morte que o sentimento é incapaz de resolver pelo fato de ignorá--las. Até mesmo para os biólogos, a morte não é um dado simples e evidente, mas um problema a ser abordado por uma investigação científica[6]. Entretanto, ao tratar-se de um ser humano, a morte não se resume aos fenômenos fisiológicos: ao acontecimento orgânico, acrescenta-se um conjunto complexo de crenças, emoções e atos que lhe conferem seu caráter próprio. Observa-se a vida que se extingue, mas esse fato é expresso em uma linguagem particular: é a alma – diz-se – que parte para outro mundo no qual vai juntar-se aos antepassados. O corpo do defunto não é considerado como o cadáver de um animal qualquer: impõe-se fornecer-lhe determinados cuidados e uma sepultura regulamentar, não simplesmente por medida de higiene, mas por obrigação moral. Enfim, para os vivos, a morte abre um período lúgubre durante o qual lhes são impostos deveres especiais; sejam quais forem seus sentimentos pessoais, durante algum tempo, eles devem manifestar sua dor, mudar a cor da roupa e modificar seu gênero de vida habitual. Assim, para a consciência social, a morte apresenta determinada significação, torna-se objeto de uma representação coletiva que não é simples, nem imutável: existem motivos para analisar seus elementos e pesquisar sua gênese. Aqui gostaríamos de contribuir para esse duplo estudo.

De acordo com a opinião geralmente admitida em nossa sociedade, a morte ocorre em um instante. O período de dois ou três dias entre o falecimento e o

---

5. "Contribution à une étude sur la représentation collective de la Mort". *L'Année Sociologique*, 1ère série, t. X (1905-1906), Mémoires originaux, 1907, p. 48-137.

6. Cf. DASTRE, A. *La vie et la mort*. Paris: Ernest Flammarion, 1903, p. 296ss.

enterro tem o único objetivo de permitir os preparativos materiais e a convocação dos parentes e amigos. Nenhum intervalo separa a vida vindoura daquela que acaba de extinguir-se: assim que o último suspiro é exalado, a alma comparece perante o seu juiz e prepara-se para colher o fruto de suas boas obras ou expiar seus pecados. Após essa brusca catástrofe, começa um luto mais ou menos prolongado; em determinadas datas, particularmente ao "completar um ano", são celebradas cerimônias comemorativas em honra do defunto. Essa concepção da morte, a maneira como se sucedem os acontecimentos que a constituem e ocorrem posteriormente são tão familiares para nós que temos dificuldade em imaginar que possam deixar de ser necessários.

No entanto, os fatos testemunhados por um grande número de sociedades menos avançadas do que a nossa não se incluem no mesmo âmbito. Como já havia sido indicado por Lafitau, "entre a maior parte das nações selvagens, os corpos mortos não passam de algo depositado na sepultura em que foram colocados inicialmente. Depois de algum tempo, são objeto de novas exéquias e acaba-se por cumprir o que lhes é devido por meio de novos deveres funerários"[7]. Essa diferença nas práticas nem sempre é, como veremos, um simples acidente, mas traduz externamente o fato de que a morte nem sempre foi representada e vivenciada como ela o é entre nós.

Nas páginas seguintes, tentaremos constituir o conjunto das crenças relativas à morte, assim como as práticas funerárias das quais as exéquias duplas são um fragmento. Nesse sentido, começaremos por utilizar elementos tomados de empréstimo exclusivamente aos povos indonésios, especialmente aos Dayaks de Bornéu[8], entre os quais o fenômeno apresenta-se sob uma forma típica. Em seguida, com a ajuda de documentos relacionados com outras regiões etnográficas, mostraremos que não se trata de fatos puramente locais. Em nossa exposição, seguiremos a própria ordem dos fatos, tratando em primeiro lugar do período que decorre entre a morte (no sentido usual da palavra) e as exéquias definitivas; e, em seguida, da cerimônia final.

---

7. LAFITAU, J.-F. *Mœurs des sauvages américains comparées aux mœurs des premiers temps*. T. II. Paris: Saugrain L'Ainé-Hochereau, 1724, p. 444.

8. A instituição no seio desse povo é relativamente bem-conhecida para nós. F. Grabowsky reuniu os documentos relativos aos Dayaks do Sudeste (Olo Ngadju e Ot Danom), acrescentando algumas observações pessoais em um excelente artigo ("Der Tod, das Begräbnis, das Tiwah oder Todtenfest und Ideen über das Jenseits bei den Dajaken" (*Internat. Archiv für Ethnog.*, II, 1889, p. 177ss.) que ainda está, em parte, sujeito a confirmação; ele inclui uma bibliografia. A melhor fonte continua sendo o trabalho do missionário, A. Hardeland: em apêndice de sua gramática dayak (*Versuch einer grammatik der dajackschen sprache...* Amsterdã: F. Muller, 1858) ele publicou o texto completo e a tradução literal de um grande número de cânticos e fórmulas recitados pelas sacerdotisas no decorrer do *Tiwah* ou celebração da cerimônia final.

1 O período intermediário

As noções e as práticas utilizadas após a morte podem ser agrupadas em três pontos, conforme se refiram aos restos mortais do defunto, à sua alma ou aos vivos. Certamente, essa distinção não tem valor absoluto, mas facilita a apresentação dos fatos.

a) O corpo: a sepultura provisória

Entre os povos do arquipélago malaio que ainda não sofreram uma influência demasiado profunda de civilizações estrangeiras, o costume consiste em não transportar imediatamente o cadáver para a sepultura derradeira; essa translação poderá ocorrer apenas ao final de um tempo mais ou menos longo, durante o qual os restos mortais são depositados em um local temporário.

A regra geral entre os Dayaks parece ter sido a de conservar os cadáveres dos chefes e das pessoas ricas, dentro da própria casa, até às exéquias definitivas; os restos mortais ficam fechados então em um ataúde cujas fendas são tampadas com a aplicação de uma substância resinosa[9]. Por motivos de higiene, o governo holandês proibiu essa prática, pelo menos em determinados distritos; mas, fora da intervenção estrangeira, causas bem diferentes tiveram de restringir a extensão desse modo de sepultura provisória. Os vivos ficam devendo todo o tipo de cuidados ao morto que reside no meio deles; trata-se de uma vigília fúnebre permanente que inclui – à semelhança do que ocorre na Irlanda ou com nossos camponeses, embora durante um período de tempo mais longo – um grande tumulto e custos bastante elevados[10]. Além disso, a presença de um cadáver dentro de casa impõe tabus, muitas vezes, rigorosos, aos moradores: incômodo tanto mais sensível porque a comprida casa dayak é, por si só, muitas vezes, a aldeia inteira[11]. Assim, essa exposição prolongada seria atualmente excepcional.

---

9. Cf., sobre os Olo Ngadju, GRABOWSKY. "Der Tod, das Begräbnis, das Tiwah...", p. 182. Sobre os Olo Maanjan, cf. TROMP, S.W. "Das Begräbnis bei den Sihongern". *Berichte der Rheinischen Missionsgesellschaft*, 1877, p. 48. Sobre os Dayaks de Koetei, cf. TROMP. "Uit de salasila van Koetei". *Bijdragen tot de Taal, Land en Volkenkunde van Nederl* –Indië vol. v., III, p. 76. • BOCK, C. *The Head-Hunters of Borneo*, 1881, p. 141-142. Sobre os Kayans, ribeirinhos do Tinjar, HOSE. In: ROTH, L. *The natives of Sarawak and British North Borneo...* I, 1896, p. 148. Sobre os Longkiputs do Rio Baram, W. KÜKENTHAL. "Ergebnisse einer zoologischen Forschungsreise in den Molukken und Borneo". *Abhandlungen der Senckenbergischen Naturforschenden Gesellschaft*, 22-25, p. 270. Sobre os Skapans, LOW, B. In: ROTH, L. Op. cit., p. 152-153. Sobre os Dusuns e Muruts do Norte da ilha, cf. ibid., p. 151 e 153.

10. GRABOWSKY. "Der Distrikt Dusson-Timor in Südost-Borneo und seine – Bewohner". *Das Ausland*, n. 24, 1884, p. 472. • TROMP. "Das Begräbnis bei den Sihongern". Op. cit., p. 47ss.

11. Cf., p. ex., NIEUWENHUIS, A.W. *Quer durch Borneo*, I. Leiden, 1907, p. 27.

Aos mortos que, segundo parece, não merecem sacrifícios tão penosos, é-lhes fornecido um abrigo, ao colocar o ataúde, depois da exposição de alguns dias, seja em uma casa de madeira em miniatura, erguida sobre postes[12], seja de preferência em cima de uma espécie de estrado coberto simplesmente por um telhado[13]; essa sepultura provisória encontra-se, às vezes, nas proximidades da casa mortuária, mas com maior frequência bastante longe, em um local isolado no meio da floresta[14]. Assim, o morto, mesmo que não tenha lugar na casa grande dos vivos, possui pelo menos sua pequena casa, totalmente análoga àquelas[15] habitadas temporariamente pelas famílias dayaks que, em decorrência do cultivo do arroz, são obrigadas a espalharem-se por um território frequentemente muito extenso[16].

Embora esse modo de sepultura provisória seja, aparentemente, o mais difundido no arquipélago malaio, não é o único. Ele é talvez uma variante de outro modo mais antigo que nos é indicado em alguns aspectos[17]: a exposição do cadáver, embrulhado em cascas e colocado em cima dos ramos de uma árvore. Por outro lado, em vez de expor o ataúde ao ar livre, prefere-se muitas vezes enterrá-lo mais ou menos profundamente, a fim de exumá-lo mais tarde[18]. No entanto,

---

12. Cf. TROMP, "Uit de salasila van Koetei", p. 76. De acordo com S. Müller ("Reis in het Zuidelijk gedeelte van Borneo". *Verhandlingen ov. de Natuurlijke Geschiedenis der Nederl, overzeesche Bezillingen, afd. Land en Volkenk*, p. 402), entre os Olo Ngadju, ribeirinhos do Bejadjoe, o ataúde é colocado com outros em uma sepultura coletiva, o *sandongraung*; este testemunho é, no entanto, contradito por Hardeland (*Dajakisch-deutsches Wörterbuch*, 1859, p. 503), que nos diz expressamente que o ataúde (*raung*) só é transportado para a sepultura coletiva, ou *sandong*, durante a cerimônia final. De qualquer modo, se for confirmado o fato relatado por S. Müller, trata-se de algo excepcional: a regra é que, durante o período de espera, o ataúde fique isolado.

13. Cf., p. ex., GRABOWSKY. "Der Tod, das Begräbnis, das Tiwah...", p. 181-182.

14. HARDELAND. *Versuch einer grammatik...*, p. 350. • PERELAER, M. *Ethnographische beschrijving der Dajaks*. Zalt-Bommel, 1870, p. 224-225.

15. Entre os Olo Ngadju, ela tem o mesmo nome: *pasah*; cf. HARDELAND. *Dajakisch-deutsches Wörterbuch*, nesse verbete. Entre os Alfurus do Norte de Halmahera, a sepultura temporária é designada como "a casa do morto". Cf. DE CLERCQ, F. "Dodadi ma-taoe en Gowa ma-taoe of zielenhuisjes in het district Tobelo op Noord-Halmahera". *Internat. Archiv für Ethnog.*, II, 1889, p. 208.

16. Cf. esp. NIEUWENHUIS. Op. cit., p. 162.

17. Em Timor Laut*, RIEDEL, J. *De sluik- en kroesharige rassen tusschen Selebes en Papua*, 1886, p. 305-306. Em Timor, FORBES, H. *A naturalist's wanderings in the Eastern Archipelago*. Nova York: Harper & Brothers, 1885, p. 434. Sobre os Tumbuluh da Minahassa, cf. RIEDEL. "Alte Gebräuche bei Heirathen, Geburt und Sterbefällen bei dem Toumbuluhstamm in der Minahassa". *Internat. Archiv für Ethnog.*, VIII, 1895, p. 108-109.
* Vocábulo indonésio que significa mar: é a extensão do oceano entre a Ilha de Timor, dividida entre a Indonésia e o Timor-Leste, e o Território do Norte, na Austrália [N.T.].

18. Entre os Olo Ngadju só existe enterro se for previsto um prazo antes das segundas exéquias; se o ataúde fosse erguido acima do chão, correria o risco de cair, o que é considerado um acontecimento funesto para a família. Acima do túmulo, constrói-se uma pequena cabana. Cf. GRABOWSKY. "Der Tod, das Begräbnis, das Tiwah...", p. 182. Entre os Olo Maanjap, o enterro é a regra quando

seja qual for a variedade desses costumes que, muitas vezes, coexistem na mesma localidade e se substituem mutuamente, o rito é constante em sua essência, a saber: o corpo do defunto é colocado provisoriamente, à espera das segundas exéquias, em um local distinto da sepultura definitiva; fica quase sempre isolado.

Esse período de espera tem uma duração variável. Para considerar apenas os Olo Ngadju, alguns autores mencionam, entre a data da morte e a celebração da cerimônia final ou *Tiwah*, um prazo de sete a oito meses ou de um ano[19]. Mas isso é, segundo Hardeland[20], um mínimo que raramente é aplicado: o prazo habitual é de cerca de dois anos; contudo, ele é frequentemente ultrapassado e, em muitos casos, constata-se que passam quatro ou seis[21], ou até dez[22] anos, antes que as últimas honras sejam prestadas ao cadáver[23]. Esse adiamento anormal de um rito tão necessário para a paz e o bem-estar dos vivos, assim como para a salvação do morto, explica-se pela importância da festa que lhe está obrigatoriamente associada: ela inclui preparativos materiais muito complicados que, por si sós, exigem o prazo de um ano ou mais[24]; supõe recursos consideráveis em espécies e em natureza (vítimas para sacrificar, provisões, bebida etc.) que raramente estão disponíveis e devem ser previamente providenciados pela família. Além disso, um antigo costume ainda respeitado por numerosas tribos do interior proíbe celebrar o *Tiwah* antes de se ter obtido uma cabeça humana recém-cortada; e tudo isso leva tempo, sobretudo depois da intervenção dos europeus. No entanto, se essas causas de ordem exterior explicam os longos atrasos, muitas vezes, para a celebração do *Tiwah*, elas são insuficientes[25] para explicar a necessidade de um período de espera e definir seu termo. Mesmo partindo do pressuposto de que sejam cumpridas todas as condições materiais exigidas para as exéquias definitivas, estas não poderiam ocorrer imediatamente após a morte: de fato, convém esperar que a decomposição do cadáver tenha terminado e que restem apenas as

---

o cadáver não é guardado dentro de casa. Cf. TROMP. "Das Begräbnis bei den Sihongern". Art. cit., p. 46.

19. Halewijn. Apud GRABOWSKY. Op. cit., p. 182.

20. Cf. HARDELAND. *Dajakisch-deutsches Wörterbuch*. Verbete "Tiwah".

21. MÜLLER, S. Art. cit., p. 402.

22. HARDELAND. Op. cit.

23. Em Timor, de acordo com Forbes (Op. cit., p. 434), o prazo é, às vezes, de um século inteiro (para os chefes importantes); a obrigação de celebrar o funeral é então transmitida de pai para filho com a herança.

24. GRABOWSKY. Op. cit., p. 188.

25. Assim pensa WILKEN, G.A. *Het Animisme bij de volken van den Indischen Archipel*, 1884-1885, p. 77ss., 92. • "Über das Haaropfer und einige andere Trauergebräuche bei den Völkern Indonesiens". *Revue Coloniale*, III, 1886, p. 255ss.; IV, 1887, p. 347ss.

ossadas[26]. Entre os Olo Ngadju e alguns outros povos indonésios, esse motivo não aparece no primeiro plano por causa da extrema amplitude que apresenta, para eles, a Festa das Exéquias e por causa dos preparativos dispendiosos e longos exigidos para sua realização[27]. Em outras tribos, porém, a obrigação de esperar que os ossos estejam secos para proceder ao rito definitivo é, sem dúvida alguma, a causa direta da demora e delimita sua duração[28]. É permitido, portanto, pensar que normalmente o período que decorre entre a morte e a cerimônia final corresponde ao tempo julgado necessário para que o cadáver passe ao estado de esqueleto; no entanto, causas secundárias podem intervir para prolongar, às vezes indefinidamente, tal prazo.

O que mostra perfeitamente que o estado do cadáver não deixa de ter influência sobre o ritual funerário é o cuidado com que os vivos tampam hermeticamente as fendas do ataúde e garantem o escorrimento das matérias pútridas para fora, seja drenando-as no solo, seja recolhendo-a em um vaso de argila[29]. É claro que não se trata, neste caso, de uma preocupação com a higiene (no sentido em que entendemos esse termo), nem sequer – exclusivamente – de uma preocupação em afastar o mau cheiro: a esses povos não devemos atribuir sentimentos e escrúpulos olfativos que lhes são estranhos[30]. Uma fórmula pronunciada diver-

---

26. MÜLLER, S. Art. cit. • HARDELAND. *Dajakisch-deutsches Wörterbuch*. Verbete "Tiwah".

27. Alguns autores explicam a exposição provisória do cadáver exclusivamente pelo tempo exigido para os preparativos necessários e pela dificuldade de conseguir as vítimas para o sacrifício. Cf., para os Bataks, HAGEN, B. "Beiträge zur Kenntnis der Battareligion". *Tijdschr. v. Ind. Taal Land en Volkenk.*, XXVIII, 1883, p. 517. • VON ROSENBERG, H. *Der Malayische Archipel*. Leipzig, 1878, p. 27. Para os habitantes do norte da Ilha Nias, cf. VON ROSENBERG. Op. cit, p. 156. Para Timor, cf. FORBES. Op. cit., p. 434ss. E para as Ilhas Kei, cf. VON ROSENBERG. Op. cit., p. 351.

28. É especialmente o caso: em Bornéu, para os Milanaus, os Dusuns e os Muruts. Cf. ROTH. Op. cit., I, p. 150-152. Para os Longkiputs, cf. KÜKENTHAL. Art. cit., p. 270. Para os Dayaks do Oeste, ribeirinhos do Kapoeas, cf. VETH, P. *Borneo's Wester Afdeeling*, II. Zalt-bommel, 1856, p. 270. Para os Ot Danom, cf. SCHWANER, C. *Borneo*, II. Amsterdã, 1854, p. 151. Em Sumatra, para os Bataks Oran-Karo, cf. HAGEN. Op. cit., p. 520. Em Timor Laut, cf. FORBES. Op. cit., p. 322ss. • RIEDEL. *De sluik- en kroesharige rassen...*, p. 305-306. Em Buru, cf. FORBES. Op. cit., p. 405. Para os Alfurus do Leste das Celebes [em indonésio: Sulawesi], cf. BOSSCHER. Apud WILKEN. *Het Animisme bij de volken...*, p. 179. Para o Norte de Halmahera, cf. DE CLERCQ. Art. cit., p. 208. E para a Ilha de Babar, cf. RIEDEL. Op. cit., p. 359.

29. Nesse sentido, um tubo de bambu é enfiado em um buraco escavado no fundo do ataúde; cf. p. ex., sobre os Olo Ngadju, GRABOWSKY. "Der Tod, das Begräbnis, das Tiwah...", p. 181. Sobre os Bataks, cf. VAN DER TUUK, H. *Bataksch-Nederduitsch Woordenboek*, 1861, p. 165. Sobre os Alfurus do Distrito de Bolaang-Mongudu, cf. WILKEN, N. & SCHWARZ, J.A. "Allerlei over het land en volk van Bolaäng Mongondou". *Mededeel. Nederl. Zendelinggenootschap*, XI, 1867, p. 323.

30. Cf. LOW, H.B. *Sarawak*: ist inhabitants and productions. Londres, 1848, p. 207: "O fedor repugnante produzido pela decomposição – de acordo com o que me foi dito frequentemente pelos Dayaks – é particularmente agradável para os sentidos deles". Nesse trecho, trata-se do cadáver ou, melhor dizendo, da cabeça cortada de um inimigo.

sas vezes por ocasião do *Tiwah* indica-nos o verdadeiro motivo dessas práticas, a saber: a putrefação do cadáver é assimilada ao "raio petrificante" pelo fato de ameaçar de morte repentina também as pessoas da casa que viessem a ser atingidas por ele[31]. Se existe tamanha insistência no sentido de que a decomposição seja realizada, por assim dizer, em vaso fechado, é porque se deve evitar que a má influência que reside no cadáver e impregna os odores venha a espalhar-se para fora e causar danos aos vivos[32]. Por outro lado, se há a pretensão de que as matérias pútridas fiquem no interior do ataúde, é porque o próprio morto, à medida que progride a dessecação de seus ossos, deve ser pouco a pouco libertado da infecção mortuária[33].

A importância mística atribuída pelos Indonésios à dissolução do corpo manifesta-se ainda nas práticas referentes aos produtos da decomposição. Entre os Olo Ngadju, o jarro no qual eles são recolhidos é quebrado durante as segundas exéquias e os fragmentos são depositados com as ossadas na sepultura definitiva[34]. O costume adotado pelos Olo Maanjan é mais significativo: quando o cadáver é guardado dentro de casa, o pote é retirado do local, no quadragésimo nono dia após a morte, para proceder à análise do conteúdo: "se ele contiver matérias demais, é infligida uma punição[35]; os parentes (do morto) não cumpriram seu dever". Em seguida, o jarro é de novo cuidadosamente adaptado ao ataúde e tudo isso permanece em casa até a cerimônia final[36]. Esse rito é, evidentemente, apenas uma reminiscência: para restituir seu sentido, basta compará-lo com práticas observadas em outros pontos do arquipélago malaio. Na Ilha de Bali, mesmo depois de ter sofrido profunda influência hindu, o uso consiste em guardar o

---

31. HARDELAND. *Versuch einer grammatik...*, p. 218 [e os comentários]. A.B. Meyer e O. Richter ("Die Bestattungsweisen in der Minahassa". *Abhandlungen...Museums zu Dresden* – IX, Ethnogr. Miscellen. T. 1, 6, 1896, p. 110) sugerem que o fechamento hermético do ataúde talvez tenha a finalidade de impedir a saída temida da alma do morto; e acrescentam que o fedor da decomposição pode ter sido considerado como o sinal da presença da alma. O texto transcrito por Hardeland parece demonstrar que, de fato, o medo de um perigo místico é realmente o motivo determinante e que, ao mesmo tempo, é inútil fazer intervir aqui a noção da alma do morto.

32. Perham (Apud ROTH. Op. cit., I, p. 204 e 210), acerca dos Dayaks do litoral que praticam o enterro imediato: "O corpo de um morto não é chamado corpo, nem cadáver, mas um *antu* (espírito); e se ele fosse guardado, durante muito tempo, junto dos vivos, estes ficariam expostos a influências sobrenaturais sinistras".

33. Cf. *infra*, p. 31.

34. GRABOWSKY. "Der Tod, das Begräbnis, das Tiwah...", p. 181. De acordo com S. MÜLLER (Art. cit.), o jarro é enterrado no lugar onde foi feita a cremação dos restos do cadáver.

35. Essa indicação bastante imprecisa significa, sem dúvida, que nesse caso os parentes não podem livrar-se dos tabus, nem das obrigações impostas pelo luto.

36. TROMP. "Das Begräbnis bei den Sihongern". Art. cit., p. 48. Cf. GRABOWSKY. "Der Distrikt Dusson-Timor...", p. 472.

corpo em casa, durante várias semanas, antes de incinerá-lo: um furo é aberto no fundo do ataúde "para permitir a saída dos humores que são recebidos em uma bacia, esvaziada todos os dias no decorrer de grande cerimônia"[37]. Enfim, até mesmo em Bornéu, os Dayaks do Kapoe recolhem em bacias de argila os líquidos provenientes da decomposição para misturá-los com o arroz que os parentes mais próximos do morto comem durante o período fúnebre[38]. É preferível ter em conta a interpretação desses costumes na medida em que vamos encontrá--los mais espalhados e complexos fora da área que estudamos. Nossa conclusão provisória é que os indonésios atribuem uma significação particular às mudanças que se realizam no cadáver: nesse aspecto, suas representações vão impedi-los de terminar imediatamente os ritos funerários, além de imporem aos vivos algumas precauções e práticas definidas.

Enquanto o rito final não tiver sido celebrado, o cadáver fica exposto a graves perigos. É uma crença familiar aos antropólogos e aos folcloristas que, em determinadas épocas, o corpo é vítima em particular de ataques dos maus espíritos, assim como de todas as influências nocivas que ameaçam o homem[39]: então, seu poder de resistência diminuído deve ser fortalecido por procedimentos mágicos. O período subsequente à morte apresenta, em elevado grau, esse caráter crítico; assim, seria necessário exorcizar o cadáver e protegê-lo contra os demônios. Essa preocupação inspira – pelo menos, em parte – as abluções e os diversos ritos dos quais o corpo é objeto logo após a morte: por exemplo, o uso difundido de fechar os olhos e as outras aberturas do corpo com moedas ou pérolas[40]; além disso, ela

---

37. "Relatório de uma embaixada holandesa em Bali, em 1633". *Histoire générale des Voyages*. T. XVII, p. 59. Cf. CRAWFURD, J. *History of the Indian Archipelago*. Edimburgo: Archibald Constable, 1820, p. 255.

38. RITTER. Apud VETH. Op. cit. II, p. 270. Para que a comparação entre esses Dayaks do Oeste e os Olo Maanjan seja mais completa, devemos acrescentar que, nestes últimos, durante os quarenta e nove dias que precedem a estranha cerimônia mencionada, os parentes mais próximos do morto devem comer, em vez de arroz, o "djelai", cujos grãos são pequenos, de cor castanha, com *cheiro bastante desagradável* e gosto muito ruim (TROMP. "Das Begräbnis bei den Sihongern". Art. cit., p. 47 e 44). O detalhe sublinhado por nós, equiparado ao rito do 49º dia, permitirá pensar que o "djelai" dos ribeirinhos do Sihong é o substituto (após o desaparecimento do uso antigo) do arroz impregnado de substância cadavérica, imposto aos Dayaks ocidentais? Tal hipótese não é, aliás, indispensável para nossa interpretação: o "dever" evocado no trecho citado mais acima e que deve ser cumprido pelos parentes consistia em não deixar o acúmulo das matérias no jarro e em tomar a parte que lhes cabe. Esse rito tornou-se, ulteriormente, uma formalidade arbitrária. – Em determinadas ilhas do arquipélago do Timor Laut, os indígenas friccionam o corpo com os líquidos provenientes do cadáver dos parentes mais próximos ou dos chefes (RIEDEL. *De sluik- en kroesharige rassen...*, p. 308).

39. P. ex., o corpo da criança durante algum tempo após o nascimento, ou da mulher durante a menstruação.

40. Cf. NIEUWENHUIS. Op. cit., p. 89. Ele dá como motivo o desejo de "aplacar os maus espíritos que poderiam apoderar-se do cadáver"; no caso dos chefes, ele menciona também diversos amuletos protetores. (Do mesmo modo, por ocasião de determinadas cerimônias relativas à gravi-

impõe aos vivos a obrigação de fazer companhia ao morto durante essa fase temível, de "velar" a seu lado fazendo ressoar frequentemente o gongo para manter os espíritos malignos a distância[41]. Assim o cadáver, acometido por uma enfermidade especial, torna-se para os vivos objeto de solicitude e, ao mesmo tempo, de temor.

b) A alma: sua passagem temporária pela terra

Do mesmo modo que o corpo não é conduzido logo à sua "última morada", assim também a alma não chega imediatamente após a morte a seu destino definitivo. Convém que, em primeiro lugar, ela realize uma espécie de estágio durante o qual ela permanece na terra, na proximidade do cadáver, vagueando na floresta ou frequentando os lugares em que habitou no decorrer de sua existência: somente no termo desse período, durante as segundas exéquias, é que ela poderá, graças a uma cerimônia especial, entrar na região dos mortos. Tal é, pelo menos, a forma mais simples manifestada por essa crença[42].

No entanto, as representações que se referem ao destino da alma são por natureza imprecisas e inconsistentes; convém evitar impor-lhes contornos demasiado definidos. De fato, a opinião mais difundida entre os Olo Ngadju[43] é mais

---

dez ou ao nascimento, as pessoas mais expostas tapam os ouvidos com algodão "para não serem perturbadas pelos maus espíritos" (RIEDEL. "Alte Gebräuche bei Heirathen...", p. 95 e 99)). É verdade que outros autores apresentam esse uso como destinado unicamente à proteção dos vivos (cf. GRABOWSKY. "Der Tod, das Begräbnis, das Tiwah...", p. 179). Esse rito é, provavelmente, ambíguo com dupla finalidade, como acontece frequentemente: trata-se, de maneira confusa, de impedir que a influência funesta contida no cadáver se propague para fora e, ao mesmo tempo, de tolher o passo aos maus espíritos que pretendessem penetrar no cadáver e apossar-se dele. Elementos de procedência hindu parece terem sido enxertados, em alguns casos, no costume original.

41. TROMP. "Das Begräbnis bei den Sihongern", p. 48. Esse texto está relacionado com o caso em que o cadáver é guardado em casa. No entanto, em Timor Laut, onde ele está exposto à beira-mar, a certa distância da aldeia, são confeccionadas sobre o ataúde (pelo menos, tratando-se de um personagem importante) figuras de homens tocando gongo, dando tiros de fuzil, gesticulando de maneira furiosa a fim de espantar as más influências para longe de quem se encontra aí adormecido (*to frighten away evil influences from the sleeper*). FORBES. Op. cit., p. 322ss. Cf. KÜKENTHAL. *Art. cit.*, p. 180.

42. Ela se encontra (excepcionalmente) entre os Olo Ngadju. Cf. HARDELAND. *Dajakisch-deutsches Wörterbuch*, p. 233. • HARDELAND. *Versuch einer grammatik...*, p. 364, nota 223. • BRACHES, S. "Sandong Raung". *Jahresberichte der Rheinischen Mission*, 1882, p. 102. Entre os Olo Maanjan, cf. GRABOWSKY. "Der Distrikt Dusson-Timor...", p. 47. • TROMP. "Das Begräbnis bei den Sihongern", p. 47. Entre os Bahau, cf. NIEUWENHUIS. Op. cit., p. 104. Entre os Kayans, cf. ROTH. *Natives of Sarawak...*, II, p. 142. Para a Ilha de Serang, cf. RIEDEL. *De sluik- en kroesharige rassen...*, p. 144. Para a de Bali, cf. VAN ECK, apud WILKEN. *Het Animisme bij de volken...*, p. 52 etc.

43. HARDELAND. *Dajakisch-deutsches Wörterbuch*, p. 308 e 233. • PERELAER. Op. cit., p. 219 e 227. • GRABOWSKY. "Der Tod, das Begräbnis, das Tiwah...", p. 183ss.

complexa: no momento da morte, a alma divide-se em duas partes, a *salumpok liau* – que é "a medula da alma", o elemento essencial da personalidade – e a *liau krahang*, ou alma corporal, que é constituída pelas almas dos ossos, dos cabelos, das unhas etc.[44] Esta última permanece com o cadáver até o *Tiwah*, inconsciente e como que entorpecida; por sua vez, a alma propriamente dita continua a viver, mas sua existência é bastante inconsistente[45]. Sem dúvida, no dia seguinte à morte, ela chega à celestial "cidade das almas", mas ainda não tem aí seu lugar designado: ela não se sente à vontade nessas regiões elevadas; está triste e como que perdida, além de deplorar a ausência de sua outra metade; assim, ela fugiria frequentemente para voltar a perambular na terra e vigiar o ataúde que encerra seu corpo. Impõe-se celebrar a grande festa terminal se houver a pretensão de que a alma, introduzida solenemente na região dos mortos e acompanhada de novo pela *liau krahang*, disponha de uma existência estável e substancial[46].

Do mesmo modo, entre os Alfurus do centro das Celebes, encontra-se a opinião de que a alma permanece na terra junto do cadáver até à cerimônia final (*tengke*). Mas a crença mais generalizada é a de que a alma vai para o mundo subterrâneo imediatamente após a morte: no entanto, como não pode entrar logo na morada comum das almas, convém que, na expectativa da celebração do *tengke*, ela resida fora em uma casa separada. O sentido dessa representação aparece claramente se for equiparada a uma prática observada nas mesmas tribos: os pais de uma criança morta desejam, às vezes, guardar o cadáver com eles (em vez de enterrá-lo); nesse caso, eles não podem continuar a morar no *kampong*, mas devem construir para eles uma casa isolada a certa distância. Assim, essas tribos atribuem os próprios sentimentos às almas do outro mundo; e a presença de um morto, durante o período que precede as exéquias definitivas, deixa de ser tolerada na aldeia tanto dos vivos, quanto dos mortos. O motivo dessa exclusão temporária nos é, aliás, indicada explicitamente: "*Lamoa* (Deus) é incapaz de suportar o fedor dos cadáveres". Embora essa fórmula contenha, talvez, algum elemento de origem estrangeira, não deixa de exprimir um pensamento certamente original: é somente após o termo da decomposição do cadáver que o recém-chegado entre os mortos é considerado livre de sua impureza e parece digno de ser admitido na companhia de seus predecessores[47].

---

44. A mesma distinção é assinalada por Nieuwenhuis (Op. cit., p. 103) entre os Bahau; contudo, essas duas almas estão separadas, até mesmo, durante a própria existência do indivíduo.

45. Assim, em suas casas, os vivos oferecem-lhe uma espécie de suporte material: uma tábua coberta com figuras relativas à última viagem da alma e ao outro mundo. Cf. GRABOWSKY. Op. cit., p. 184.

46. Se o *Tiwah* não puder ser celebrado pela família, a alma corre sério risco de ver esse estado temporário prolongar-se indefinidamente; torna-se, então, segundo uma expressão característica, uma *liau matai*, uma alma morta (GRABOWSKY. Op. cit., p. 181).

47. KRUIJT, A.C. "Een en ander aangaande het geestelijk en maatschappelijk leven van den Poso Alfoer". *Mededeel. Nederl. Zendelinggenootschap*. T. XXXIX, 1895, p. 24, 26 e 28. O autor observa

No entanto, algumas tribos mandam que os sacerdotes celebrem, pouco tempo depois da morte, a cerimônia que deve conduzir a alma até o outro mundo[48]; mas inclusive nesse caso a alma não entra naturalmente em sua nova existência. Durante os primeiros tempos, ela não tem plenamente consciência de ter deixado este mundo; sua morada é tenebrosa e desagradável; ela é frequentemente obrigada a voltar à terra a fim de buscar a subsistência que lhe foi recusada nessa morada. É necessário que os vivos, mediante determinadas práticas, em particular pela oferenda de uma cabeça humana, aliviem um pouco essa condição penosa; mas é somente após a cerimônia final que a própria alma poderá satisfazer suas necessidades e usufruir plenamente das alegrias que lhe são oferecidas pela região dos mortos[49].

Assim, apesar das contradições aparentes, a alma nunca rompe subitamente os laços que a unem ao corpo e a retêm na terra. Enquanto dura a sepultura temporária do cadáver[50], o morto continua pertencendo mais ou menos exclusivamente ao mundo que ele acaba de deixar. Cabe aos vivos a tarefa de prover às necessidades do falecido: duas vezes por dia, até a cerimônia final, os Olo Maanjan servem-lhe a refeição costumeira[51]; aliás, quando esta é esquecida, a própria alma sabe tomar, por iniciativa própria, sua parte de arroz e de bebida[52]. Durante

---

que "a noção de uma casa de espera existe também entre aqueles para os quais a alma permanece na terra até o *tengke*; sem dúvida, acrescenta ele, presume-se que a alma passa uma parte desse período na terra e outra em casa. Nesse aspecto, os pensamentos dos Alfurus não são bem nítidos". Mas tal indecisão parece-nos ser algo de característico. Desse modo, as duas representações – que, do ponto de vista lógico, deixam a impressão de se excluírem – são no fundo solidárias (sem que haja necessidade de separá-las no tempo): eis o motivo pelo qual o morto – que ainda não deixou completamente este mundo – continua impedido de penetrar completamente no outro.

48. P. ex., os Ot Danom se diferenciam a esse respeito dos vizinhos, ou seja, os Olo Ngadju. Cf. SCHWANER, II. Op. cit., p. 76.

49. Cf. sobre os Dayaks do litoral, cf. PERHAM, apud ROTH. Op. cit., I, p. 203, 206-207 e 209. Para os Tumbuluh de Minahassa, cf. RIEDEL. "Alte Gebräuche bei Heirathen...", p. 105-107.

50. A crença de que a alma permanece, durante algum tempo, na terra antes de partir para a região dos mortos encontra-se também entre povos que, hoje em dia, enterram o corpo (definitivamente) logo após a morte. Cf., p. ex., em relação aos Dayaks do interior, LOW, apud ROTH. Op. cit. I, p. 217. Em relação à Ilha de Roti, cf. GRAAFLAND. "Die Insel Rote". *Mitteil. der Geogr. Gesellschaft zu Jena*, VIII, 1890, p. 168. • HEIJEMERING, G. "Zeden in gewoonten op het eiland Rotti". *Tijdschrift v. Nederl. Indië*, VI, 1843, p. 363ss. O período de espera é somente reduzido de doze e nove dias nos dois casos citados.

51. TROMP. "Das Begräbnis bei den Sihongern". Art. cit., p. 47. Trata-se dos mortos cujo cadáver é guardado em casa; para os outros, a obrigação é menos estrita. Cf., para Soemba, ROOS, S. "Bijdragen tot de kennis van de taal, land en volk op het eiland Soemba. *Verhandel. v. h. Batav. Gen. van Kunsten en Wetenschappen*, XXXVI, 1872, p. 58.

52. PERHAM, apud ROTH. Op. cit. I, p. 209-210: de manhã, é possível encontrar, às vezes, vestígios de sua passagem junto das provisões de arroz.

todo esse período, o morto é considerado como se ainda não tivesse terminado completamente sua vida terrena; isso é tão verdadeiro que, em Timor, quando um rajá morre, o sucessor não pode ser oficialmente nomeado antes que o cadáver seja enterrado definitivamente; com efeito, até o enterro, o defunto não está verdadeiramente morto, mas simplesmente "adormecido em casa"[53].

Mas se esse período de transição prolonga a existência anterior da alma, isso ocorre de maneira precária e lúgubre. Sua estada entre os vivos tem algo de ilegítimo e clandestino. De algum modo, ela vive à margem de dois mundos: se ela se atreve a avançar para o além, é tratada aí como uma intrusa; cá embaixo, ela é um hóspede importuno, cuja proximidade suscita o temor. Como não tem lugar em que possa repousar-se, ela é condenada a errar sem descanso, esperando com ansiedade a festa que irá interromper sua inquietação[54]. Por isso, não é surpreendente que, durante esse período, a alma seja concebida como um ser maligno: como é difícil suportar a solidão em que está mergulhada, ela procura arrastar os vivos em seu encalço[55]; não tendo ainda os meios regulares de subsistência à disposição dos mortos, ela tem de afaná-los entre os seus; em sua presente angústia, ela se lembra de todas as injustiças que lhe foram feitas durante a vida e procura vingar-se[56]. Ela mantém sob rigorosa vigilância o luto dos parentes e, se estes não cumprirem bem seus deveres para com ela e não prepararem ativamente sua libertação, ela irrita-se, infligindo-lhes doenças[57] porque a morte conferiu-lhe poderes mágicos que lhe permitem pôr em execução seus planos maléficos. Se é verdade que mais tarde, quando ela tiver seu lugar entre os mortos, só visitará os vivos mediante seu convite expresso, agora ela "volta" por iniciativa própria, por necessidade ou por maldade, e suas aparições intempestivas suscitam o pavor[58].

Esse estado da alma, a um só tempo, lastimável e perigoso, durante o período tumultuado atravessado por ela, acaba explicando a atitude complexa dos vivos,

---

53. FORBES. Op. cit., 438 e 447: esse interregno pode durar muito tempo (trinta anos ou mais) por causa dos grandes custos envolvidos na festa.

54. Assim, o Dayak, antes de morrer, suplicaria aos parentes para não tardarem a celebração do *Tiwah*. Cf. GRABOWSKY. "Der Tod, das Begräbnis, das Tiwah...", p. 188.

55. GRABOWSKY. Op. cit., p. 182. Cf., para os Tagales das Filipinas, BLUMENTRITT, F. "Der Ahnencultus und die religiösen Anschauungen der Malaien des Philippinen-Archipels". *Mitteil. der Kaiserlichen und Königlichen Geogr. Gesellschaft Wien*, XXV, 1882, p. 166-168.

56. PERHAM, apud ROTH. Op. cit.

57. HARDELAND. *Dajakisch-deutsches Wörterbuch*, p. 308.

58. Acerca dos Tumbuluh, cf. RIEDEL. "Alte Gebräuche bei Heirathen...", p. 107. Cf., sobre os Kayans, ROTH. Op. cit. II, p. 142. Aqui, estão fora de questão as almas que, por um ou outro motivo, nunca alcançarão a paz e a segurança do além.

ou seja, a mistura em proporções variáveis de comiseração e medo[59]. Eles procuram satisfazer as necessidades do morto e aliviar sua condição; mas, ao mesmo tempo, mantêm-se na defensiva e evitam um contato que sabem ser de mau agouro. Quando, a partir do dia seguinte à morte, eles conduzem a alma à região dos mortos, é impossível saber se são movidos pela esperança de lhe pouparem uma espera dolorosa ou pelo desejo de se desembaraçarem o mais rápido possível de sua presença sinistra; na realidade, as duas preocupações se confundem na consciência deles[60]. Esses temores dos vivos só terminarão completamente quando a alma tiver perdido o caráter penoso e inquietador que ela apresenta após a morte.

c) Os vivos: o luto

Os parentes do defunto – além de serem obrigados, durante o período intermediário, a prestar-lhe toda a espécie de cuidados, estando expostos à malevolência e, às vezes, aos ataques da alma atormentada – submetem-se a um conjunto de proibições que constituem o luto[61]. Com efeito, ao acometer o indivíduo, a morte acaba por imprimir-lhe um caráter novo. Encontrando-se anteriormente – salvo em alguns casos anormais – no domínio comum, seu corpo abandona de repente tal estado: já não pode ser tocado sem perigo, tornando-se um objeto de horror e grande susto. Ora, é sabido até que ponto as propriedades religiosas ou mágicas das coisas apresentam para os "primitivos"

---

59. Parece-nos inútil pretender decidir qual desses dois motivos é o mais "primitivo"; trata-se de um problema mal-equacionado, cuja solução só pode ser obtida de forma arbitrária.

60. Cf. RIEDEL. Art. cit., p. 106-107: os sacerdotes tumbuluh têm o caráter, a um só tempo, de condutores das almas dos mortos e de exorcistas que expulsam espíritos; durante os nove dias subsequentes à cerimônia da condução da alma para a região dos mortos, eles executam uma dança de guerra para lhe causar medo (no caso em que a alma ainda não estivesse suficientemente afastada), a fim de impedir sua volta para atormentar os parentes.

61. Essa distinção não seria fundamentada se fosse necessário admitir a teoria exposta outrora por J. Frazer ("On Certain Burial Customs as Illustrative of the Primitive Theory of the Soul". *Journ. of the Anthropol. Instit.*, vol. XV, 1886, p. 64ss.). Com efeito, as práticas do luto seriam apenas ritos destinados a proteger os vivos contra o retorno ofensivo da alma do morto; mas essa teoria engenhosa era demasiado restrita e artificial. A maneira de ver adotada aqui não é nova para os leitores de *L'Année Sociologique*. Cf. DURKHEIM, É., resenha de RÉVÉSZ, G. "Das Trauerjahr der Wittwe". T. VI, 1903, p. 363-364. • HERTZ, R., resenha de NASSAU, R.H. *Fetichism in West Africa*. T. IX, 1906, p. 192. Observemos que ela não exclui a interpretação animista; de fato, a alma, com as disposições que lhe atribui a opinião comum no período subsequente à sua saída do corpo, devia naturalmente aparecer como a guardiã ciosa dos tabus impostos pelo luto aos vivos e como a personificação das energias maléficas que, por causa da morte, se encontram acumuladas no cadáver.

um caráter contagioso: a "nuvem impura"[62] que, segundo os Olo Ngadju, envolve o morto, conspurca tudo o que toca, ou seja, não apenas as pessoas e as coisas que tiverem contato material com o cadáver, mas também tudo o que, na consciência dos vivos, está intimamente unido à imagem do defunto. Seus móveis já não poderão servir a usos profanos; é preciso destruí-los e consagrá-los ao morto ou, pelo menos, fazer com que percam, por ritos apropriados, a energia nociva que contraíram. Do mesmo modo, as árvores frutíferas do morto, os cursos de água em que lançava seu anzol para pescar são objeto de tabu rigoroso: as frutas e os peixes, se forem recolhidos, servirão exclusivamente de provisão para a grande festa funerária[63]. Durante um tempo mais ou menos longo, a casa mortuária permanece impura; e é proibido o acesso ao rio à beira do qual ela se encontra[64].

Os parentes do morto, por sua vez, sentem em suas pessoas o golpe que o atingiu: eles são vítimas de uma maldição que os separa do resto da comunidade. São impedidos de deixar a aldeia ou de fazer qualquer visita; os que são mais diretamente afetados passam, às vezes, meses inteiros isolados em um canto da própria casa, sentados, imóveis, sem fazer nada; estão impedidos igualmente de receber visitas de pessoas de fora ou (se isso for permitido) estão proibidos de responder quando lhes fizerem alguma pergunta[65]. Eles são abandonados não só pelos homens, mas também pelos espíritos protetores: enquanto perdurar sua impureza, serão incapazes de esperar qualquer ajuda das potências do alto[66]. A exclusão que afeta os parentes do morto vai agir em todo o seu gênero de vida. Na sequência do contágio fúnebre, eles são deslocados a fim de ficarem separados do resto dos homens, sendo impedidos portanto de continuar a viver como os outros: proibição de participar do regime alimentar, da maneira de se vestir, de se enfeitar, de usar o cabelo, adotados pelos indivíduos socialmente normais

---

62. HARDELAND. *Versuch einer grammatik...*, p. 218.

63. HICKSON, S. *A naturalist in north Celebes...* Londres: J. Murray, 1889, p. 194. • LOW, apud ROTH. Op. cit. I, p. 155. Aqui nos limitamos a lembrar fatos bem conhecidos.

64. Cf., para os Kayans do Centro, NIEUWENHUIS. Op. cit., p. 338 e 391. Para os Olo Ngadju, cf. GRABOWSKY. "Der Tod, das Begräbnis, das Tiwah...", p. 182. Para Hardeland (*Dajakisch-deutsches Wörterbuch*, p. 485, 401 e 608), a palavra *rutas* designa especialmente a impureza fúnebre que se aplica tanto às casas, aos rios e às pessoas contaminados quanto ao próprio cadáver; *pali* (= interdito, causador de desgraça) é um termo geral que corresponde exatamente a tabu.

65. Cf. os textos citados na nota precedente. E sobre os Ot Danom, SCHWANER. Op. cit., II, p. 76. Sobre os indígenas de Luang-Sermata, RIEDEL. *De sluik- en kroesharige rassen...*, p. 328-329. Cf. os fatos perfeitamente análogos relatados por Tromp ("Uit de salasila van Koetei", p. 71) acerca dos Bahau do Alto Mahakarn: as vítimas de um incêndio são guardadas em um recinto fora do *kampong*, sendo consideradas como possuídas por maus espíritos; enquanto estes não tiverem sido expulsos, é proibido, sob pena de morte para os infelizes, entrar em relação com outros homens; elas são impedidas inclusive de receber visitas ou aceitar ajuda.

66. HARDELAND. *Dajakisch-deutsches Wörterbuch*, p. 608. • PERELAER. Op. cit., p. 227.

e que são a marca dessa comunhão na qual (durante algum tempo) deixaram de pertencer[67]; daí, os numerosos tabus e as prescrições especiais que devem ser respeitados pelas pessoas em luto[68].

Apesar de estender-se a todos os parentes do morto e a todos os habitantes da casa mortuária, a impureza fúnebre não os afeta da mesma forma: assim, a duração do luto varia necessariamente segundo o grau de parentesco. Entre os Olo Ngadju, os parentes distantes ficam impuros apenas durante alguns dias[69], imediatamente após a morte; e, na sequência da cerimônia durante a qual várias galinhas são sacrificadas, podem retomar a vida cotidiana[70]. Mas, ao tratar-se de seus parentes mais próximos[71], o caráter particular que os afeta não se dissipa tão rápido, nem tão facilmente; antes de conseguirem ficar completamente livres da maldição de que são vítimas, será necessário que se passe um longo período que coincide exatamente com a duração da sepultura provisória. No decorrer de todo esse tempo, eles devem executar os tabus que seu estado lhes impõe; ao tratar-se de um viúvo ou de uma viúva, eles não têm o direito de tornar a casar-se porque o vínculo que liga o cônjuge vivo ao defunto só será rompido pela cerimônia final[72]. Com efeito, os parentes mais próximos, pelo fato de formarem, por assim dizer, um só corpo com o morto, participam de seu estado, são englobados nos sentimentos que ele inspira à comunidade; além disso, à semelhança do que ocorre com o de-

---

67. HARDELAND. Op. cit., p. 36. • NIEUWENHUIS. Op. cit., p. 144. • TROMP. "Das Begräbnis bei den Sihongern". Art. cit., p. 47. • ROTH. Op. cit., I, p. 155 e 258; II, p. 142. A proibição é geral, mas as prescrições positivas são bastante variáveis. Assim é que, em Bornéu, encontramos três regras diferentes para as roupas do luto: retorno ao antigo traje de cascas (Bahau); roupas usadas e farrapos (Dayaks do litoral), e vestimentas de cor uniforme, a começar por roupas brancas e, em seguida, pretas (Olo Ngadju).

68. Aqui está fora de questão fornecer uma exposição completa, menos ainda uma teoria, do luto entre os Indonésios; deixamos de lado os motivos secundários que intervêm na determinação positiva das diversas práticas.

69. No mínimo, três, mas em geral sete. Cf. HARDELAND. *Dajakisch-deutsches Wörterbuch*, p. 485.

70. GRABOWSKY. "Der Tod, das Begräbnis, das Tiwah...", p. 182. Ou, se permanecem em luto além desse prazo, trata-se de satisfazer uma inclinação pessoal, e não por dever.

71. O sobrevivente dos cônjuges, os pais em relação aos filhos e reciprocamente, os irmãos e irmãs: HARDELAND. *Dajakisch-deutsches Wörterbuch*, p. 608. Cf., para os Olo Maanjan, TROMP. Art. cit. Parece que, frequentemente, uma única pessoa assume os encargos e os incômodos do luto; ao cumprir estritamente suas obrigações, ela dispensa os outros.

72. HARDELAND. *Dajakisch-deutsches Wörterbuch*, p. 608 e 36. Cf., para os Dayaks de Sarawak, ROTH. Op. cit. I, p. 130 e 156. Presume-se que a viúva pertence ao marido até o *Gawei Antu* (festa correspondente ao *Tiwah* dos Olo Ngadju). Se ela não se mantiver casta durante esse período, comete um verdadeiro adultério, que é punido como se o morto ainda estivesse vivo. Como observa Grabowsky (Op. cit., p. 183), essa consideração deve intervir para apressar, às vezes, a celebração da festa do morto.

31

funto, é proibido tocá-los durante o intervalo compreendido entre a morte e as segundas exéquias.

Os fatos nem sempre apresentam a simplicidade típica que encontramos, por exemplo, entre os Olo Ngadju. O período frequentemente bastante longo exigido pela preparação da festa funerária teria o efeito de prolongar, quase indefinidamente, as privações e os incômodos do luto, se a adoção de um prazo fixo e relativamente próximo não viesse remediar essa situação[73]. É muito provável – embora o fato não pareça ser suscetível de uma demonstração histórica para as sociedades estudadas por nós – que uma redução semelhante do luto tenha ocorrido com bastante frequência. Aliás, de acordo com Wilken[74], o novo prazo destinado a marcar, em lugar das exéquias definitivas, o fim do luto, não deve ter sido escolhido arbitrariamente. Com efeito, o estado do morto, durante o período intermediário, é instável, passando por mudanças que, aos poucos, atenuam o caráter perigoso do cadáver e da alma, além de obrigarem os vivos, em determinadas datas, a celebrar cerimônias especiais. Essas datas – que inicialmente limitavam-se a constituir, para as pessoas em luto, etapas para a libertação – tornaram-se ulteriormente o prazo que marca o fim de sua impureza. Assim é que, entre os Olo Maanjan, o luto obrigatório expira desde a cerimônia do quadragésimo nono dia[75] e não como ocorre, entre os Olo Ngadju, por ocasião da festa final.

Por outro lado, numerosos documentos fazem coincidir a remoção dos tabus do luto com a aquisição pelos parentes do morto de uma cabeça humana e com a cerimônia que ocorre na ocasião desse auspicioso acontecimento[76]; no entanto, esse uso parece ser também o produto de uma evolução, cujos principais momentos podem ser definidos. Entre os Olo Ngadju, a imolação de uma vítima humana (mediante sua decapitação) é, como vere-

---

73. A própria severidade dos tabus do luto impede que, em alguns casos, os vivos preparem ativamente a festa que deve libertá-los, de modo que a condição deles ficaria sem saída se não houvesse um arranjo. Os indígenas de Luang Sermata (cf. RIEDEL. *De sluik- en kroesharige rassen...*, p. 328-329) nos fornecem um exemplo curioso a esse respeito: cerca de dois meses após a morte, os parentes do morto, depois de um sacrifício, mandam vir um sacerdote para saber se o defunto os autoriza a deixar a aldeia (na qual estão sequestrados), a fim de preparar as coisas necessárias para a festa funerária; se a autorização for recusada, a mesma tentativa deve ser repetida quatro ou seis meses depois. Quando o morto der seu consentimento, o luto chega ao termo e as pessoas preparam-se para a cerimônia final, que ocorrerá ao cabo de um ou dois anos.

74. "Über das Haaropfer..." *Revue Coloniale*, III, p. 254ss. Wilken esclareceu perfeitamente o fato de que, para os Indonésios, o fim do luto coincide, "na origem", com as exéquias definitivas e a festa associada às mesmas.

75. TROMP. "Das Begräbnis bei den Sihongern". Art. cit., p. 47.

76. Cf., p. ex., para os Zambales das Filipinas, BLUMENTRITT. Art. cit., p. 156. Para os Tumbuluh, RIEDEL. "Alte Gebräuche bei Heirathen...", p. 107.

mos, um dos atos essenciais da festa funerária[77]; aqui, o sacrifício é efetivamente uma condição indispensável para o fim do luto, mas faz parte de um conjunto complexo e está ligado às exéquias definitivas. Entre os Dayaks do litoral de Sarawak, trata-se de um rito isolado, tornando-se uma ação independente; sem dúvida, o *ulit* ou tabu que constitui o luto só acabará completamente com a festa do morto. "Entretanto, se uma cabeça humana, no intervalo, tiver sido adquirida e festejada na aldeia, as interdições são suspensas parcialmente e, de novo, é permitido usar adornos"[78]. Que esse processo tenha prosseguimento, que a prática das duplas exéquias venha a ser abandonada[79], uma afortunada "caça a cabeças", um acontecimento – em parte, fortuito e, de qualquer modo, exterior ao estado do morto –, será suficiente para garantir a libertação dos vivos.

Assim, o longo luto dos parentes mais próximos parece estar associado, entre os Indonésios, às representações relativas ao corpo e à alma do defunto durante o período intermediário; ele perdura normalmente até as segundas exéquias. A ausência dessa relação em usos divergentes deve-se, em nossa opinião, a uma atenuação ulterior do costume original.

A noção segundo a qual os últimos ritos funerários não podem ser celebrados imediatamente após a morte, mas só depois de um período mais ou menos longo, não é peculiar aos Indonésios, nem a esta ou aquela raça[80]; a prova disso baseia-se na grande generalidade do uso da sepultura provisória.

As formas especiais assumidas por esse uso são, sem dúvida, extremamente variadas; e é muito provável que causas étnicas e geográficas tenham contribuído para fazer predominar, em determinada área de civilização, um ou outro modo de disposição provisória do corpo[81], mas trata-se de um problema distinto que não queremos abordar aqui. Do nosso ponto de vista, há uma homologia rigorosa entre a exposição do cadáver nos ramos de uma árvore, tal como a praticam as

---

77. GRABOWSKY. "Der Tod, das Begräbnis, das Tiwah...", p. 191. ROTH. Op. cit. II, p. 142 e nota da p. 164.

78. ROTH. Op. cit. I, p. 155 e 210. Esse fato deve ser equiparado à indicação totalmente paralela que relatamos mais adiante (p. 55) acerca da condição da alma. Outros autores (Ibid.) dizem simplesmente que a captura de uma cabeça tem o efeito de suprimir o tabu.

79. Isso acontece frequentemente, como veremos.

80. Como é defendido erroneamente por alguns etnógrafos. Assim, D.G. Brinton (*The Myths of the New World*... Nova York: Haskell House Publishers of the New Word, 1868, p. 254 e 260) considera a prática das segundas exéquias e as crenças que as presidem como a propriedade exclusiva da raça norte-americana.

81. Cf. PREUSS, K.T. *Die Begräbnisarten der Amerikaner und Nordostasiaten*. Königsberg: Hartung, 1894, p. 307.

tribos do centro da Austrália[82]; ou no interior da casa dos vivos, como é o costume encontrado entre alguns Papuas[83] e povos Bantus[84]; ou em cima de uma plataforma erguida para esse fim, como é o costume dos Polinésios[85] e de numerosas tribos indígenas da América do Norte[86]; ou, enfim, o enterro provisório, observado em particular na maior parte dos índios da América do Sul[87]. Todas estas formas diversas da sepultura provisória – que, em uma classificação tecnológica, deveriam figurar sem dúvida sob rubricas especiais – são para nós equivalentes: elas têm o mesmo objetivo, ou seja, oferecer ao morto uma residência temporária enquanto se espera o termo da dissolução natural do corpo, momento em que restam apenas as ossadas.

---

82. SPENCER, B. & GILLEN, F.J. *The Northern Tribes of Central Australia*, 1904, p. 506 e 617. • ROTH, W.E. *Ethnological Studies Among the North-west-central Queensland Aborigines*, 1897, p. 166.

83. KRIEGER, M. *Neu-Guinea*. Berlim: A. Schall, 1899, p. 177-179. • VON MIKLUCHO-MACLAY, N. "Ethnologische Bemerkungen über die Papuas der Maclay-Küste in Neu Guinea". II. *Natuurkand. v. Nederl. Indië*, XXXVI, 1876, p. 301-302. Para os Melanésios, cf. CODRINGTON, R.B. *The Melanesians*: studies in their anthropology and folklore. Oxford: Clarendon Press, 1891, p. 261, 268 e 288. Para os Nagas, GODDEN, G.M. "Naga and Other Frontier Tribes of North-East India". *Journ. Anthr. Inst.*, vol. XXVI, 1897, p. 194ss. Os Taitianos guardaram a lembrança de uma época rudimentar em que os vivos conservavam em suas casas os cadáveres dos mortos; somente mais tarde, em decorrência do progresso dos costumes, é que se estabeleceu o hábito de construir casas separadas para os mortos. Cf. ELLIS, W. *Polynesian researches during a residence of nearly six years in the South Sea Islands...* I. Londres: Fisher, Son & Jackson, 1829, p. 404. Em nossa opinião, não há razão para suspeitar da autenticidade dessa tradição. Além disso, a evolução descrita por ela é provavelmente típica.

84. Para os Bakundu, cf. SEIDEL, H. "Ethnographisches aus Nordost-Kamerun". *Globus*, LXIX, 1896, p. 277. Para os Apingis, DU CHAILLU, P. *Voyages et aventures dans l'Afrique équatoriale, mœurs et coutumes des habitants, chasses au gorille etc.* Paris, 1864, p. 512. Para os Wapare, BAUMANN, O. *Usambara und seine Nachbargebiete*. Berlim, 1891, p. 238.

85. Em relação a Taiti, cf. ELLIS. Op. cit. • COOK, apud HAWKESWORTH, J. *An Account of the Voyages Undertaken by the Order of His Present Majesty for Making Discoveries in the Southern Hemisphere*. II, 1773, p. 235. Para as Ilhas Gambier, MŒRENHOUT, J.-A. *Voyages aux îles du grand Océan*. I. Paris: Adrien Maisonneuve, 1837, p. 101-102. • CUZENT, G. *Voyage aux îles Gambier (Archipel de Mangarèva)*. Paris, 1872, p. 78.

86. Cf. YARROW, H.C. "A Further Contribution to the Study of the Mortuary Customs of the North American Indians". *First Ann. Rep. of the Bureau of American Ethn.*, 1879-1880. Washington: Government Printing Office, 1881, p. 158 e 168ss. • SCHOOLCRAFT, H.R. *The Indian Tribes of the United States...* I. Filadélfia: J.B. Lippincott, 1884, p. 65. • KEATING, W.H. "Long's Expedition". *Narrative of an expedition to the source of St. Peter's river, Lake Winnepeek, Lake of the Woods, & c.* I. Filadélfia: H.C. Carey & I. Lea, 1824, p. 345. • CATLIN, G. *Letters and Notes on the Customs and Manners of the North American Indians*. I. Nova York: Wiley and Putnam, 1841, p. 87ss. • ADAIR, J. *The History of the American Indians*. Londres: E. and C. Dilly, 1775, p. 129.

87. Cf. SIMONS, F.A. "An exploration of the Goajira Peninsula, U.S. of Colombia". *Proc. Roy. Geog. Soc.*, 7, 1885, p. 792. • CANDELIER, H. *Rio-Hachaet les Indiens Goajires*. Paris: Firmin-Didot, 1893, p. 216ss. Cf. tb. os textos citados em PREUSS. Op. cit., p. 126ss.

Parece, contudo, que determinados usos funerários são irredutíveis a esse tipo geral: o embalsamamento tem exatamente o objetivo de impedir a corrupção da carne e a transformação do corpo em esqueleto; por outro lado, a cremação evita a alteração espontânea do cadáver por uma destruição rápida e, mais ou menos, total. Em nossa opinião, esses modos de inumação artificial não diferem essencialmente das formas de sepultura provisória já enumeradas: a demonstração completa dessa tese acabaria extrapolando nosso tema; aqui, basta indicar sucintamente os motivos que, em nosso entender, servem-lhe de justificação.

Observemos, em primeiro lugar, que a mumificação não passa, em determinados casos, do simples resultado da exposição ou da inumação temporárias, devido às propriedades dissecadoras da terra ou do ar circundantes[88]. Além disso, até mesmo quando os vivos não têm a intenção de preservar artificialmente o cadáver, eles nem sempre o abandonam completamente no decorrer da decomposição. Como a transformação que se realiza nele é penosa e perigosa tanto para o morto quanto para os que estão à sua volta, são tomadas medidas com bastante frequência para abreviar a putrefação, diminuir sua intensidade ou neutralizar seus efeitos sinistros: junto dos restos do morto, é mantido um fogo destinado, ao mesmo tempo, a afastar as influências malignas, a reconfortar a alma errante e a exercer uma ação benfazeja sobre o corpo[89], o qual é envolvido por fumaças odoríferas e untado com unguentos aromáticos[90]. Dessas práticas costumeiras de defumar o cadáver em cima de uma grade[91] ou de embalsamá-lo de forma rudi-

---

88. Cf. SWAN, J.G. *The Northwest Coast...* Nova York: Harper & Brothers, 1857, p. 70-71. • YARROW. Op. cit., p. 166. • PREUSS. Op. cit., p. 186. Entre os Egípcios a mumificação parece que, inicialmente, teria sido espontânea; os procedimentos artificiais teriam sido introduzidos posteriormente. Cf. MASPERO, G. *Histoire ancienne des peuples de l'Orient classique*. T. I. Paris: Ernest Leroux, 1878, p. 112 e 116.

89. Do mesmo modo que, em Timor, a mãe, durante os quatro meses subsequentes ao parto, deve ficar imóvel perto de um fogo contínuo. Presume-se que o calor e a fumaça facilitem a recuperação de seu corpo. Cf. MÜLLER, S. Art. cit., p. 275.

90. Os Kurnai retiravam, algumas vezes, os intestinos do corpo a fim de que a dessecação ocorresse de forma mais rápida. Cf. HOWITT, A.W. *The Native Tribes of South-East Australia*. Londres: Macmillan, 1904, p. 459. Essa é uma das operações preliminares do embalsamamento. Em algumas ilhas melanésias, derrama-se água em abundância sobre o cadáver para acelerar a dissipação das carnes. Cf. DANKS, B. "Burial Customs of New Britain". *The Journ. Anthr. Inst.*, vol. XXI, 1892, p. 354. • CODRINGTON. Op. cit., p. 263.

91. Sobre os Unghi de Queensland, cf. HOWITT. Ibid., p. 467. Sobre os Papuas, MÜLLER, S. Art. cit., p. 72. • GOUDSWAARD, A. *De Papoewa's van de Geelvinksbaai...* Schiedam: Roelants, 1863, p. 71ss. • FINSCH, O. *Neu-Guinea und seine Bewohner*. Bremen: Müller, 1865, p. 86 etc. Sobre os habitantes da Nigrícia, BOSMAN, G. *Voyage de Guinée*. Utrecht: Antoine Schouten, 1705, p. 229ss. • ROTH, L. *Great Benin*: its customs, art and horrors, 1903, p. 42. Sobre os Fjort, DENNETT, R.E. *Notes on the Folklore of the Fjort (French Congo)*. Londres: Pub. for the Folk-lore Society, 1898, p. 22ss. Sobre os Malgaxes, GUILLAIN, C. *Documents sur l'histoire, la géographie et le commerce de la partie occidentale de Madagascar*. Paris: Royale, 1845, p. 158. • GRANDIDIER, A.

mentar[92], a transição é quase insensível. Para passar da dessecação espontânea, que deixa subsistir apenas os ossos, para essa forma especial de dessecação que transforma o cadáver em múmia, basta que se desenvolva entre os vivos o desejo de depositar na sepultura definitiva um corpo com o mínimo possível de alterações[93]. É assim que o ritual funerário egípcio concorda, em suas características essenciais, com as crenças e práticas indonésias: durante setenta dias, o embalsamador luta contra a corrupção que acabaria por consumar o cadáver. É somente no fim desse período que o corpo, tornado imperecível, será levado ao túmulo; que a alma partirá para os campos de Aaru[94]; e que o luto dos sobreviventes chegará a seu termo[95]. Parece, portanto, legítimo considerar a mumificação como um caso particular e derivado da sepultura provisória.

A cremação[96], por sua vez, não é em geral um ato definitivo, tendo necessidade de fazer apelo a um rito ulterior e complementar. Durante o ritual da Índia antiga, por exemplo, os restos corporais que subsistem após a combustão, assim como as cinzas, devem ser cuidadosamente recolhidos e depositados, após um período de tempo variável, em um monumento funerário[97]; a cremação e a inumação das ossa-

---

"Des rites funéraires chez les Malgaches". *Revue d'Ethnographie*, V, 1886, p. 214 e 222. Para os fatos americanos, cf. PREUSS. Op. cit., p. 187ss.

92. À semelhança do que se pratica em Taiti. Cf. HAWKESWORTH. Op. cit., p. 235. • ELLIS. Op. cit. I, p. 400 e 404. • CUZENT. Op. cit. • TURNER, G. *Samoa, a Hundred Years ago, and Long Before...* Londres: Macmillan & Co., 1884, p. 145 e 148. Sobre os Waganda, DECLÉ, L. *Three Years in Savage Africa*. Nova York/Londres: M.F. Mansfield/Methuen, 1898, p. 446. Sobre os Antankarana, GRANDIDIER. Op. cit., p. 217. Sobre os Ainos de Sakhalin, PREUSS. Op. cit., p. 190: durante um ano até o enterro, a viúva de um chefe deveria proteger o cadáver do marido a fim de evitar sua putrefação; caso contrário, ela seria condenada à morte.

93. Não há nenhuma prova, em nossa opinião, de que esse desejo seja "natural" e original. Aliás, a maior parte dos documentos citados nos apresenta a mumificação como um rito excepcional; p. ex., reservado aos chefes ou aos filhos, objeto de uma afeição particular. A homologia entre a preservação artificial do cadáver e a simples exposição temporária parecerá menos difícil de admitir se levarmos em conta o fato que será esclarecido mais adiante: para o morto, as ossadas secas, resíduo da decomposição, constituem – à semelhança do que ocorre com a múmia – um corpo incorruptível.

94. Em egípcio, "campos de junco": na mitologia egípcia, trata-se da representação do paraíso e da morada dos que transpuseram as provações da morte impostas por Osíris, a divindade funerária por excelência [N.T.].

95. MASPERO. Op. cit., p. 178ss. • MASPERO. *Études de mythologie et d'archéologie égyptiennes*. I, 1893, p. 292ss. e 358ss.; cf. *Livre des morts des Anciens Égyptiens*, 1882, cap. CLIV. • HERÓDOTO. *História*. Livro II, LXXXVI, p. 171. • Gn 1,3.

96. Pretendemos falar aqui apenas da cremação praticada em relação ao corpo antes que (ou enquanto) ele se decompõe; colocamos de lado a cremação dos ossos que ocorre, às vezes, durante as exéquias definitivas. Cf. p. 92.

97. Cf. OLDENBERG, H. *La religion du Véda*. Paris: F. Alcan, 1903, p. 494ss. • CALAND, W. *Die altindischen Todten- und Bestattungsgebräuche*. Amsterdã, 1896, p. 99ss. Este último autor indica (p. 180) o paralelismo entre a construção do monumento funerário e as exéquias finais dos Dayaks.

das calcinadas correspondem às primeiras e às segundas exéquias dos Indonésios[98]. Sem dúvida, a própria natureza do rito observado faz com que o intervalo entre as cerimônias inicial e final seja indeterminado e possa ser reduzido ao ponto de formarem, às vezes, um todo contínuo[99]; mas isso não impede que a cremação seja uma operação preliminar e, no sistema dos ritos funerários, ocupe o mesmo lugar da exposição temporária[100]. Aliás, uma semelhança mais profunda corresponde a essa homologia externa: o objetivo imediato da sepultura provisória consiste – como veremos – em deixar o tempo necessário para a dessecação total dos ossos; essa transformação não é, para os "povos primitivos", uma simples dissolução física, mas altera o caráter do cadáver, converte-o em um corpo novo e é, por conseguinte, uma condição necessária para a salvação da alma. Ora, esse é precisamente o sentido da cremação: muito longe de aniquilar o corpo do defunto, ela o recria e o torna capaz

---

O ritual, aliás, nessa forma completa, é reservado aos pais de família durante o qual são acesas as três fogueiras dos grandes sacrifícios (p. 128); para os outros, o rito limita-se a enterrar os restos mortais ou a jogá-los em um rio (p. 107). No entanto, entre as duas cerimônias, há apenas uma diferença de grau e de solenidade. Os diferentes textos fornecem indicações variadas e imprecisas a respeito da duração do período entre a cremação e a cerimônia final (p. 99, 116 e 130). – Atualmente, o costume mais difundido consiste em recolher os restos no terceiro dia, mas a tradição mais antiga parece que faz coincidir esse rito com o fim do período de impureza de dez dias. Entre os antigos Astecas, as ossadas eram encerradas em uma espécie de estátua que usava a máscara do morto; tal estátua era guardada e homenageada durante um período de quatro anos; posteriormente, ocorria uma segunda cremação, na sequência da qual os restos eram enterrados. Presumia-se que esse rito final deveria coincidir com o acesso da alma à sua morada definitiva. Cf. SAHAGÙN, B. *Histoire générale des choses de la Nouvelle-Espagne*. Paris: G. Masson, 1880, p. 221ss. • SELER, E. *Gesammelte Abhandlungen zur amerikanischen Sprache-und Alterthumskuunde*. II. Berlim: A. Asher, 1904, p. 678ss. e 746. • *Códice Zouche-Nuttall*, 1902, p. 25ss. e 81ss. Entre os Tolkotins do Óregon, as ossadas calcinadas são devolvidas à viúva que deve carregá-las durante todo o período de seu luto (cerca de três anos); a libertação da viúva ocorre simultaneamente à deposição dos ossos em um monumento funerário: ROSS COX, apud YARROW. Op. cit., p. 144ss. O mesmo ocorre entre os Takhali: HALE, H. *U.S. Explor. Exped.*, 1838-1842. 6º vol., 1846, p. 203. Sobre os Rucuianas da Guiana Francesa, cf. CREVAUX, J. *Voyages dans l'Amérique du Sud*. Paris: Hachette, 1883, p. 120-121.

98. Tal homologia ainda é mais nítida entre os Todas; com efeito, a cremação do cadáver é designada expressamente por eles como "primeiras exéquias" para distingui-la das "segundas exéquias" que são celebradas ao cabo de um prazo mais ou menos longo, consistindo em uma nova cremação das relíquias e no enterro final das cinzas. Durante o intervalo que separa as duas cerimônias, as relíquias embrulhadas em um pano são tratadas como se tratasse do próprio cadáver (do qual ela assume o nome); a alma ainda não pode dirigir-se à região dos mortos e é considerada malévola, enquanto os parentes mais próximos são impuros e vítimas de tabu. O período intermediário dura, no mínimo, um mês e, às vezes, acima de um ano. Como se vê, essas crenças e práticas concordam rigorosamente com o tipo normal. Cf. RIVERS. *The Todas*, 1906, p. 337, 364ss., 378ss., 403, 697 e 701.

99. Como é o caso, p. ex., entre os Tlinkit. Cf. KRAUSE, A. *Die Tlinkit-Indianer*. Jena: H. Costenoble, 1885, p. 222ss. e 227.

100. Nas tribos australianas da região de Maryborough, vemos a cremação praticada ao lado do enterro provisório e da exposição em cima de um estrado; ela é colocada no mesmo plano dos outros procedimentos. Cf. HOWITT. Op. cit., p. 470.

de entrar em uma nova vida[101]; ela culmina, portanto, no mesmo resultado obtido pela exposição temporária[102], mas através de um expediente muito mais rápido[103]. A ação violenta do fogo evita que o morto e os vivos tenham de suportar as penas e os perigos decorrentes da transformação do cadáver ou, pelo menos, abrevia consideravelmente sua duração ao realizar, de uma só vez, essa destruição da carne[104] e essa redução do corpo a elementos imutáveis que, naturalmente, são feitas de maneira lenta e progressiva[105]. Assim, entre a cremação e os diversos modos da sepultura provisória, há uma diferença de tempo e de meios, mas não de natureza.

---

101. Tal preocupação aparece explicitamente nas fórmulas pronunciadas no decorrer da cremação hindu: "Não consuma (o morto) de modo algum, diz-se a *Agni**, não o maltrate; não corte em pedaços seus membros; quando o tiver queimado no ponto, queira enviá-lo para junto de nossos pais". Assim, seria oferecido um substituto às forças destruidoras do fogo; trata-se do bode que é amarrado à pira e que se deixa escapar. Cf. CALAND. Op. cit., p. 59, 62, 67 e 175ss. Nesse ritual há sem dúvida elementos adventícios, em particular a noção de *Agni* psicopompo – entidade cuja função consiste em guiar um ser humano entre eventos significantes; mas parece-nos arbitrário restringir (cf. OLDENBERG. Op. cit., p. 499) "o papel primitivo do fogo" ao fato de desembaraçar os vivos do objeto impuro e perigoso que é o cadáver; em nossa pesquisa que remontou o mais longe possível no passado, a ação purificadora da cremação – como ritual funerário em geral – exerce-se em proveito tanto dos vivos quanto do morto. Cf. sobre as tribos californianas, POWERS. "Tribes of California". *Contrib. to N. Am. Ethnol.*, vol. III, 1876, p. 194 e 207: a alma só pode ser salva e libertada pela ação do fogo.
* Termo sânscrito designando a divindade da religião védica que personifica o fogo sagrado [N.T.].

102. A cremação pode até mesmo coincidir com a mumificação que, na aparência, é diretamente oposta a ela. Assim, "os Quichés reuniam as cinzas e, ao misturá-las com goma, faziam uma estátua na qual colocavam uma máscara que representava as feições do morto; a estátua era depositada no túmulo" (BRASSEUR DE BOURBOURG, C.-E. *Popol-Vuh*, 1861, p. 192-193).

103. Cf. ROHDE, E. *Psyche*. I. 2. ed. Leipzig, 1898, p. 30-32.

104. No ritual hindu, o fogo que serviu para a cremação (e que deve ser definitivamente extinto) é designado pelo nome de *Kravyad*, "comedor de carne". Cf. CALAND. Op. cit., p. 113.

105. Existem, aliás, formas intermediárias entre a simples exposição e a cremação completa. A exposição dura apenas alguns dias; assim que possível, os ossos são despojados da carne que é queimada. Aqui existe uma verdadeira cremação parcial, cujo objetivo consiste em terminar, o mais rapidamente possível, a dessecação das ossadas e a eliminação das partes impuras. Sobre os Santee da Carolina do Sul, cf. LAWSON, apud MOONEY, J. *Siouan tribes of the East*, 1894, p. 79. Sobre os Hawai, ELLIS. Op. cit. I, p. 132ss. e 359. • PREUSS. Op. cit., p. 309-310. Alguns autores indicam o fato de que, às vezes, a cremação só ocorre após um longo período de tempo quando a decomposição já está muito avançada. Cf. sobre os Tlinkit, KRAUSE. Op. cit., p. 222 e 234. • ERMAN, A. "Ethnographische Wahrnehmungen und Erfahrungen..." *Zeitschr. f. Ethn.* II, 380ss. Sobre alguns Galibis, BIET, A. *Voyage de la France équinoxiale*. Paris: François Clouzier, 1664, p. 392. Observemos que, nos dois casos citados, a cremação é subsequente à exposição do cadáver dentro de uma casa. Não pretendemos defender que, em toda a parte, a cremação tenha sucedido à inumação ou à exposição provisórias; tal postura seria complicar inutilmente nossa tese de uma hipótese histórica, impossível de verificar. Procuramos apenas estabelecer que há equivalência entre esses diversos procedimentos que, aliás, correspondem à mesma preocupação fundamental. A ideia de que a cremação se limita a reproduzir, ao acelerá-lo, o processo natural da decomposição foi exposta de maneira um pouco diferente em KLEINPAUL, R. *Die Lebendigen u. die Toten*, 1898, p. 93-95.

Em todos os rituais estudados até agora, as partes mais flácidas do cadáver, ao não serem preservadas por procedimentos artificiais, são destruídas pura e simplesmente: são consideradas apenas como elementos perecíveis e impuros dos quais os ossos devem ser separados; no entanto, têm surgido representações mais complexas mediante a prática conhecida pelo nome de endocanibalismo[106] que consiste no consumo ritual das carnes pelos parentes do morto. Com certeza, esse rito não tem o objetivo exclusivo da purificação dos ossos: em vez de um requinte de crueldade ou da satisfação de um apetite físico, à semelhança do que ocorre com a antropofagia banal, trata-se de uma refeição sagrada, da qual participam somente alguns grupos definidos de membros da tribo[107] e da qual as mulheres, pelo menos entre os Binbinga, são estritamente excluídas. Por esse rito, os vivos integram à sua própria substância a vitalidade e as qualidades especiais do defunto que residiam em sua carne: se esta viesse a dissolver-se, a comunidade perderia forças que deveriam ser recuperadas por ela[108]. Mas, ao mesmo tempo, o endocanibalismo evita que o defunto tenha de passar pelo horror de uma lenta e ignóbil decomposição e faz com que seus ossos alcancem quase imediatamente seu estado definitivo; por outro lado, ele garante a sepultura mais honrosa para as carnes[109]. De qualquer modo, a presença dessa prática não altera essencialmente o tipo geral que procuramos constituir aqui: com efeito, depois do consumo das carnes, as ossadas são recolhidas e guardadas pelos parentes do morto, durante um período mais ou menos longo, no termo do qual as exéquias finais serão celebradas: durante esse tempo, presume-se que a alma ronda perto dos ossos e do fogo sagrado que é mantido ao lado; além disso, o silêncio é imposto estritamente aos parentes mais próximos do defunto[110]. Assim, quaisquer que possam

---

106. Cf. STEINMETZ, R. *Der Endokannibalismus*. Leiden, 1896.

107. A natureza desses grupos é, aliás, variável nas diferentes tribos. Cf. SPENCER & GILLEN. *Northern Tribes*, p. 548. • HOWITT. Op. cit., p. 446-449.

108. Essa intenção aparece com toda a nitidez, sobretudo, em determinados casos de infanticídio seguido do consumo das carnes por um irmão ou uma irmã mais velhos que, deste modo, seriam fortalecidos. Cf. HOWITT. Op. cit., p. 749-750. • SPENCER & GILLEN. Op. cit., p. 608. Howitt fala-nos da crença difundida na virtude mágica da gordura do homem, na qual reside a força e a saúde do indivíduo; em algumas tribos – p. ex., entre os Dieri –, a única substância ingerida é a gordura. Cf. HOWITT. Op. cit., p. 367, 411 e 448. Não pretendemos, aliás, que esta interpretação seja exaustiva: assim, entre os mesmos Dieri, o consumo da gordura do morto tem o objetivo de pacificar os parentes e aliviar seu desgosto; trata-se sempre de uma mudança favorável que ocorre no estado dos vivos.

109. Os Turrbal justificam esse costume alegando sua afeição pelo morto: "Deste modo, eles sabiam onde ele estava, e sua carne deixaria de feder" (HOWITT. Op. cit., p. 752). Cf., sobre os índios da América do Sul, PREUSS. Op. cit., p. 218: um Masuruna convertido queixava-se de que, no momento de seu enterro no rito cristão, ele será consumido, não pelos parentes, mas pelos vermes.

110. Seguimos a exposição dos fatos relativos aos Binbinga. SPENCER & GILLEN. Op. cit., p. 549-554. Os ossos embrulhados em cascas de árvore começam por ser guardados, durante al-

ser suas causas diretas, o endocanibalismo vem introduzir-se entre as diversas práticas utilizadas, cujo objetivo consiste em descarnar os ossos no período compreendido entre a morte e os últimos ritos funerários.

Vimos que o período de espera coincide, em um grande número de casos, com a duração real ou presumida da decomposição; é em geral sobre os restos dessecados e mais ou menos inalterados que tais ritos funerários são celebrados. Parece, portanto, natural supor que exista uma relação entre a instituição das exéquias provisórias e as representações suscitadas pela dissolução do cadáver: é impossível pensar na sepultura definitiva do morto enquanto ele estiver ainda imerso na infecção[111]. Tal interpretação não é uma hipótese gratuita: considerada um dogma essencial, vamos encontrar sua exposição ao longo de todo o *Zend-Avesta*. Para os fiéis do masdeísmo ou zoroastrismo, um cadáver é coisa impura por excelência[112], e inumeráveis prescrições têm o objetivo de preservar as pessoas e as coisas pertencentes à criação boa contra o contágio fúnebre. Deixar um corpo morto em contato imundo com a terra, a água e o fogo é um ataque contra a santidade desses elementos[113]; tal corpo tem de ser relegado a um lugar bem alto, afastado e estéril e, se possível, ao interior de um recinto de pedra[114], "local que, segundo se sabe, é frequentado continuamente por cães e pássaros carnívoros"[115]. Os abutres e os

---

gum tempo, em cima de uma plataforma até ficarem completamente secos; em seguida, tendo sido renovado seu invólucro, eles são colocados na ponta de uma estaca bifurcada, às vezes, no centro mesmo do acampamento, permanecendo aí cerca de um ano ou mais. Bastante instrutiva é a comparação, sugerida pelos próprios autores, entre essa série de ritos e a que se encontra na tribo vizinha dos Gnanji (Ibid., p. 545): entre estes, parece que o endocanibalismo é praticado apenas excepcionalmente. O cadáver começa por ser exposto em cima de uma plataforma, construída em uma árvore, até que a maior parte dos ossos fique descarnada; estes são então embrulhados em cascas de árvore e deixados em cima da plataforma até ficarem bastante secos para serem facilmente desconjuntados. Em seguida, são colocados em novo invólucro e deixados na árvore até ficarem embranquecidos; somente então ocorre a celebração final. Vemos que existe uma correspondência rigorosa entre as duas séries; o primeiro período de exposição dos Gnanji limita-se a ocupar a cerimônia do consumo das carnes pelos parentes. Assim, passa-se facilmente do estado de coisas, observado nas tribos litorâneas, para aquele que existe no centro da Austrália, entre os Kaitish, por exemplo, para os quais as exéquias finais ocorrem ao termo de alguns meses de exposição em cima de uma árvore, no momento em que os ossos estiverem totalmente descarnados (Ibid., p. 508). Cf. HOWITT. Op. cit., p. 470 e 753. Sobre os Botocudos, RATH, apud PREUSS. Op. cit., p. 219. Sobre os Chirihuana, GARCILASSO DE LA VEGA. The Royal *Commentaries of Peru*. Londres: Miles Flesher, 1688, p. 278.

111. Essa é a explicação que Grandidier sugere a propósito dos Malgaxes (p. 214): "Esse costume parece ter a finalidade de não enterrar definitivamente os ossos com as matérias putrescíveis, produzidas pela decomposição das carnes e consideradas por eles como impuras".

112. *Zend-Avesta* (trad. por Darmesteter). Vol. II, p. Xss. e 146ss.

113. *Vendidad*, III, 8ss.; VII, 25ss.

114. Trata-se das célebres "Torres do silêncio" ou *dakhmas*. Cf. *Zend-Avesta*. Op. cit., p. 155ss.

115. *Vendidad*, VI, 44ss.; VIII, 10. É essencial que o cadáver "veja o sol". Cf. tb. III, 8, nota 14; VII, 45.

animais selvagens são, para os Pársis, os grandes purificadores do cadáver; com efeito, é nas carnes corruptíveis que reside a *Nasu*, a infecção demoníaca. A terra que contém os ossos – que, ao cabo de um ano, estarão completamente descarnados e secos – ficará depurada[116]; eles poderão ser tocados, como declara expressamente Ormuz[117], sem que a pessoa fique maculada[118]. Será então o tempo de depositá-lo sem um ossuário, sua sepultura definitiva[119]. Assim, no zoroastrismo, a exposição temporária tem a função de isolar o cadáver considerado perigoso e, ao mesmo tempo, garantir sua purificação. No entanto, os textos avésticos limitam-se talvez a apresentar-nos o produto de uma reflexão teológica refinada e tardia: impõe-se procurar a significação atribuída pelas sociedades mais jovens à redução do corpo a esqueleto.

Os documentos indonésios deixaram-nos perceber uma espécie de simetria ou de paralelismo entre a condição do corpo – condenado a esperar durante algum tempo antes de ser capaz de penetrar na sepultura definitiva – e a da alma que só será admitida normalmente na região dos mortos com a execução dos últimos ritos funerários; no entanto, em outras províncias etnográficas, esses dois grupos de fatos estão conectados de maneira mais direta. É assim que alguns Caraíbas da Guiana Francesa depositam provisoriamente o morto em um túmulo, sentado em um banco, com todos os seus ornamentos e suas armas: oferecem-lhe bebidas e alimentos até que os ossos estejam completamente descarnados; com efeito, dizem eles, os mortos "só conseguem ir lá para cima se estiverem sem carne"[120]. Do mesmo modo, entre os Botocudos, a alma fica na vizinhança do túmulo até o fim da decomposição e, durante todo esse tempo, ela não cessa de inquietar

---

116. Ibid., VII, 46.

117. Ou Ahura Mazda, era o princípio ou deus do bem, segundo o masdeísmo; ele vivia em luta constante contra seu irmão gêmeo, *Arimã*, o princípio ou deus do mal [N.T.].

118. Ibid., VIII, 33ss. Essa declaração é seguida do enunciado do princípio geral: "O seco não se mistura com o seco".

119. Ibid., VI, 49ss., assim como as notas. O uso das segundas exéquias caiu em desuso. Entre os Pársis contemporâneos, "os esqueletos dessecados são jogados, duas vezes por ano, no poço central" do *dakhma*. Cf. *Zend-Avesta*. Op. cit., p. 156. Mas no costume antigo, ainda observado no século IX, o *dakhma* era uma espécie de lazareto, do qual os restos mortais, uma vez purificados, deveriam ser retirados. A comparação entre os rituais iraniano e hindu confirmaria nossa interpretação da cremação.

120. BIET. Op. cit., p. 392. No final desse período, ocorrem as exéquias finais que serão abordadas mais adiante. Cf. ROTH, W.E. *Ethnol. Stud.* Op. cit., 1897, p. 165, acerca da tribo de Bulia em Queensland: "'O selvagem' tem uma representação imprecisa do cadáver que se torna mais velho e vai embora 'para outro lugar' quando ele cessa de levar 'comida e fumo para o lugar da sepultura'". Entre os indígenas cristianizados das Ilhas Paumotu, a viúva e os parentes do morto vêm velar, todas as noites, o morto em cima de seu túmulo, trazendo-lhe, sem dúvida, alimentos; esse rito é obrigatório durante duas semanas que é o período correspondente, de acordo com o que se diz, à dissolução do cadáver. STEVENSON, R.L. *In the South Seas*, 1890, p. 185ss. e 201.

os vivos que estiverem nas proximidades[121]. Essas tribos estabelecem, portanto, uma ligação explícita entre a dissolução do cadáver e sua crença em uma estada temporária da alma na terra com as obrigações e os temores atinentes.

Não se adia de modo arbitrário a partida final da alma até o momento em que o corpo estiver inteiramente desagregado. Essa representação está associada a uma crença geral sobejamente conhecida: para que um ser vivo – ou um objeto material – possa passar deste mundo para o outro, libertando ou criando sua alma, tem de ser destruído. Tal destruição pode ser repentina, como no sacrifício, ou lenta como no desgaste gradual das coisas consagradas, depositadas em lugar sagrado ou em cima do túmulo; à medida que o objeto visível desaparece, ele será reconstituído no além, mais ou menos transfigurado[122]. A mesma crença é válida para o corpo e a alma do defunto. Segundo os Ainos, "a morte não ocorre em um momento": enquanto a decomposição não estiver concluída, a vida e a alma subsistem de algum modo no interior ou na vizinhança do túmulo; "a alma liberta-se gradualmente de seu tabernáculo terrestre"; impõe-se deixá-la sozinha durante todo esse tempo[123]. Uma representação idêntica apresenta-se em algumas tribos do noroeste americano com mais detalhes: à medida que progride a dissolução do cadáver, as almas dos mortos precedentes vêm, todas as noites, retirar a carne dos ossos, levando-a para a casa das almas, situada no centro da terra; quando essa operação chegar a seu termo, o morto possui um novo corpo semelhante ao antigo, com a exceção de que os ossos ficaram na terra[124].

---

121. BATH, apud KOCH-GRÜNBERG, T. "Zum Animismus der Südam. Ind. *Int. Arch. Ethn.*, Suppl. zu Band XIII, 1900, p. 26. Neste texto, não há nenhuma menção relativamente às segundas exéquias.

122. Cf. TYLOR, B. *Civilisation primitive*. Vol. I. Paris: C. Reinwald, p. 558ss. Para o último ponto, cf. sobre os Fijianos, MARINER, W. *An Account of the Natives of the Tonga Islands in the South Pacific Ocean*. II. Londres: John Murray, 1817, p. 129. Sobre os Esquimós de Labrador, cf. LOW, A.P. "Report on the exploration in the Labrador Peninsula…" *Geolog. Survey of Canada*, VIII, 1896, p. 55 L. Presume-se que os espíritos dos objetos materiais se libertam logo que estes ficam deteriorados. Em uma história irlandesa, relatada por Mooney ("The Funeral Customs of Ireland". *Proc. Americ. Philos. Society*, vol. XXIV, 1888, p. 295), um filho, pensando no pai morto, encomenda roupas e vai utilizá-las: à medida que se desgatarem, elas irão vestir o pai no outro mundo.

123. BATCHELOR, J. *The Ainu and their Folklore*. Londres: The Religious Tract Society, 1901, p. 561. Existe a mesma representação a propósito dos objetos materiais. O autor não menciona o uso da sepultura provisória, mas a respeito dos Ainos de Sakhalin. Cf. PREUSS. Op. cit., p. 114 e 190. Por sua vez, L. Fison ("Notes on Figian Burial Customs". *Journ. Anthr. Inst.*, vol. X, 1881, p. 140ss.) encontrou uma crença semelhante na Austrália.

124. Sobre os Makah, cf. SWAN. "The Indians of Cape Flattery…" *Smithson. Institut. Contrib. to Knowl.*, XVI, 1870, p. 84; cf. tb. p. 78, 83 e 86. Sobre os Clallams e Twanas, cf. ELLIS, apud YARROW. Op. cit., p. 171ss. e 176. Estas últimas tribos expõem o cadáver em cima de uma canoa colocada em lugar mais alto; tendo decorrido cerca de nove meses, realiza-se o enterro definitivo. Entre os Makah, atualmente, procede-se à inumação logo após a morte; mas, segundo parece, restam vestígios bastante nítidos do costume antigo.

Mas, além dessa dupla manifestação espiritual de seu corpo, o homem possui outra alma móvel e relativamente independente; ou seja, aquela que, durante a existência terrestre, já era capaz de se ausentar ocasionalmente e subsistir por si mesma, pode imediatamente após a morte viver uma vida separada; aliás, sua partida é justamente a causa da desagregação do corpo. No entanto, persiste a solidariedade antiga: se a alma vai imediatamente para a região dos mortos, ela não deixa de sofrer a consequência do estado em que se encontra o cadáver. Em várias ilhas melanésias acredita-se que a alma permanece frágil enquanto perdurar a putrefação; depois de sua chegada no outro mundo, ela começa por ficar imóvel, uma vez que seu poder mágico mantém-se temporariamente entorpecido. Com o desaparecimento de todo o cheiro, a alma volta a encontrar sua força e sua atividade incrementadas, ela se torna um *tindalo*, um espírito protetor, ao qual os vivos prestarão culto; "ela cessou de ser um homem"[125]. Impõe-se, talvez, tomar ao pé da letra essa última fórmula porque, na Melanésia, presume-se que os espíritos dos mortos, pelo menos um grande número deles, habitam no corpo de diferentes animais, em particular, tubarões e fragatas-comuns[126]. A morte só estará plenamente consumada quando a decomposição tiver chegado ao fim; somente então o defunto cessa de pertencer a este mundo para entrar em outra existência.

Não é surpreendente que semelhantes ideias se encontrem em Madagascar, considerando que os povos dessa ilha são aparentados dos indonésios. Os Sihanaka imaginam que, durante o período da desencarnação dos ossos, a alma passa por sofrimentos cruéis: se ela conseguir superá-los, continuará indefinidamente a viver como espírito, mas, se sucumbir, vai converter-se no corpo de uma borboleta[127]. É provável que tenha ocorrido, na representação original, o enxerto de algum elemento de origem estrangeira: não deixa de ser notável que o período intermediário seja concebido como um tempo de provação e que os sofrimentos da alma estejam associados à transformação que se realiza no corpo. Mas a crença mais difundida entre os Malgaxes é que os líquidos provenientes da decomposição das carnes dão origem a algum animal, mais ou menos mítico, que nada é além da nova encarnação da alma: assim, esses líquidos são recolhidos com cuida-

---

125. CODRINGTON. Op. cit., p. 260, cf. p. 257, 277 e 286. O autor estabelece a ligação entre as mesmas representações e as práticas adotadas na Ilha de Saa (a respeito dos mortos dotados de prestígio), cujo objetivo consiste em acelerar a decomposição ou impedir as emanações cadavéricas: dessa matéria, as almas ricas em *mana* serão ativas e disponíveis mais depressa, somente estas últimas tornam-se *tindalos* (cf. p. 253). Cf. tb. PENNY, A. *Ten Years in Melanesia*. Londres: W. Gardner, Darton & Co., 1888, p. 56. Encontra-se também a noção de uma estada temporária da alma na terra. Cf. CODRINGTON. Op. cit., p. 267 e 284. Cf. tb. PENNY. Op. cit., p. 55. • HADDON, A.C. "XXVIII – Magic and Religion". *Reports of the Cambr. Anthr. Exp. to Torres Straits*, V, 1904, p. 355.

126. CODRINGTON. Op. cit., p. 179-180. • PENNY. Op. cit., p. 56.

127. LORD, T. "The Belief of the Sihanaka with Regard to the Soul". *The Antan. Ann...*VII, 1883, p. 95.

do em jarros de barro; às vezes, são regados com sangue de boi a fim de garantir, em melhores condições, o renascimento do defunto. Enquanto este não tiver "voltado" sob a aparência de um vermezinho, é proibido entre os Betsileo sepultar os restos do corpo e dedicar-se aos trabalhos agrícolas[128]. Sob variadas formas, é sempre a mesma noção que reaparece: a dissolução do antigo corpo condiciona e prepara a formação do novo corpo que, daí em diante, será habitado pela alma.

Convém precaver-se para não atribuir a essas diversas representações uma generalidade e um valor explicativo de que elas estão destituídas. Isso seria cair na arbitrariedade de erigir esta ou aquela crença particular em uma verdade universal: por exemplo, afirmar que o novo corpo do morto será constituído sempre por suas carnes volatizadas[129]. De fato, como veremos, os ossos é que, supostamente, servem de suporte material para a alma desencarnada. Essas representações opostas concordam naquilo que têm de essencial, traduzindo de maneiras diversas um tema constante. Duas noções complementares parecem compor esse tema: a primeira é que a morte não se consome em um ato instantâneo, mas implica um processo duradouro que, pelo menos, em um grande número de casos, só será considerado como acabado quando a própria dissolução do corpo estiver concluída. A segunda, por sua vez, é que a morte não é uma simples destruição, mas uma transição: à medida que esta chega a seu termo, prepara-se o renascimento; enquanto o corpo antigo se converte em ruínas, forma-se um novo corpo com o qual a alma, tendo sido realizados os ritos necessários, poderá entrar em outra existência, frequentemente superior à antiga.

Durante esse período em que a morte ainda não chegou a seu termo, o defunto é tratado como se continuasse em vida: levam-lhe alimentos, seus parentes e amigos fazem-lhe companhia, falam com ele[130]. Por conservar todos os direitos

---

128. Sobre os Betsileo, cf. RICHARDSON, J. "Remarkable Burial Customs among the Betsileo". *The Antan. Ann…* I, 1875, p. 73ss. • SHAW. "The Betsileo: II. Religious and Social Customs". *The Antan. Ann…* IV, 1878, p. 6-7. • SIBREE, J. *The Great Afric. Island*. Londres: Trabner, 1880, p. 277. • GRANDIDIER. Art. cit., p. 217, 221, 225 e 231. • GUILLAIN. Op. cit., p. 158. Entre os Betsileo, ao tratar-se de uma personalidade de prestígio, as pessoas vão buscar, ao cabo de alguns meses, a serpente que se encontra em cima do túmulo, levando-a com pompa para a aldeia, a fim de que ela se torne daí em diante sua guardiã. Cf. HOLLIS, A. *The Masai*. Oxford: Clarendon Press, 1905, p. 307: ao tratar-se de um rico ou de um curandeiro, sua alma passa para o corpo de uma serpente logo que o cadáver entra em putrefação; a serpente dirige-se então ao *kraal** para tomar conta dos filhos do defunto.
* Calcado no vocábulo português "curral", esse termo designava um vilarejo cujas palhoças são agrupadas em círculo e dotado de uma estrita estrutura social [N.T.].

129. Esta afirmação foi feita por Kleinpaul em sua obra já citada: "O essencial – diz ele – é que, por efeito da volatilização dos mortos, a decomposição é para os povos primitivos uma espécie de sublimação, cujos produtos constituem um ser mais elevado" (p. 31-34).

130. Cf. p. 77, nota 274. • GRANDIDIER. Art. cit., p. 225. Sobre os Goajiros, CANDELIER. Op. cit., p. 218: os parentes mais próximos acendem fogueiras e colocam víveres em cima do

sobre a esposa, ele vai guardá-los ciosamente. A viúva é literalmente a mulher de um morto, de um indivíduo no qual a morte está presente e continua produzindo seus efeitos; assim, durante todo esse tempo, a mulher é vista como um ser impuro e amaldiçoado, além de ser condenada em um grande número de sociedades a viver uma vida abjeta de pária; somente depois da cerimônia final é que ela será liberada e autorizada pelos parentes do morto, seja a casar-se de novo, seja a voltar para sua família[131]. Do mesmo modo, às vezes, a herança fica intacta até o dia em que o morto tiver deixado realmente este mundo[132]. Mas os fatos mais instrutivos dizem respeito à sucessão dos reis ou chefes.

O costume de proclamar o sucessor de um chefe apenas na cerimônia final, costume já encontrado por nós na Ilha de Timor, é assinalado em vários povos pertencentes a diversos grupos étnicos[133]. Imaginam-se os perigos aos quais se-

---

túmulo, durante nove dias, "porque para eles a morte só ocorre realmente depois desses nove dias". Observemos que esse período não coincide com a duração da sepultura provisória que se estende por um ou dois anos (até a completa dessecação dos ossos). Cf. SIMONS. Art. cit., p. 792. Sobre os indígenas das Ilhas Aru, cf. ELLIS. Op. cit. I, p. 404. • RIEDEL. *Sluik- en kroesharige rassen...*, p. 267ss.

131. Cf. WILKEN. "Über das Haaropfer..." *Revue Coloniale*, III, Apêndice. Presume-se frequentemente que a alma do morto acompanhe constantemente a viúva, mantendo sob vigilância sua conduta. Observemos que até mesmo nas sociedades em que está em vigor a instituição do levirato, o novo casamento só ocorre, na maior parte das vezes, por ocasião da cerimônia final: às vezes, p. ex., entre os Chippeways (cf. YARROW. Op. cit., p. 184), ele pode realizar-se mais cedo, suspendendo ou dispensando a viúva do luto; não há, nesse caso, sucessão propriamente dita, mas continuação do morto pelo irmão ou primo. Cf. CALAND. Op. cit., p. 42ss. Os documentos relativos a esses fatos são numerosos e bem conhecidos, dos quais citaremos apenas alguns. Cf. SPENCER & GILLEN. *Native Tribes*, p. 502. • *Northern Tribes*, p. 507. Sobre os indígenas das Ilhas Aru, RIEDEL. *Sluik- en kroesharige rassen...*, p. 268. Sobre os Papuas, VAN HASSELT, J.L. "Die Papuastämme an der Geelvinkbai (Neuguinea)". *Mill. Geogr. Ges. Jena*, X, 1891, p. 10. • VON ROSENBERG. Op. cit., p. 434. Sobre os Maoris, TAYLOR, R. *Te Ika a Maui...* Londres: Wertheim and Macintosh, 1855, p. 99. Sobre os indígenas das Ilhas Gilbert, MEINICKE, C.E. *Inseln des Stillen Oceans*, II, 1876, p. 339. Sobre os Iroqueses, LAFITAU. Op. cit., II, p. 439. Sobre os Tolkotin, YARROW. Op. cit., p. 145. Sobre as tribos da Guiana, KOCH-GRÜNBERG. Art. cit., p. 70-71. Sobre os habitantes da Nigrícia, KINGSLEY, M.H. *Travels in W. Africa*. Londres: Macmillan, 1897, p. 483. • DIETERLE, J.C. "Gebräuche heim Sterben eines Königs in den Tschiländern der Goldküste". *Ausland*, 1883, p. 756. Sobre os Fjort, DENNETT, R.E. *Notes on the Folklore of the Fjort*, p. 24, 114 e 156. Sobre os Ba-Ronga, JUNOD, H.-A. *Les Ba-Ronga*. Neuchâtel: Attinger Frères, 1898, p. 66ss. Sobre os Malgaxes, GRANDIDIER. Op. cit., p. 217 e 262. • RABE. "The Sihanaka and their Country". *The Antan. Ann.*, III, 1877, p. 65. Não existe qualquer prova de que o assassinato da viúva tenha sido a origem da regra geral, como admite Wilken (Op. cit., p. 267 e 271).

132. É o caso, p. ex., entre os Ba-Ronga. Cf. JUNOD. Op. cit., p. 56 e 67. Entre os Senga (Zambeze português), DECLÉ. Op. cit., p. 234ss. Cf. sobre os Barabra (muçulmanos da Núbia), RUETE, S. "Der Totenkultus der Barabra". *Globus*, LXXVI, 1900, p. 339.

133. Entre os índios da Costa Rica, cf. GABB. "On the Indian Tribes and Languages of Costa Rica". *Proc. Am. Phil. Soc.*, 1876, p. 507. Cf. tb. resenha sobre BOVALLIUS, C. "Resa i Central Amerika". *Int. Arch. Ethn.*, II, p. 78. Entre os Fjort, DENNETT. *Seven Years Among the Fjort...*, 1887, p. 178. • *Notes on the Folklore...*, p. 24. Entre os Ba-Ronga, JUNOD. Op. cit., p. 56 e 128ss. Entre os Wanyamwesi, cf. STUHLMANN. *Mit Emin Pascha...*, 1894, p. 90-91. Entre os Tongans,

melhante interregno expõe as sociedades que se submetem a tal prática: a morte de um chefe determina no corpo social um abalo profundo que, sobretudo se for prolongado, é prenhe de consequências. Parece que, em numerosos casos, o golpe que atingiu o principal representante da comunidade na pessoa sagrada do chefe tenha tido o efeito de suspender temporariamente as leis morais e políticas, além de desencadear as paixões normalmente represadas pela ordem social[134]. Assim, encontramos frequentemente o costume de ocultar, durante um período de tempo mais ou menos longo, a morte do soberano; só o círculo imediato do defunto está ao corrente da verdade e exerce o poder em seu nome; para os outros, o chefe está apenas doente[135]. Em Fiji, o segredo é guardado durante um período que varia de quatro a dez dias; em seguida, quando os súditos – ao

---

BAESSLER. *Südsee-Bilder*, 1895, p. 332-334. O mesmo fenômeno apresenta-se sob outra forma nas tribos da Nigrícia da Libéria: o cadáver de um rei só é enterrado definitivamente por ocasião da morte de seu sucessor; durante todo o reinado deste, que coincide com a duração da sepultura provisória, o ex-rei "é considerado como se não estivesse realmente morto", mantendo o sucessor sob vigilância e prestando-lhe assistência em suas funções. Assim, um rei só é verdadeiramente titular do seu cargo durante o período compreendido entre sua morte e a do seu sucessor; durante sua vida, ele limitava-se a exercer uma espécie de regência de fato. Cf. BÜTTIKOFER. "Einiges über die eingebornen von Liberia". *Int. Arch. Ethn.*, I, 1888, p. 34 e 83-84. Em Benin subsistem vestígios do mesmo costume: o novo rei tem acesso ao poder apenas quando for consumada a morte do antigo. A certeza disso é obtida mediante o questionamento dos servos que haviam sido sepultados vivos com ele: enquanto forem capazes de responder que "o rei está muito doente", eles continuam recebendo alimentos e a cidade permanece em luto; na ausência de resposta, o que ocorre por volta do quarto ou quinto dia, procede-se à entronização do sucessor. Cf. ROTH, *Great Benin...* op. cit., 1903, p. 43. • NASSAU. *Fetichism in West Africa...*, 1904, p. 220-221.

134. A existência de um período de anarquia e de uma espécie de saturnal, após a morte de chefes ou dos parentes destes, é um fenômeno regular em algumas sociedades. Em Fiji, as tribos súditas irrompem na capital, promovendo todos os excessos sem encontrar resistência: FISON. Art. cit., p. 140. Igualmente no Arquipélago das Carolinas. Cf. KUBARY. "Die Verbrechen und das Strafverfahren auf den Palau-Inseln". *Orig. Mill. d. Ethnol. Ableil. d. Konigl. Mus. Berlin*, 1, 1886, p. 7. • KUBARY. *Ethnographische Beiträge...*, 1889, p. 70, nota 1. Entre os Maoris, COLENSO, W. *On the Maori Races of New Zealand*, 1865, p. 59 e 63. • DUMONT D'URVILLE. *Hist. gén. des voyages*, II, p. 448: a família do chefe morto é despojada de seus mantimentos e bens mobiliários. Observemos que uma reação semelhante produz-se sempre que um tabu é violado: considerando que a morte do chefe é um verdadeiro sacrilégio, presume-se que a punição atinja as pessoas à sua volta; assim, as pilhagens cometidas pelos forasteiros são uma expiação necessária. Nas Ilhas Sandwich, as pessoas são vítimas de uma verdadeira fúria que tem um nome especial; quase todos os atos considerados normalmente como criminosos são então cometidos (incêndios, pilhagens, assassinatos etc.), e as mulheres são obrigadas a prostituir-se publicamente. Cf. ELLIS. *Polynesian researches during a residence of nearly eight years in the Society and Sandwich Islands*. Vol. IV. 2. ed. 1833, p. 177 e 181. • CAMPBELL. *A Voyage round the World*, 1817, p. 143. Cf., sobre as Ilhas Marianas, LE GOBIEN. *Histoire des Îles Marianes*, 1700, p. 68. Sobre as Ilhas Gambier, CUZENT. *Voyage aux Îlés Gambier*, p. 118. Sobre os Betsileo, SHAW. Op. cit. Sobre os Tschi, DIETERLE. Op. cit., p. 757. Sobre os Waidah, cf. BOSMAN. Op. cit., p. 390ss.: "Logo que a morte do rei se torna pública, cada qual rouba o mais que puder de seus semelhantes... sem que ninguém tenha o direito de punir quem rouba, como se a justiça morresse com o rei"; os assaltos cessam a partir da proclamação do sucessor.

135. Cf. as notas precedentes. Cf. tb. GRANDIDIER. Op. cit., p. 218 e 220.

suspeitarem de algo e diante de sua impaciência para praticarem legitimamente pilhagens e destruições – vão perguntar se o chefe morreu, recebem a resposta de que, "neste momento, seu corpo está decomposto". Nada mais resta aos visitantes decepcionados do que ir embora; chegaram muito tarde e deixaram passar a ocasião. A ideia que intervém aqui – acrescenta o narrador desses fatos – é a seguinte: enquanto a decomposição não for considerada suficientemente avançada, é impossível descartar completamente o defunto e sua autoridade não pode ser transmitida ao sucessor; a mão do morto deixou de ser capaz de segurar o cetro, mas ainda não se tornou flácida[136]. Impõe-se esperar que o rei esteja inteiramente morto antes de ser possível gritar: Viva o rei!

Se é necessário passar algum tempo para que a morte seja efetivamente reconhecida, as energias nefastas desencadeadas por ela não esgotarão seu efeito em um instante; presentes no seio da comunidade dos vivos, elas ameaçam fazer aí novas vítimas. Não há dúvida de que determinados ritos são capazes, até certo ponto, de atenuar a impureza perigosa do cadáver[137]: apesar disso, este continua sendo o foco permanente de uma infecção contagiosa. Da sepultura provisória, emana uma influência funesta[138] que leva os vivos a evitarem aproximar-se dela. O medo suscitado pela vizinhança da morte é tão intenso que, muitas vezes, determina verdadeiras migrações: por exemplo, nas Ilhas Andaman, os indígenas, depois de terem enterrado o morto, abandonam a aldeia e vão acampar bem longe em cabanas temporárias; só voltarão ao seu habitat normal depois de alguns meses, quando tiver chegado o momento de recolher as ossadas e celebrar a cerimônia final[139]. A proibição de tocar o indivíduo, enquanto a morte está

---

136. FISON. Op. cit., O autor não faz qualquer menção às exéquias duplas. Williams (*Fiji and the Fijians*, 1858, p. 187ss.) diz apenas que em Vanua Levu o anúncio da morte de um chefe dá o sinal do começo da pilhagem; está fora de questão mantê-la secreta durante algum tempo. O mesmo autor relata (p. 204) uma tradição interessante que parece confirmar a existência antiga de um rito de exumação (p. 198).

137. Assim, em Taiti, uma cerimônia, que ocorre imediatamente após a colocação do corpo em cima da plataforma, tem o objetivo de "enterrar a impureza" de maneira que ela não fique grudada aos sobreviventes. ELLIS. Op. cit. I, p. 401-403. Cf. sobre os Maoris, TAYLOR. Op. cit., p. 99. Do mesmo modo, o ritual avéstico prescreve que, para junto do cadáver, seja levado "um cão amarelo com quatro olhos"; o olhar do cão "elimina a infecção". Diz-se expressamente que esse rito do Sagdid atenua, mas não suprime, o perigo de impureza. Cf. *Zend-Avesta*, p. XI, 149. • *Vendidad*, VII, p. 29ss.; VIII, p. 16ss.

138. No Taiti, ela tem um nome especial, *aumiha*. Cf. ELLIS. Op. cit., p. 405. Entre os Bribis da Costa Rica, a coisa mais impura (pela primeira vez, depois do corpo da mulher grávida) é um cadáver: um animal que passa perto de uma sepultura temporária fica conspurcado; neste caso, deve ser abatido e sua carne não poderá ser ingerida. Cf. GABB. Op. cit., p. 499. Do mesmo modo, os *dakhmas* são lugares amaldiçoados: "bandos de demônios se precipitam do alto, além de ser aí que são produzidas as doenças" e que se perpetram os crimes. Cf. *Vendidad*, VII, p. 56ss.

139. MAN & RIVERS. "On the Andamanese and Nicobarese Objects Presented to Maj.-Gen. Pitt Rivers". *Journ. Anthr. Inst.*, vol. XI, 1882, p. 281ss. • MAN. "On the Aboriginal Inhabitants of the

acontecendo nele, comunica-se não apenas ao lugar em que ele se encontra, mas às coisas que lhe pertenceram: em diversas ilhas melanésias é proibido tocar na canoa do defunto, em suas árvores e em seu cão, enquanto as exéquias definitivas não tiverem removido o tabu mortuário[140].

A instituição do luto[141] deve ser associada às mesmas representações. Se a impureza fúnebre prolonga-se, durante um tempo definido, é porque há a continuidade da própria morte até a realização dos últimos ritos; além disso, uma solidariedade estreita e obrigatória une alguns sobreviventes àquele que deixou de existir. Muito mais que os fatos indonésios nos deixam ver, há um vínculo interno entre o estado do defunto e o dos parentes mais próximos durante a fase intermediária[142]. Eis o que marca explicitamente uma tradição maori, narrada nas últimas palavras de um chefe ao filho: "Durante três anos – diz o pai –, será necessário que tua pessoa seja sagrada e que fiques separado da tribo... porque minhas mãos, durante todo esse tempo, estarão cavando a terra, e minha boca não cessará de comer vermes e um alimento imundo, o único que é oferecido aos espíritos no mundo daqui embaixo. Em seguida, quando minha cabeça cair sobre o meu corpo e que tiver chegado o quarto ano, desperta-me de meu sono, mostra meu rosto à luz do dia. Quando eu me levantar, tu serás *noa*, livre"[143].

Andaman Islands". *Journ. Anthr. Inst.* vol. XII (Parte II), 1883, p. 141ss. Em redor da aldeia abandonada, são dependuradas grinaldas de folhas para avisar os forasteiros do perigo.

140. VERGUET. "Arossi ou San-Christoval et ses habitants". *Revue d'Ethnographie*, t. IV, 1885, p. 193. • SOMERVILLE. "Ethnographical Notes in New Georgia, Solomon Islands". *Journ. Anthr. Inst.*, vol. XXVI, 1897, p. 404.

141. Por esta palavra, entendemos não a crise emocional violenta que se produz imediatamente após a morte, às vezes, desde a agonia, mas o estado duradouro e prolongado imposto a alguns parentes do morto até um prazo prescrito. Sobre esta distinção (que nada tem de absoluto). Cf. ELLIS. Op. cit., p. 407ss. • LAFITAU. Op. cit. II, p. 438. • NASSAU. Op. cit., p. 219.

142. Entre os Todas, a palavra *kedr*, que significa "cadáver", designa ao mesmo tempo o intervalo compreendido entre as primeiras e as segundas exéquias e a condição especial em que se encontram os parentes do morto durante esse período. Cf. RIVERS. Op. cit., 1906, p. 363ss.

143. SHORTLAND. *Maori religion and Mythology*, 1882, p. 52. O relato acrescenta que, antes de expirar o prazo fixado, o filho infringiu uma das proibições; "então, tendo sido agredido pelos restos sagrados do pai, ele morreu". Observemos, de passagem, que neste caso presume-se que a alma passa o período de transição na região, subterrânea e tenebrosa, dos mortos; talvez haja uma relação entre essa crença e o fato de que, na prática, o mundo da sepultura provisória é o enterro; com efeito, o destino final das almas dos chefes consiste em juntar-se aos deuses no céu. Cf. TAYLOR. Op. cit., p. 100. Convém evitar, sem dúvida, ver no texto citado a fantasia arbitrária de um moribundo; de fato, os ritos prescritos são efetivamente realizados com a ressalva de que o prazo precedendo a exumação é, em geral, apenas de dois anos. Cf. TAYLOR. Op. cit., p. 99ss. • REGEAR. "The Maoris of the New Zeland". *Journ. Anthr. Inst.*, vol. XIX, 1890, p. 105. Notemos, no entanto, que entre os mesmos Maoris pode-se, por ritos apropriados, fazer com que até mesmo o parente mais próximo do morto fique livre da qualidade especial que ele havia contraído e venha a romper o vínculo que o une ao morto; o luto é então extremamente reduzido. Cf. SHORTLAND. Op. cit., p. 53-63.

Assim, o luto é apenas, na pessoa dos vivos, a consequência direta do próprio estado do morto[144].

A solidariedade que une os parentes mais próximos ao defunto exprime-se, em determinadas sociedades, por meio de costumes dos quais já encontramos alguns vestígios entre os Indonésios: esses parentes, particularmente a viúva, têm a obrigação de recolher, seja diariamente, seja em datas fixas, os líquidos produzidos pela decomposição das carnes para untar com eles o próprio corpo ou para misturá-los a seus alimentos[145]. A justificação de quem efetua tais práticas consiste em alegar sua afeição pelo defunto e o desgosto experimentado por essa perda. No entanto, esses motivos são insuficientes para explicar o rito. Com efeito, este é, muitas vezes, estritamente obrigatório; as mulheres incumbidas de executá-lo são ameaçadas de pena capital se deixarem de cumpri-lo[146]. Trata-se, portanto, não simplesmente da expressão espontânea de um sentimento individual, mas de uma participação forçada de alguns vivos na condição presente do morto; impõe-se levar a morte em consideração se houver a pretensão de impedir que ela continue a causar estragos no interior do grupo. Ao comungar de alguma maneira com o defunto, os vivos imunizam-se a si mesmos e evitam que a sociedade sofra outros infortúnios; às vezes, eles acalentam a expectativa de assimilar as qualidades do morto[147] ou absorver a potência mística de que o cadáver é a sede[148]. Mas seja por dever ou por interes-

---

144. Aventamos a conjectura de que teria ocorrido uma redução de tempo nos casos em que a duração do luto não coincide com a da sepultura provisória. Cf. p. 66s. Esse fato parece historicamente demonstrável no que diz respeito aos Fiji: nessa ilha (em que as primeiras exéquias são definitivas), o luto perdura apenas de dez a vinte dias; ora, esse período é chamado de cem noites, as quais correspondem precisamente à duração do luto e da sepultura provisória em outras ilhas melanésias. Parece, portanto, que o luto fijiano, cuja duração original era de cem dias, sofreu uma redução. Cf. WILKEN. *Revue Colon.*, VI, p. 349. • CODRINGTON. Op. cit., p. 282-284. • SOMERVILLE. Art. cit., p. 403-404.

145. Cf., para os australianos, SPENCER & GILLEN. *Northern Tribes*, p. 530. • HOWITT. Op. cit., p. 459, 467-468 e 471. Para os Papuas de Nova Guiné, TURNER, *Samoa...* Op. cit., p. 348. • VAN HASSELT. Art. cit., p. 118. Para os insulares de Tutu, cf. GILL, apud HADDON. "X. Funeral Ceremonies". *Cambr. Anthr. Exp. to Torres Straits*, V, 1904, p. 258. Para os habitantes das Ilhas Aru, KOLFF. *Voyages of the Dutch brig of war Dourga...*, 1840, p. 167. • RIEDEL. Op. cit., p. 267. • RIBBE. "Die Aru-Inseln". *Festschr. Ver. f. Erdkunde Dresden*, 1888, p. 191. • WEBSTER. *Through New Guinea and the cannibal countries*, 1898, p. 209ss. Para os indígenas da New Britain, das Ilhas Banks e Gilbert, DANKS. Art. cit., p. 354ss. • CODRINGTON. Op. cit., p. 268. • HALE. U.S. Explor. Exped., VI, 1846, p. 99-100. • MEINICKE. Op. cit., p. 339. Para os Malgaxes, GRANDIDIER. Op. cit., p. 217. Entre os Tolkotins do Óregon, o mesmo rito é executado pela viúva no decorrer da cremação. Cf. COX, R, apud YARROW. Op. cit., p. 144ss.

146. SPENCER & GILLEN. Op. cit. • VAN HASSELT. Op. cit.

147. É assim que essas práticas se confundem, às vezes, com o endocanibalismo propriamente dito.

148. É um fato corrente que um objeto tabu contém um poder mágico susceptível, sob determinadas condições, de ser utilizado; o rito em questão aqui pode assim tornar-se uma simples operação

se, essas pessoas vivem em um contato íntimo e contínuo com a morte; além disso, a comunidade dos vivos acaba por rechaçá-las de seu seio[149].

Tal exclusão não supõe necessariamente um contato material dos vivos com o cadáver. Enquanto se mantiver a ascendência da morte, a família imediata do defunto será alvo da "ação tenebrosa das potências hostis". Nas sociedades pouco civilizadas, não há distinção nítida entre o infortúnio e a impureza: a aflição das pessoas em luto vai conspurcá-las profundamente[150]. A própria integridade física é afetada; o corpo delas mal se distingue do cadáver. "As pessoas têm horror do meu corpo, diz um Hupa em luto; assim, meu entusiasmo não se encontra no lugar em que ele está nos outros; meus alimentos não são aqueles que os outros comem; não consigo olhar para as pessoas, de tal modo elas ficam amedrontadas com meu corpo"[151]. Trata-se propriamente falando das "pessoas da morte"[152]; elas vivem nas trevas[153], mortas do ponto de vista social, visto que toda a participação ativa de sua parte na vida coletiva teria como única consequência a propagação no exterior da maldição que elas carregam em si mesmas[154].

---

mágica, sem ter qualquer relação com o luto. Cf. KINGSLEY. Op. cit., p. 478. • DOS SANTOS, apud THEAL. *Records of the Cape Colony, from May 1809 for to March 1811*, VII, p. 289.

149. Do mesmo modo em Taiti, os embalsamadores, no período que dura seu trabalho, eram evitados por todo o mundo porque a impureza mortuária grudava-se a eles; nem podiam alimentar-se a si mesmos com receio de que o alimento, conspurcado pelo toque de suas mãos, viesse a causar sua morte. Cf. ELLIS. Op. cit., p. 403.

150. Cf. JUNOD. Op. cit., p. 55 e 471. • CASALIS. *Les Bassoulos...*, 1859, p. 269ss.

151. GODDARD. "Life and Culture of the Hupa". *Am. Arch. and Ethn.* Vol. I, 1903, p. 78ss. "Hupa texts". *Am. Arch. and Ethn.*, vol. I, 1904, p. 351 ["Formula of Medicine for Purification of One Who has Buried the Dead"]. As pessoas em luto são classificadas, ao lado das mulheres que haviam dado à luz recentemente ou estão menstruadas, na categoria dos seres humanos que têm um "corpo mau", deteriorado. Entre os Unalit do Alasca, no primeiro dia depois da morte, todos os habitantes da aldeia consideram-se flácidos e sem forças; eles detêm apenas um fraco poder de resistência contra as influências malignas; no dia seguinte, declaram-se um pouco mais fortes; no terceiro dia, dizem que, levando em conta que o cadáver está em via de congelar, eles estão perto de voltar à sua solidez normal; um banho de urina vai então livrá-los do mal e dar firmeza à sua carne. Cf. NELSON. "The Eskimo about Bering Strait". *Eighteenth Ann. Rep. Bur. Ethn.*, 1899 [parte 1, 1901], p. 313ss. Observa-se que existe uma relação estreita entre o estado do cadáver e o dos sobreviventes. Será que se deve ver nessa relação uma forma particular (em referência ao clima ártico) da crença geral relativa à dissolução do corpo? Notemos que a alma deixa a terra apenas no quarto dia após a morte e que, pelo menos entre os Esquimós do Baixo Yukon (Kwilpagemutes), as exéquias só ocorrem ao termo do mesmo lapso de tempo. Cf. JACOBSEN. *Reise an der Nord-West Küste Amerikas*, 1884, p. 196. Cf. p. 88s.

152. Essa é a expressão utilizada na Ilha de Mabuiag para designar as pessoas em luto. Cf. HADDON. "X. Funeral Ceremonies". *Cambr. Anthr. Exp. to Torres Straits*, V, 1904, p. 249.

153. Entre os Basutos, a mesma palavra significa trevas e luto. Cf. CASALIS. Op. cit., p. 335.

154. Citemos, a título de exemplo, a série dos tabus do luto, encontrados entre os Kwakiutl: durante quatro dias, o parente mais próximo do morto é impedido de fazer qualquer movimento; e após

Empenhamo-nos em fazer sobressair a relação que une a condição da alma e o luto ao estado do corpo durante o período precedente às exéquias definitivas; mas não pretendemos de modo algum que os três termos estejam indissoluvelmente ligados, e que um deles não possa apresentar-se sem o outro. Essa afirmação absoluta seria imediatamente desmentida pelos fatos; com efeito, basta dizer que encontramos a crença em uma estada temporária da alma na terra e a instituição do luto prolongado em sociedades em que não existe nenhum vestígio comprovado de exéquias duplas. O fim do período de espera é fixado, às vezes, de maneira convencional: é assim que, em diferentes tribos indígenas da América do Sul, o cadáver, enterrado imediatamente, é amarrado a uma corda, cuja extremidade é visível na superfície do túmulo; o desaparecimento dessa corda em decorrência da chuva ou do desgaste é sinal de que a alma do morto, até então presente no cadáver, partiu finalmente para o outro mundo[155]. No entanto, com grande frequência, no caso em que o morto recebe a última sepultura sem prazo determinado, são as representações relativas ao próprio decorrer do tempo que impõem um termo às cerimônias obrigatórias[156]. A morte só estará plenamente consumada, a alma só deixará a terra e o luto dos vivos só será interrompido quando tiver sido concluído, ao termo de um mês ou de um ano, um período de tempo considerado completo; o retorno do dia marcará então o encerramento da era funesta e o recomeço de outra vida. Com frequência também, a crença no caráter eminente e sagrado de determinado algarismo faz sentir sua influência: é assim, sem dúvida, que se deve explicar o fato – tão recorrente nas sociedades da América do Norte – de que a duração da estada da alma na terra ou de sua viagem

---

uma cerimônia de ablução, ele pode mover-se um pouco, durante os doze dias seguintes, mas não caminhar; se alguém lhe dirigir a palavra, ele tem a certeza de causar a morte de um parente; ele é alimentado duas vezes por dia por uma idosa, na maré baixa, com salmão pescado no ano anterior (observar que todos esses elementos pertencem à ordem das coisas contrárias à vida); progressivamente, por etapas, ele reencontra a liberdade de se locomover e de se comunicar com os outros. Cf. BOAS. "Notes on the ethnology of British Columbia". *Proc. Am. Phil. Soc.*, 24, 1887, p. 427. Entre os Warramunga, um silêncio absoluto é inclusive imposto a diferentes grupos de parentes do morto durante toda a duração do luto. Cf. SPENCER & GILLEN. *Northern Tribes*, p. 525. Uma fórmula típica do tabu alimentar encontra-se entre os indígenas de uma das Novas Hébridas: o "bom alimento" é proibido aos parentes imediatos do morto; em particular, eles não devem comer os frutos de árvores do pomar, mas somente a fruta selvagem da floresta. Cf. CODRINGTON. Op. cit., p. 281. Lembremos, enfim, o fato corrente segundo o qual as pessoas em luto são "dispensadas dos deveres de civilidade", assim como devem abster-se em geral do trabalho social, das festas e assembleias públicas, além das cerimônias do culto. Cf. LAFITAU. Op. cit. II, p. 438.

155. Para os Índios Koggaba da Colômbia, cf. SIEVERS. *Reise in der Sierra Nevada de Santa Marta*, 1887, p. 97. Sobre os Colorados do Equador, cf. SELER. Op. cit., p. 6. Sobre os Saccha, cf. KOCH-GRÜNBERG. Art. cit., p. 85.

156. Essas representações intervêm também no caso das exéquias duplas, determinando muitas vezes o período considerado necessário para que a dessecação seja completa; é assim que a cerimônia final coincide frequentemente com o aniversário da morte.

para o outro mundo está limitada a quatro dias[157]. Será que se deve considerar esses fatos como fragmentos separados e modificados do conjunto mais complexo que acabamos de analisar? É raro que seja possível resolver essa questão com alguma certeza; mas haverá a tentação de dar uma resposta afirmativa, se for admitido – de acordo com nossa proposta – que existe, durante o mesmo período, uma conexão natural entre as representações que dizem respeito à dissolução do corpo, ao destino da alma e ao estado dos sobreviventes.

2 A cerimônia final

A instituição de uma grande festa associada às exéquias definitivas é generalizada entre os Indonésios: sob nomes diversos, ela encontra-se na maior parte das ilhas do arquipélago malaio desde Nicobar, no oeste, até Halmahera, no leste. Essa festa, cuja duração é de vários dias e, às vezes, até de um mês[158], tem para os indígenas uma importância extrema[159]: ela exige

---

157. Para os Esquimós, cf. NELSON. Op. cit., p. 310ss., 319 e 427. • TURNER, L.M. "Ethnology of the Ungava District". *Eleventh Ann. Rep. Bur. Ethn.*, 1894, p. 192-193. • PINART. "Eskimaux et Koloches: idées religieuses et traditions des Kaniagmioutes". *La Revue d'Anthropologie*, vol. 4, 1873, p. 5. • VENJAMINOV. "Les îles Aléoutes et leurs habitants". *Nouvelles Annales des voyages*, CXXIV, 1849, p. 122 etc. Para os Índios Otoe, YARROW. Op. cit., p. 97. Para os Hidatsa Sioux, ibid., p. 199. Para os Zuñi, STEVENSON, M.C. "The Zuñi Indians..." 23rd *Ann. Rep. Bur. Ethn.*, 1904, p. 307-308. Para os Hopi, VOTH, H.R. "The Traditions of the Hopi". *Field Columb. Mus.*, VIII, 1905, p. 20. Para os Sia, STEVENSON, M.C. "The Sia". *Eleventh Ann. Rep. Bur. Ethn.*, 1894, p. 145. Para os Astecas, cf. p. 72. Para os Pipiles, PALACIOS, apud TERNAUX-COMPANS. *Recueil de documents...*, 1840, p. 37. Em alguns desses textos o período indicado não é de quatro dias, mas de quatro meses ou anos. O algarismo 40 desempenha o mesmo papel em vários povos. Cf. sobre os Romenos, FLACHS. *Rumänische Hochzeits-und Totengebräuche*, 1899, p. 63. Sobre os Búlgaros, STRAUSZ. *Die Bulgaren*: Ethnographische Studien, 1898, p. 451-453. Sobre os Abecásios (maometanos) do Cáucaso, VON HAHN. *Bilder aus der Kaukasus*, 1900, p. 244-246 (a alma anda às voltas com sofrimentos expiatórios, os parentes estão em grande luto). Sobre os Barabra, RUETE. Art. cit., p.. 339. Sobre os Tcheremisses, SMIRNOV. *Les populations finnoises des bassins de la Volga et de la Kama... I. Les Tchérémisses*, 1898, p. 140-144 (a obrigação mediante a qual os parentes devem fornecer alimentos ao morto cessa no quadragésimo dia). Lembremos, finalmente, que decorriam quarenta dias entre a morte dos antigos reis da França e seus funerais, durante os quais eram servidos alimentos ao rei defunto representado por uma efígie. Cf. LALANNE. *Curiosités des traditions, des moeurs et des légendes*, 1847, p. 294. Sobre o papel importante do algarismo sagrado 3 (ou 9) nos costumes funerários dos Gregos e Romanos da Antiguidade, cf. DIELS. *Sibyllinischer Blätter*, 1890, p. 40-41.

158. O *Tiwah* dos Olo Ngadju dura comumente sete dias. Cf. GRABOWSKY. "Der Tod, das Begräbnis, das Tiwah...", p. 196. Em Halmahera, as cerimônias estendem-se durante um mês inteiro e, às vezes, ainda mais tempo. Cf. VAN BAARDA. "Ein Totenfest auf Halmaheira". *Ausland*, 65, 1883, p. 903.

159. *Acerca dos habitantes de Kar Nicobar, Kloss* (*In the Andamans and Nicobars*, 1903, p. 285) nos diz que é a mais importante de todas as suas cerimônias.

preparativos laboriosos e despesas que, muitas vezes, reduzem a família do morto à miséria[160]; numerosos animais[161] são sacrificados e consumidos nos banquetes que degeneram frequentemente em imensas orgias; os convites enviados, nessa ocasião, a todas as aldeias dos arredores nunca são recusados[162]. Assim, essa festa tenderia a assumir um caráter coletivo; as despesas ultrapassam comumente os recursos à disposição de uma família isolada; além do mais, semelhante interrupção da vida corrente não pode repetir-se com frequência. Entre os Olo Ngadju, o *Tiwah* é celebrado, em geral, para vários mortos ao mesmo tempo, e as famílias envolvidas compartilham a despesa[163]. Em outras sociedades, a festa repete-se regularmente – por exemplo, de três em três anos – e é celebrada em comum por todos os que morreram nesse intervalo de tempo[164]; ela suscita o interesse, portanto, diretamente não mais da família de tal morto particular, mas da aldeia inteira.

A cerimônia final tem um objetivo tríplice: ela deve dar a sepultura definitiva aos restos do defunto; garantir à sua alma o repouso e o acesso à região dos mortos; e, enfim, libertar os sobreviventes da obrigação do luto.

---

160. Cf., em relação a Timor, FORBES. Op. cit., p. 434. Braches (Art. cit., p. 105) cita o caso dos Dayaks, que acabaram por empregar-se como escravos a fim de terem condições de arcar com as despesas do *Tiwah*. Segundo Schawaner (apud ROTH. Op. cit. II, CLXXIII), trata-se da festa mais dispendiosa na Bacia do Barito.

161. Entre os Topebato do centro das Celebes, por ocasião de uma festa considerada como pouco importante, foram abatidos 80 búfalos, 20 cabras e 30 porcos (KRUIJT. Art. cit., 35). Von Rosenberg (Op. cit., p. 27), por sua vez, menciona o número de 200 búfalos (no caso de um chefe) entre os Bataks de Pertibi.

162. Sobre os Dayaks do litoral, cf. PERHAM. Apud ROTH. Op. cit., I, p. 207. Sobre os Olo Maanjan, GRABOWSKY. "Der Distrikt Dusson-Timor...", p. 472. Em Kar Nicobar, todas as aldeias da ilha são convidadas para a festa. Cf. SOLOMON. "Extracts from Diaries Kept in Car Nicobar". *Jour. Anthrop. Inst.*, XXXII, p. 205. De 800 a 1.000 pessoas participam, às vezes, do banquete principal do *Tiwah*. Cf. GRABOWSKY. "Der Tod, das Begräbnis, das Tiwah...", p. 203.

163. HARDELAND. *Versuch einer grammatik...* p. 351. • GRABOWSKY. Op. cit., p. 188.

164. Cf., para os Olo Maajan, GRABOWSKY. "Der Distrikt Dusson-Timor...", p. 47. • TROMP. "Das Begräbnis bei den Sihongern". Art. cit., p. 47. Para os Alfurus do centro das Celebes, KRUIJT. Art. cit., p. 34; o intervalo é, em média, de três anos. Entre os Tundæ, a regra consiste em celebrar a festa quando há dez mortos na aldeia; a data nunca é fixada de maneira rigorosa. Para os habitantes de Kar Nicobar, KLOSS. Op. cit., p. 285ss. • SOLOMON. Art. cit., p. 209; a festa é realizada de três em três ou de quatro em quatro anos, mas nem todos os habitantes da ilha conseguem celebrá-la ao mesmo tempo (sem dúvida, porque as diferentes aldeias desempenham a função, umas em relação às outras, de assistentes e de hóspedes). Aguarda-se também que os restos de todos os mortos estejam dessecados. Em outros lugares, esta última condição não é levada em consideração; por conseguinte, a data das exéquias definitivas é independente do estado do cadáver.

a) A sepultura definitiva

Entre os Dayaks do sudoeste de Bornéu, a última morada do corpo é uma pequena casa, confeccionada totalmente em madeira de lei, na maior parte das vezes, esculpida bastante delicadamente e montada em cima de postes do mesmo material, mais ou menos elevados; esse monumento leva o nome de *sandong* e constitui uma sepultura familiar que pode conter um grande número de indivíduos[165] e subsistir durante muitos anos. Encontramos duas espécies que variam apenas em seu conteúdo e suas dimensões: o *sandong raung*, destinado a servir de receptáculo aos caixões que contêm os restos dessecados dos mortos; e o *sandong tulang*, de proporções bastante reduzidas, que se limita a recolher as ossadas embrulhadas em um pano ou encerradas em um jarro, e que haviam passado muitas vezes por uma incineração prévia[166]. A localização desse monumento funerário não é fixo; na maior parte das vezes, o *sandong* é construído bem próximo da casa, no interior da cerca que protege a aldeia[167]; com frequência também, ele situa-se bastante longe em um terreno especialmente consagrado à família[168].

Esses dois tipos de sepultura definitiva não são peculiares aos Dayaks do sudeste, mas encontram-se em outras tribos do Bornéu e de outras ilhas[169]. Talvez seja legítimo relacioná-los com formas mais primitivas, utilizadas igualmente pela mesma família de povos. O *sandong tulang* parece ter derivado do costume,

---

165. Uns trinta em média (no caso do *sandong raung*). Cf. GRABOWSKY. "Der Tod, das Begräbnis, das Tiwah...", p. 189. Quando um *sandong* está lotado constrói-se outro ao lado e, em seguida, um terceiro. Cf. PERELAER. Op. cit., p. 246.

166. HARDELAND. *Dajakisch-deutsches Wörterbuch*, p. 503. • BRACHES. Art. cit., p. 101. • GRABOWSKY. Op. cit., p. 188-189 e 200-201. • MEYER & RICHTER. Op. cit., p. 125ss. *Raung* significa ataúde, enquanto *tulang* quer dizer ossadas. O *sandong tulang* é montado frequentemente em cima de um só poste. O costume da cremação dos ossos encontra-se entre diferentes povos do arquipélago malaio; p. ex.: os Bataks, HAGEN. Art. cit., p. 517. Os Balinésios, CRAWFURD. Op. cit., p. 255. • VAN ECK, apud WILKEN. *Het Animisme bij de volken...*, p. 52. Os Ot Danom, SCHWANER. Op. cit. II, p. 76 e p. 151. Esse costume tem a ver, talvez, com a influência hindu; de qualquer modo, ele não altera de modo algum o tipo normal indonésio.

167. Cf. SCHWANER. Op. cit. I, 1853, p. 217-218; II, p. 7, 85 e 120. Cf. tb. GRABOWSKY. Op. cit. • MÜLLER, S. Art. cit., p. 402: uma aldeia vangloria-se do número de seus *sandongs* por causa das riquezas que eles representam.

168. Esse afastamento está associado provavelmente ao caráter *pali* ou tabu do ossuário. Cf. BRACHES. Art. cit., p. 10. • GRABOWSKY. Op. cit., p. 198, nota 1. Os documentos relativos aos Olo Ngadju não nos permitem afirmar se, entre eles, os *sandongs* das diversas famílias que compõem a aldeia estão reunidos de maneira a constituir um verdadeiro cemitério. Esse é efetivamente o caso entre os Olo Maanjan de Sihong, segundo TROMP. "Das Begräbnis bei den Sihongern". Art. cit., p. 43. • GRABOWSKY. "Der Distrikt Dusson-Timor...", p. 474.

169. É assim que, ao *sandong raung*, corresponde o *salong* dos Kayans e, ao *sandong tulang*, o *klirieng* dos Dayaks do litoral de Sarawak. Cf. ROTH. Op. cit. I, p. 146 e 148. • NIEUWENHUIS. Op. cit., p. 90. Para Halmahera, VAN BAARDA. Op. cit.

ainda em vigor nas tribos do interior do Bornéu, que consiste em encerrar simplesmente os restos mortais no tronco de uma árvore (madeira de lei), escavada para esse fim[170]; enquanto o *sandong raung* não passa certamente de uma modificação do costume, muito difundido no arquipélago malaio, consistindo em reunir finalmente os ataúdes que contêm as ossadas nas fendas de rochedos ou em cavernas subterrâneas[171].

Essa variedade nos modos da sepultura definitiva[172] é, aliás, secundária para nós. O essencial é que, na maior parte dos casos, a sepultura apresenta um caráter coletivo, pelo menos, familiar: ela contrasta assim nitidamente com a sepultura provisória na qual o cadáver fica, como já vimos, isolado. A translação dos restos, na cerimônia final, não é portanto uma simples mudança de lugar, mas realiza uma transformação profunda na condição do defunto: leva-o a sair do isolamento em que estava mergulhado desde a morte e reúne seu corpo aos dos antepassados[173]. Eis o que aparece claramente ao serem estudados os ritos observados no decorrer dessas segundas exéquias.

Os restos daquele ou daqueles para quem a festa deve ser celebrada são retirados de sua sepultura provisória e conduzidos para a aldeia, para a "casa dos homens" ornamentada suntuosamente ou para uma casa construída especialmen-

---

170. Cf. ROTH. Op. cit. I, p. 152 e 153. • GRABOWSKY. "Die 'Olon Lowangan' in südost Borneo". *Ausland*, 61, 1888, p. 583. • KÜKENTHAL. Art. cit., p. 270. • TROMP. "Uit de salasila van Koetei", p. 92. • SCHAWANER, apud ROTH. Op. cit. II, Apêndice, p. CXCVII. Este último autor indica a possibilidade dessa filiação. Os textos citados fornecem, aparentemente, os intermediários entre a árvore viva dos Orang-Ot e o *sandong tulang*.

171. Cf., em relação ao Bornéu, GRABOWSKY. "Der Tod, das Begräbnis, das Tiwah...", p. 200. • NIEUWENHUIS. Op. cit., p. 376. • TROMP. Art. cit., p. 76. • CREAGH. "On Unusual Forms of Burial by People of the East Coast of Borneo". *Journ. Anthr. Inst.*, vol. XXVI, 1897, p. 33 (descrição de uma caverna contendo 40 caixões). Em relação às Celebes, cf. RIEDEL. "Alte Gebräuche bei Heirathen...", p. 108-109. • MEYER & RICHTER. Op. cit., p. 139. • ADRIANI & KRUIJT. "Van Posso naar Todjo". *Med. Ned. Zend.*, XLIII, 1899, p. 28 e 38. • KRUIJT. Art cit., p. 236. • MATTHES. *Verslag van een uitstapje naar de Ooster-districten van Celebes van 25 Sept. tot 22 Dec. 1864*, kl. 8°, 1865, p. 68-69. Este último autor visitou três grandes cavernas subterrâneas: cada uma continha uma enorme quantidade de ossadas de mortos, colocadas umas ao lado das outras; a maior parte estava encerrada em caixões. Antes da chegada do islamismo, essas cavernas tinham servido de lugares regulares de sepultura.

172. Não esgotamos a lista desses procedimentos; por isso, o enterro (definitivo) é mencionado algumas vezes.

173. BRACHES. Op. cit., p. 101. Na Ilha de Nias, durante uma cerimônia análoga que ainda abordaremos mais adiante, a viúva chama o morto e diz-lhe: "Viemos buscar você, retirá-lo de sua cabana solitária e conduzi-lo para a casa grande (dos antepassados)" (a cabana solitária é idêntica ao *pasah* dos Olo Ngadju; cf. p. 53). • CHATELIN. "Godsdienst en Bijgeloof der Niassers". *Tijdschr. v. Ind. T.L. en Vk.*, XXVI, 1880, p. 149. Impõe-se, em nossa opinião, interpretar no mesmo sentido as fórmulas pronunciadas durante o canto de abertura do *Tiwah*: os espíritos são invocados para que venham "interromper o estado de extravio do defunto que é semelhante... ao pássaro perdido nos ares... à lamínula de ouro desaparecida... etc." • HARDELAND. *Versuch einer grammatik...*, p. 219.

te para esse fim[174]; nesse lugar, eles são colocados em cima de uma espécie de catafalco[175]. Antes, porém, é necessário proceder a uma operação apresentada por um dos autores como o ato essencial dessa festa[176]: os ossos são lavados com cuidado[177]; se, como é habitual, ainda subsistirem carnes, estas são retiradas completamente[178]. Em seguida, eles são colocados em um novo invólucro, na maior parte das vezes, de material precioso[179]. Esses ritos estão longe de ser insignificantes: ao purificar o corpo[180], dando-lhe um novo aparato, os vivos marcam o fim de um período e o começo de outro; eles abolem um passado sinistro e fornecem ao morto um corpo novo e glorificado[181], com o qual o defunto poderá juntar-se dignamente aos antepassados.

Ele, porém, não vai embora sem que lhe tenham sido feitas despedidas solenes e sem que os últimos dias de sua existência terrestre tenham sido cercados de todo o brilho possível. Assim que o ataúde foi colocado em cima do catafalco, entre os Olo Ngadju, o viúvo, ou a viúva, senta-se ao lado: "Você ainda fica durante

---

174. GRABOWSKY. Op. cit., p. 191. • TROMP. "Das Begräbnis bei den Sihongern". Art. cit., p. 47. • KRUIJT. Art. cit., p. 32. Ao ser guardado na habitação dos vivos, o cadáver é transportado também na *balai*. Cf. GRABOWSKY. "Der Distrikt Dusson-Timor...", 1884, p. 472.

175. GRABOWSKY. "Der Tod, das Begräbnis, das Tiwah...", p. 192. • KRUIJT. Art. cit., p. 230.

176. KRUIJT. Art. cit., p. 26.

177. Cf. para os Olo Lowangan, GRABOWSKY. "Die 'Olon Lowangan'...", 1888, p. 583. Para os Dayaks de Koetei, TROMP. "Uit de salasila van Koetei", p. 76. Para os Muruts, ROTH. Op. cit., I, p. 153. Para os indígenas da Ilha Babar, RIEDEL. *Sluik- en kroesharige rassen...*, p. 362. Para Kar Nicobar, SOLOMON. Art. cit., p. 209. Não encontramos nenhuma menção explícita dessa prática entre os Olo Ngadju; dizem-nos apenas que os restos são transferidos para um novo ataúde; cf. GRABOWSKY. "Der Tod, das Begräbnis, das Tiwah...", p. 200.

178. KRUIJT. Art. cit., p. 26 e 33. Trata-se de uma operação não apenas repugnante do ponto de vista físico, mas prenhe de perigos sobrenaturais.

179. Na esteira de KRUIJT. Art. cit., p. 232: as ossadas são como que enfaixadas em pedaços de casca de determinada árvore. Em alguns distritos, decora-se a cabeça, durante a celebração da festa, com uma máscara de madeira (p. 231); as ossadas com seu invólucro são depositadas em um ataúde muito pequeno (p. 235). Em relação a Timor, cf. FORBES. Op. cit., p. 435.

180. Os Olo Maanjan praticam a cremação dos ossos por considerá-la um ato indispensável de purificação. Cf. TROMP. Art. cit., p. 48.

181. Um trecho de Hardeland parece confirmar e completar essa interpretação (*Dajakisch-deutsches Wörterbuch*, p. 308, no verbete *liau*): para que a *liau krahang* ou alma corporal esteja em condições de reunir-se à alma principal, juntam-se todos os restos do cadáver (suplicando aos bons espíritos que recolham todos os cabelos, unhas etc. que o morto possa ter perdido durante sua vida). Em seguida, o *Tempon Telon*, o mítico psicopompo, faz sair daí a *liau krahang* que é aspergida pela mulher com água vivificante; tendo assim voltado à vida e recuperado a consciência, a alma é então conduzida à cidade celeste. Considerando que, em toda essa cerimônia, os acontecimentos (imaginários) relativos à alma são a contrapartida exata das práticas realizadas sobre o corpo, não nos parece duvidoso que as próprias sacerdotisas executem o ato que atribuem à mulher de *Tempon*. Esse rito tem o objetivo de efetuar uma verdadeira ressurreição corporal.

algum tempo entre nós – diz ao morto –, depois partirá para o lugar agradável em que moram nossos antepassados..." Procura-se dar satisfação ao defunto, expondo ao lado de suas ossadas os vasos sagrados e os tesouros mais preciosos da família, dos quais ele havia desfrutado em sua vida, a fim de lhe garantirem uma existência opulenta no outro mundo[182].

Entre os Alfurus do centro das Celebes, dança-se em volta dos restos mortais durante o mês que precede a festa. Em seguida, ao chegarem os hóspedes, as sacerdotisas seguram nos braços as ossadas embrulhadas e, cantando, levam-nos em procissão para a casa de festa, durante dois dias; desta maneira, dizem-nos, os vivos acolhem em seu seio, pela última vez, os mortos dando-lhes testemunho de uma afeição semelhante àquela que haviam manifestado durante a vida deles, antes de se despedirem definitivamente de seus restos e de suas almas[183].

Se o local da sepultura fica longe e perto do rio (como é frequentemente o caso entre os Olo Ngadju), o caixão é colocado em um barco ornamentado com brilho, enquanto as sacerdotisas e os parentes do morto utilizam outro barco. Ao chegarem ao *sandong* e tendo depositado as ossadas, as sacerdotisas executam uma dança em redor do monumento e "suplicam às almas dos que já estão sepultados aí para reservarem um bom acolhimento aos recém-chegados". Tratar-se-á realmente de uma prece? Na realidade, essa dança e esses cantos, por sua virtude peculiar, conferem sentido e a plena eficácia ao ato material que acaba de ser realizado: eles introduzem o morto na comunhão de seus pais, assim como seus ossos acabam de ser reunidos aos deles no *sandong*. Os vivos deixam agora esse lugar com o sentimento de estarem livres de qualquer obrigação para com o morto: tendo guardado silêncio durante sua vinda ao som de uma música fúnebre, eles voltam alegres cantando e bebendo[184]. Esse contraste marca perfeitamente o sentido das segundas exéquias: ao encerrarem o período sombrio em que a morte predominava, elas abrem uma nova era.

Os sentimentos experimentados pelos vivos, após esses ritos, em relação às ossadas, diferem dos sentimentos que o cadáver inspirava durante o período precedente. Os ossos, sem dúvida, ainda estão investidos de um caráter tal que um

---

182. Em virtude do axioma "Rico cá embaixo, rico lá em cima", cf. BRACHES. Op. cit., p. 102. Cf. tb. GRABOWSKY. "Der Tod, das Begräbnis, das Tiwah...", p. 192-193. Sem dúvida, presume-se que a alma de cada um dos objetos expostos segue o morto; naturalmente, a família sobrevivente exalta-se a si mesma, em seus mortos, perante os estranhos presentes.

183. KRUIJT. Art. cit., p. 33 e 235. Essa interpretação do autor parece, aliás, atenuar o alcance do rito: como é indicado pela presença das sacerdotisas e por seus cantos, trata-se de um ato que se refere diretamente à salvação dos mortos; as palavras do canto são demasiado obscuras. Talvez se deva equiparar esse rito com aquele que é descrito no parágrafo seguinte.

184. HARDELAND. *Dajakisch-deutsches Wörterbuch*, p. 609. • GRABOWSKY. Op. cit., p. 200-201. Sobre os Muruts, cf. ROTH. Op. cit. I, p. 153.

contato demasiado íntimo com eles parece temível e, muitas vezes, prefere-se manter uma distância bastante grande entre a casa dos mortos e os vivos[185]; no entanto, daí em diante, o elemento de repulsão e nojo deixa de ser predominante, dando lugar a uma respeitosa confiança. Acredita-se que, do ossuário, emana uma influência benfazeja que protege a aldeia contra o infortúnio e garante apoio aos vivos em seus empreendimentos[186]. Basta que essas representações e esses sentimentos se desenvolvam e se tornem explícitos para que se constitua um verdadeiro culto de relíquias, o que determina uma séria modificação na natureza das exéquias definitivas.

Com efeito, particularmente quando se trata de chefes ou de grandes personagens, o alto conceito que se tem da virtude de seus restos e o desejo de garantir seu poder benfazejo fazem com que, em algumas tribos, lhes seja atribuído um lugar permanente na própria casa dos vivos. No arquipélago malaio, tal privilégio é quase sempre usufruído somente pela cabeça[187], que é a parte essencial do corpo e a sede dos poderes do morto. Após ter sido enfeitada, ela é depositada no interior da casa ou em um pequeno nicho contíguo. Em determinadas ocasiões, oferecem-lhe alimentos e é ungida com algum líquido especial: ela faz parte do tesouro sagrado da família e garante sua prosperidade[188]. Assim, os restos dos

---

185. BRACHES. Art. cit., p. 103: o *sandong*, e tudo o que o circunda, é *pali*.

186. Sobre Timor Laut, cf. VAN LIER. "Begrafensgebruiken op de Tenimber-eilanden". *Int. Arch. Ethn.*, XIV, 1901, p. 216. Daí o esforço no sentido de ficar em contato com os mortos; entre os Alfurus do centro das Celebes guardam-se pedacinhos da casca que serviu para guarnecer as ossadas: são levados à guerra para garantir a proteção dos mortos (KRUIJT. Art. cit., p. 231, nota 1). Do mesmo modo, na Ilha de Babar, as mulheres encarregadas de colocar os restos em uma caverna da montanha trazem desse lugar alguns ramos de árvores, cujas folhas são distribuídas pelos habitantes da aldeia. Cf. RIEDEL. *De sluik-en kroesharige rassen...*, p. 362. Alguns Alfurus do leste das Celebes chegam inclusive a compartilhar os ossos entre os membros da família que, aliás, atribuem-lhes poderes mágicos. Cf. BOSSCHER & MATTHISSEN, apud WILKEN. *Het Animisme bij de volken...*, p. 179.

187. As outras ossadas são levadas para um ossuário coletivo ou não são absolutamente exumadas. Cf., para os habitantes de Kar Nicobar, SOLOMON. Op. cit., p. 209. • KLOSS. Op. cit., p. 82. Para os Bataks de Toba, WILKEN. "Iets over de Schedelvereering bij volken van den Indischen Archipel". *Bijd. t. d. T. L. en Vk. v. Ned. Ind.* I, 1889, p. 98. Para os Dayaks, relativamente aos Olo-Lowangan, GRABOWSKY. "Die 'Olon Lowangan'...", 1888, p. 583. Sobre os Olo Maanjan, cf. BANGERT, apud WILKEN. Op. cit., p. 95-96. Sobre os Tundjung, cf. TROMP. "Uit de salasila van Koetei", p. 76. Em relação a Buru, FORBES. Op. cit., p. 405. Para o Arquipélago de Timor Laut, KOLFF. Op. cit., p. 222. • FORBES. Ibid., p. 324 (o filho do morto carrega as duas primeiras vértebras do esqueleto a fim de afastar a desgraça de sua pessoa). Observemos o seguinte: alguns povos, que não conservam as relíquias, limitam-se também a reunir, por ocasião das exéquias definitivas, as cabeças dos mortos em uma sepultura coletiva. Cf. RIEDEL. *De sluik-en kroesharige rassen...*, p. 142 e 362.

188. Cf. os textos citados na nota precedente. Cf. tb. PERHAM, apud ROTH. Op. cit. I, p. 211. Aqui, trata-se efetivamente de um culto dos antepassados, pelo menos, de alguns deles; mas se a cerimônia final é suscetível de tornar-se assim o ponto de partida de um culto, ela não tem necessariamente um caráter cultual. As segundas exéquias indonésias não diferem, por sua função, de nosso

mortos nem sempre são reunidos, no final, em uma sepultura comum junto das ossadas dos pais; mas essa transformação do rito não altera seriamente seu sentido. A própria existência de um culto dedicado às relíquias pressupõe a noção segundo a qual, entre a coletividade dos vivos e a dos mortos, não há uma solução de continuidade absoluta: voltando a morar na casa doméstica a título de antepassados venerados e protetores, esses mortos de prestígio entram na comunhão familiar. No entanto, demasiado ilustres e poderosos para se perderem na multidão dos mortos, eles recebem um lugar de honra na proximidade dos vivos; e o culto do qual serão objeto, daí em diante, manifesta nitidamente a mudança realizada neles mediante a cerimônia final.

Se existe a expectativa de obter, mediante as segundas exéquias, efeitos favoráveis para os mortos e, ao mesmo tempo, para os vivos, a realização desse rito não deixa de ser penosa e temível por causa do contato íntimo que supõe com o próprio foco da infecção fúnebre[189]. Assim numerosas tribos, seja na sequência de uma evolução espontânea ou sob influências estrangeiras, acabariam por evitar o incômodo e os riscos dessa cerimônia. Algumas preferiram adiantar a celebração da festa devida ao morto e fazer com que ela viesse a coincidir com as exéquias imediatas que se tornaram definitivas[190]. Em outros lugares, a festa permaneceu em sua antiga data, mas subsistem apenas vestígios do antigo costume relativamente à mudança de sepultura; é por isso que as tribos dos Alfurus do centro das Celebes, convertidas ao islamismo, deixaram de exumar os cadáveres, limitando-se, por ocasião da cerimônia final, a arrancar todas as ervas daninhas do túmulo, a tirar a casinha que o encobria e, enfim, a colocar nesse local novos invólucros de casca e provisões para a grande viagem que a alma deve fazer[191].

---

funeral; seu objetivo não consiste em adorar ou propiciar as almas divinizadas. O fato de serem celebradas muito tempo após a morte não nos deve induzir em erro: uma ação cultual repete-se indefinidamente em determinados intervalos, ao passo que a cabeça do morto constitui o termo de uma série de práticas.

189. Cf. p. 93. Em Nicobar, a exumação é considerada uma operação muito perigosa, exigindo precauções e purificações especiais. Cf. SOLOMON. Op. cit., p. 209. No sul da Ilha de Nias, essa tarefa era imposta com violência a um indivíduo; depois de decapitá-lo, a cabeça era depositada junto aos restos do morto (DONLEBEN. "Bijdragen tot de kennis van het eiland Nias". *Bijdschr. v. Nederl. Ind.*, X, 1848, p. 180). Os autores recentes – em particular, Modigliani (*Un viaggio a Nias*, 1896, p. 280) – nada observaram de semelhante: o morto é enterrado imediatamente em uma sepultura definitiva.

190. P. ex., os Olo Maanjan. Cf. GRABOWSKY. "Der Distrikt Dusson-Timor…", p. 471. O antigo costume manteve-se apenas entre os ribeirinhos do Sihong.

191. KRUIJT. Art. cit., p. 35. O rito da destruição da "casa" (temporária) do morto, durante a celebração final, encontra-se também na Ilha de Soemba, correlativamente com o fechamento definitivo da tumba que, até então, estivera coberta apenas com uma pele dessecada de búfalo. Cf. ROOS. Art. cit., p. 56-58. Entre os próprios Olo Ngadju, às vezes, não há exumação dos restos mortais; então, enquanto são recitadas fórmulas apropriadas, uma haste de bambu bem esculpida é plantada

À medida que essas reminiscências forem desaparecendo, as pessoas acabarão por esquecer que um dos objetivos essenciais da cerimônia final havia sido a translação do lugar de depósito temporário em que se encontravam as ossadas purificadas para uma sepultura definitiva de caráter coletivo.

b) O acesso da alma à morada dos mortos

Um serviço fúnebre que modifica a condição da alma é celebrado paralelamente a essa ação exercida sobre os restos materiais do defunto: trata-se de interromper sua agitação inquieta, introduzindo-a solenemente na sociedade dos mortos. É uma tarefa árdua que pressupõe poderosas ajudas porque o caminho que conduz ao outro mundo está semeado de perigos de todos os tipos[192]; assim, a alma só chegará ao termo de sua viagem se for conduzida e protegida por algum poderoso psicopompo, tal como o *Tempon Telon* dos Olo Ngadju[193]. A fim de garantir essa assistência indispensável à alma, sacerdotes e sacerdotisas, convocados pela família do morto, recitam longas encantações acompanhadas por tambor[194].

---

em cima do túmulo; é sinal para a alma de que ela pode entrar na cidade dos mortos. Cf. GRABOWSKY. "Der Tod, das Begräbnis, das Tiwah...", p. 193. Sobre os indígenas de Luang Sermata, cf. RIEDEL. Op. cit., p. 329. No *Gawai Antu*, grande festa funerária dos Dayaks do litoral, não há em geral segundas exéquias; eles limitam-se a construir, em alguns casos em cima do túmulo, um monumento em madeira de lei e, ao mesmo tempo, levam alimentos para esse lugar. Cf. ROTH. Op. cit. I, p. 204-205, 208-209 e 258.

192. Cf., sobre os Olo Ngadju, GRABOWSKY. Op. cit., p. 185ss. (a principal provação é a passagem de um redemoinho de fogo). Sobre os Bahau do centro do Bornéu, NIEUWENHUIS. Op. cit., p. 104.

193. Trata-se do mais renomado dos *sangiang*, ou bons espíritos dos ares; ele é designado, de acordo com seu principal escravo, pelo nome de "Senhor de Telon"; mas seu verdadeiro nome é *Rawing*, o Crocodilo. Cf. HARDELAND. *Versuch einer grammatik...*, p. 352, nota 43. A este respeito, é interessante observar que as esculturas que ornamentam o *sandong* são, em geral, serpentes e crocodilos (PERELAER. Op. cit., p. 246). Por outro lado, em uma passagem do canto das sacerdotisas, o próprio *Tempon Telon* declara que é um tigre (p. 281). Ora, os Dayaks de Mahakam oferecem a seus mortos de prestígio um tigre de madeira com cabeça de crocodilo, o qual sem dúvida está encarregado de acompanhar a alma em sua viagem (TROMP. "Uit de salasila van Koetei", p. 63). E o tigre associado ao crocodilo ou à serpente aparece frequentemente junto ao *sandong* (HARDELAND. Op. cit., p. 257. • GRABOWSKY. Op. cit., p. IX, fig. 9). O calau [*bucéros*] desempenha um papel análogo. É notável que os termos – tigre, crocodilo ou calau – apareçam constantemente no jargão das sacerdotisas para designar os homens e as mulheres, assim como os mortos já estabelecidos no outro mundo. Sabe-se que a crença em um parentesco especial entre o homem e o crocodilo ou o tigre, além de uma transmigração da alma após a morte para o corpo desses animais, é encontrada com frequência no arquipélago malaio. Cf. EPP. *Schilderungen aus Holländisch Ost-Indien Archipel*, 1841, p. 159-160. • WILKEN. *Het Animisme bij de volken...*, p. 68ss. Para o calau, cf. PLEYTE. "Pratiques et croyances relatives au bucéros dans l'archipel indien". *Revue d'Ethnographie*, IV, 1885, p. 313ss.; V, 1886, p. 464ss.

194. HARDELAND. Op. cit., p. 209. • GRABOWSKY. Op. cit., p. 197-198.

Eles devem começar por dirigir-se acima das nuvens para convidar os espíritos celestiais a descerem à terra onde são aguardados pelas almas[195]. Sem oferecer a mínima resistência, eles chegam e, mediante a prece dos parentes dos mortos, cumprem o dever de carregar seu barco, introduzindo neste, além das almas dos mortos, as almas dos animais imolados para a festa, assim como todos os tesouros que haviam sido expostos durante a celebração. Ao som de tambores e estampidos, o navio, conduzido por *Tempon Telon*, começa velozmente seu trajeto[196]. À medida que se aproxima o desenlace do drama, a emoção torna-se mais intensa. Os assistentes mantêm-se em silêncio, enquanto o principal oficiante é tomado por um verdadeiro frenesi: rosto crispado, espumando e todo suado, ele parece identificar-se com *Tempon Telon* (aliás, ele carrega seus atributos), enxerga os perigos que ameaçam o navio, incluindo o redemoinho de fogo que deverá ser transposto. Enfim, ecoa o grito de triunfo, o qual alivia a assistência[197]: eles estão salvos! Chegaram à cidade dos mortos!... Ao desembarcarem, as almas começam a dançar em redor da nova morada, parabenizando-se: "Chegou o dia de nossa vitória! Eis-nos aqui conduzidas por *Tempon Telon* longe da orla terrestre em que estão reunidas as lanças dos homens; vemos a cidade rica na qual refulge o ouro..." Em seguida, após ter ingerido a abundante refeição que lhes é prodigalizada pela festa, elas mandam vir seus escravos[198] cujo encargo consiste em enfeitá-las, ungir seus cabelos e enegrecer seus dentes: e o coração delas transborda de júbilo! Então os antepassados, que há muito tempo residem na região dos mortos, reúnem-se e vêm desejar as boas-vindas aos recém-chegados[199]. No entanto, estes ainda não estão completamente restabelecidos: têm de fazer outra viagem (e entoar um canto especial)[200] para que as almas dos ossos, dos cabelos e das unhas, despertadas de sua prolongada modorra, cheguem, por sua vez, à cidade celestial e juntem-se a seu senhor. Então, a obra está concluída: a sombra retomou corpo, a alma exilada e errante tem agora um lugar fixo no meio dos se-

---

195. HARDELAND. Op. cit., p. 236ss.

196. Ibid., p. 252. Para o que segue, referimos-nos a Ullmann (apud GRABOWSKY. Op. cit.). Com efeito, no texto de Hardeland, a descrição da viagem é sumária e, em particular, não faz nenhuma menção às provações a atravessar.

197. Os assistentes dão testemunho de sua alegria com gritos e um alvoroço infernal. Cf. GRABOWSKY. Op. cit., p. 198.

198. Aqueles que o defunto, em vida, tinha "enviado na frente" ao decapitá-los, ou as vítimas imoladas durante a festa. Cf. BRACHES. Op. cit., p. 102-103.

199. HARDELAND. Op. cit., p. 269-273. Notemos a simetria entre essas imagens e as práticas observadas no decorrer das exéquias: a ronda das almas em redor da casa celestial corresponde à dança das sacerdotisas em redor do *sandong* (cf. p. 95s.), enquanto o atavio dos recém-chegados tem a ver com a limpeza dos restos materiais.

200. Aliás, calcado no precedente. Cf. HARDELAND. Op. cit., p. 283.

melhantes[201]; à existência precária que ela leva desde a morte, segue-se uma vida opulenta[202] que parece perpetuar indefinidamente os esplendores e a abundância em excesso da própria festa funerária. Em suma, após essa última provação, a alma está livre, salva[203].

Se dermos crédito ao missionário Braches, essa descrição da viagem da alma e da aldeia celestial não passaria de uma fábula totalmente inventada pelos sacerdotes psicopompos; no fundo, para estes, assim como para todos os Dayaks, a alma está grudada aos restos corporais e reside no interior ou na proximidade do *sandong*[204]. Com efeito, há uma ligação estreita entre o receptáculo das ossadas e a "cidade dos mortos": é a alma ou a substância espiritual da casa-ossuário e dos brilhantes acessórios à sua volta que constituirá no céu, após ter passado por uma transfiguração, a morada e os tesouros dos mortos[205]. Os cantos mágicos limitam-se a transpor as práticas realizadas sobre as ossadas para a linguagem do mito. No entanto, essa transposição não é uma falsa ficção. Sem dúvida, "a única consolação do Dayak é o pensamento segundo o qual um dia estará reunido aos pais"[206]. Mas essa reunião que é, no tocante ao morto, o objeto essencial da cerimônia final, realiza-se ao mesmo tempo por duas vias diferentes: pela deposição dos restos em uma sepultura comum e pelo acesso da alma à morada coletiva dos mortos. Os dois acontecimentos são solidários e igualmente essenciais: o rito fornece um suporte material à representação, enquanto a imaginação prolonga e conclui o que é apenas indicado pelo rito.

A alma não entra na cidade celestial para usufruir de um repouso eterno; a imortalidade não é um atributo que seja mais peculiar aos habitantes do outro mundo do que aos deste mundo. Por um período de sete gerações, a alma permanece no céu; mas sempre que vier a atingir o termo de uma existência, ela

---

201. Todos estão juntos na mesma moradia; as famílias reconstituem-se: GRABOWSKY. Op. cit., p. 186. Cf. KRUIJT. Art. cit., p. 28-29. No entanto, determinadas categorias de mortos moram à parte; voltaremos a este ponto.

202. GRABOWSKY. Op. cit., p. 187. • KRUIJT. Op. cit.

203. Cf. GRABOWSKY. Op. cit., p. 188. Contudo, ele está equivocado ao aplicar à alma a palavra que serve para designar a festa: *Tiwah*. Como veremos, esta deve referir-se aos vivos.

204. BRACHES. Art. cit., p. 102-103. Sua conclusão é a seguinte: "O único objetivo do *Tiwah* consiste, portanto, em transportar as ossadas do morto depositadas no ataúde provisório para o *sandong*, além de conduzir a alma da 'colina em que o ataúde estava escondido' para o lugar do *sandong*".

205. GRABOWSKY. Op. cit., p. 190. Certo dia, depois de ter escutado o sermão de um missionário, um Dayak declarou o seguinte: "Nosso céu é o *sandong*" (GRABOWSKY. Op. cit., p. 198). Essa frase, em vez de uma negação da "cidade das almas" no céu, destina-se simplesmente a mostrar a oposição entre as pregações cristãs e o sistema de crenças do qual o *sandong* é a expressão visível. Cf. sobre os Alfurus, KRUIJT. Art. cit., p. 235.

206. BRACHES. Art. cit., p. 105.

deve morrer e, em seguida, renascer[207]. Depois de sua sétima morte, a alma volta a descer à terra e introduz-se em um cogumelo ou em uma fruta, de preferência, perto da aldeia. Se uma mulher comer essa fruta ou esse cogumelo, a alma entrará em seu corpo para renascer em breve sob forma humana. No entanto, se a fruta for ingerida por determinados animais – búfalo, veado ou macaco –, a alma reencarnar-se-á em um corpo de animal; este último será, finalmente, consumido por um homem e, depois dessa digressão, a alma irá integrar-se aos seres humanos[208]. Se, pelo contrário, a fruta ou o animal morrer sem ser ingerido por um homem, a alma dissipa-se então para sempre[209]. Salvo nesse caso, que entre os Olo Ngadju parece excepcional, vê-se que a alma está destinada a percorrer sem fim o ciclo de mortes e renascimentos, além de que sua estada no céu, entre os antepassados, não passa de um estágio que separa duas encarnações terrestres, em corpo humano ou de animal. Para esses povos a morte não é, portanto, um acontecimento singular, que ocorre apenas uma vez na história do indivíduo; trata-se de um episódio que se repete indefinidamente e marca simplesmente a passagem de uma forma de existência para outra.

---

207. Em algumas tribos Dayaks de Sarawak, o número de mortes sucessivas não passa de três (ROTH, C. Op. cit. I, p. 213). Chalmers (apud ROTH. Op. cit., 167) menciona quatro, mas a primeira corresponde ao fim do período transitório e à entrada na região das almas; durante cada existência, a alma leva um nome distinto. A mesma crença em três mortes sucessivas encontra-se entre os Alfurus do centro das Celebes (KRUIJT. Art. cit., p. 29): a alma passa, em cada vez, para uma nova morada; os nomes desses diferentes lugares são claramente de origem hindu ou muçulmana; mas o fundo da crença é original. Os indígenas de Nias acreditam em nove mortes sucessivas: as vidas do outro mundo duram exatamente uma quantidade de anos semelhante à da precedente existência terrena (WILKEN. *Het Animisme bij de volken...*, p. 65).

208. De acordo com Perelaer (Op. cit., p. 17-18), os Dayaks comem naturalmente a carne desses animais porque estes alimentam-se exclusivamente de vegetais e, por conseguinte, existe uma grande possibilidade de alojarem neles uma alma humana. Pelo contrário, Hendrichs ("Bootreisen auf dem Katingam in Süd-Borneo". *Mill. d. Geogr. Ges. z. Iena*, 1888, p. 106-107) nos diz que numerosos Dayaks não comem a carne dos veados ou javalis, nem as folhas de determinadas palmeiras porque a alma dos antepassados poderia estar encerrada aí. Os dois testemunhos, embora contraditórios, estão de acordo no ponto essencial. A propósito dos búfalos, Braches (Art. cit., p. 103) afirma que, para os Olo Ngadju, o antepassado deles é o mesmo dos homens; tendo em conta que é proibido utilizar vítimas humanas, eles seriam sacrificados em lugar dos homens por ocasião do *Tiwah*. Cf. NIEUWENHUIS. Op. cit., p. 103 e 106.

209. Expomos a crença sob a forma que ela se apresenta entre os Olo Ngadju (BRACHES. Art. cit., p. 102. • GRABOWSKY. "Der Tod, das Begräbnis, das Tiwah...", p. 187) e entre os Olo Maanjan (GRABOWSKY, "Der Distrikt Dusson-Timor...", p. 471). Mas ela encontra-se, pelo menos, fragmentariamente, em outros povos do arquipélago. Cf., para os Balineses, WILKEN. *Het Animisme bij de volken...*, p. 61-62. Depois de sua existência celestial, a alma volta a descer à terra sob a forma de orvalho e reencarna-se em uma criança da mesma família, o que explica as semelhanças atávicas; para a Ilha de Nias (p. 65). Para os Dayaks do Noroeste, ROTH. Op. cit. I, p. 167, 213 e 217-219. Em várias tribos, deixou de existir a crença em uma reencarnação: a alma volta à terra sob a forma de orvalho ou desaparece em alguma planta ou inseto anônimo da floresta; sua existência real e pessoal é abolida. Nesse aspecto, há sem dúvida um empobrecimento da crença primitiva, a qual ainda é possível identificar na prática dos Olo Ngadju.

Ao interromper os sofrimentos da alma, a cerimônia final retira toda a razão de ser das disposições malevolentes que, desde a morte do indivíduo, ela alimentava contra os vivos. Mesmo depois da grande festa funerária, continua sendo verdade que os mortos pertencem a outro mundo e que um contato demasiado familiar com eles é perigoso para os vivos[210]. No entanto, em geral, as almas deixam os parentes em paz desde que estes executem todos os deveres para com elas[211]. Em numerosos casos, essa fórmula negativa é insuficiente: entre a comunidade dos vivos e a dos mortos, há relações singulares e troca de bons ofícios[212]. Em algumas sociedades indonésias, um verdadeiro culto é prestado às almas apaziguadas que então se introduzem, na casa doméstica, em um objeto consagrado ou em uma estatueta do morto, dando-lhes vida; sua presença, devidamente reverenciada, garante a prosperidade dos vivos[213]. Assim, o ato que reúne a alma do morto às almas dos antepassados confere-lhe, às vezes, o caráter de uma divindade tutelar, levando-a a entrar solenemente no âmago da casa familiar[214].

---

210. Cf. PERHAM, apud ROTH. Op. cit. I, p. 208: a presença dos mortos é desejada, mas somente quando o momento e a maneira são convenientes.

211. Cf. p. 62. Cf. tb. SAINT-JOHN, apud ROTH. Op. cit. II, p. 142: "Então [depois da festa], os Dayaks esquecem seus mortos e são esquecidos pelos espíritos dos mortos".

212. Os vivos oferecem sacrifícios aos mortos, enquanto os mortos, por seu poder, garantem o sucesso de empreendimentos terrestres, em particular, das colheitas. Cf. KRUIJT. Art. cit., p. 31 e 36.

213. Na Ilha de Roti, no mesmo dia em que a alma parte para a região dos mortos, corta-se, seguindo determinado modelo, uma folha de palmeira que é aspergida com o sangue de um animal sacrificado; esse objeto (chamado *maik*) que, a partir desse momento, leva o nome do morto, é atado na sequência de outros, idênticos, os quais representam os mortos mais antigos, e dependurado no teto; essa cerimônia equivale, dizem-nos, a uma canonização do defunto. Com o desaparecimento do *maik*, na sequência de desgaste ou da ação de vermes, ele não é substituído. Distinguem-se duas classes de espíritos (*nitus*): os do interior que ainda têm seu *maik*; os sacrifícios a que têm direito são efetuados dentro de casa. E os do exterior, cujo nome vive apenas na memória dos vivos; os sacrifícios que lhes são devidos realizam-se fora de casa. Assim, o culto doméstico limita-se aos antepassados mais próximos; ao cabo de algum tempo, as almas perder-se-ão na coletividade dos antepassados comuns a toda a aldeia. Cf. HEIJMERING. "Zeden en gewoonten op het eiland Rottie". *Tijds. v. Ned. Ind.*, VI, 1844, p. 365-366 e 391. GRAAFLAND. "Die Insel Rote (Rotti)". *Mill. d. Geog. Ges. z. Iena*, VIII, 1890, p. 168. • MÜLLER, S. Art. cit., p. 289. • WILKEN. *Het Animisme bij de volken...*, p. 195. Cf. para as Filipinas, BLUMENTRITT. Art. cit., p. 150. No norte da Ilha de Nias, existe, ao lado da alma-sombra – que, pouco tempo após a morte, se dirige para o outro mundo –, uma alma-coração que, ao termo de vinte ou trinta dias, transforma-se em uma aranha mais ou menos autêntica, a qual permanece junto ao cadáver até que os parentes venham procurá-la na sepultura e levá-la com grande pompa para a casa familiar onde ela reside em uma estatueta, ligada às imagens dos antepassados e colocada perto da lareira. Cf. CHATELIN. Art. cit., p. 147-155. • MODIGLIANI. Op. cit., p. 290, 293ss. e 646-647. Parece comprovado que a cerimônia da extração das almas, celebrada para vários mortos ao mesmo tempo, é idêntica à festa funerária final (após o abandono do rito das segundas exéquias).

214. Esses fatos estão estreitamente associados àqueles que foram expostos mais acima. Seria, talvez, conveniente ver inclusive no *maik* ou na estatueta apenas substitutos da festa do morto. Algumas ilhas do Arquipélago Timor Laut apresentam-nos uma forma de transição: em casa, conserva-se

c) A libertação dos vivos

Os ritos analisados até aqui tinham o objetivo imediato de fornecer as melhores condições ao morto; se eventualmente traziam algum benefício para os vivos, isso ocorria apenas como efeito indireto. Contudo, durante a festa funerária, observa-se uma série de práticas não menos importantes, cuja finalidade imediata consistia em interromper o luto dos parentes do morto e reintroduzi-los na comunhão social[215].

Desde o primeiro dia do *Tiwah*, após um banquete do qual os únicos participantes são as mulheres, uma delas prepara sete pacotinhos de arroz para as almas dos mortos e outros sete para os maus espíritos. Ao mesmo tempo, ela pronuncia uma fórmula que revela claramente a significação desse ato: "Deposito aqui seu alimento; deste modo, quebro qualquer resistência, tudo o que é impuro, todos os maus espíritos, todos os pesadelos, e interrompo todos os prantos"[216]. Essa oferenda indica que chegou o momento em que os vivos devem separar-se dos mortos e dissipar a atmosfera inquietante que os envolvia durante o luto. Essa é apenas a primeira evocação de um tema que será retomado frequentemente no decorrer da festa. No próprio canto das sacerdotisas que deve conduzir as almas para a cidade celeste, os vivos – em particular, os parentes dos mortos – ocupam a posição mais importante. Durante todo o período das encantações, as sacerdotisas carregam nas dobras de seus trajes, à semelhança de criancinhas[217], as almas dos doadores da festa; sempre que sobem ao céu para invocar a ajuda dos bons espíritos, elas levam seus protegidos. Aliás, uma espécie de fascínio atrai as almas dos vivos para as regiões do alto: convém ter o cuidado de chamá-las pelo nome, se houver a pretensão de evitar que permaneçam no outro mundo ao qual tiveram acesso ao seguirem os mortos[218]. Mas não foi inutilmente que

---

a cabeça do morto e, além disso, fabrica-se uma estatueta que representa o morto. A alma não reside permanentemente no crânio, tampouco na estatueta. Ao ser evocada, ela tem a liberdade de fazer a escolha entre essas duas moradas: uma mosca, ao pousar em uma ou na outra, revela a opção da alma. Cf. WILKEN. *Het Animisme bij de volken...*, p. 178-179.

215. É esse elemento da cerimônia final que, entre os Olo Ngadju, lhe confere seu nome porque a palavra *Tiwah* significa estar livre, desobrigado do interdito; é exatamente o contrário de *pali* (do mesmo modo que, em Maori, *noa* se opõe a *tabu*). Cf. HARDELAND. *Dajakisch-deutsches Wörterbuch*, p. 608.

216. GRABOWSKY. "Der Tod, das Begräbnis, das Tiwah...", p. 196. Entre os Dayaks de Sarawak, Perham (apud ROTH. Op. cit. I, p. 209) menciona um rito análogo que constitui, diz ele, um elemento importante da festa: determinada quantidade de *tuak* (bebida inebriante) foi colocada à parte em um bambu e consagrada às almas; ela é ingerida solenemente por um idoso.

217. Nome que, no canto das sacerdotisas, designa frequentemente os parentes do morto. Cf. HARDELAND. *Versuch einer grammatik...*, p. 216.

218. Ibid., p. 225ss. e 276.

essas viagens espirituais foram efetuadas. As sacerdotisas nunca deixam de atrair a atenção dos espíritos para os doadores da festa: "De pé – imploram elas ao mais poderoso dos espíritos –, aperte com força o corpo[219] daquele que está aqui para se livrar da desgraça; queira afastar o fedor que petrifica como o raio, dissipar a nuvem impura da morte; queira rechaçar o destino que rebaixa e faz recuar a vida [...]"[220]. Não basta "matar a adversidade"[221] que oprimia os vivos; convém que *Tempon Telon*, aspergindo o corpo deles com água vivificante, venha a regenerá-los[222] e garantir-lhes uma longa vida; convém que lhes comunique "os poderosos sortilégios que prodigalizam a riqueza, o sucesso no comércio e o brilho da glória"[223]. Naturalmente, as sacerdotisas efetuam, ao mesmo tempo, os atos que o canto lhes impõe ou que são atribuídos aos espíritos celestes[224]. Além disso, esses ritos, tanto orais quanto manuais, produzem nos vivos uma mudança profunda[225]: livres do mal a que estavam subjugados, eles voltarão à vida regular com uma renovada provisão de potência vital e social[226].

No entanto, para os vivos serem curados da impureza, é indispensável um sacrifício, de preferência aquele que, na opinião dos Dayaks e da maior parte dos Indonésios, é dotado de uma eficácia irresistível: a imolação de uma víti-

---

219. É a operação sobejamente conhecida em magia curativa que consiste em retirar a coisa funesta que estaria alojada no corpo do paciente; aqui os espíritos – e talvez efetivamente as sacerdotisas – fazem sair dele "a pedra que delimita (i. é, encurta) a vida".

220. HARDELAND. Op. cit., p. 246. Extraímos, a título de exemplo, essas fórmulas de uma série muito mais longa que é repetida várias vezes (com algumas variantes) no decorrer desses cantos. Cf. p. 216ss., 231, 244 e 323.

221. Ibid., p. 245: a desgraça torna-se inerte, sem energia, à semelhança do que ocorre com os peixes imersos em um rio envenenado.

222. Cf. p. 93. A mesma ação que, aplicada aos restos do morto, o faz renascer para outra vida, renova a pessoa dos vivos.

223. HARDELAND. Op. cit., p. 276ss. e 290. No fundo de todos esses textos encontra-se a distinção entre duas espécies contrárias da potência mágica: a primeira (*sial, palahan*) compreende tudo o que diminui o poder vital ou social do indivíduo, enquanto a outra constitui ou fortalece esse mesmo poder. O esforço das sacerdotisas tende, por um lado, a paralisar a potência adversa que, durante o luto, mantinha sob seu domínio os parentes do morto e, por outro lado, a colocar à disposição deles uma consistente reserva de energia (mística) benfazeja.

224. Cf. ibid., p. 231 e p. 354, nota 77.

225. Essa mudança é inclusive física: durante o luto, os ossos estavam desconjuntados (como ocorre, dizem os Dayaks, sempre que o organismo está esgotado ou fraco); por ocasião do *Tiwah*, eles voltam a juntar-se uns aos outros.

226. A casa, assim como o mobiliário, devem ser purificados: para esse efeito, são esfregados e espancados de modo a fazer sair deles as "coisas funestas" (concebidas como pessoas vivas); tais coisas deslocam-se para as sacerdotisas que as levam para fora, lançando-as em barcos que se dirigem para "sua morada situada no meio do mar". Cf. HARDELAND. Op. cit., p. 328ss. e 368. • GRABOWSKY. "Der Tod, das Begräbnis, das Tiwah...", p. 202.

ma humana por decapitação; em seguida, a cabeça será conservada[227]. Um dia inteiro, por ocasião do *Tiwah*, é dedicado a esse rito essencial. Os prisioneiros ou escravos, cuja alma havia sido retirada previamente mediante uma operação mágica, são amarrados ao poste sacrifical; coletivamente, os parentes masculinos do morto desempenham o papel de sacrificadores, dançando e pulando em torno da vítima, além de golpeá-la com suas lanças ao acaso. Os urros de dor são acolhidos com gritos de júbilo; com efeito, quanto mais cruel for a tortura, tanto maior será a felicidade das almas no céu. Enfim, ao cair no chão, a vítima é decapitada solenemente no meio de uma alegria intensa; seu sangue é recolhido por uma sacerdotisa que se serve dele para aspergir os vivos "a fim de reconciliá-los com o parente morto"; a cabeça será colocada junto das ossadas do defunto ou fixada na ponta de uma estaca erguida perto do *sandong*[228]. Com certeza, o sacrifício funerário não se destina apenas a deixar a família do morto desobrigada do tabu. Suas funções são tão complexas quanto o objeto da festa da qual ele é o ato decisivo; além disso, a fúria mística dos sacrificadores, ao mesmo tempo em que dessacraliza os vivos, dá paz e beatitude à alma do morto, regenerando (sem dúvida) seu corpo[229]. Entre essas mudanças de estado produzidas pela virtude do sacrifício, a libertação das pessoas em luto é apenas a mais aparente, a que interessa mais diretamente aos vivos[230].

---

227. Cf. WILKEN. *Het Animisme bij de volken*..., p. 1.124ss. • WILKEN. "Über das Haaropfer..." *Revue Coloniale*, III, p. 258. • WILKEN. "Iets over de Schedelvereering..." I, 1889, p. 98ss. • SAINT-JOHN, apud ROTH. Op. cit. II, p. 143.

228. GRABOWSKY. Op. cit., p. 194 e 198ss. Sobre os Dayaks do litoral, cf. ROTH. Op. cit., p. 258: a aspersão dos parentes com o sangue da vítima tem a finalidade de "indicar que o *ulit* ou tabu foi removido. – Tal é a forma complexa e original do rito; mas quando não há escravo ou prisioneiro vivo, procura-se obter mediante homicídio uma cabeça em redor da qual os homens executam o simulacro do sacrifício (cf. TROMP. "Uit de salasila van Koetei", p. 81). A menção dos autores unicamente à "aquisição de uma cabeça humana" tem a ver com uma observação truncada ou uma simplificação do rito: a "caça a cabeças" é o substituto de um verdadeiro sacrifício.

229. Não podemos apresentar a prova positiva dessa última asserção. Cf., no entanto, VON RO-SENBERG. Op. cit., p. 157ss: no sul de Nias faz-se com que a vítima exale seu último suspiro sobre o cadáver (a festa é celebrada pouco tempo após a morte). Podemos apenas conjeturar, por analogia, que o sangue da vítima deve ter servido para vivificar os restos. Cf. p. 50, nota 151.

230. Alguém talvez fique surpreendido pelo fato de não mencionarmos aqui a crença que aparece, em primeiro plano, em muitos documentos e que Wilken, entre outros autores, considera como geradora do sacrifício funerário: as almas das vítimas servirão de escravos, ou farão companhia ao morto na cidade celeste. O motivo é que, para nós, essa representação, por mais difundida que seja, é secundária e não exprime a natureza do rito. Ao dar sua interpretação, Wilken é obrigado a considerar o sacrifício funerário como uma espécie à parte, radicalmente distinta dos sacrifícios humanos praticados em outras ocasiões (nascimento de um filho, casamento, inauguração de uma nova casa etc.). No fundo, trata-se, em todos os casos, da mesma operação: alterar o estado das pessoas (ou das coisas) para torná-las capazes de começar uma nova fase de sua vida. Cf. HUBERT & MAUSS. "Essai sur la nature et la fonction du sacrifice". *L'Année Sociologique*, vol. II.

Qualquer cerimônia religiosa deve ser seguida de alguns ritos que livram os participantes do caráter perigoso que eles haviam contraído, tornando-os aptos a voltar ao mundo profano. Por ocasião da festa funerária, esses ritos adquirem uma importância particular ao ponto de constituir, às vezes, uma segunda festa, distinta da primeira e que a sucede. Com efeito, o perigo que se corre durante uma cerimônia, tal como o *Tiwah*, é particularmente intenso. Sem dúvida, ela é benfazeja em suas consequências e constitui uma espécie de vitória sobre o infortúnio; mas, por outro lado, ela própria está em contato com o reino da morte, obrigando os vivos a estabelecer relações muito próximas com as potências funestas e com os habitantes do outro mundo. Assim, os parentes do morto e, em sua companhia, todos os que haviam participado da obra fúnebre têm a obrigação de purificar-se. Eles tomam banho no rio; para aumentar a eficácia desse banho, mistura-se às vezes na água o sangue de animais sacrificados; e enquanto eles voltam à margem a nado, as sacerdotisas afastam de seus corpos as influências malignas com a ajuda de tochas ardentes ou de vassouras consagradas[231]. Enfim, se todos os ritos tiverem sido exatamente executados, os vivos são lavados de todas as impurezas e libertados do contágio mortuário.

Aliás, não se aguardou o cumprimento dessas últimas práticas para reintegrar solenemente na sociedade as pessoas que, em decorrência do luto, estavam excluídas dela: são instadas a trocar as roupas que usavam por novos trajes, conforme o costume; lavam os corpos com esmero; os homens cingem o mais belo punhal e as mulheres retomam os adereços. Um grande banquete, para o qual os hóspedes contribuem com sua parte, e danças alegres marcam o fim do desterro a que estavam submetidos os parentes mais próximos do morto; daí em diante eles estão livres para se misturar aos outros homens e retomar o ritmo habitual da vida[232]. Como se vê, há um paralelismo completo entre os ritos que introduzem o morto, lavado e vestido de novo, na companhia dos antepassados e aqueles que levam sua família a reintegrar a comunhão dos vivos; ou, melhor dizendo, trata-se de um só e mesmo ato libertador, aplicado a duas categorias diferentes de pessoas.

As sociedades que foram objeto do estudo precedente pertencem a um tipo de civilização relativamente avançado; é de fato raro encontrar nelas vestígios de totemismo. Ora, um sistema religioso que afeta tão profundamente a organização

---

231. GRABOWSKY. "Der Tod, das Begräbnis, das Tiwah...", p. 203ss. • "Der Distrikt Dusson-Timor...", p. 474 e 448-449. • "Die 'Olo Lowangan'...", 1888, p. 583-584. Entre os Olo Ngadju, a família do morto sobe para um barco que, no meio do rio, é virado pelas sacerdotisas; operação que se repete três vezes. Entre os Olo Maanjan, os participantes da festa banham-se no sangue de animais sacrificados acima de suas cabeças na própria *balai*; durante essa cerimônia, ergue-se, na entrada da aldeia, uma grande estátua de madeira destinada a prolongar, até a próxima festa do mesmo gênero, o bom efeito daquela que acaba de ocorrer, mantendo a distância os maus espíritos.

232. GRABROWSKY. "Der Tod, das Begräbnis, das Tiwah...", p. 202-203. • PERHAM, apud ROTH. Op. cit. I, p. 209 e 258. • TROMP. "Uit de salasila van Koetei", p. 81.

e a vida das sociedades em que ele é predominante deve evidentemente imprimir sua marca nas crenças relativas à morte e ao além e, por conseguinte, no ritual funerário. Tem portanto um interesse particular, para nós, definir a natureza das exéquias definitivas em uma sociedade na qual o totemismo existe em estado de instituição viva. As observações feitas por Spencer e Gillen a respeito das tribos do Centro australiano fornecem-nos os indispensáveis elementos de informação.

Lembremos brevemente a crença em que se apoia a organização totêmica dessas tribos. Cada um dos grupos totêmicos atualmente existentes é originário de um ou vários antepassados[233], semi-humanos, semianimais, que saíram da terra em tempos bastante remotos. Esses antepassados percorreram o território tribal em todos os sentidos, detendo-se em determinados lugares para instalarem seu acampamento e para praticarem cerimônias sagradas; finalmente, voltaram a penetrar sob a terra. No entanto, não desapareceram inteiramente porque, em cada lugar em que se tinham detido e em que alguns companheiros tinham morrido[234], eles deixaram para trás suas almas e certo número de outras almas que carregavam com eles, formando assim em sua passagem uma grande quantidade de colônias de espíritos, associadas a determinado objeto natural, por exemplo, árvore ou rochedo. São essas almas que, por seus renascimentos sucessivos, constituem o grupo totêmico humano, assim como a espécie epônima[235]; com efeito, cada membro vivo da tribo é apenas a reencarnação temporária, seja de um antepassado particular, do qual leva o nome em certos casos[236], seja de uma das almas emanadas dele[237].

---

233. Entre os Arunta, os antepassados totêmicos já formavam um grupo mais ou menos numeroso, ao passo que entre os Warramunga é comumente um ancestral único que, supostamente, teria dado origem a todas as almas que compõem atualmente o grupo; a diferença não é absoluta, considerando que, até mesmo entre os Arunta, os antepassados deixaram para trás outras almas, além da própria, associadas a objetos sagrados (*churinga*) que carregavam com eles. Cf. SPENCER & GILLEN. *Northern Tribes*, p. 150ss. e 161ss.

234. Eis o que é expressamente indicado acerca dos Arunta (SPENCER & GILLEN. *Native Tribes*, p. 123ss. • *Northern Tribes*, p. 150 e cap. XIII, passim), mas, em outras tribos, a morte de um ou vários antepassados não é considerada condição necessária para a formação de um centro totêmico; as almas individuais, assim como os animais e as plantas, são oriundas do corpo do antepassado, enquanto ele realizava cerimônias. Cf. *Northern Tribes*, p. 157, 162 e 301. Aliás, a morte dos antepassados tem o mesmo efeito. Cf. ibid., p. 204, 247 e 250. Observemos que, entre os Warramunga, as colônias de almas que alimentam o grupo, cujo totem é a serpente mítica Wollunqua, teriam sido formadas aparentemente em lugares em que o ancestral único havia tentado penetrar sob a terra, antes de ter sido finalmente bem-sucedido. Cf. ibid., p. 241-242.

235. Cf. *Northern Tribes*, p. 330-331, p. 157, nota 1 e p. 313.

236. É o que acontece frequentemente entre os Arunta (Ibid., p. 581). Além de ser sagrado, esse nome é conhecido apenas pelos membros mais idosos do grupo totêmico.

237. Cada indivíduo sabe exatamente o lugar de onde emana a alma encarnada nele, além de estar unido por uma relação estreita a esse lugar sagrado para ele. Entre os Warramunga, às vezes, seu

Entre os Binbinga, cerca de um ano após a morte, um mensageiro, enviado pelo pai do defunto, vai convocar outros grupos da tribo; ele carrega um osso do braço do morto, pintado de vermelho, embrulhado ritualmente. Esse objeto sagrado torna-o inviolável; além disso, todos aqueles aos quais ele tiver sido apresentado não podem deixar de segui-lo. Com a chegada dos forasteiros que, por ritos apropriados, acabaram estabelecendo a comunhão com os hospedeiros, começa a verdadeira cerimônia: durante o final da tarde e toda a noite entoam-se cantos sagrados relativos ao ancestral totêmico do morto. Na manhã seguinte, os indivíduos pertencentes ao grupo do qual ele era membro decoram-se com o símbolo do respectivo totem e executam os movimentos rítmicos acompanhados de cantos que constituem a maior parte das cerimônias totêmicas. Finalmente, as ossadas que, desde a véspera haviam sido levadas pelo pai para o terreno consagrado, são depositadas no interior de um tronco oco, cujo exterior havia sido pintado com representações do totem do morto. Esse ataúde é levado para uma árvore, cujos ramos estão em cima de um lago, e não será mais tocado; o lugar é sagrado, pelo menos, durante algum tempo, e as mulheres estão impedidas de se aproximar dele[238].

A cerimônia final dos Warramunga[239] distingue-se da precedente por algumas características notáveis. Em primeiro lugar, os ritos essenciais das exéquias definitivas são realizados não sobre a totalidade das ossadas[240], mas sobre um dos ossos do braço, posto à parte e cuidadosamente embrulhado; neste aspecto, há um fenômeno de substituição do todo pela parte que ocorre frequentemente, e a escolha do rádio explica-se sem dúvida pela conexão estreita que, supostamente, existe entre a alma do indivíduo e tal osso[241]. Além disso, o último rito

---

nome secreto deriva daí; essa "pátria" de sua alma constitui sua identidade e determina sua posição e função na comunidade religiosa. Cf. SPENCER & GILLEN. *Native Tribes*, p. 132. • *Northern Tribes*, p. 448ss., 583-584, 254 e 264.

238. Cf. *Northern Tribes*, p. 550-554 e 173-174.

239. A descrição de nossos autores refere-se a alguns grupos da seção meridional dessa tribo. Cf. ibid., p. 168.

240. Estas, imediatamente após terem sido retiradas da sepultura temporária, são depositadas sem cerimônia em um formigueiro, sem que nenhum sinal exterior denote sua presença. Cf. ibid., p. 532-533. Convém, talvez, associar essa prática ao fato de que os formigueiros são considerados, às vezes, como a morada de almas deixadas pelos antepassados. O fato é-nos confirmado justamente pelo grupo totêmico ao qual pertencia o indivíduo, cujas exéquias foram acompanhadas pelos autores. Cf. ibid., p. 241.

241. Do mesmo modo, entre os Binbinga, o rádio é posto à parte; depois da cerimônia final, ele serve ainda na expedição que tem o objetivo de vingar o morto; será enterrado apenas mais tarde ao lado do ataúde que contém os outros ossos (p. 554 e 463). Não é somente entre os australianos que o rádio é objeto de representações especiais. Assim, entre os Papuas de Roon (noroeste da Nova Guiné), enquanto as outras ossadas são reunidas em uma caverna, os rádios dos diferentes mortos

funerário ocorre sempre imediatamente após o termo de uma série de cerimônias relativas ao antepassado do grupo totêmico ao qual o defunto pertencia ou, pelo menos, de um grupo da mesma irmandade[242]. Em um dos casos observados por Spencer e Gillen, a sepultura definitiva devia ser dada a uma mulher que tinha por totem a grande serpente mítica Wollunqua. Dezessete dias antes, o rádio da morta tinha sido levado solenemente para o acampamento e confiado à guarda das mulheres encarregadas de velar e chorar por ele; aguardava-se o desfecho do longo drama sagrado que reproduz e repete as ações essenciais do antepassado, desde sua saída da terra até seu desaparecimento final[243]. Assim que esse último ato tiver sido realizado, as mulheres trazem, para o lugar da cerimônia, o rádio sempre embrulhado; de repente, este é arrancado delas[244]; um homem, com uma machadada, vai despedaçá-lo[245], depositando os fragmentos em um buraquinho que ele mesmo tinha escavado ao lado do desenho traçado no chão que evoca a serpente em via de enfiar-se debaixo da terra, deixando atrás de si as almas dos descendentes[246]. Em seguida, a cova é tampada com uma pedra lisa. Esse rito indica que "o tempo do luto passou e que o morto foi reunido a seu totem". Detalhe significativo: a mesma palavra designa, na linguagem dos Warramunga, a sepultura definitiva do rádio, o desenho totêmico e o ato pelo qual os diversos antepassados desceram debaixo da terra[247]. Assim, cada indiví-

---

são depositados em uma pequena casa. Obervemos que, no decorrer dessa cerimônia, os homens executam uma dança que imita os movimentos de uma serpente: trata-se, dizem eles, de representar a morte de uma serpente imensa que, segundo a lenda, assolava outrora a região. Cf. VAN BALEN. "Iets over bet doodenfeest bij de Papoea's aan de Geelvinks'baai". *Tijdschr. v. Ind.T.L. en Vk. Kunde*, XXXI, 1886, p. 567ss. e 571-572.

242. Cf. SPENCER & GILLEN. *Northern Tribes*, p. 168. Sabemos que, entre os Warramunga, os grupos totêmicos são distribuídos entre as duas irmandades que constituem a tribo: parece que existe uma solidariedade bastante estreita entre os diversos grupos que compõem a mesma irmandade. Cf. ibid., p. 248 e 163.

243. Cf. ibid., p. 193ss. Do mesmo modo, as outras exéquias acompanhadas por Spencer e Gillen ocorreram depois da última cerimônia relativa à serpente preta, seis dias depois do transporte do rádio para o acampamento.

244. Para simplificar a exposição, omitimos um rito singular: os homens, ornados com o símbolo do totem, ficam de pé com as pernas abertas não longe do desenho sagrado; as mulheres, em fila, rastejam sob essa espécie de arca; a última delas traz às costas o rádio que lhe é arrancado quando ela se levanta (p. 540). Segundo parece, esse rito representa dramaticamente o mesmo acontecimento evocado pelo desenho sagrado: o desaparecimento do antepassado debaixo da terra.

245. Esse ato tem, sem dúvida, a finalidade de libertar a alma do morto contida no rádio, à semelhança do que ocorre alhures mediante a fratura do crânio. Cf. DUBOIS. *Hindu Manners*, 1899, p. 547.

246. Cf. SPENCER & GILLEN. *Northern Tribes*, p. 740ss.

247. Ibid., p. 542 e 162.

duo volta, finalmente, ao seio de seu totem; e sua morte confunde-se com a do antepassado do qual ele é a reencarnação.

A morte, desfecho da cerimônia final, não é um aniquilamento: se, ao desaparecer, o antepassado deixou para trás sua alma, o mesmo acontecerá com o descendente no qual essa alma habitou durante algum tempo. Esta crença encontra-se não apenas entre as tribos mencionadas até aqui, mas também entre os Arunta, que enterram o cadáver definitivamente logo após a morte[248]; ao expirar o período intermediário, durante o qual a alma assombrava o lugar da sepultura ou o acampamento dos vivos[249], ela vai juntar-se às outras almas de seu totem, no próprio lugar em que ela havia habitado no tempo dos antepassados e no qual residiu continuamente no intervalo de suas encarnações[250]. As indicações de que dispomos acerca da condição da alma desencarnada e de seu modo de existência são bastante imprecisas. No entanto, de acordo com o que nos dizem, tal espírito é, para o australiano, um personagem muito real; sua imagem confunde-se com a dos antepassados que deram origem aos grupos totêmicos. À semelhança destes, ele possui poderes bem maiores que os membros atuais e vivos da tribo[251]; e se ele os utiliza, em geral, para fazer o bem, é obrigatório, no entanto, abster-se de ofendê-lo mediante uma excessiva familiaridade. Como os antepassados, mas somente durante a noite, os espíritos percorrem a região, acampando em determinados locais e realizando suas cerimônias que, às vezes, revelam, segundo os Arunta, a alguns indivíduos privilegiados[252].

Considerando que os antepassados, pelo menos alguns deles, tinham a aparência do animal de que haviam adotado o nome[253], poder-se-ia acalentar a expectativa de ver a alma, uma vez concluído o ritual funerário, assumir seu lugar com o corpo adequado na espécie sagrada. É notável que a crença segundo a qual a morte é

---

248. Cf. SPENCER & GILLEN. *Native Tribes*, p. 497. Nessa tribo, contudo, encontramos o equivalente exato das segundas exéquias das tribos setentrionais: é a cerimônia, celebrada 12 ou 18 meses após a morte, que consiste em "pisar as ramagens do túmulo"; tem o objetivo "de enterrar o luto" e dar a conhecer à alma que chegou o momento para separar-se definitivamente dos vivos (Ibid., p. 503-509).

249. Durante essa fase, a alma tem, entre os Arunta, um nome especial (*Ulthana*), distinto daquele que designa a alma de um homem vivo ou o espírito desencarnado (Ibid., p. 514, 655 e 168).

250. A situação desse lugar de origem determina frequentemente a orientação do túmulo ou do cadáver: *Native Tribes*, p. 497. • *Northern Tribes*, p. 508, 542 e 554. Cf., para os Wotjobaluk, HOWITT. Op. cit., p. 453ss. e 450.

251. *Northern Tribes*, p. 277.

252. *Native Tribes*, p. 512, 516 e 521. • *Northern Tribes*, p. 450.

253. *Northern Tribes*, p. 150ss., 162, 278 e 327. Alguns antepassados são considerados como se tivessem sido homens; outros, ao contrário, são claramente animais, em particular as serpentes totens das tribos do Norte.

uma transformação do indivíduo humano em animal, segundo o totem ao qual ele . pertence, não nos é assinalada nas tribos australianas[254]; ela encontra-se, porém, em outras sociedades a tal ponto que alguns autores viram nessa constatação o próprio fundamento do totemismo[255]; além disso, ela manifesta-se, às vezes, claramente na natureza dos últimos ritos funerários. É assim que, entre os Bororos, presume-se que cada indivíduo se torna, após sua morte, em determinado animal, geralmente um papagaio de certa espécie. E um dos atos essenciais da cerimônia final consiste na decoração ritual dos ossos descarnados: no meio de danças e cantos sagrados, eles são completamente revestidos com plumas desse papagaio[256]. O sentido da cerimônia associada às exéquias definitivas aparece aqui com evidência: trata-se de conferir ao morto um novo corpo para a nova existência à qual ele acaba de ter acesso.

O retorno da alma à sua condição primitiva não é, para os Australianos, definitiva: um dia, ela voltará a reintegrar o corpo de uma mulher para recomeçar, em breve, uma existência humana[257]. O tempo que decorre entre a morte e esse renascimento é indeterminado; parece depender exclusivamente do bel-prazer da alma e das ocasiões que lhe são oferecidas[258]. No entanto, de acordo com informações à nossa disposição, verifica-se a existência de um intervalo mínimo, em duas tribos muito distintas: segundo os Arunta, a reencarnação não poderia ocorrer antes que as ossadas virassem pó; entre os Gnanji, ela irá produzir-se quando as chuvas tiverem lavado e purificado os ossos[259]. É verdade que não

---

254. Aspecto que parece tanto mais surpreendente pelo fato de encontrarmos, entre os Warramunga, a crença de que a alma pode, enquanto o indivíduo ainda está vivo, deixar o corpo e tomar a aparência de seu totem: ao morrer um homem, presume-se que o espírito de seu suposto assassino andará espiando à volta da vítima; para conhecer seu grupo totêmico, procura-se descobrir algum vestígio de animal perto da sepultura. Cf. *Northern Tribes*, p. 526-527.

255. Cf. TYLOR. *Primitive culture*. II. 4. ed. Londres: John Murray, 1903, p. 236. Cf., sobre os Zuñis, CUSHING. "Outlines of Zuñi Creation Myths". *Thirteenth Ann. Rep. Bur. Ethn.*, 1896, p. 404ss. Essa característica é particularmente evidente entre os Bantus do Sul. Cf. THEAL. Op. cit. VII, p. 404ss.: as almas dos membros do clã emigram, depois da morte, para o corpo de um animal da espécie epônima e sagrada. – Verifica-se o mesmo nos casos de "totemismo individual". Sobre os Taitianos, cf. MŒRENHOUT. Op. cit. I, p. 455-457: o espírito de um morto voltava frequentemente ao próprio corpo do animal que ele tinha venerado durante a vida.

256. Citamos esse fato, embora não se trate, talvez, aqui de um totemismo caracterizado; não sabemos efetivamente se o animal sagrado é epônimo, nem se ele é peculiar a um clã. Observemos que, no decorrer da mesma cerimônia, um personagem enfeitado com plumas de papagaio representa a alma do morto em seu estado atual. Cf. VON DEN STEINEN. *Unter den Naturvölkern Central Brasilians*, 1894, p. 504ss. e 511.

257. Não podemos proceder aqui à análise das regras segundo as quais ocorreria supostamente a reencarnação e que, do ponto de vista totêmico, determinam a identidade de um indivíduo.

258. Cf. SPENCER & GILLEN. *Northern Tribes*, p. 34.

259. Cf. SPENCER & GILLEN. *Native Tribes*, p. 515. • *Northern Tribes*, p. 546. – Convém, talvez, associar esses fatos ao que nos é relatado a respeito da tribo dos Luritcha, que pratica o canibalismo:

se deve dar muita importância a essas representações particulares, aliás, pouco coerentes. Parece, contudo, que existe um vínculo entre o estado das ossadas e o da alma: esta só poderá retornar entre os homens quando todo o corpo presente tiver desaparecido. De qualquer modo, seja qual for a data, a reencarnação é normal e desejada; e o rito pelo qual a morte do indivíduo é identificada com a morte do antepassado tem como resultado – pelo menos, indireto – conservar as almas que se encontram no grupo totêmico e, por conseguinte, tornar possível a perpetuidade e a integridade desse grupo.

Se compararmos a cerimônia final, celebrada pelos Australianos do Centro, com a festa funerária indonésia, não podemos deixar de ficar impressionados com a semelhança que existe entre essas duas formas da mesma instituição. Trata-se, sempre, não apenas de interromper o luto dos parentes mais próximos do morto[260], mas no que se refere ao próprio defunto, o objetivo perseguido é, no fundo, idêntico. À semelhança dos Dayaks, os Warramunga pretendem consumar definitivamente, pelo último rito funerário, a separação entre o morto e os vivos, além de garantir seu acesso à comunhão dos antepassados sagrados. Essa nova existência não é considerada pelos Warramunga, à semelhança do que ocorre entre os Dayaks, como eterna: a libertação da alma torna possível e prepara um retorno ulterior do indivíduo ao grupo que ele acaba de deixar. Ao lado dessa concordância profunda, convém observar algumas diferenças: o pensamento da reencarnação parece mais acentuado e próximo entre os Australianos do que entre os Indonésios; e, por conseguinte, a sociedade dos mortos apresenta-se, entre os primeiros, talvez com menos consistência e autonomia. Em vez de estarem reunidas em uma aldeia comum, as almas encontram-se espalhadas pela superfície do território tribal e em certo número de centros definidos[261]; enfim, correlativamente, não encontramos entre essas tribos a sepultura coletiva dos ossos[262]. A

---

há sempre a preocupação de destruir as ossadas daqueles que haviam sido assassinados porque, caso contrário, os ossos juntar-se-iam de novo e as vítimas ressuscitadas vingar-se-iam dos assassinos.

260. *Native Tribes*, p. 507. • *Northern Tribes*, p. 509, 525 e 554.

261. Contudo, entre os Warramunga, os lares totêmicos apresentam certa concentração: uma região limitada, particularmente acidentada, parece ter sido o *home* comum de diversos antepassados totêmicos. Cf. *Northern Tribes*, p. 250. Não há grande diferença entre essa representação e aquela de uma estada subterrânea e coletiva dos mortos: os Arunta acreditam que os espíritos detestam o frio suportado, em cavernas subterrâneas, durante as noites de inverno. Cf. *Native Tribes*, p. 513.

262. Entre os dois fatos, há talvez algo mais do que uma inconsistente correlação porque é possível questionar-se a respeito da árvore que serve de sepultura definitiva para os ossos do morto – p. ex., entre os Binbinga –, se ela não é, ou não teria sido, a mesma que serve de residência para a alma do morto; em relação a um fato análogo associado à deposição do prepúcio após a circuncisão, cf. SPENCER & GILLEN. *Northern Tribes*, p. 341. • FRAZER. "The Origin of Circumcision". *Independent Review*, 1904, p. 211. Observemos que, entre os Arunta, a sobrevivência das almas dos antepassados está relacionada à conservação de objetos sagrados que levam marcas totêmicas – os

reunião dos mortos com os antepassados só se realiza aqui de maneira mística; o que se explica, talvez, pelo caráter inconsistente do grupo totêmico australiano[263].

Se a reunião das ossadas do morto às dos antepassados não existe nas tribos da Austrália do Centro, ela não deixa de constituir, em geral, um dos atos essenciais da cerimônia final. Os ossuários, cuja existência nos é testemunhada por numerosos etnógrafos, pertencem, quase sempre, à família ou ao clã[264]. "Vivos, uma só casa; mortos, um só túmulo", diz um provérbio malgaxe que exprime um sentimento espalhado e profundo[265]. Os Choctaws julgavam criminoso e sacrílego o fato de misturar as ossadas de um parente com as de estranhos; com efeito, aqueles que têm os mesmos ossos e a mesma carne devem estar juntos[266]. Eis o motivo pelo qual um grande número de povos consideram que a maior desgraça que possa acontecer a um indivíduo é morrer longe e ficar para sempre separado dos parentes; assim, são envidados os maiores esforços a fim de levar seus ossos para a terra natal e juntá-los aos dos pais[267]. Parece que o grupo ficaria diminuído se admitisse que um de seus membros viesse a ser privado, de maneira definitiva, de sua comunhão.

---

churinga –, aliás, deixados por eles para trás, no lugar em que tinham desaparecido, para servir de morada a seus espíritos desencarnados. Cf. *Native Tribes*, p. 123ss. e 132ss. • *Northern Tribes*, p. 258 e 265-267. Ora, segundo parece, os ossos ritualmente enfeitados são, nas tribos mais setentrionais, o equivalente do *churinga*; além de constituírem o corpo da alma desencarnada, eles próprios são sagrados e contêm em si um poder mágico e fertilizante. Cf. ibid., p. 531 e 546. – De qualquer modo, o rito final entre os Warramunga tem o objetivo de efetuar – pelo menos, simbolicamente – a deposição do rádio no centro totêmico local.

263. Para estudar a cerimônia final de caráter totêmico, limitamo-nos ao estudo dos Australianos, mas uma cerimônia análoga deve ter existido entre os outros povos totemizantes. Sobre os Tlinkit, cf. KRAUSE. Op. cit., p. 234-238: em uma festa terminal em honra do morto, o hóspede aparece vestido com as insígnias de seu totem; de fora, um membro da família deixa ouvir o grito do animal sagrado; enquanto escravos são sacrificados, entoam-se cânticos sobre a origem da família e os grandes feitos dos antepassados.

264. Cf. RIEDEL. *Sluik- en kroesharige rassen*..., p. 267. • VAN BALEN. Art. cit., p. 567-568. • MÜLLER, S. Art. cit., p. 63 e 72. • VON ROSENBERG. Op. cit., p. 434, 511 e 417-419. • TURNER. *Samoa*... Op. cit., p. 147. • VERGUET. Op. cit., p. 208-209. • ELLIS. Op. cit. IV, p. 360. • MŒRENHOUT, I. Op. cit., p. 101-102. • CATLIN. *Notes*, p. 89ss. • SWAN, N.-W. *Coast*, p. 191-192. • GABB. Art. cit., p. 497ss. • PLÜMACHER. "Etwas über die Goajira-Indianers". *Ausland*, 61, 1888, p. 43. • CREVAUX. Op. cit., p. 549 e 561-562. • BATCHELOR, R.T. "Notes on the Antankarana and their Country". *The Antan. Ann.* III, 1877, p. 30. • GRANDIDIER. Art. cit., p. 225 e 227-229. Entre os Chewsures, todos os que têm o mesmo nome de família são reunidos na mesma sepultura, cf. RADDE. *Die Chews'uren und ihr Land.*, 1876, p. 93.

265. STANDING. "Malagasy Fady". *The Antan. Ann.*, VII, 1883, p. 73.

266. ADAIR. Op. cit., p. 129ss. e 183.

267. Cf., em particular, STANDING. Op. cit. • BOSMAN. Op. cit., p. 232 e 476. • DOBRIZHOFFER. *Historia de Abiponibus*, p. 296-297 e 310. • CARVER. *Travels Through America*..., 1871, p. 400-402.

O rito da reunião dos ossos fica ainda mais esclarecido, como mostrou Brinton[268], se o compararmos com o costume, muito difundido na América, de recolher os ossos dos animais mortos na caça: o motivo – às vezes, explícito – dessa prática é que "os ossos contêm as almas dos animais e, um dia, voltarão a revestir-se com suas carnes e repovoarão as pradarias". As ossadas humanas são objeto da mesma crença: elas contêm o germe de uma futura existência[269] e, por conseguinte, devem ser guardadas preciosamente em depósito como um penhor da persistência do grupo. O ossuário do clã, além de ser a morada comum em que se juntam os antepassados, é o reservatório de almas do qual hão de sair os descendentes.

Apesar disso, nem todos os ossuários coletivos são familiares e, às vezes, as segundas exéquias têm um alcance que ultrapassa muito os limites do grupo doméstico. A caverna de Ataruipe, na região das nascentes do Orinoco, da qual Alexandre Humboldt elaborou uma célebre descrição, continha cerca de seiscentos esqueletos, encerrados em cestos ou urnas de barro; era "o túmulo de um povo inteiro desaparecido"[270]. Do mesmo modo, um grande número de túmulos e de "sepulturas para ossos", encontrados em diferentes regiões dos Estados Unidos, parecem ter servido, por suas proporções, de sepultura definitiva para comunidades extensas[271]; e essa conjectura é confirmada por diversos testemunhos históricos.

É assim que cada uma das quatro nações que compunham a Confederação dos Hurões tinha o costume de reunir periodicamente os restos de seus mortos em uma sepultura comum. Essa cerimônia, celebrada de dez em dez ou de doze em doze anos e designada por "Festim das almas", era, de acordo com o que nos foi dito, "a mais brilhante e solene de todas as ações dos selvagens". Cada

---

268. Cf. BRINTON. Op. cit., p. 259ss.

269. BRINTON. Op. cit., p. 254s. Sobre os Mesaya, cf. MARCOY, apud PREUSS. Op. cit., p. 105: eles evitam o local da floresta em que estão depositados os ossos com receio de que a alma libertada venha a penetrar no próprio corpo.

270. VON HUMBOLDT. *Ansichten der Natur*. I, 1826, p. 224-227: algumas urnas, segundo parece, continham os ossos de famílias inteiras.

271. SQUIER. *Aboriginal monuments of the State of New-York*, p. 67ss. e 125-130. • THOMAS, C. "Report on the mound explorations of the Bureau of Ethnology". *Twelfth Ann. Rep. Bur. Ethn.*, 1894, p. 672ss. e 539. • YARROW. Op. cit., p. 119, 129, 137 e 171. • SAVILLE. "Exploration of Zapotecan Tombs in Southern Mexico". *Amer. Anthrop.* Vol. 1, 1899, p. 350ss. • PREUSS. Op. cit., p. 10-11 e 39ss. Em alguns desses ossários foram encontradas várias centenas de esqueletos. O fato de que o depósito das ossadas nessas sepulturas comuns ocorreu apenas depois do fim da dessecação é suscetível de ser demonstrado, pelo menos, em um grande número de casos: posição relativa e decoração dos ossos, extrema pequenez dos ataúdes (que suscitou a lenda de uma raça pigmeia extinta) etc.; as ossadas estavam amontoadas de qualquer maneira ou, então, reunidas, embrulhadas e colocadas simetricamente.

família exumava a tempo os restos daqueles de seus membros que tinham morrido desde a última festa; as ossadas eram despojadas da carne que ainda tivesse subsistido[272], vestidas com roupas novas e enfeitadas com colares de contas de porcelana ou com grinaldas; em seguida, após uma cerimônia doméstica[273], as pessoas preparavam-se para chegar ao ponto de encontro central, quase sempre, bastante longe. Esse cortejo fúnebre não deixava de ser perigoso; com efeito, as ossadas dessecadas, designadas pelo nome de almas, constituíam um fardo terrível que era capaz de causar aos carregadores uma dor nas costas para toda a vida, se não tomassem a precaução, com frequência, de "imitar o grito das almas", o que os aliviava sobremaneira. O rito final era celebrado no meio de uma enorme afluência de pessoas; os chefes, em nome dos defuntos, procediam a uma distribuição geral de presentes, a qual beneficiava em grande parte os forasteiros convidados porque havia o objetivo de levá-los a admirar a magnificência da região[274]. Encontramos aqui, sob uma forma saliente, um fenômeno que já tínhamos constatado entre os Indonésios: a cerimônia final apresenta sempre um acentuado caráter coletivo e pressupõe uma concentração do corpo social em si mesmo; mas nesse caso, em vez de ser a família ou a aldeia, é a nação que intervém diretamente para reintegrar os mortos na comunhão social[275]. Desde então, esse ato assume uma significação política[276]: ao colocar em comum todos os seus mortos, os diversos grupos domésticos e locais que formam a unidade superior

---

272. No entanto, para os corpos enterrados recentemente e cuja decomposição ainda não tinha começado, limitavam-se a limpá-los e cobri-los com roupas novas; eles eram enterrados assim no fundo da sepultura comum.

273. Ela era seguida por uma festa comum para toda a aldeia, oferecida pelo chefe aos mortos reunidos na "grande cabana": a festa central veio, segundo parece, enxertar-se nessas festas de caráter doméstico ou local.

274. As famílias dos mortos, sobretudo, custeavam tal prodigalidade. Distribuíam-se também pedaços recortados das roupas que tinham coberto os ossos; eles possuíam virtudes mágicas que os tornavam preciosos. Cf. BRÉBEUF. *Relation de ce qui s'est passé dans la Nouvelle-France en l'année 1635*. II, 1637, p. 142ss. • LAFITAU. Op. cit. II, p. 446-457. • HUNTER, apud BOILE, D. "The land of souls". *Ann. Rep. Canadian Instit.*, 1889, p. 5ss. O relato de Brébeuf refere-se aos Attignauentans, ou Nação do Urso. Para uma semelhante "festa das almas" entre os Iroqueses e os Choctaws, cf. YARROW. Op. cit., p. 168-173. – O rito da distribuição de oferendas, durante a festa funerária, é particularmente acentuado entre os índios do Noroeste e os Esquimós Ocidentais. Cf. KRAUSE. Op. cit., p. 223. • JACOBSEN. Op. cit., p. 259ss. • NELSON. Op. cit., p. 363ss. • YARROW. Op. cit., p. 171ss.

275. Observemos que o caráter coletivo das exéquias finais modifica o modo dessa reintegração porque os mortos de determinado período são reunidos, não aos outros mortos, mas entre si. O sentido do rito é evidentemente o mesmo.

276. Exatamente por ocasião da festa, cujo relato nos foi transmitido, ocorreram desentendimentos entre duas partes da nação: uma delas, contrariamente ao costume, absteve-se de participar da cerimônia.

tomam consciência dos vínculos que estão na base da união entre eles e que, por conseguinte, são incrementados; ao constituir a sociedade dos mortos, a própria sociedade dos vivos volta a criar-se com regularidade.

Causas secundárias, contudo, podem ter o efeito de modificar a natureza das segundas exéquias. Os ossos dos mortos são revestidos, em geral, de um caráter sagrado e magicamente eficaz; estão "animados por potência espiritual"[277]. Assim, há motivos para recear que inimigos violem a sepultura familiar para que as energias contidas nas ossadas venham a servir a seus desígnios hostis; semelhante profanação constitui para a família a pior das calamidades[278]. Por outro lado, pode-se esperar que, ao guardar os restos dos mortos consigo, seja possível garantir uma preciosa reserva de forças benfazejas. Esse medo e essa esperança fazem com que as exéquias definitivas consistam, às vezes, em levar os ossos para a casa familiar[279] ou em distribuí-los aos parentes do morto que hão de carregá-los pessoalmente. Assim, nas Ilhas Andaman, é raro encontrar um adulto que não use, pelo menos, um colar de ossos humanos; em vez de ser um simples ornamento, trata-se efetivamente de uma defesa contra as investidas dos espíritos malignos[280]. O contato é, às vezes, até mais íntimo porque diversas tribos da América do Sul calcinam e pulverizam os ossos, por ocasião da cerimônia final, para friccionar em seguida o próprio corpo com esse pó ou para ingeri-lo misturado em suas bebidas. A explicação dada por alguns índios é interessante: pelo fato de acreditarem que a alma reside nos ossos, eles esperam, ao consumi-los, fazer com que o morto volte a viver neles[281].

Com grande frequência, e à semelhança do que se passa na Indonésia, as segundas exéquias constituem a ocasião de um serviço destinado a prodigalizar

---

277. CODRINGTON. Op. cit., p. 261ss. Esta expressão provém da Ilha de Saa.

278. A forma de prevenir, às vezes, esse perigo consiste em não revelar o lugar da sepultura. Cf. CODRINGTON. Op. cit., p. 219. • ELLIS. Op. cit. I, p. 405. • MŒRENHOUT. Op. cit. I, p. 554-555.

279. Cf. KOCH-GRÜNBERG. Art. cit., p. 34. • GUMILLA. *Histoire de l'Orénoque*. I, 1758, p. 316.

280. MAN & RIVERS. Art. cit., p. 86. • MAN. Art. cit., p. 146. Há um contraste característico entre o abandono sinistro em que é deixado o cadáver durante o período intermediário (cf. p. 83) e o contato familiar e benfazejo com as ossadas depois da festa. Sobre os indígenas das Ilhas Sandwich, cf. CAMPBELL. *A Voyage round the World*, p. 206-207. • MARINER. Op. cit. "Introduction", p. L. Sobre os Caraíbas da Guiana Inglesa, cf. SCHOMBURGK, R. *Reisen in Britisch-Guiana in den Jahren 1840-1844*. II, 1847, p. 432.

281. Sobre os Aruaques do sul do Orinoco, cf. RALEIGH, W., apud CORÉAL. *Relation des Voyages aux Indes occidentales...* II, 1722, p. 201. Sobre os Caraíbas da Guiana Francesa, cf. BIET. Op. cit., p. 392. • DE LA NEUVILLE. "Lettre sur l'origine, le pays et la religion des Guyanois". *Mémoires de Trévoux*, XXIX, 1723, p. 448. Sobre os Jumanas e os Tucanos, cf. VON MARTIUS. *Beiträge zur Ethnographie und Sprächenkunden Amerika's zumal Brasiliens*, 1867, p. 485 e 599.

paz e beatitude à alma. Não há um vínculo estreito entre a alma e as ossadas[282]; e os ritos que têm o objetivo de purificar, enfeitar, vivificar e, finalmente, conduzir tais ossadas para um lugar consagrado têm suas consequências sobre a condição da alma. Mas, além disso, encantações especiais ou ritos de caráter dramático tendem diretamente a fazer a alma sair das garras da morte.

A cerimônia celebrada, para este fim, pelos insulares de Mabuiag é particularmente instrutiva: a alma, durante os primeiros tempos subsequentes à sua chegada à região dos mortos, mantém-se como uma espécie de sombra inconsistente; é acolhida e escondida pela alma de um amigo, morto anteriormente. Em seguida, na primeira noite de lua nova, ela é introduzida por esse amigo na companhia das outras almas que desferem golpes em sua cabeça com bordunas de pedra. O recém-chegado torna-se então um verdadeiro espírito e, em seguida, é instruído em todos os segredos do outro mundo. Ao assistir a essa transformação que é naturalmente representada na terra por personagens disfarçados de espíritos, os parentes e os amigos do morto lamentam-se porque, dizem eles, "estamos em via de instruí-lo; agora, ele é um verdadeiro espírito e vai esquecer-se de todos nós"[283]. Assim, é nesse momento que se consuma definitivamente a separação entre o defunto e este mundo. E isso corresponde realmente à verdade: a morte natural é insuficiente para romper os vínculos que o retêm cá embaixo; então, antes de se tornar um habitante legítimo e autêntico da região dos mortos, ele tem de ser morto. Embora a palavra não seja pronunciada, trata-se aqui de uma verdadeira iniciação; e, do mesmo modo que os segredos do grupo são revelados ao homem jovem somente depois que ele tiver superado as provações impostas, assim também o morto é incapaz de passar de seu estado miserável para um estado de bem-aventurança, de modo que só pode ser promovido à categoria dos verdadeiros espíritos quando tiver sido morto segundo o rito e tiver nascido de novo. Desde então, torna-se compreensível o motivo pelo qual a grande viagem da alma é geralmente concebida como difícil e perigosa, além do motivo pelo qual os sacerdotes ou curandeiros encarregados de conduzir a alma são obrigados a empregar todas as suas forças para o objetivo desejado, assim como, finalmente, o motivo pelo qual os assistentes aguardam o desenlace com ansiedade. Está fora de questão imaginar que o grupo possa realmente ter dúvidas sobre a libertação final; em seu entender, o rito estabelecido dispõe, desde que tenha sido executado em todos os seus detalhes, de uma eficácia irresistível. Mas essas angústias e esses

---

282. Esse vínculo está claramente marcado em um conto hindu moderno (cf. MONIER WILLIAMS, apud OLDENBERG. Op. cit., p. 476, nota l): o fantasma do morto deixado sem sepultura atormenta os vivos até o dia em que uma gralha arraste suas ossadas para o Ganges; então, ele entra na beatitude celestial. Cf. CALAND. *Die altindischen Todten...*, p. 107.

283. Cf. HADDON. "XXVIII. Magic and Religion". *Reports of the Cambr. Anthr. Exp. to Torres Straits*, V, 1904, p. 355ss.

árduos esforços são incontornáveis, da mesma maneira que não poderia haver iniciação sem infligir sofrimentos e ser vítima deles: as provações imaginárias encontradas pela alma em seu caminho para o céu constituem um verdadeiro sacramento, cujo efeito consiste em regenerar o morto e dar-lhe acesso ao outro mundo.

Portanto, a cerimônia final transforma profundamente a condição do defunto: ela o desperta de seu pesadelo[284], tornando-o apto a viver de novo uma vida social e bem consolidada. A partir de uma sombra errante, ela faz um "Pai"[285]. Essa transformação não difere essencialmente de uma verdadeira ressurreição. Até mesmo, nos mitos e contos, em que a imaginação coletiva se manifesta sem restrições, os dois fenômenos confundem-se com frequência: um sopro ou uma aspersão vivificadores são suficientes para fornecer carne e espírito aos ossos[286]; os mortos erguem-se e retomam o fio de sua existência interrompida. Na vida real, porém, é forçoso aceitar o fato irrevogável. Por mais intensa que seja a aspiração dos homens, eles não ousam esperar para si mesmos "uma morte semelhante à da lua ou do sol que mergulham nas trevas do Hades para voltarem a erguer-se de manhã, dotados de novo vigor"[287]. Os ritos funerários não podem anular completamente a obra da morte: aqueles que haviam sido atingidos por ela voltarão à vida, mas isso ocorrerá em outro mundo ou sob outras aparências.

A alma nem sempre é obrigada a efetuar um estágio na região dos espíritos dos antepassados antes de ser capaz de entrar no corpo de uma criança. Às vezes, a reencarnação ocorre imediatamente ao sair do período fúnebre[288]; e, muitas vezes, uma das almas, aquela que está diretamente ligada ao corpo, pode emigrar, sem nenhum prazo determinado, para o seio de uma mulher e voltar ao mundo; a data dessa suposta transmigração parece depender apenas do nascimento de uma criança na família à qual pertencia o morto[289]. É o que sobressai da regra seguida para a transmissão do nome[290], em diversos povos,

---

284. Cf. p. 86.

285. Segundo a crença hindu, o morto começa por ser um *preta*, ou seja, um espectro ou fantasma; só depois de algum tempo, ele entrará no mundo de *pitaras*. Cf. CALAND. *Über Totenverehrung bei einigen der Indogerman Völker*, 1888, p. 22ss. • OLDENBERG. Op. cit., p. 473ss.

286. Cf. BRINTON. Op. cit., p. 258. • PETITOT. *Traditions indiennesdu Canada nord-ouest*, 1886, p. 37, 150 e 461. • BRASSEUR DE BOURBOURG. *Popol-Vuh...*, 1861, p. 173-177.

287. Cf. WHITE. *The Ancient history of the Maori*, II, p. 90.

288. É o caso, p. ex., entre os Abecásios: enquanto alguns acreditam que, tendo sido libertada pela festa do quadragésimo dia, a alma juntar-se-á a Deus, outros pensam que ela passa para o corpo de uma criança nascida naquele dia (VON HAHN. Op. cit., p. 244-246).

289. PETITOT. *Traditions indiennes...* Op. cit., p. 275ss.

290. Sabe-se que o nome é apenas uma das aparências da alma.

particularmente entre os Esquimós: ao nascer uma criança, ela recebe o nome da última pessoa morta na aldeia ou de um parente morto longe da terra natal. Essa cerimônia tem a finalidade de fazer passar para o corpo do recém-nascido o nome que, até então, tinha ficado na vizinhança do cadáver; ela é designada – diz um autor – como "a reanimação ou a ressurreição do defunto" e garante a paz de sua alma. Ao mesmo tempo, ela alivia o luto vivenciado pelos parentes do morto que assistem ao retorno, sob uma nova forma, daquele que haviam perdido. A criança é, com efeito, a encarnação viva do indivíduo do qual ela leva o nome; presume-se que seja herdeira de seus talentos e vai representá-lo nas festas dos mortos[291]. Enquanto não tiver começado sua nova existência, o nome do morto nunca deve ser pronunciado[292]; essa proibição encontra-se também entre os Chinook, mas termina com as exéquias definitivas[293]. É que, efetivamente, a imposição do nome do morto a um recém-nascido equivale, em certo sentido, à cerimônia final: à semelhança desta, ela pacifica o morto e o devolve à vida, interrompendo o perigo e o tabu fúnebres[294].

---

291. NELSON. Op. cit., p. 289, 379, 424s. e 490. • RINK. *Danish Greenland...*, 1877, p. 206. • CRANTZ. *Hist. of Greenland*, I, 1820, p. 149 e 342. • HOLM. "Ethnologisk skizze af Angmagsalikerne". *Meddelelser om Gronland*, t. X, 1888, p. 111-113 e 372-373. • NANSEN. *Eskimo Life*, 1893, p. 228ss. Essa imposição do nome é obrigatória; caso contrário, a criança terá de suportar consequências funestas. Sobre os Chewsures, cf. VON HAHN. Op. cit., p. 212ss.: quando uma criança de um ou dois anos está doente, a família consulta uma necromante para conhecer a alma da qual procede a enfermidade; então, ao doente é atribuído o nome do morto (sem dúvida, com a intenção de pacificar este último, libertando-o e fazendo com que sua alma-nome volte a viver). Cf. PETITOT. *Exploration de la région du grand lac des Ours*, 1893, p. 277. • KRAUSE. Op. cit., p. 282.

292. CRANTZ. Op. cit. No entanto, esse testemunho é, segundo parece, contestado por Holm (Op. cit.): no termo do luto, o nome deixa de ser pronunciado. De acordo com Rink (Op. cit.), se o indivíduo morre pouco tempo antes de nascer ou em condições particularmente penosas, seu nome não poderá ser pronunciado sem necessidade: para o uso cotidiano, atribui-se outro nome à criança. Cf. JACOBSEN. Op. cit., p. 57.

293. SWAN, N.-W. Coast, p. 189. A duração do tabu, extremamente generalizado, que diz respeito ao nome do morto é, quase sempre, indefinido; todavia, entre os Arunta, após a cerimônia que interrompe o luto, o nome pode ser livremente pronunciado (salvo por alguns grupos de parentes). Cf. SPENCER & GILLEN. *Native Tribes*, p. 498.

294. A libertação da alma-nome nem sempre se faz pela encarnação em um recém-nascido. Entre diversas tribos de índios, particularmente ao tratar-se de um chefe ou de um personagem de prestígio, o nome, depois de ter ficado algum tempo "enterrado com o cadáver", é retomado pelo novo chefe ou por uma personalidade importante: eis o que se designa por "ressuscitar o defunto X"; daí em diante, o vivo é considerado como o próprio morto e assume todos os seus direitos. – Entre os Iroqueses, essa transmigração do nome torna-se a ocasião para organizar uma grande festa que é celebrada "quando as lamentações da família tiverem sido dissipadas". Cf. LAFITAU. Op. cit. II, p. 434. • BRÉBEUF. Op. cit., p. 92. Para os Tlinkit, cf. KRAUSE. Op. cit., p. 234s. Entre os Algonquinos Musquakie, o personagem que, na cerimônia final, é encarregado de levar a alma para a região dos mortos, acrescenta o nome do falecido ao seu: daí em diante, ele representa o defunto e cumpre seus deveres de família; cf. OWEN, *Folklore of the Musquakie Indians*, 1904, p. 83-86. Nesse caso, a "ressurreição do nome" e a introdução da alma na região dos mortos estão estreitamente associadas.

Vimos que, na Indonésia, a festa que encerra os ritos funerários dispensa, ao mesmo tempo, os vivos da obrigação do luto; esse fato é recorrente. O conteúdo dos ritos pode variar, mas o sentido geral é fixo: os parentes do morto são desembaraçados do atributo perigoso que lhes tinha sido legado pelo infortúnio e recebem um "novo corpo"[295], tal como é exigido pela vida normal; eles separam-se definitivamente da morte e das potências nefastas[296] para entrar com toda a legitimidade no mundo dos vivos[297].

A instituição das segundas exéquias – até aqui, nosso empenho concentrou-se em mostrar sua significação e generalidade – sofreu frequentemente uma acentuada regressão. Em determinadas sociedades, subsistem vestígios inequívocos do costume original: por exemplo, os Denes da Bacia do Hudson abrem, algum tempo após a morte, o sarcófago que contém os restos do defunto; eles limitam-se a contemplá-los sem ousar correr o risco e a impureza resultantes do contato com o cadáver. Depois de ter sido oferecida uma refeição às almas, o túmulo é fechado para sempre[298]. Entre outros povos, o último rito consiste em pisotear a tumba[299] ou em lacrá-la mediante a construção de um monumento funerário[300]: só então o morto entra em plena posse da morada que, até aí, era apenas ocupada por ele. Em outros casos, essas reminiscências deixaram de ser postas em prática: a única finalidade da festa consiste em terminar o período fúnebre[301], interromper

---

295. GODDARD. Art. cit. Vol. I, 1903, p. 72. Esse resultado obtém-se mediante a administração de algum "medicamento" mágico aos parentes do morto ou garantindo-lhes os bons efeitos do sacrifício. Cf. JUNOD. Op. cit., p. 56ss. • ARBOUSSET. *Relation d'un voyage d'exploration au nord-est de la colonie du cap de Bonne-Espérance*, 1842, p. 558-565.

296. O ritual hindu prescreve erguer uma pedra para proteger os vivos e servir de barreira entre a morte e eles. Cf. CALAND. *Die altindischen Todten...*, p. 122.

297. Os Chewsures fornecem um exemplo típico dessa reintegração. Cf. VON HAHN. Op. cit., p. 207 e 228ss. Ela realiza-se no meio de um intenso júbilo coletivo; as pessoas cantam, dançam, abraçam-se e beijam-se, ou seja, manifestação que em outro momento teria sido considerada escandalosa.

298. PETITOT. *Région du grand lac des Ours*, p. 119ss. • *Traditions indiennes*, p. 271-272. Sobre os Gros-ventres [Barrigas grandes], cf. ALDEN, apud YARROW. Op. cit., p. 161: o cadáver é deixado em cima de uma plataforma na qual fica à exposição; daí em diante, ninguém ousará tocá-lo; tal gesto seria funesto (*bad medicine*).

299. P. ex., os Caraíbas das ilhas. Cf. DE ROCHEFORT. *Histoire naturelle et morale des isles Antilles de l'Amérique*, 1658, p. 568ss. • PREUSS. Op. cit., p. 19-20.

300. Para as Ilhas Pelau, cf. KUBARY. "Die Verbrechen und das Strafverfahren auf den Palau-Inseln". Art. cit., p. 10: a cerimônia ocorre ao cabo de 100 dias, no fim do luto. Em Java, CRAWFURD. Op. cit., 1820, I, p. 96. Em Tonga, BAESSLER. Op. cit., p. 335. Lembremos o costume, ainda praticado pelos judeus, de retirar a pedra do túmulo somente ao cabo de um ano após a morte. Entre os Bantus do Sul, o encerramento ritual da casa do morto tem a mesma significação: JUNOD. Op. cit., p. 51 e 56. • DECLÉ. Op. cit., p. 233ss. Cf. DU CHAILLU. Op. cit., p. 268ss.

301. Um rito é assinalado com grande frequência como o ato essencial da cerimônia final: a destruição, ou o enterro, ou a distribuição das roupas ou dos bens mobiliários do defunto – até então,

o luto ou proporcionar definitivamente o bem-estar à alma desencarnada. Essas funções, por sua vez, são retiradas da cerimônia final ou perdem sua importância. Vimos que há solidariedade estreita entre o corpo e a alma do defunto: se as verdadeiras exéquias ocorrem imediatamente após a morte, tende-se naturalmente a garantir, desde esse momento, a salvação da alma. Por outro lado, o luto mudou de natureza e de sentido; em vez de marcar, para os sobreviventes, a participação no estado presente do morto, trata-se de exprimir um desgosto considerado como obrigatório. Desde então, a duração do luto já não depende das representações relativas ao defunto, mas é determinada inteiramente por razões de ordem doméstica ou social. Além disso, deixou de ser obrigatório cumprir ritos especiais para livrar os parentes do morto; eles restabelecem-se, de alguma maneira, por si mesmos com a expiração do período prescrito. Depauperada deste modo, a cerimônia final limita-se a ser uma simples celebração de aniversário, cuja única finalidade consiste em prestar uma suprema homenagem ao defunto e em comemorar sua morte.

3 Conclusão

É impossível interpretar o conjunto dos fatos apresentados mais acima se reduzirmos a morte a um acontecimento de ordem física. O horror inspirado pelo cadáver não provém da simples constatação das mudanças ocorridas no corpo. A insuficiência de uma explicação simplista desse gênero é comprovada pelo fato de que, no interior da mesma sociedade, a emoção provocada pela morte varia extremamente em intensidade segundo o caráter social do defunto, e inclusive, em determinados casos, não se manifesta de modo algum. Na morte de um chefe ou de um homem investido de alta dignidade, o grupo inteiro é afetado por um verdadeiro pânico; a energia emanando do cadáver é de tal modo contaminante que, entre os Cafres, o *kraal* inteiro deve ser abandonado imediatamente e, até mesmo, os inimigos evitarão habitar nesse local[302]. Pelo contrário, a morte de um forasteiro, de um escravo ou de uma criança[303] passará quase despercebida, não despertando nenhuma emoção, nem oferecendo a oportunidade para celebrar

---

guardados à parte – a forasteiros. Cf. sobre os Sioux Wahpeton, McCHESNEY, apud YARROW. Op. cit., p. 195. Sobre os Tarahumares, LUMHOLTZ. *Unknown Mexico*. I, 1902, p. 384. Sobre os Arawaks da Guiana Inglesa, SCHOMBURGK, R. Op. cit., p. 457-459. Sobre os Chewsures, VON HAHN. Op. cit., p. 230. O mesmo rito faz parte integrante da cerimônia das segundas exéquias entre diversos povos, em particular, entre os Bororo e os Bribris da Costa Rica.

302. LICHTENSTEIN. *Reisen im südlichen Africa*, I, 1811, p. 423: para uma criança, limitam-se a fechar a cabana mortuária, evitando que o contágio venha a espalhar-se para fora.

303. Cf. MAN. Art. cit., p. 146.

qualquer rito[304]. Assim, não é pelo fato de se tratar simplesmente da extinção da vida física que a morte se torna a causa de crenças, sentimentos e ritos sociais.

Além de interromper a existência corporal e visível de um vivo, a morte destrói o ser social enxertado na individualidade física, a quem era atribuída importância e uma dignidade, em maior ou menor grau, pela consciência coletiva. Ora, esse ser humano havia sido constituído pela sociedade à sua volta, mediante verdadeiros ritos de consagração, além de utilizar energias proporcionadas ao valor social do defunto: sua destruição equivale a um sacrilégio[305] que implica a intervenção de potências da mesma ordem, embora de caráter de alguma forma negativo. A obra de Deus só pode ser desfeita por Ele mesmo ou por satã[306]. É por isso que os povos primitivos não consideram a morte como um fenômeno natural, mas algo que é sempre tributário da ação de influências espirituais, seja porque o defunto, pela violação de algum tabu, tenha atraído sobre si a desgraça, seja porque um inimigo tenha conseguido "matá-lo" por meio de sortilégios ou ritos mágicos[307]. Ao nos relatarem essa crença geral, os etnógrafos vão percebê-la como um erro gros-

---

304. Um trecho do *Vendidad* tem o objetivo de definir a área de contágio, cujo foco é o cadáver; a extensão dessa área varia segundo a posição, mais ou menos elevada, que era atribuída ao defunto na escala dos seres animados. Se o morto é um sacerdote, a impureza estende-se a dez indivíduos; se é um guerreiro, a nove; se é um lavrador, a oito; se é um cão de rebanho, a sete; e assim por diante. Se, porém, o morto é um forasteiro idólatra, ou um herege, ou um animal criatura de *Arimã*, tal como a rã, o contato do cadáver não implica, para os vivos, nenhuma espécie de impureza; durante a vida é que determinado ser era um foco de infecção; tendo falecido, deixa de ser esse malefício. Nem mesmo os parentes mais próximos do infiel assumirão o luto em sua morte. Cf. *Zend-Avesta*, t. II, p. XIIIss., 75-78, 105, 190-191, 193, 235 e 251.

305. Eis o que aparece de maneira enfática em um texto maori: o herói civilizador *Maui* não desejava que os homens fossem destinados a morrer sem retorno porque a morte parecia-lhe "uma coisa degradante e um insulto à dignidade do homem" (WHITE. Op. cit. II, p. 91). Para diminuir o horror desse insulto, os próprios vivos procedem, às vezes, a uma verdadeira degradação do defunto; p. ex., em Taiti, quando o morto era membro da sociedade secreta dos Areoi, mediante uma cerimônia celebrada no templo dessa sociedade, "o corpo era despojado de qualquer influência sagrada e misteriosa" que, supostamente, o indivíduo teria recebido do deus no momento de sua iniciação. Somente então o cadáver podia ser enterrado como o de um homem comum. Cf. ELLIS. Op. cit. T. I, p. 244.

306. Ou, em linguagem masdeísta, os seres da criação boa são destruídos somente pela ação dos demônios, cujo chefe, "prenhe de morte", é *Arimã*. Cf. *Zend Avesta*, II, p. 68-69.

307. Essas duas causas, aliás, não se excluem. Cf. SPENCER & GILLEN. *Northern Tribes*, p. 519. • SPENCER & GILLEN. *Native Tribes*, p. 48. • VAN HASSELT. "Die Nuforesen..." *Zeitschrift für Ethnologie*. Vol. 8, 1876, p. 197-198. • FORBES. Op. cit., p. 438. • COLENSO. Op. cit., p. 26 e 63. • TURNER. *Samoa*..., p. 50ss. e 272. • ELLIS. Op. cit. I, p. 395. • MARINER. Op. cit. I, p. 374-375. • KUBARY. "Die Religion der Pelauer". *Bastian's Allerlei aus Volks- und Menschenkunde*, 1888, p. 5 e 47. • DODGE. *Our wild Indians*, 1883, p. 100. • YARROW. Op. cit., p. 123. • KOCH-GRÜNBERG. Art. cit., p. 38ss. • VON DEN STEINEN. Op. cit., p. 348. • BOSMAN. Op. cit., p. 224. • KINGSLEY. Op. cit., p. 459. • DU CHAILLU. Op. cit., p. 382. Estas poucas referências, que poderiam ser multiplicadas, são suficientes para comprovar a generalidade dessa crença.

seiro e persistente; mas, de preferência, devemos considerá-la como a expressão ingênua de uma permanente necessidade social. Com efeito, a sociedade comunica aos indivíduos que a compõem o seu próprio caráter de perenidade: de fato, ela sente-se e pretende ser imortal, não podendo acreditar normalmente que o destino de seus membros, sobretudo aqueles em quem ela se encarna, com quem se identifica, seja a morte; sua destruição só pode ser o efeito de uma sinistra artimanha. Sem dúvida, a realidade desmente brutalmente esse preconceito; mas o desmentido é acolhido sempre pelo mesmo movimento de estupefação indignada e de desespero. Tal atentado deve ter um autor no qual venha a descarregar-se a cólera do grupo. A culpa, algumas vezes, é atribuída ao próprio morto: "Qual seria o motivo, ó ingrato, para nos abandonar?" E ele é intimado a voltar. Com maior frequência, as pessoas à sua volta são acusadas de negligência culposa[308] ou de malefícios; a todo custo, pretende-se descobrir e executar os feiticeiros; ou, enfim, verifica-se o extravasamento de imprecações contra os espíritos assassinos, tais como os Nagas, que os ameaçam com suas lanças, desafiando-os a enfrentá-los[309]. Assim, ao ocorrer a morte de um homem, a sociedade não perde somente uma unidade, mas é afetada no próprio princípio de sua vida e na fé em si mesma. Convém ler as descrições que os etnógrafos nos fornecem a respeito de cenas de desolação furiosa que ocorrem desde a agonia ou imediatamente após a expiração; por exemplo, entre os Warramunga, homens e mulheres precipitam-se desordenadamente em cima do moribundo, formando um todo compacto, gritando e mutilando-se de maneira atroz[310]. Parece que a comunidade inteira se sente perdida ou, pelo menos, diretamente ameaçada pela presença das forças antagônicas: a própria base de sua existência está desestabilizada[311]. Quanto ao morto, ao mesmo tempo vítima e prisioneiro das potências funestas, ele é rechaçado violentamente para fora da sociedade, arrastando consigo os parentes mais próximos.

Essa exclusão, porém, não é definitiva. A comunidade recusa-se, à semelhança do que ocorre com a morte, a considerá-la como irrevogável. Pelo fato de ter fé em si mesma, uma sociedade saudável não pode admitir que

---

308. P. ex., na China, a morte do pai é imputada ao próprio filho que teria desleixado a devoção filial para com ele. Cf. DE GROOT. *The Religious System of China*, I, 1892, p. 69.

309. GODDEN. Art. cit., p. 195-196: "Se tivéssemos a possibilidade de encontrá-lo, você seria morto por nossas lanças! Comeríamos sua carne!... Para onde você fugiu? Não temos inimigo mais cruel além de você, espírito que destrói nossos amigos no meio de nós". Cf. BATCHELOR. *The Ainu and their Folklore*, p. 324 e 384-385.

310. Cf. SPENCER & GILLEN. *Northern Tribes*, p. 516. • KINGSLEY. Op. cit., p. 463.

311. Cf. os fatos relatados mais acima, p. 83, acerca da morte dos chefes.

um indivíduo que fez parte de sua substância[312], no qual ela havia deixado sua marca, se perca para sempre. A última palavra deve ser dada à vida: sob formas diversas, o defunto sairá dos tormentos da morte para entrar na paz da comunhão humana. Essa libertação, essa reintegração constituem, como já vimos, um dos atos mais solenes da vida coletiva nas sociedades menos avançadas que tivemos a possibilidade de analisar. E quando, mais perto de nós, a Igreja cristã, ao garantir "a ressurreição e a vida"[313] àqueles que vierem a participar plenamente dela, limita-se a formular, remoçando-a, a promessa que qualquer organização religiosa faz implicitamente a seus membros. Com a seguinte diferença: o que era obra da própria coletividade, agindo por meio de ritos apropriados, torna-se o atributo de uma pessoa divina, de um Salvador que, por sua morte-sacrifício, triunfou sobre a morte, livrando seus fiéis dela; a ressurreição, em vez de ser o efeito de determinada cerimônia, é um efeito da graça de Deus, adiado até alcançar um termo sem prazo fixo[314]. Assim, em qualquer momento em que viermos a nos situar na evolução religiosa, a noção de uma ressurreição está associada à morte, assim como a exclusão é seguida por uma nova integração.

O indivíduo, uma vez superada a morte, não voltará simplesmente à vida que havia deixado; a separação foi profunda demais para poder ser imediatamente abolida. Ele irá juntar-se àqueles que, como ele e antes dele, haviam partido deste mundo, aos antepassados; entrará nessa sociedade mítica das almas que cada sociedade constrói à imagem de si mesma. Ora, a cidade celestial ou subterrânea não é a simples reprodução da cidade terrestre. Ao reformar-se para além da morte, a sociedade livra-se de coações exteriores e de necessidades físicas, as quais se opunham constantemente, cá embaixo, ao pleno desenvolvimento do desejo coletivo. Justamente porque o outro mundo existe apenas na

---

312. Isso procede relativamente a uma verdade literal nas sociedades em que predomina a crença na reencarnação; com efeito, cada clã dispõe de certo número de almas, cuja perda deve ser forçosamente evitada para que não ocorra a extinção dele próprio.

313. Recordemos a passagem do Evangelho segundo São João, lido no decorrer do Ofício dos Mortos: "Eu sou a ressurreição e a vida: quem crê em mim, ainda que esteja morto, viverá, e quem vive e crê em mim jamais morrerá" (11,25-26). A fé, ou seja, a união íntima do indivíduo com a Igreja visível, é para ele um penhor de sua reunião futura com a Igreja invisível. É o que exprime claramente a oração final recitada junto da sepultura: *ut sicut hic eum vera fides junxit fidelium turmis, ita illic eum tua miseratio societ angelicis choris.*

314. Aliás, a noção dessa ressurreição não sofreu qualquer mudança. Cf. ABBÉ HAIGNERÉ. *Des rites funèbres dans la liturgie romaine*, 1888, p. 23: "O corpo juntar-se-á à alma que o tinha deixado; a alma voltará a encontrar em estado glorioso o corpo que ela deixa momentaneamente às humilhações do túmulo". Tb. p. 31 e 49: "Na sepultura, vão dormir os restos mortais do cristão piedoso até a ressurreição gloriosa". Cf. 1Cor 15,42: "Assim também será a ressurreição dos mortos: semeado corruptível, o corpo ressuscita incorruptível".

ideia, ele está isento de qualquer limitação, é – ou pode ser[315] – o lugar do ideal: nada mais virá a opor-se a que, por um lado, nas "caças bem-aventuradas" do além, haja abundância perpétua de animais caçados e, por outro, para o inglês ávido de salmos, cada dia da vida eterna seja um domingo. Além disso, em determinadas sociedades, a maneira como termina a existência terrestre constitui para esta uma espécie de tara; a morte espalha sua sombra sobre este mundo e o próprio triunfo obtido pela alma em relação a si mesma abre-lhe uma vida infinitamente mais bela e pura[316]. Essas noções, com certeza, não se apresentam, desde o começo, de forma precisa e definida. Ao estabelecer-se a diferença entre a sociedade religiosa e a sociedade doméstica ou política é que sobretudo a morte parece livrar o crente das fatalidades carnais e temporais que, cá embaixo, o mantinham separado de Deus; ela leva-o a entrar, regenerado, na comunhão dos santos, na Igreja invisível digna de ficar imediatamente no céu à volta do Senhor de quem ela procede. No entanto, desde o começo da evolução religiosa, a mesma concepção está presente de maneira dissimulada e imprecisa: ao juntar-se aos pais, o morto renasce transfigurado, elevado a uma potência e dignidade superiores; ou, por outras palavras, a morte é, para os povos primitivos, uma iniciação[317].

Essa fórmula não é uma simples metáfora; se, para a consciência coletiva, a morte é efetivamente a passagem da sociedade visível para a sociedade invisível, ela é uma operação exatamente análoga àquela pela qual o homem jovem é retirado da companhia das mulheres e das crianças e introduzido no grupo dos homens adultos; essa nova integração, que dá ao indivíduo acesso aos mistérios sagrados da tribo, implica também uma mudança profunda de sua pessoa, além de uma renovação de seu corpo e de sua alma, levando-o a adquirir a indispensável capacidade religiosa e moral. E a semelhança entre os dois fenômenos é tão fundamental que essa mudança efetua-se frequentemente através da morte figurada do aspirante, seguida de seu renascimento para uma vida superior[318].

---

315. Possibilidade que nem sempre chega a se concretizar.

316. Sobre os Chewsures, cf. VON HANN. *Bilder aus dem Kaukasus*, p. 223: a morte é "uma passagem da sociedade impura para as moradas puras e luminosas". A alma é pura; por sua vez, o corpo, o cadáver, é fétido e impuro.

317. Cf. p. 93s. – É notável que essa representação da morte que nos foi revelada pelo estudo dos fatos etnográficos concorda exatamente com a crença cristã, tal como esta é exposta por um apologista católico. Cf. DUFOUR, apud HAIGNERÉ. Op. cit., p. 60ss.: "Para o cristão civilizado, longe de ser a exclusão perpétua... de cada indivíduo para fora do campo da civilização universal, a morte cristã é a iniciação à civilização infinita e a passagem da cidade terrestre para a cidade divina". Os católicos manifestam assim frequentemente a intuição das realidades sociais pelo fato de participarem de uma intensa vida coletiva.

318. Cf. FRAZER. *The Golden Bough*. Vol. III, 1900, p. 429ss. Do mesmo modo, a preparação para o sacrifício, ou seja, "a passagem do mundo dos homens para o mundo dos deuses", implica a morte do ser temporal seguida de um renascimento sob novas aparências. Cf. HUBERT & MAUSS. Art. cit., p. 48ss.

A equiparação com a morte, tal como esta é representada na consciência coletiva, não deve limitar-se à iniciação. Tem sido constatado, com frequência, o estreito parentesco que existe entre os ritos funerários e os ritos do nascimento ou do casamento[319]: à semelhança da morte, esses dois acontecimentos provocam uma cerimônia importante em que o júbilo se mistura com certa angústia; nos três casos, convém precaver-se em relação aos inerentes perigos místicos e proceder a ritos de purificação. A semelhança das práticas exprime uma analogia profunda. O casamento realiza uma dupla mudança de estado: por um lado, leva a noiva a sair de seu clã ou de sua família para introduzi-la no clã ou na família do marido; e, por outro lado, faz com que ela passe da classe das moças solteiras para a das mulheres casadas. O nascimento, por sua vez, realiza, para a consciência coletiva, uma transformação semelhante àquela que ocorre com a morte, embora em sentido inverso: o indivíduo deixa o mundo invisível e misterioso, habitado por sua alma, e entra na sociedade dos vivos. Essa transição de um grupo para outro, real ou imaginário, pressupõe sempre uma renovação profunda do indivíduo, marcada por ritos, tais como a imposição de um novo nome, a mudança de roupas ou do gênero de vida. Portanto, essa operação é concebida sempre como prenhe de riscos por implicar a utilização de forças necessárias, mas perigosas. O corpo do recém-nascido não é menos sagrado que o cadáver[320]. Apesar de terem cores diferentes, o véu da noiva e o da viúva não deixam de desempenhar a mesma função, ou seja, isolar e colocar à margem um ser temível[321].

---

319. P. ex., DIELS. Op. cit., p. 48. Ele explica o paralelismo desses três grupos de ritos pelo fato de que todos têm o objetivo de efetuar uma lustração. Trata-se, porém, justamente de explicar o motivo pelo qual uma purificação é necessária nesses três momentos da vida.

320. Assim o nascimento, tal como a morte, deveria ocorrer frequentemente fora de casa. Para os Esquimós, p. ex., cf. WELLS & KELLY. "English-Eskimo and Eskimo-English Vocabularies". *Bureau of Education, Circul. of Inform.*, n. 2, 1890, p. 18. Para os Chewsures, RADDE. Op. cit., p. 79 e 91. – À semelhança do que ocorre no caso da morte, a impureza é aqui contagiosa; ela estende-se à mãe e, muitas vezes, igualmente ao pai, do recém-nascido, além de lhes impor um gênero de vida separado, totalmente análogo ao luto.

321. O casamento, tal como o funeral, implica uma ruptura; a passagem de um grupo para outro não pode ser efetuada sem dificuldade; impor-se-á a superação de uma resistência. Sabe-se que um rito de rapto é, frequentemente, um momento essencial da cerimônia nupcial. Do mesmo modo, por ocasião das obséquias, trava-se uma luta ritual entre parentes ou amigos do morto que se opõem à retirada do cadáver, por um lado, e, por outro, o resto da comunidade que deseja a realização da indispensável separação: alguma obrigação tem de ser imposta aos vivos. Cf. sobre os insulares de Kar Nicobar, KLOSS. Op. cit., p. 304. Em Timor, GRAMBERG. "Eene Maand in de binnenlanden van Timor". *Verhand. v. h. Batav. Genot. v. K. en W.*, XXXVI, 1872, p. 212. Na Ilha de Roti, HEIJMERING. Art. cit., p. 359ss. Em New Britain, DANKS. Art. cit., p. 352ss. Nas Ilhas Pelau, KUBARY. *Die Todten-Bestattung auf den Pelau-Inseln*, 1885, p. 11. Sobre os Orungu do Cabo Lopez, NASSAU. Op. cit., p. 236ss. – Do mesmo modo, a viúva é, muitas vezes, objeto de uma luta entre os parentes do morto que desejam a união dela com o marido (p. ex., na pira funerária) e os próprios parentes da viúva que a retêm no mundo dos vivos. Cf. sobre os Tolkotins, YARROW. Op. cit., p. 145ss.

Assim, a morte não é concebida primitivamente como um fato único, sem outros análogos. Em nossa civilização, a existência do indivíduo parece prosseguir praticamente, com o mesmo teor, desde o nascimento até a morte; a passagem entre as etapas sucessivas de nossa vida social é marcada de maneira tênue, de modo que elas deixam perceber constantemente a trama contínua da vida individual. No entanto, as sociedades menos avançadas, cuja estrutura interna é maciça e rígida, concebem a vida de um homem como uma sucessão de fases heterogêneas, com contornos determinados, em que cada uma corresponde a uma classe social definida, mais ou menos organizada[322]; na sequência, cada promoção do indivíduo implica a passagem de um grupo para outro, uma exclusão – ou seja, uma morte – e uma nova integração, isto é, um renascimento. Com certeza, esses dois elementos nem sempre aparecem no mesmo plano: segundo a natureza da mudança realizada, ora é o primeiro, ora é o outro que, de preferência, fixa a atenção coletiva, determinando o caráter predominante do acontecimento; mas, no fundo, eles são complementares. Para a consciência social, a morte não passa de uma espécie particular de um fenômeno generalizado.

Agora será fácil compreender o motivo pelo qual a morte foi concebida, durante tanto tempo, como um estado transitório, dotado de certa duração. Qualquer mudança de estado do indivíduo, ao passar de um grupo para outro, implica uma profunda modificação na atitude mental da sociedade a respeito dele, modificação que se realiza gradualmente e exige tempo. O fato bruto da morte física é insuficiente para consumar a morte nas consciências: a imagem daquele que morreu recentemente ainda faz parte do sistema das coisas deste mundo; ela só vai desprender-se disso aos poucos, mediante uma série de rupturas interiores. É impossível pensarmos o morto como morto de imediato; ele participa demais de nossa substância, acabamos nos envolvendo demais com ele; a participação da mesma vida social cria vínculos que não se rompem em um dia. A "evidência do fato" é atacada por uma torrente contrária de lembranças e imagens, de desejos e esperanças[323]; ela só conseguirá impor-se aos poucos, e é somente no desenlace desse conflito prolongado que consentiremos e acreditaremos na separação como em algo real. É esse processo psicológico doloroso que se exprime, sob forma objetiva e mística, na crença segundo a qual a alma só rompe progressivamente os

---

322. Cf. SCHURTZ. *Altersklassen und Männerbünde...*, 1902. Cf. tb. a resenha dessa obra por DURKHEIM, É. *L'Année Sociologique*, t. VI, 1903, p. 317.

323. No estado de vigília, essa torrente é em geral contida, não sem sofrimento, porque temos então normalmente uma percepção nítida – e um sentimento veemente – do real; mas quando o pensamento se distende e a representação das coisas exteriores se apaga na sombra da noite ou durante o sono, verifica-se então a desforra do mundo subjetivo: a imagem, recalcada incessantemente, do morto que vive como outrora, domina então a consciência. Assim, o estado de ruptura e de perturbações interiores, subsequente a uma morte, determina alucinações e sonhos frequentes que, por sua vez, contribuem para prolongar esse estado. Cf. KOCH-GRÜNBERG. Art. cit., p. 21.

vínculos que a mantêm conectada com este mundo: ela só poderá encontrar uma existência estável quando a representação do morto tiver adquirido, na consciência dos vivos, um caráter definitivo e apaziguado. Entre a imagem persistente de um homem semelhante a nós e familiar, por um lado, e, por outro, a imagem de um antepassado, às vezes, venerado, sempre distante[324], a oposição é profunda demais para que a segunda possa substituir imediatamente a primeira. É por isso que se impõe a noção de um "estado intermediário entre a morte e a ressurreição"[325], durante o qual presume-se que a alma se liberta da impureza mortuária ou do pecado que lhe era inerente[326]. A necessidade, portanto, de algum tempo para que o morto seja banido da região dos vivos justifica-se pelo fato de que a sociedade, desestabilizada pelo choque, deve reencontrar aos poucos seu equilíbrio[327] e pelo fato de que o duplo trabalho mental de desagregação e de síntese, pressuposto para a integração do indivíduo em um novo mundo, realiza-se de certo modo, de maneira molecular, além de exigir tempo[328].

---

324. Pouco importa saber se essa nova imagem está destinada a persistir na consciência dos sobreviventes; muitas vezes, a cerimônia final tem como efeito abolir a lembrança do morto; o defunto, ao se reunir aos pais, perder-se-á em uma coletividade anônima e deixará de ser pensado como indivíduo. Mas até mesmo o esquecimento não é um processo simples e puramente negativo, mas implica um verdadeiro trabalho de reconstrução.

325. Cf. CAMPBELL, H.A. *The Doctrines of a Middle State between Death and Resurrection*, 1721.

326. A noção de purgatório não passa, com efeito, de uma transposição, em linguagem moral, da noção de um estágio que precede a libertação final. Os sofrimentos da alma, durante o período intermediário, aparecem, em primeiro lugar, como uma consequência do estado transitório em que ela se encontra; em um momento ulterior da evolução religiosa, as penas da alma são concebidas como a sequência da indispensável expiação dos pecados que ela havia cometido durante sua existência terrestre. Essa transformação – aliás, totalmente normal – produziu-se na crença hindu relativa ao *preta*. Cf. OLDENBERG. Op. cit., p. 476ss.

327. Ela vai consegui-lo não apenas pelo trabalho interior que indicamos, mas frequentemente também através de atos. Quaisquer que sejam as causas particulares que determinam a instituição da vingança de sangue, é certo que ela permite ao grupo descarregar-se da emoção que a morte havia acumulado nele; eis o que se exprime na crença segundo a qual a execução do suposto assassino apazigua a alma do morto. Assim, a execução da *vendetta* seria, muitas vezes, uma condição necessária da cerimônia final e do termo do luto. Cf. STEINMETZ. *Ethnologische Studien zur Entwickelung der Strafe*, 1892. • MAUSS. "La religion et les origines du droit pénal". *Rev. d'Hist. des Religions*, 35, 1897, p. 31-60.

328. Parece efetivamente que a mesma proposição verificar-se-ia a propósito das mudanças de estado análogas àquele decorrente da morte. Lembremos que os ritos de iniciação abrangem um período frequentemente bastante longo, durante o qual o homem jovem permanece em um estado transitório que o submete a numerosos tabus. Do mesmo modo, o período subsequente ao casamento (e que, em numerosas sociedades, só termina com o nascimento do primeiro filho) tem um caráter perturbador e especial. Enfim, o nascimento físico é insuficiente para levar a criança a entrar na sociedade dos vivos: o recém-nascido é objeto de representações absolutamente análogas àquelas que ocorrem a respeito do morto. Cf. CUSHING. "Remarks on Shamanism". *Proceedings Americ. Philos. Soc.*, XXXVI, 1897, p. 184. • BATCHELOR. *The Ainu and their Folklore*, p. 240.

Segundo parece, a sociedade não teria conseguido, durante muito tempo, tomar consciência de si mesma e dos fenômenos que constituem sua vida, a não ser depois de se ter, de algum modo, refletido no mundo material. A infecção que, durante algum tempo, se apodera do corpo manifesta, sob forma sensível, a presença temporária das potências sinistras[329]. A destruição gradual do antigo corpo terrestre, que prolonga e consuma o crime inicial, exprime concretamente o estado de perturbação e ruptura em que se encontra a comunidade enquanto a exclusão do morto não tiver atingido seu termo. Por outro lado, a redução do cadáver a ossadas praticamente imutáveis, sobre as quais a morte deixará de ter controle, aparece como a condição e o sinal da libertação final: agora que o corpo do defunto é semelhante aos dos antepassados, parece que deixou de haver qualquer obstáculo para a entrada da alma na comunhão com eles. Com frequência, tem sido observado[330], e com razão, o vínculo estreito que une a representação do corpo com a da alma. Essa conexão mental é necessária não apenas porque o pensamento coletivo é, no começo, concreto e incapaz de conceber uma existência puramente espiritual, mas, sobretudo, porque ela apresenta um caráter profundamente motopropulsor e dramático. O grupo tem necessidade de atos que fixem a atenção de seus membros, orientem sua imaginação em direção de um sentido definido e inspirem a crença a todos. Ora, a matéria sobre a qual há de exercer-se, após a morte, a atividade coletiva que servirá de objeto aos ritos, é naturalmente o próprio corpo do defunto. A integração do morto na sociedade invisível só será plenamente efetuada se seus restos materiais forem reunidos aos dos pais. A ação exercida pela sociedade sobre o corpo é que confere a plena realidade ao drama que ela imagina a respeito da alma[331]. Assim, se os fenômenos físicos que constituem a morte ou resultam dela não determinam por si mesmos as representações e as emoções coletivas, mesmo assim eles contribuem para conferir-lhes a forma definida que elas apresentam; eles fornecem-lhe, de

---

329. Isso é explicitamente enunciado no *Avesta*: logo após a morte de um fiel, a *Druj Nasu* (demônio-cadáver) arremessa-se impetuosamente, "sob a forma de uma mosca furiosa", das regiões do Norte habitadas pelos espíritos malignos e toma posse do corpo: a decomposição marca sua presença. Cf. *Zend Avesta*, t. II, p. 38, nota 22, e p. 96ss. – Representações análogas são atuantes na Igreja Católica: ao aspergir o corpo com água-benta, "a Igreja parece ter em vista, sobretudo, afugentar o demônio, cujo olho selvático brilha de avidez em devorar sua presa" (HAIGNERÉ. Op. cit., p. 40ss.). O incenso tem o objetivo de "fazer com que o bom odor de Jesus Cristo predomine sobre a infecção das emanações cadavéricas".

330. Entre outros autores, PREUSS. Op. cit., p. 239ss.

331. Cf. p. 60-62. No interessante opúsculo que citamos várias vezes, Abbé Haigneré ressaltou de maneira vigorosa o paralelismo constante que existe entre os ritos funerários e as representações relativas à alma: "A Igreja fará com o corpo o que Deus faz com a alma; ela há de segui-lo desde o leito mortuário até o lugar de seu repouso [...]; ela deposita o corpo no seio da terra (consagrada), no momento em que, em seu pensamento, [...] a porta do céu se abre para receber a alma no seio de Deus" (Ibid., p. 21ss. e 48-53).

algum modo, um suporte material. A sociedade projeta no mundo circundante suas próprias maneiras de pensar e sentir; em ricochete, esse mundo vai fixá-las, regulamentá-las e limitá-las no tempo.

A hipótese que acabamos de expor parece confirmada pelo fato de que, nas próprias sociedades em que predomina a prática das exéquias duplas, determinadas categorias de indivíduos são intencionalmente excluídos do ritual funerário normal.

Esse é o caso, em primeiro lugar, das crianças. Entre os Olo Maanjan, aquelas com menos de 7 anos de idade são depositadas em um ataúde que não será renovado; seu transporte para o túmulo familiar será efetuado no mesmo dia da morte. Basta um sacrifício, no dia seguinte, para que a alma, purificada, tenha acesso imediato à cidade dos mortos; e o luto do pai e da mãe, por sua vez, dura apenas uma semana[332]. No entanto, o costume mais comum entre os Dayaks e os Papuas parece consistir em encerrar o corpo das crianças pequenas no interior de uma árvore, ou suspendê-lo em seus ramos[333]. A noção que determina essa prática nos é claramente revelada pelos Dayaks de Koetei: eles acreditam que os homens vêm das árvores e devem voltar a elas; assim, quando uma mulher Bahau dá à luz antes do termo ou quando, durante a gravidez, foi atormentada por pesadelos, ela pode recusar o filho, entregando-o vivo à árvore que ele havia deixado cedo demais ou de maneira inquietante[334]. Evidentemente, existe a expectativa, confirmada explicitamente para outros povos[335], que a alma há de reencarnar-se

---

332. TROMP. "Das Begräbnis bei den Sihongern". Art. cit., p. 42-44. • GRABOWSKY. "Der Distrikt Dusson-Timor...", p. 474. Lembremos que, na mesma tribo, o luto obrigatório para um adulto eleva-se a 49 dias e observemos que o ataúde que contém os restos da criança é exterior à sepultura familiar. Cf., para os Olo Ngadju, GRABOWSKY. "Der Tod, das Begräbnis, das Tiwah...", p. 180: "É raro celebrar o *Tiwah* para crianças". Os Fjort enterram, sem demora, as crianças, assim como os pobres e os escravos. Cf. DENNETT. *Notes on the Folklore of the Fjort*, 1898, p. 22. Do mesmo modo, as Leis de Manu (*Sacred Books of the East*, XXV – *The Laws of Manu*, p. 180) prescrevem, além da proibição de queimar o corpo de uma criança com menos de dois anos, que ela seja enterrada imediatamente sem nunca recolher suas ossadas: "O corpo é deixado na floresta como se fosse um pedaço de pau; além disso, a impureza dos pais dura apenas três dias". No entanto, a cremação é facultativa se a criança já tem dentes. Esta última característica faz lembrar o texto de Plínio: "Hominem prius quam genito dente cremari, mos gentium non est" (*Naturalis Historiæ*, vol. VII, 72). Entre os Todas, para as crianças com menos de 2 anos, as duas cerimônias, inicial e final, são celebradas no mesmo dia. Cf. RIVERS. Op. cit., 1906, p. 391.

333. Cf. SCHWANER. Op. cit. II, p. 195. • PERHAM, apud ROTH. Op. cit. I, p. 205. • GOUDSWAARD. Op. cit., p. 70. • VAN BALEN. Art. cit., p. 560-561. • VAN HASSELT. "Die Nuforesen...", p. 198. • RIEDEL. *Sluik- en kroesharige rassen...*, p. 239.

334. TROMP. "Uit de salasila van Koetei", p. 92. Sobre os Tagales das Filipinas, cf. CARERI, apud BLUMENTRITT. Art. cit., p. 165: "Eles pensam que as almas dos antepassados habitam nas árvores".

335. Cf. SPENCER & GILLEN. *Northern Tribes*, p. 609: "Os indígenas acreditam que a alma da criança volta imediatamente para o lugar de origem e poderá renascer em breve, segundo todas as

em breve – talvez, no seio da mesma mulher – e voltará a entrar neste mundo sob auspícios mais favoráveis. Assim, a morte das crianças provoca uma reação social muito fraca e efêmera; tudo se passa como se não houvesse nesse caso, para a consciência coletiva, uma verdadeira morte[336].

E de fato, considerando que as crianças ainda não fazem parte da sociedade visível, não há motivo para excluí-las dessa sociedade de maneira penosa e lenta. Não tendo sido separadas realmente do mundo dos espíritos, elas retornam diretamente a ele[337], sem que praticamente haja necessidade de pôr em ação as energias sagradas e sem que pareça indispensável passar por um penoso período de transição. A morte de um recém-nascido é, em última instância, um fenômeno infrassocial; a sociedade, por não ter colocado nada de si mesma na criança, não se sente atingida por seu desaparecimento, mantendo uma atitude de indiferença.

Em diversas tribos australianas, os idosos que, em consequência de sua idade avançada, se tornaram incapazes de figurar nas cerimônias totêmicas, tendo perdido sua aptidão para as funções sagradas, são enterrados imediatamente após a morte, não sendo expostos, à semelhança dos outros membros da tribo, em cima de uma plataforma até à completa dessecação dos ossos[338]. Com efeito, em decor-

---

probabilidades, no seio da mesma mulher". Assim, o infanticídio não tem importância. Observe-se o contraste com a crença relativa à alma dos adultos. Cf. p. 78s. Os Algonquinos e os Mongóis deixam as crianças com menos de 7 anos à beira de um caminho frequentado para facilitar a reencarnação de suas almas. Cf. PREUSS. Op. cit., p. 216 e 257. Cf. OWEN. Op. cit., p. 23.

336. Em vez de falarem da morte de uma criança pequena, os habitantes da Costa Rica afirmam que ela foi ao encontro dos anjos: seu funeral é uma festa alegre durante a qual as lágrimas são excluídas. Cf. WAGNER & SCHERZER. *Die Republik Costa-Rica*, 1856, p. 196. Cf. tb. LUMHOLTZ. Op. cit. I, p. 448-449. Do mesmo modo, entre os Romenos, FLACHS. Op. cit., p. 46. Entre os Búlgaros, STRAUSZ. Op. cit., p. 452. Em relação à crença católica, cf. ABBÉ DÉSERT. *Le Livre mortuaire...*, 1889, p. 279 e 286: "Deus qui omnibus parvulis [...] dum migrant a sæculo [...] vitam illico largiris æternam". A ausência, ou a redução extrema, do luto regular para as crianças que morreram abaixo de determinada idade é um fenômeno bastante generalizado. Na China, o luto só é respeitado para os mortos com idade acima de 8 anos. Cf. DE GROOT. Op. cit., p. 522, esp. p. 329 e 1.075. Entre os Kayans, não há luto exterior para uma criança a quem ainda não foi atribuído um nome (a cerimônia dessa imposição ocorre um mês após o nascimento). Cf. NIEUWENHUIS. Op. cit., p. 44. Naturalmente, o desgosto individual dos pais pode ser bastante intenso, mas não existe uma reação social, impondo a obrigação do luto.

337. Uma explicação análoga ilustra casos em que os curandeiros ou os ascetas são tratados, depois de sua morte, de maneira semelhante àquela que é reservada às crianças; assim, os Dayaks do litoral suspendem nas árvores o corpo de seus *manangs*. Cf. PERHAM, apud ROTH. Op. cit. I, p. 205. Do mesmo modo, os ascetas hindus também são enterrados imediatamente porque "não têm necessidade do sacramento da cremação para chegarem ao outro mundo". Cf. CALAND. *Die altindischen Todten...*, p. 93-95. Por suas práticas especiais, eles excluíram-se durante sua vida da sociedade terrestre; pertencem já ao mundo dos espíritos. Eles estão, por assim dizer, dispensados da morte.

338. Cf. SPENCER & GILLEN. *Northern Tribes*, p. 402, nota 1, p. 506, 512 e 545. O enterro imediato dos idosos, que contrasta com o ritual normal das duplas exéquias, nos é assinalado também entre os Papuas das Ilhas Aru. Cf. RIBBE. Art. cit., p. 191ss. A ausência (ou a redução) do luto

rência do enfraquecimento de suas faculdades, eles tinham cessado de participar da vida social; a morte deles limita-se a consagrar uma exclusão já consumada de fato[339] e à qual haviam tido tempo de se acostumar[340].

Enfim, o gênero de morte determina ainda numerosas exceções ao ritual normal. Todos os que morrem de morte violenta ou por acidente, mulheres mortas durante o parto, afogados e fulminados por raios, assim como os suicidas são, muitas vezes, objeto de ritos especiais. Tais cadáveres inspiram o mais intenso horror e serão descartados o mais rapidamente possível; além disso, seus ossos não serão reunidos aos dos outros membros do grupo que haviam falecido de maneira conveniente[341]. Em desassossego e malévolas, suas almas hão de vaguear para sempre na terra[342]; ou, se migrarem para outro mundo, elas hão de habitar

---

é frequente no caso de pessoas idosas: entre os Sakalavas do Sul e os Bechuanas, diz-se a respeito de um idoso que ele "adormeceu" e suas exéquias fornecem pretexto para folguedos. Cf. KÜRZE. "Das Volk der Süd-Sakalava". *Mitteil. d. Geogr. Gesellsch. Jena*, VIII, 1889, p. 43. Cf. tb. ARBOUSSET. Op. cit., p. 475. Sobre os ribeirinhos do Rio das Palmas na Flórida, cf. DE GÓMARA. *Histoire generalle des Indes occidentales*, 1568, p. 45. Sobre os Romenos, cf. FLACHS. Op. cit., p. 62.

339. Assim, sua morte é considerada frequentemente como "natural", sem implicar uma intervenção espiritual maligna. Cf. VAN HASSELT. "Die Nuforesen..." p. 197-198. • KUBARY. "Die Religion der Pelauer". Art. cit., p. 3-5. • MacDONALD. "Manners, Customs, Superstitions, and Religions of South African Tribes". *Journ. Anthr. Inst.*, vol. XIX, 1890, p. 273. • LE BRAZ. *La légende de la mortchez les Bretons armoricains*. I. 2. ed., 1902, p. XXII.

340. Do mesmo modo, entre os Wollaroi, as mulheres são enterradas imediatamente e sem grande cerimônia, o que não é difícil de explicar visto que, nessas tribos, as mulheres não participam absolutamente da vida religiosa. Cf. HOWITT. Op. cit., p. 467. Pelo contrário, entre os Warramunga, os mesmos ritos funerários são celebrados tanto para as mulheres quanto para os homens; os autores atribuem esse fato à crença, existente nessa tribo, de que a alma troca de sexo em cada reencarnação. Cf. SPENCER & GILLEN. *Northern Tribes*, p. 546 e 530.

341. GRABOWSKY. "Der Tod, das Begräbnis, das Tiwah...", p. 181. • ROTH. Op. cit. I, p. 140ss. • NIEUWENHUIS. Op. cit., p. 91ss. • FORBES. Op. cit., p. 324. • DE CLERCQ. Art. cit., p. 208. • STANDING. Art. cit., VII, 1883, p. 73. • KUBARY. "Die Verbrechen und das Strafverfahren auf den Palau-Inseln". Art. cit., 1 (2), 1886, p. 78. • KUBARY. *Ethnographische Beiträge...*, p. 126. Entre os Bantus do Sul é proibido prantear um parente fulminado por um raio porque o luto seria um ato de rebelião contra o céu que havia provocado diretamente essa morte. Cf. ARBOUSSET. Op. cit., p. 446. • MacDONALD. Art. cit., p. 295. • THEAL. Op. cit. VII, p. 401. O cadáver de um guerreiro escalpado não passa de "simples carniça" e nunca é enterrado; presume-se que sua alma tenha sido aniquilada. Cf. DODGE. Op. cit., p. 101-102 e 159. A proibição de enterrar os suicidas em terra benzida no cemitério comum está bastante disseminada, como se sabe, entre os povos cristãos. Cf., p. ex., sobre os Irlandeses, MOONEY. "The Funeral Customs of Ireland". Art. cit., p. 287-288. Sobre os Búlgaros, STRAUSZ. Op. cit., p. 454s. Sublinhemos o fato característico segundo o qual, entre os Unmatjera e os Kaitish, um homem jovem que tenha desrespeitado a lei tribal ao se casar com uma mulher que era tabu para ele nunca é exposto em cima de uma plataforma, mas é enterrado imediatamente. Cf. SPENCER & GILLEN. *Northern Tribes*, p. 512.

342. WILKEN. *Het Animisme bij de volken...* p. 197ss. Cf. CHALMERS, apud ROTH. Op. cit. I, p. 167. • DODGE. Op. cit., p. 102: as almas daqueles cuja morte ocorreu por estrangulamento permanecem sempre perto do cadáver.

em uma aldeia separada, às vezes, até mesmo em uma região inteiramente diferente daquela em que moram as outras almas[343]. Parece que, para essas vítimas de uma maldição especial – pelo menos, nos casos mais típicos – o período transitório prolonga-se indefinidamente e a morte delas não chega a seu termo[344].

Em tais ocorrências, em vez da fragilidade da emoção experimentada pela coletividade, sua extrema intensidade e sua brusquidão é que se opõem ao cumprimento dos ritos funerários regulares. Uma analogia há de esclarecer esse fenômeno. Vimos que o nascimento desencadeia, à semelhança da morte, energias perigosas que, durante algum tempo, excluem a criança e a mãe da vida social; em geral, essas energias se dissipam progressivamente, tornando possível a libertação da parturiente. Mas se o acontecimento ocorre de maneira particular – por exemplo, o parto de gêmeos –, então "esse nascimento é uma morte", segundo a expressão instrutiva dos Ba-Ronga[345], pelo fato de excluir aqueles que, aparentemente, estavam destinados a integrar-se em uma vida regular; ele vai afetá-los com um caráter sagrado tão forte que nenhum rito será capaz de eliminá-lo, mergulhando toda a comunidade no terror e na consternação[346]. Do mesmo modo, a maneira sinistra como alguns indivíduos são arrancados deste mundo vai separá-los para sempre das pessoas mais próximas: sua exclusão é definitiva e irremediável. Com efeito, é a última imagem do indivíduo, tal como a morte o atingiu, que se imprime com o maior vigor possível na memória dos vivos; e essa imagem, por ser singular e sobrecarregada de emoção especial, nunca poderá ser inteiramente abolida. Assim, é inútil esperar algum tempo para reunir, posterior-

---

343. ROTH. Op. cit. I, p. 219. • KRUIJT. Art. cit., p. 29: os suicidas têm uma aldeia à parte. Entre os Esquimós ocidentais, as vítimas de morte violenta vão para o céu no qual vivem na luz e na abundância; as outras vão para o mundo subterrâneo. Cf. NELSON. *Eskimo about Bering Strait*, p. 423. Entre os antigos Astecas, todos os homens que morriam na guerra e todas as mulheres cuja morte ocorria durante o parto (elas se confundiam com os precedentes) eram considerados como que arrebatados pelo sol e iam morar no céu: essa morte era gloriosa, tendo o único efeito de prodigalizar alegria aos parentes. Por sua vez, os afogados e os fulminados por raio eram objeto de representações análogas. Cf. SAHAGÚN. Op. cit., p. 346, p. 400ss. e 433ss. Como se vê, convém abster-se de identificar as pessoas mortas de maneira anormal com os condenados; elas podem perfeitamente ser consideradas como predestinadas; verifica-se que, no fundo, as duas noções coincidem no sentido em que ambas implicam uma marginalização, uma separação.

344. Lembremos que as almas daqueles a quem é recusada a celebração do *Tiwah* permanecerão "mortas" para sempre.

345. JUNOD. Op. cit., p. 412ss.: "Além de produzir o relâmpago e a morte, o céu preside de maneira realmente especial o nascimento de gêmeos".

346. Cf., p. ex., KINGSLEY. Op. cit., p. 472ss. O tratamento infligido à mãe de gêmeos é idêntico ao que será imposto à viúva: suas roupas são rasgadas e seus pertences são quebrados, ela é expulsa como se fosse uma coisa impura, vivendo como pária. O gêmeo que vier a escapar da morte torna-se um objeto de tal modo horrível que nem a própria mãe desejaria tocá-lo. É notável observar que os gêmeos são, em tribos pouco distantes, ora tratados como seres abomináveis e abandonados para morrer, ora considerados como seres quase divinos; mas, em todos os casos, são marginalizados.

mente, o morto aos antepassados. Como essa junção é impossível, a espera não tem sentido: a morte perdurará para sempre porque, em relação a esses amaldiçoados, a sociedade guardará indefinidamente a atitude de exclusão que havia assumido desde o começo.

Nossa interpretação permite, portanto, compreender o motivo pelo qual, em determinada sociedade, verifica-se a prática das duplas exéquias, enquanto em alguns casos esse ritual é inexistente.

Vamos resumir, em algumas palavras, os resultados de nossa investigação. Para a consciência coletiva, a morte, nas condições normais, é uma exclusão temporária do indivíduo fora da comunidade humana, cujo efeito consiste em levá-lo a passar da sociedade visível dos vivos para a sociedade invisível dos antepassados. O luto é, na origem, a indispensável participação dos vivos no estado mortuário do parente, perdurando um período de tempo semelhante ao desse mesmo estado. Em última análise, a morte como fenômeno social consiste em um duplo e penoso trabalho de desagregação e de síntese mentais; é somente no termo desse trabalho que a sociedade, tendo recuperado a paz, consegue triunfar sobre a morte.

II

A preeminência da mão direita

Estudo sobre a polaridade religiosa[347]

Que semelhança tão perfeita existe entre nossas duas mãos! E, no entanto, que desigualdade tão flagrante!

A mão direita recebe as honras, as designações lisonjeiras, as prerrogativas: ela age, ordena, *apropria-se*. Ao contrário, a mão esquerda é menosprezada e reduzida ao papel de uma humilde auxiliar: nada pode fazer sozinha; ela presta assistência, dá apoio, *suporta*.

A mão direita é o símbolo e o modelo da aristocracia em todas as suas variantes, enquanto a mão esquerda representa as classes populares da sociedade.

Quais são os títulos de nobreza da mão direita? E de onde vem a servidão da mão esquerda?

1 Assimetria orgânica

Qualquer hierarquia social tem a pretensão de estar fundamentada na natureza das coisas: φύσει, οὐ νόμῳ. Deste modo, ela atribui-se à eternidade, escapando ao devir e à influência dos inovadores. Aristóteles justificava a escravidão pela superioridade étnica dos gregos em relação aos bárbaros; e o homem, perturbado atualmente pelas reivindicações feministas, alega a inferioridade *natural* da mulher. Do mesmo modo, segundo a opinião geral, a preeminência da mão direita resultaria diretamente da estrutura do organismo

---

347. "La préeminence de la main droite. Étude sur la polarité religieuse". *Revue philosophique de la France et de l'étranger*. T. LXVIII, déc. 1909, p. 553-580. Paris: G. Baillière.

e nada deveria às convenções, nem às crenças mutáveis dos homens. Contudo, apesar das aparências, o testemunho da natureza não é – ao tratar-se de regularizar as atribuições das duas mãos – mais claro, nem mais decisivo do que o é nos conflitos de raças ou sexos.

E não foi por falta de tentativas para atribuir à destridade uma causa anatômica. Entre todas as hipóteses aventadas[348], parece que somente uma delas conseguiu resistir à prova dos fatos: aquela que relaciona a preponderância da mão direita com o desenvolvimento mais considerável, no ser humano, do hemisfério cerebral esquerdo que, como se sabe, enerva os músculos do lado oposto. Do mesmo modo que o centro da fala articulada se encontra nessa parte do cérebro, assim também os centros que coordenam os movimentos voluntários residiriam sobretudo nessa região. Como dizia Broca, "somos destros relativamente à mão por sermos canhotos no cérebro". O privilégio da mão direita estaria fundamentado na estrutura assimétrica dos centros nervosos, cuja causa, seja ela qual for, é evidentemente orgânica[349].

Não há dúvida de que uma correlação regular existe entre a predominância da mão direita e o desenvolvimento do lobo superior esquerdo do cérebro. No entanto, qual seria a causa e qual é o efeito desses dois fenômenos? O que nos impede de inverter a proposição de Broca e dizer: "Somos canhotos relativamente ao cérebro por sermos destros na mão"?[350] É um fato conhecido que o exercício de um órgão determina uma alimentação mais abundante e, por conseguinte, um crescimento desse órgão. A atividade maior da mão direita, que implica um esforço mais intenso dos centros nervosos do lado esquerdo, tem necessariamente o efeito de favorecer seu desenvolvimento[351]. Se fizermos abstração dos efeitos produzidos pelo exercício e pelos hábitos adquiridos, a superioridade fisiológica do hemisfério esquerdo é algo de tão reduzido que, no máximo, pode determinar uma ligeira preferência em favor do lado direito.

A dificuldade que se experimenta ao atribuir à assimetria dos membros superiores uma comprovada e adequada causa orgânica, conjugada com o fato de que

---

348. A exposição e a discussão dessa temática poderá ser consultada em WILSON, D. *The Right Hand*: Left-handedness, 1891, p. 149ss. • JACOBS, J. *Onze Rechtshandigheiduit een ethnologisch, clinisch en pædagogisch oogpunt beschouwd*, 1892, p. 22ss. • JACKSON, J. *Ambidexterity*, 1905, p. 41ss.

349. Cf. WILSON. Op. cit., p. 183ss. • BALDWIN. *Le Développement mental dans l'enfant et dans la race*, 1897, p. 67ss. • VAN BIERVLIET. "L'homme droit et l'homme gauche – l'asymétrie des fonctions chez l'homme droit et l'homme gauche" (suite et fin). *Revue Philosophique de la France et de l'Etranger*, 1899, t. XLVII, p. 376ss.

350. JACOBS. Op. cit., p. 25ss.

351. BASTIAN & BROWN-SEQUARD, apud WILSON. Op. cit., p. 193-194.

os animais mais próximos do ser humano são ambidestros[352], levou alguns autores a retirar qualquer fundamento anatômico ao privilégio da mão direita. Esse privilégio não seria inerente à estrutura do *genus homo*, mas sua origem deveria ser atribuída exclusivamente a condições exteriores ao organismo[353].

Essa negação radical é, no mínimo, temerária. Sem dúvida, a causa orgânica da *destridade* é duvidosa, insuficiente e difícil de discernir das influências que são exercidas do exterior sobre o indivíduo a ponto de moldá-lo; mas essa não é uma razão para negar dogmaticamente a ação do fator físico. Aliás, em alguns casos em que a influência externa e a tendência orgânica estão em conflito, é possível afirmar que a destreza desigual das mãos deve-se a uma causa anatômica. Apesar da pressão desmesurada – às vezes, até mesmo cruel – exercida pela sociedade sobre os canhotos desde sua infância, eles acabam conservando durante toda a vida uma preferência instintiva pelo uso da mão esquerda[354]. Se somos obrigados a reconhecer aqui a presença de uma disposição congênita à assimetria, é forçoso admitir que, inversamente, em determinado número de pessoas, o uso preponderante da mão direita resulta da conformação de seus corpos. A opinião mais provável pode ser explicitada sob uma forma matemática, aliás, pouco rigorosa: em cem homens, há em média dois que são, por natureza, canhotos, resistentes a qualquer influência contrária; uma proporção, consideravelmente mais importante, compõe-se de destros por hereditariedade; entre esses dois extremos, oscila o conjunto das pessoas que, deixadas a si mesmas, seriam capazes de servir-se igualmente das duas mãos, com (em geral) uma ligeira preferência pela direita[355]. Assim, evite-se negar a existência de tendências orgânicas para a assimetria; mas, salvo alguns casos excepcionais, a imprecisa disposição para a destridade – a qual parece estar difundida pela espécie humana – seria insuficiente para determinar a preponderância absoluta da mão direita se não tivesse ocorrido a contribuição de influências estranhas ao organismo para sua fixação e seu fortalecimento.

No entanto, mesmo que estivesse estabelecido que, por um *dom* da natureza, a mão direita predomina sempre com relação à esquerda em sensibilidade tátil,

---

352. ROLLET. "La taille des grandssinges". *Revue Scientifique*, 1889, p. 198. • JACKSON. Op. cit., p. 27ss. e 71.

353. JACOBS. Op. cit., p. 30 e 33.

354. WILSON. Op. cit., p. 140 e 142.

355. Ibid., p. 127-128. • JACKSON. Op. cit., p. 52 e 97. Este último autor calcula o número dos destros por natureza em 17%, sem fornecer nenhuma explicação relativamente ao modo como obteve esse número. Van Biervliet (Art. cit. *Revue Philosophique de la France et de l'Etranger*, 1899, t. XLVII, p. 142 e 373) não admite "a existência de verdadeiros ambidestros"; em sua opinião, 98% das pessoas são destras. Suas avaliações, porém, referem-se apenas a adultos, além de atribuir um sentido demasiado restrito à palavra "ambidestridade". O que importa aqui não são tanto as dimensões dos ossos ou a força dos músculos, mas a utilização possível de um ou de outro membro.

em força e em habilidade, ainda faltaria explicar o motivo pelo qual um privilégio instituído pelos homens vem acrescentar-se a esse privilégio natural, o motivo pelo qual a mão mais bem-dotada é a única a ser exercitada e objeto de todos os cuidados. Por acaso a razão não aconselharia que se tentasse corrigir, por meio da educação, a falta de firmeza do membro menos favorecido? Exatamente ao contrário, a mão esquerda é reprimida, mantida inativa, entravada metodicamente em seu desenvolvimento. O Dr. Jacobs relata-nos que, no decorrer de suas visitas de inspeção médica nas Índias Holandesas, observou frequentemente que as crianças dos indígenas tinham o braço esquerdo inteiramente atado; era a maneira de ensiná-los a *não usá-lo*[356]. Eliminamos as tipoias materiais, mas é tudo. Um dos sinais que distinguem uma criança "bem-educada" é que sua mão esquerda se tornou incapaz de qualquer ação independente.

Será que se pode dizer que todos os esforços envidados para desenvolver as aptidões da mão esquerda estão condenados antecipadamente ao fracasso? A experiência demonstra o contrário. Nos raros casos em que, por necessidades técnicas, a mão esquerda é adequadamente exercitada e treinada, ela presta serviços mais ou menos equivalentes aos que teriam sido efetuados pela direita; por exemplo, tocando piano ou violino, ou nas intervenções cirúrgicas. Quando um acidente priva uma pessoa da mão direita, a esquerda, ao termo de algum tempo, adquire a força e a destreza que lhe faltavam. O exemplo dos canhotos é ainda mais conclusivo; com efeito, desta vez, a educação trava uma luta contra a tendência instintiva à "unidestridade", em vez de segui-la e fortalecê-la; como consequência, os canhotos são em geral ambidestros e frequentemente acabam chamando a atenção por sua habilidade[357]. Ainda com maior razão, esse resultado seria alcançado pela maior parte das pessoas que não têm nenhuma preferência irresistível por um lado ou pelo outro, e cuja mão esquerda nada exige além de ser exercitada. Os métodos de educação bimanual que, há alguns anos, têm sido aplicados em particular nas escolas inglesas e norte-americanas, já deram resultados conclusivos[358]: nada se opõe a que a mão esquerda receba uma educação artística e técnica semelhante àquela que, até agora, tem sido prodigalizada exclusivamente à mão direita.

Não é, portanto, por ser frágil e incapaz que a mão esquerda é negligenciada, mas o contrário é que corresponde à verdade. Essa mão é submetida a uma ver-

---

356. JACOBS. Op. cit., p. 33.

357. WILSON. Op. cit., p. 139ss.,148-149 e 203: a pessoa canhota beneficia-se da destreza congênita de sua mão esquerda e da habilidade adquirida de sua mão direita.

358. Cf. JACKSON. Op. cit., p. 195ss. • LYDON, F.F. *Ambidextrous and Free-Arm Blackboard Drawing and Design*, 1900. • BUYSE, O. *Méthodes américaines d'éducation générale et technique*, 1908, p. 145ss. Há alguns anos, na Inglaterra, existe uma Ambidextral Culture Society.

dadeira mutilação que não deixa de ser bem característica porque diz respeito à função e não à forma externa do órgão, porque ela é fisiológica e não anatômica. Os sentimentos que inspira um canhoto em uma sociedade atrasada[359] são análogos àqueles que um não circuncidado inspira nos países em que a circuncisão é lei. É que a destridade não é simplesmente aceita, tolerada, como se fosse uma necessidade natural, mas um ideal ao qual todos devem conformar-se; além disso, a sociedade obriga-nos a respeitá-lo por meio de reais punições. A criança que usa ativamente a mão esquerda é repreendida, quando ela não leva um tapa na mão atrevida; do mesmo modo, o fato de ser canhoto é um delito que atrai sobre o culpado o ridículo e uma reprovação social mais ou menos explícita.

Assim, a assimetria orgânica é, na pessoa, um fato e, ao mesmo tempo, um ideal. A anatomia elucida o fato na medida em que este resulta da estrutura do organismo; no entanto, por mais progressos que supostamente tenha realizado, ela é incapaz de explicar a origem e a razão de ser do ideal.

2 A polaridade religiosa

A preponderância da mão direita é obrigatória, imposta pela coação e garantida por punições; pelo contrário, a mão esquerda é afetada por um verdadeiro interdito que a deixa paralisada. A diferença de valor e função existente entre os dois lados de nosso corpo apresenta, portanto, no mais elevado grau, as características de uma instituição social; assim, o estudo que pretenda explicá-la tem a ver com a sociologia. Mais precisamente, trata-se de traçar a gênese de um imperativo que é, em parte, estético e, em outra metade, moral. Ora, é sob uma forma mística, sob o domínio de crenças e emoções religiosas que surgiram e cresceram os ideais que, laicizados, continuam dominando atualmente nossa conduta. Portanto, devemos buscar, mediante o estudo comparado das representações coletivas, a explicação do privilégio de que usufrui a mão direita[360].

Uma oposição fundamental domina o mundo espiritual dos homens primitivos: aquela entre o sagrado e o profano[361]. Alguns seres ou objetos, em virtude

---

359. Sobre os camponeses lombardos e toscanos, cf. LOMBROSO, C. "Left-Handedness and Left-Sidedness". *The North American Review*, 1903, p. 444. Este autor está convencido de que encontrou a justificativa científica para o velho preconceito contra os canhotos.

360. A maior parte dos fatos etnográficos em que se apoia este estudo provém dos Maoris ou, mais exatamente, da tribo muito primitiva de Tuhoe, cujas representações foram anotadas com admirável fidelidade por Elsdon Best em seus artigos publicados em *The Transactions of the New-Zealand Institute* [daqui em diante, Tr.N.-Z.I.] e na revista *Journal of the Polynesian Society* [J.P.S.].

361. Nossa exposição a respeito da polaridade religiosa pretende ser apenas um rápido esboço. A maior parte das ideias apresentadas aqui hão de parecer familiares ao leitor, se ele conhece os trabalhos

de sua natureza ou dos ritos realizados, são como que impregnados por uma essência particular que os consagra e marginaliza, além de comunicar-lhes poderes extraordinários; mas, por outro lado, vai submetê-los a um conjunto de regras e de estritas restrições. As coisas ou as pessoas privadas dessa qualidade mística não dispõem de nenhum poder, nem de nenhuma dignidade; elas são comuns e livres, exceto no que se refere à proibição absoluta de entrar em contato com o que é sagrado. Qualquer equiparação ou confusão entre seres e coisas pertencentes a classes opostas seria nefasto para ambos: daí, a grande quantidade dessas interdições e desses tabus que, por mantê-los separados, protegem a um só tempo os dois mundos.

A antítese entre o profano e o sagrado recebe uma significação diferente segundo a posição ocupada, no mundo religioso, pela consciência que classifica e avalia os seres. Nem todas as potências sobrenaturais são da mesma ordem: algumas exercem seu mister em harmonia com a natureza das coisas, além de inspirarem, por sua regularidade e majestade, a veneração e a confiança; as outras, pelo contrário, violam e perturbam a ordem universal, além de imporem respeito, o qual se apoia sobretudo na aversão e no medo. Todas essas energias apresentam a característica comum de serem opostas ao profano; para este, todas elas são igualmente perigosas e proibidas. O contato com um cadáver produz, no ser profano, efeitos semelhantes àqueles causados pelo sacrilégio. Nesse sentido, Robertson Smith teve razão ao dizer que a noção de *tabu* compreende, ao mesmo tempo, o sagrado e o impuro, o divino e o demoníaco. No entanto, a perspectiva do mundo religioso é modificada se for considerada, não do ponto de vista do profano, mas do sagrado. A partir de então, a confusão mencionada por Smith deixa de existir: por exemplo, o chefe polinésio sabe perfeitamente que a qualidade religiosa da qual está imbuído o cadáver é radicalmente contrária à que ele próprio possui. O impuro separa-se do sagrado para posicionar-se no polo oposto do mundo religioso. Por outro lado, o profano já não é definido, deste ponto de vista, por características puramente negativas: ele aparece como o elemento antagônico que, unicamente por seu contato, degrada, diminui e altera a essência das coisas sagradas. É como se fosse um nada, se preferirmos, embora ativo e contagioso; a influência nociva que ele exerce sobre os seres dotados de santidade difere apenas pela intensidade da que provém das potências nefastas. Entre a privação de poderes sagrados e a posse de poderes sinistros, a transição é imperceptível[362]. Assim, na classificação que, desde a origem e em grau cada vez

---

publicados em *L'Année Sociologique* por Durkheim, Hubert e Mauss. Algumas ideias originais contidas neste estudo serão retomadas em outro lugar com os indispensáveis desenvolvimentos e provas.

362. Encontraremos, mais adiante, vários exemplos dessa inevitável confusão. Cf. o que é dito a seguir acerca das classes inferiores, da terra, da mulher e do lado esquerdo.

mais crescente, dominou a consciência religiosa, há afinidade de natureza e quase que uma equivalência entre o profano e o impuro; as duas noções combinam-se e, em oposição ao sagrado, formam o polo negativo do mundo espiritual.

O dualismo, essencial ao pensamento dos homens primitivos, domina sua organização social[363]. As duas metades ou irmandades que constituem a tribo opõem-se reciprocamente como o sagrado e o profano. Tudo o que se encontra no interior de minha irmandade é sagrado e proibido para mim; eis por que não posso comer meu totem, nem derramar o sangue de um membro de minha irmandade, nem mesmo tocar seu cadáver, tampouco encontrar cônjuge no meu clã. Pelo contrário, a metade oposta é, para mim, profana; cabe aos clãs que a compõem fornecer-me víveres, esposas e vítimas humanas, enterrar meus mortos e preparar minhas cerimônias sagradas[364]. Considerando o caráter religioso de que a comunidade primitiva se sente investida, a vida social tem como condição necessária a existência, na mesma tribo, de uma fração oposta e complementar que pode assumir livremente as funções proibidas aos membros do primeiro grupo[365]. A evolução da sociedade substitui esse dualismo reversível por uma estrutura hierárquica e rígida[366]: em vez de clãs, separados embora equivalentes, aparecem classes ou castas, das quais uma, no topo, é essencialmente sagrada e nobre, devotada a obras superiores, ao passo que a outra, embaixo, é profana ou imunda e encarregada das obrigações fastidiosas. O princípio mediante o qual se atribui aos homens a respectiva classe e função permaneceu o mesmo: a polaridade social continua sendo um reflexo e uma consequência da polaridade religiosa.

O universo inteiro está dividido em dois mundos contrários: as coisas, os seres, os poderes atraem-se ou se repelem, incluem-se ou se excluem, conforme gravitam em direção a um ou outro dos polos.

É no princípio sagrado que residem os poderes que conservam e incrementam a vida, que fornecem saúde, proeminência social, coragem na guerra e excelência no trabalho. Pelo contrário, o profano (na medida em que invade o mundo

---

363. Sobre a dicotomia social, cf. McGEE. "Primitive numbers". *19th Ann. Rep. Bur. of Amer. Ethn.*, 19, 1900, p. 836ss. e 845, além de DURKHEIM & MAUSS. "De quelques formes primitives de classification: contribution à l'étude des représentations collectives". *L'Année Sociologique*, t. VI, 1903, p. 7ss.

364. Para este último ponto, cf. sobretudo SPENCER & GILLEN. *The Northern Tribes of Central Australia*, 1904, p. 298.

365. Observemos que as duas metades da tribo estão frequentemente localizadas no espaço tribal: uma ocupa o lado direito, enquanto a outra encontra-se no lado esquerdo (no acampamento, no decorrer das cerimônias etc.). Cf. DURKHEIM & MAUSS. Art. cit., p. 52ss. • SPENCER & GILLEN. Op. cit., p. 28 e 577.

366. Seu esboço existe desde o estágio primitivo: as mulheres e as crianças formam, em relação aos homens adultos, uma classe essencialmente profana.

sagrado) e o impuro são essencialmente debilitantes e mortíferos; é desse lado que vêm as influências funestas que oprimem, diminuem e danificam os seres. Assim, de um lado, encontra-se o polo da força, do bem e da vida, enquanto no outro está o polo da fraqueza, do mal e da morte. Ou, se preferirmos uma terminologia mais recente: de um lado, os deuses e, no outro, os demônios.

Todas as oposições apresentadas pela natureza manifestam esse dualismo fundamental. A luz e as trevas, o dia e a noite, o oriente e o sul em oposição ao ocidente e ao norte traduzem em imagens e localizam no espaço as duas classes contrárias de poderes sobrenaturais: por um lado, a vida irradia e sobe, enquanto, por outro, ela desce e se extingue. O mesmo ocorre com o contraste entre alto e baixo, céu e terra: lá no alto, a morada sagrada dos deuses e dos astros que não conhecem a morte; aqui embaixo, a região profana dos mortais tragados pela terra e, ainda mais embaixo, as regiões tenebrosas nas quais se escondem serpentes e a horda dos demônios[367].

O pensamento primitivo atribui um sexo a todos os seres do universo e, até mesmo, aos objetos inanimados; todos estão distribuídos em duas imensas classes, conforme são considerados machos ou fêmeas. Entre os Maoris, a expressão *lama tane* – "lado macho" – designa as mais diversas coisas: a virilidade do homem, a descendência na linha paterna, o leste, a força criativa, a magia ofensiva etc., ao passo que a expressão oposta, *lama wahine* – "lado feminino" – abrange tudo o que é contrário a essas forças[368]. Ora, essa distinção de alcance cósmico abarca, no fundo, a antítese religiosa primordial. Com efeito, de maneira geral, o homem é sagrado, enquanto a mulher é profana. Excluída das cerimônias do culto, ela é admitida apenas para desempenhar aí uma função característica: quando deve ser removido um tabu, ou seja, efetuar, nas condições previstas, uma verdadeira profanação[369]. Contudo, se a mulher é, na ordem religiosa, um ser impotente e passivo, ela tem sua desforra no domínio da magia: ela é particularmente apta para as obras de feitiçaria. "É do elemento fêmea – diz um provérbio maori – que vêm todos os males, a miséria e a morte". Assim, os dois sexos correspondem ao sagrado e ao profano (ou ao impuro), à vida e à morte. Daí vem o fato de que um abismo os separa e de que uma divisão rigorosa do

---

367. Sobre a identificação, por um lado, do céu com o elemento sagrado e, por outro, da terra com o elemento profano ou sinistro, cf. para os Maoris, TREGEAR. *The Maori race*, 1904, p. 408, 466 e 486. • BEST. "Maori Eschatology: The Whare Potæ (House of Mourning) and its Lore..." *Tr.N. -Z.I.*, t. XXXVIII, 1905a, p. 150ss. e 188. • "The Lore of the Whare-Kohanga". Part III. *J.P.S.*, t. XV, set./1906, p. 155. Cf. a oposição estabelecida pelos gregos entre divindades celestiais e ctônicas.

368. Cf. sobretudo BEST. "The Lore of the Whare-Kohanga – Notes on Procreation among the Maori People of New Zealand..." Part I. *J.P.S.*, t. XIV, 1905c, p. 206ss. • "Maori Magic: Notes upon Witchcraft, Magic Rites, and various Superstitions as practised or believed in by the Old-time Maori". *Tr.N.-Z.I.*, t. XXXIV, 1901, p. 73ss.

369. BEST. "The Lore of the Whare-Kohanga". Part II. *J.P.S.*, t. XV, mar./1906, p. 26.

trabalho distribui as atividades, entre os homens e as mulheres, de maneira que não haja nenhuma mistura, nem confusão[370].

Se o dualismo imprime sua marca em todo o pensamento dos homens primitivos, ele não deixa de ter influência também sobre sua atividade religiosa e sobre o culto. Em nenhum lugar, essa influência se manifesta mais que na cerimônia de tira que se encontra bastante frequentemente no ritual dos Maoris e serve para os mais diversos fins. Em um chão sagrado, o sacerdote faz dois montículos, dos quais um, o macho, é dedicado ao céu, enquanto o outro, a fêmea, é devotado à terra. Em cima de cada um, ele finca uma vara: a primeira, cujo nome é "vara da vida", situada a leste, é o emblema e o centro da saúde, da força e da vida; a segunda, por sua vez, denomina-se "vara da morte", posicionada a oeste, é o emblema e o centro de todos os males. O detalhe dos ritos varia segundo o objetivo especial que se tem em vista, mas o tema fundamental é sempre o mesmo: trata-se, por um lado, de repelir para o polo da morte todas as impurezas e todos os males que penetraram na comunidade e a ameaçam; e, por outro, de fixar, fortalecer e atrair para a tribo as influências benfazejas que residem no polo da vida. No desfecho da cerimônia, o sacerdote derruba a vara da terra, deixando de pé somente a vara do céu: é o triunfo desejado da vida sobre a morte, a expulsão e a abolição dos males, a salvação da comunidade e a ruína dos inimigos[371]. Assim, a atividade ritual orienta-se segundo dois polos opostos, em que cada um desempenha uma função essencial no culto, correspondente às duas atitudes contrárias e complementares da vida religiosa.

Como o corpo do homem, o microcosmo, conseguiria escapar da lei da polaridade que rege todas as coisas? A sociedade e o universo inteiro têm um lado que é sagrado, nobre e precioso, enquanto o outro é profano e comum – composto por um elemento macho, forte, ativo, e por um elemento fêmea, fraco, passivo ou, em poucas palavras, um lado direito e um lado esquerdo: E, apesar disso, só o organismo humano seria simétrico? Existe aí, se refletirmos nesse aspecto, uma impossibilidade: tal exceção, além de ser certamente uma anomalia inexplicável, acabaria por arruinar toda a organização do mundo espiritual. Com efeito, o homem encontra-se no âmago da criação; compete-lhe manipular, para orientá-las o melhor possível, as forças temíveis que prodigalizam tanto a vida

---

370. Cf., para os Maoris, COLENSO, W. "On the Maori Races of New Zealand". *Tr.N.Z.I.*, t. I, 1868, p. 348ss. Cf. tb. DURKHEIM. "La prohibition de l'inceste et ses origines". *L'Année Sociologique*, I, 1898, p. 40ss. • CRAWLEY. *The Mystic Rose*: a Study of Primitive Marriage and of Primitive Thought in its Bearing on Marriage, 1902.

371. BEST. "Maori Magic: Notes upon Witchcraft, Magic Rites, and various Superstitions as practised or believed in by the Old-time Maori". *Tr.N.-Z.I.*, t. XXXIV, 1901, p. 87. • "The Lore of the Whare-Kohanga". Part III. *J.P.S.*, t. XV, set./1906, p. 161-162. • TREGEAR. Op. cit., p. 350ss., 392 e 515. Cf. tb. BEST. "Omens and Superstitious Beliefs of the Maori". Part II. *J.P.S.*, t. VII, dez./1898b, p. 241.

quanto a morte. Seria concebível que todas essas coisas e esses poderes, separados e contrários, mutuamente excludentes, viessem a confundir-se abominavelmente na mão do sacerdote ou do artesão? É uma necessidade vital que nenhuma das mãos "saiba o que a outra faz"[372]: o preceito evangélico limita-se a aplicar, a uma circunstância especial, essa lei da incompatibilidade dos contrários que é válida para todo o mundo religioso[373].

Se a assimetria orgânica não existisse, ela teria de ser inventada.

3 As características da direita e da esquerda

A maneira diferente como a consciência coletiva vislumbra e avalia a direita e a esquerda aparece claramente na linguagem. Nas línguas indo-europeias, há um contraste impressionante entre as palavras que designam os dois lados.

Enquanto para "direita" existe um termo único que se impõe em uma área extremamente extensa e apresenta uma grande estabilidade[374], a ideia de "esquerda" é expressa por várias denominações distintas, cuja difusão é menos importante, que parecem ser destinadas a desaparecer continuamente diante de novos vocábulos[375]: algumas dessas palavras são eufemismos óbvios[376], enquanto as outras são de origem obscura. "Parece que – diz M. Meillet[377] –, ao falar do lado

---

372. Mt 6,3. Para a interdição recíproca, cf. BURCKHARDT. *Arabic Proverbs*, 2, 1830, p. 282.

373. O Sr. McGee (Art. cit., p. 843ss.) expôs, de um ponto de vista e em termos bastante diferentes dos nossos, a estrutura dualista do pensamento primitivo: ele considera a distinção entre a direita e a esquerda como um acréscimo ao sistema primitivo que se teria limitado a reconhecer a oposição entre a dianteira e a retaguarda. Essa afirmação, em meu entender, é arbitrária.

374. Trata-se do radical *deks* que se encontra, sob formas diversas, desde o indo-iraniano daksina até o *dess* céltico, passando pelo lituano, eslavo, albanês, germânico e grego. Cf. WALDE. *Lateinisches Etymologisches Wörterbuch*, 1910, verbete "Dexter".

375. Sobre essas denominações (em sânscrito, *savyàh*; em grego, λριστεός e σκαιὸς etc.). Cf. SCHRADER. *Reallexikonder Indogermanischen Altertumskunde*, 1901, verbete "Rechts und Links". • BRUGMANN. "Lateinische Etymologien". *Rheinisches Museum*, t. XLIII, 1888, p. 399ss.

376. P. ex., em grego, εὐώνυμος e ἀριστερός; em avéstico, *vairyàslara* (= melhor); em alemão arcaico, *winistar* (de *wini*, amigo); em árabe, *aisar* (= feliz, cf. WELLHAUSEN. *Reste Arabischen Heidetums*, 2, 1897, p. 199). A esses termos deveria ser acrescentado, segundo Brugmann, o étimo latino *sinister*. De acordo com Grimm (*Geschichte der deutschen Sprache*, t. 2, 1848, p. 681ss. e 689), e mais recentemente Brugmann (Op. cit.), a esquerda teria sido, primitivamente, o lado mais favorável para os Indo-europeus; esses filólogos deixaram-se enganar por artifícios de linguagem destinados a dissimular a verdadeira natureza da esquerda. Trata-se aqui, certamente, de antífrases.

377. Em uma carta que ele teve a gentileza de me enviar – e aproveito o ensejo para demonstrar-lhe meu agradecimento –, o Sr. Meillet já tinha indicado essa explicação no artigo "Quelques hypothèses sur les interdictions de vocabulaire dans les langues indo-européennes", 1906, p. 18ss.

esquerdo, evitava-se pronunciar a palavra apropriada e tendia-se a substituí-la por diversas palavras, constantemente renovadas." A multiplicidade e a instabilidade dos termos que designam a esquerda, assim como seu caráter afetado ou arbitrário, explicar-se-iam pelos sentimentos de inquietação e aversão experimentados pela comunidade em relação ao lado esquerdo[378]. Na impossibilidade de mudar a coisa, troca-se seu nome com a expectativa de abolir ou atenuar o mal. Trata-se, no entanto, de uma tentativa inglória: com efeito, até mesmo as palavras com significação auspiciosa que, por antífrase, se aplicam à esquerda, são rapidamente contaminadas pelo objeto que elas exprimem, além de contraírem uma característica "sinistra" que, em breve, acarreta a proibição de seu uso. Assim, a oposição entre a direita e a esquerda manifesta-se inclusive na diversidade de natureza e destino dos nomes atribuídos a uma e a outra.

O mesmo contraste ocorre se considerarmos a significação das palavras "direito" e "esquerdo". O primeiro termo serve para exprimir ideias de força física e "destreza" – "retidão" intelectual e bom sentido –, de "destridade" e integridade moral – boa sorte e beleza –, além de norma jurídica; ao passo que a palavra "esquerdo" evoca a maior parte das ideias contrárias às que são atribuídas ao termo "direito". Para unificar esses múltiplos sentidos, pressupõe-se comumente que a palavra "direito" comece por designar nossa melhor mão e, em seguida, "as qualidades de força e habilidade que constituem seu apanágio natural" e, por extensão, diversas virtudes análogas da mente e do coração[379]; mas essa é uma construção arbitrária. Nada autoriza a afirmar que o antigo termo indo-europeu para denominar a direita tenha tido, em primeiro lugar, um sentido exclusivamente físico; e, para os nomes de formação mais recente – tais como nosso *droit*[380] [direito] ou o armeniano *adj*[381] –, antes de serem aplicados a um dos lados do corpo, haviam manifestado a ideia de uma força que, por vias normais e seguras, vai diretamente à sua meta em oposição ao que é tortuoso, oblíquo e defeituoso. Para dizer a verdade, em nossas línguas, os diversos sentidos da palavra, que são os produtos de uma civilização avançada, apresentam-se distintos e justapostos. Remontemos, pela observação comparada, à fonte da qual derivam essas significações fragmentárias: constataremos que, na origem, eles se fundiram uns nos outros, no seio

---

378. Do mesmo modo, e pela mesma razão, "os nomes de doenças e de enfermidades, tais como o manquejar, a cegueira e a surdez, são diferentes de uma língua para outra". Cf. MEILLET. Op. cit.

379. Cf., p. ex., PICTET. *Les origines indo-européennes*, 2, 1863, p. 209.

380. Do baixo latim, *directum*. Cf. DIEZ. *Etymologisches Wörterbuch der romanischen Sprachen*, 5, p. 272, verbete "Ritto".

381. A relacionar ao sânscrito *sâdhyà*, segundo LIDÉN. *Armenische Studien* (Göteborgs Högsk. Arskr., XII), 1906, p. 75ss. O Sr. Meillet, a quem devo esta nota, considera a etimologia irrepreensível e bastante provável.

de uma noção que os engloba a todos de maneira confusa. Já nos deparamos com essa noção: para a direita, é a ideia do poder sagrado, regular e benfazejo, o princípio de qualquer atividade eficaz, a fonte de tudo o que é bom, próspero e legítimo; e, para a esquerda, refere-se à representação ambígua do profano e impuro, de um ser fraco e incapaz, além de maléfico e temido. A força (ou a fraqueza) física é aqui apenas um aspecto particular e derivado de uma qualidade muito mais inconsistente e profunda.

Entre os Maoris, a direita é o lado sagrado, a sede dos poderes bons e cria-dores; enquanto a esquerda é o lado profano, destituído de qualquer virtude, a não ser, como veremos, determinados poderes confusos e suspeitos[382]. O mesmo contraste reaparece no decorrer da evolução da religião, sob formas mais bem delimitadas e menos impessoais: a direita é o lado dos deuses, por cima do qual paira a figura branca de um bom anjo da guarda; enquanto o lado esquerdo está entregue aos demônios e ao mal; um anjo negro maligno vai mantê-lo sob seu domínio[383]. Ainda hoje, se a mão direita continua sendo designada como boa e linda, enquanto a esquerda é considerada como a mão malvada e desprezível[384], podemos discernir nessas locuções pueris o eco enfraquecido de qualificativos e emoções de ordem religiosa que, durante longos séculos, acabaram sendo asso-ciados aos dois lados de nosso corpo.

É uma noção corrente entre os Maoris que a direita é "o lado da vida" (e da força), ao passo que o lado esquerdo é "o lado da morte" (e da fraqueza)[385]. É da direita e por nosso lado direito que entram em nós as influências favoráveis e vi-vificantes; inversamente, é pela esquerda que penetram, no âmago do nosso ser, a morte e a miséria[386]. Deste modo, impõe-se fortalecer, com amuletos protetores, o poder de resistência de um lado particularmente vulnerável e sem defesa; o anel que usamos no quarto dedo da mão esquerda tem primordialmente o objetivo de

---

382. BEST. "Notes on the Art of War, as conducted by the Maori of New Zealand..." *J.P.S.*, t. XI, 1902, p. 25. • "Maori Medical Lore – Notes on Sickness and Disease among the Maori People of New Zealand, and their Treatment of the Sick..." *J.P.S.*, t. XIII, dez./1904b, p. 236.

383. VON MEYER. "Über den Ursprung von Rechts und Links". *Verhandlungen der Berlin* – Ge-sellschaft f. Anthrop., t. V, 1873, p. 26. Cf. GERHARD. *Über die Gottheiten der Etrusker...*, 1847, p. 54ss. • POTT. *Die quinare und vigesimale Zählinethode*, 1847, p. 260. Entre os gregos e os ro-manos, a direita é evocada frequentemente nas fórmulas de obsecração. Cf. HORÁCIO. "Quod te per Genium, dextramque, Deosque Penates, Obsccro et obtestor..." (*Epist., Liv. I, Ep.* 7, 94-95). Cf. SITTL. *Die Gebärden der Griechen und Römer*, 1890, p. 29, nota 5.

384. Cf. GRIMM. Op. cit., p. 685.

385. BEST. "Omens and Superstitious Beliefs of the Maori". Part I. *J.P.S.*, t. VII, set./1898b, p. 123 e 133.

386. *Zend-Avesta*, II, p. 129, nota 64.

afastar de nós as tentações e outras coisas maléficas[387]. Daí, a importância capital atribuída, na adivinhação, à distinção entre os lados do corpo e do espaço: se, durante o sono, experimento um tremor convulsivo, é sinal de que um espírito se apoderou de mim; conforme sua presença se manifesta à direita ou à esquerda, posso acalentar a expectativa de sorte e vida ou, pelo contrário, de infortúnio e morte[388]. A mesma regra é válida, em geral, para os presságios que consistem na aparição de animais que seriam portadores da sorte; no entanto, tais mensagens são suscetíveis de duas interpretações contraditórias, dependendo do fato de encarar a situação do ponto de vista da pessoa que observa, ou do animal que vem a seu encontro[389]: ao aparecer à esquerda, o animal apresenta seu lado direito e, portanto, pode ser considerado como favorável. Mas essas divergências, mantidas cuidadosamente pelos áugures para confundir as pessoas comuns e incrementar o prestígio deles, limitam-se a elucidar a afinidade entre a direita e a vida, por um lado, e, por outro, entre a esquerda e a morte.

Uma concordância não menos significativa associa os lados do corpo às regiões do espaço: a direita representa o que está situado no alto, o mundo de cima, o céu; ao passo que a esquerda refere-se ao mundo subterrâneo e à terra[390]. Não é por acaso que, nas representações do juízo final, é a mão direita erguida do Senhor que indica a morada sublime aos eleitos, ao passo que sua mão esquerda abaixada mostra aos condenados a abertura escancarada do inferno, pronta para engoli-los. Ainda mais estreita e constante é a relação que une, por um lado, a direita ao Leste e ao Sul e, por outro, a esquerda ao Oeste e ao Norte, a tal ponto que, em muitas línguas, as mes-

---

387. O uso remonta à mais alta Antiguidade (egípcia, grega e romana). O metal (inicialmente, ferro e, em seguida, ouro) está dotado de uma virtude salutar que preserva da feitiçaria; os caracteres gravados no anel acrescentam-lhe poder. Os nomes atribuídos ao quarto dedo da mão esquerda comprovam seu caráter e sua função mágicos: é o dedo "sem nome", "o médico" e, em galês, "o dedo sortudo". Cf. DAREMBERG & SAGLIO. Dictionaire, 1877, verbetes "Anulus" e "Amuletum". • POTT. Op. cit., p. 284ss. e 295. • HOFMANN. "Über den Verlobungs- und den Trauring". *Silzbsv. d. Akad. d. Wissensch. Wien, Ph.-Hist. Cl.*, t. LXV, 1870, p. 850. Sobre a palavra *scævola* (de *scævus*, esquerda), que significa sortilégio protetor, cf. VALETON. "De modis auspicandi Romanorum". *Mnemosyne*, t. XVII, 1889, p. 319.

388. BEST. "Omens and Superstitious Beliefs of the Maori". Part I. *J.P.S.*, t. VII, set./1898b, p. 130ss. • TREGEAR. Op. cit., p. 211ss.

389. Ou, o que dá no mesmo, o deus que envia a mensagem. Essa explicação, já proposta pelos antigos (PLUTARCO. *Questiones Romanæ*, 78. • FESTUS, 17, verbete *sinistræ aves*) foi definitivamente comprovada em VALETON. Op. cit., p. 287ss. As mesmas hesitações ocorrem entre os Árabes. Cf. WELLHAUSEN. Op. cit., p. 202. • DOUTTÉ. *Magie et religion dans l'Afrique du Nord*, 1909, p. 359.

390. Os dervixes rodopiantes mantêm a mão direita levantada, com a palma para cima, a fim de receber as bênçãos celestes que a mão esquerda, abaixada em direção à terra, transmite ao mundo inferior. Cf. SIMPSON. *The Buddhist praying-wheel*, 1896, p. 138. Cf. p. 120.

mas palavras designam os lados do corpo e os pontos cardeais[391]. O eixo que divide o mundo em duas metades, uma radiante e a outra sombria, atravessa também o organismo humano, dividindo-o entre o império da luz e o das trevas[392]. A direita e a esquerda ultrapassam os limites de nosso corpo para abarcar o universo.

Segundo uma representação muito espalhada – pelo menos, no âmbito indo-europeu –, a comunidade organiza-se como um círculo fechado no centro do qual se encontra o altar, a Arca da Aliança, espaço para onde descem os deuses e de onde se irradia a graça divina. No interior do recinto, reinam a ordem e a harmonia, ao passo que no exterior se estende uma vasta noite, sem limites nem leis, prenhe de germes impuros e atravessada por forças caóticas. Na periferia do espaço sagrado, os fiéis, com os ombros direitos voltados para o interior, executam o circuito ritual em redor do centro divino[393]. De um lado, têm tudo a esperar, enquanto do outro, têm tudo a recear. A direita é o *interior*, o finito, o bem-estar e a paz garantidos; enquanto a esquerda é o *exterior*, o infinito, a hostilidade e a ameaça perpétua do mal.

As equivalências precedentes permitiriam, por si sós, presumir que o lado direito e o elemento masculino, assim como o lado esquerdo e o elemento feminino, participam da mesma natureza; neste ponto, porém, não estamos reduzidos a simples conjecturas. Os Maoris aplicam aos dois lados do corpo as expressões *lama tane* e *lama whahine*, cuja extensão quase universal já foi mencionada por nós: o homem é composto de duas naturezas, viril e feminina; a primeira é atribuída ao lado direito, enquanto a segunda refere-se ao lado esquerdo[394]. Na tribo australiana dos Wulwanga, um par de varas é utilizado para marcar a cadência durante as cerimônias: uma é designada por "homem" e é empunhada pela mão direita, enquanto a outra, a "mulher", é empunhada pela esquerda. Evidentemente, é sempre "o homem" que bate, enquanto "a mulher" recebe as pancadas; a

---

391. Cf. GILL. *Myths and Songs from the South Pacific*, 1876, p. 158ss. e 297ss. O hebraico *jamin*, o sânscrito *dakshina* e o irlandês *dess* designam, ao mesmo tempo, a direita e o sul. Cf. SCHRADER. Op. cit., verbete "Himmelsgegend". Para os Gregos, o leste é o lado direito do mundo, enquanto o oeste é o lado esquerdo. Cf. STOBÆI. *Ecl.*, 1, 15, 6.

392. Eis o motivo pelo qual o sol é o olho direito de Horus, enquanto a lua é seu olho esquerdo. O mesmo ocorre na Polinésia. Cf. GILL. Op. cit., p. 153. Nas representações cristãs da crucificação, o sol brilha na região situada à direita da cruz, na qual triunfa a nova Igreja, ao passo que a lua ilumina o lado do mau ladrão e da sinagoga decadente. Cf. MÂLE. *L'art religieux du XIIIe siècle en France*, 1898, p. 224ss. e 229.

393. Cf. SIMPSON. Op. cit. Cf. tb. p. 120.

394. BEST, "Omens and Superstitious Beliefs of the Maori". Part I. *J.P.S.*, t. VII, set./1898b, p. 123. • "Notes on the Art of War, as conducted by the Maori of New Zealand..." *J.P.S.*, t. XI, 1902, p. 25. • TREGEAR. Op. cit., p. 506, e cf. p. 40.

direita é que age, enquanto a esquerda submete-se[395]. Encontramos aqui, intimamente combinados, o privilégio do sexo forte e o do lado forte. Deus serviu-se certamente de uma das costelas do lado esquerdo de Adão para criar Eva porque a mesma essência caracteriza a mulher e a metade esquerda do corpo. Trata-se de duas partes de um ser fraco e indefeso, um tanto confuso também e inquietante, destinado por sua natureza a um papel passivo e receptivo, assim como a uma condição subordinada[396].

Assim, a oposição entre a direita e a esquerda tem o mesmo sentido e alcance dessa série de contrastes, diversos embora redutíveis a um princípio comum, apresentados pelo universo. Potência sagrada, fonte de vida, verdade, beleza, virtude, sol nascente, sexo masculino e, posso acrescentar, lado direito: todos estes termos e expressões, à semelhança de seus contrários, são intercambiáveis, designam sob múltiplos aspectos a mesma categoria de coisas, uma natureza comum, a mesma orientação para um dos dois polos do mundo místico[397]. Seria crível que uma ligeira diferença de grau na força física das duas mãos fosse suficiente para explicar uma heterogeneidade tão categórica e profunda?

4 As funções de cada uma das mãos

As diversas características da direita e da esquerda determinam a diferença de categoria e de funções que existe entre as duas mãos.

É sobejamente conhecido que muitos povos primitivos – em particular, os índios da América do Norte – são capazes de conversar sem dizer uma única palavra, servindo-se de movimentos da cabeça e dos braços. Nessa linguagem, cada mão age de acordo com sua natureza. A mão direita designa o *eu*, enquanto a esquerda refere-se ao *não eu*, aos *outros*[398]. Para evocar a ideia de *alto*, a mão direita ergue-se acima da esquerda, a qual, por sua vez, é mantida na posição horizontal e imóvel, ao passo que a ideia de *baixo* se manifesta deixando cair a "mão

---

395. EYLMANN, E. *Die Eingeborenen der Kolonie Süd-Australiens*. Berlim: Reimer, 1908, p. 376 [Devo o conhecimento desse fato a M. Mauss, a quem apresento meus agradecimentos.]

396. Um higienista contemporâneo enuncia ingenuamente a mesma representação. Cf. LIERSCH. *Die linke Hand...*, 1893, p. 46.

397. A tabela dos contrários – que, segundo os pitagóricos, se equivalem e constituem o universo – compreende: o finito e o infinito, o ímpar e o par, o lado direito e o lado esquerdo, o macho e a fêmea, o estável e o móvel, o reto (em grego, $\varepsilon\upsilon\theta\varepsilon\acute{\iota}\alpha$) e o curvo, a luz e as trevas, o bem e o mal, o alto e o baixo. Cf. ARISTÓTELES. *Metaf.* Livro I, cap. V. • ZELLER. *Die Philosophie der Griechen* 4, 1, 1876, p. 321ss. A concordância com a tabela elaborada por nós é perfeita; os pitagóricos limitaram-se a definir e a formalizar representações populares extremamente antigas.

398. WILSON. Op. cit., p. 18-19.

111

inferior" abaixo da direita[399]. A mão direita levantada significa *bravura, poder, virilidade*; pelo contrário, a mesma mão – dirigida para o lado esquerdo e colocada abaixo da mão esquerda – evoca, segundo os casos, as ideias de *morte, destruição* e *enterro*[400]. Esses exemplos característicos bastam para mostrar que o contraste entre a direita e a esquerda, assim como a posição relativa das duas mãos têm uma importância fundamental na constituição da "língua de sinais".

As mãos servem apenas acessoriamente à expressão de ideias; elas são sobretudo instrumentos com os quais o homem age sobre os seres e as coisas que o circundam; nos diversos domínios em que se exerce a atividade humana é que se deve observar as duas mãos em ação.

Pelos ofícios religiosos, o homem procura comunicar-se, acima de tudo, com as energias sagradas a fim de alimentá-las, incrementá-las e orientar em seu favor os benefícios da ação de tais energias. O lado direito é o único realmente habilitado para estabelecer essas relações salutares pelo fato de participar da natureza das coisas e dos seres sobre os quais os ritos devem agir. Os deuses estão à nossa direita; por isso, voltamo-nos para a direita a fim de rezar[401]. É com o pé direito que devemos entrar no lugar sagrado[402]; é a mão direita que apresenta aos deuses as oblações sagradas[403]; é ela que recebe as graças do céu, transmitindo-as na bênção[404]. Para produzir bons efeitos em uma cerimônia, para abençoar ou consagrar, os hindus e os celtas giram três vezes em torno de uma pessoa ou de um objeto, da esquerda para a direita, à semelhança do sol, com o lado direito voltado para o centro: assim, elas derramam sobre o que estiver encerrado dentro do círculo sagrado a virtude santa e benfazeja que emana do lado direito. O movimento e a atitude contrários seriam, em circunstâncias semelhantes, sacrílegos e funestos[405].

---

399. MALLERY, "Sign-language among the North-American Indians…" *Ann. Report of the Bureau of Ethnology*, I, 1881, p. 364.

400. MALLERY. Op. cit., p. 414, 416ss. e 420ss. Sobre o gesto que exprime a abominação, cf. QUINTILIANO, XI, 3, 113ss. Apud SITTL. Op. cit., p. 358.

401. Cf. SCHRADER. Op. cit., verbete "Gruss". Cf. tb. BOKHARI. *Les traditions islamiques*, I, 1906, p. 153.

402. BOKHARI. Ibid., p. 157. Inversamente, entra-se com o pé esquerdo nos lugares assombrados por *djins* (LANE. *An Account of the Manners and Customs of the Modern Egyptians*, 1836, p. 308).

403. Ao intervir, a mão esquerda limita-se a acompanhar e repetir os gestos da mão direita. Cf. WHITE. *The Ancient History of the Maori*, 1, 1887, p. 197. Ela continua sendo frequentemente mal-encarada. Cf. SITTL. Op. cit., p. 51, nota 2 e p. 88ss. • SIMPSON. Op. cit., p. 291.

404. Cf. Gn 48,13ss.

405. Sobre o *pradakshina* e o *deasil*, cf. SIMPSON. Op. cit., p. 75ss., 90ss., 183ss. Cf. esp. a monografia de Caland: "Een Indogermaansch Lustratië-Gebruik". *Versl. en Mededeel. d. Kon. Acad. v. Wetensch., Afd. Letterk*, IV, 2, 1898. Em toda a área indo-europeia encontram-se vestígios desse costume.

Mas nem todo o culto consiste na adoração confiante de deuses afáveis. Por mais que pretenda esquecer as potências sinistras que pululam à sua esquerda, a pessoa acaba sendo malsucedida; com efeito, elas sabem impor-se à sua atenção mediante golpes mortíferos e ameaças que devem ser esquivadas, assim como por exigências que devem ser satisfeitas. Uma parte do culto religioso, e não a menos importante, visa conter e apaziguar os seres sobrenaturais maléficos ou irritados, além de banir e destruir as influências nefastas. Nesse domínio, prevalece o lado esquerdo: ele é afetado diretamente por tudo o que é demoníaco[406]. Na cerimônia dos Maoris já descrita por nós, é a mão esquerda que ergue e, em seguida, derruba a vara da morte[407]. Se as almas dos mortos ou os demônios gananciosos tiverem de ser aplacados pela oferenda de um presente: a mão esquerda é, por direito, designada para efetuar esse sinistro contato[408]. É pela porta esquerda que os pecadores são expulsos da Igreja[409]. Nos ritos funerários e nos exorcismos, o circuito cerimonial é realizado "na contramão" e pelo lado esquerdo[410]: Não seria justo retornar, às vezes, contra os espíritos malignos os poderes destruidores do lado esquerdo que, em geral, lhes servem de instrumento?

À margem da liturgia regular, verifica-se uma proliferação de práticas mágicas. Essa é propriamente falando a praia da mão esquerda: ela é exímia em neutralizar e anular a má sorte[411], mas, sobretudo, em propagar a morte[412]. "Quando

---

406. Cf. PLATÃO. *As leis*, cap. IV, 717a: "τοῖς χθονίοις θεοῖς... ἀριστερὰ νέμν ὀρθότατα τοῦ τῆς εὐσεβείας σκοποῦ τυγχάνοι". • SITTL. Op. cit., p. 188ss.

407. GUDGEON. "Maori Religion". *J.P.S.*, t. XIV, 1905, p. 125.

408. KRUIJT. *Het animisme in den Indischen Archipel*, 1906, p. 259 e 380, nota 1.

409. MARTÈNE. *De antiquis Ecclesiæ ritibus*, II, p. 82. Cf. MIDDOTH, apud SIMPSON. Op. cit., p. 142ss.

410. Cf. SIMPSON. Op. cit. • CALAND. "Een Indogermaansch Lustratië-Gebruik". • JAMIESON. *Etymological Dictionary of the Scottish Language*, 2, 1808, verbete "Widdersinnis". As feiticeiras apresentam o lado esquerdo ao diabo para prestar-lhe homenagem.

411. BEST. "Notes on the Art of War, as conducted by the Maori of New Zealand... Supplementary Notes". *J.P.S.*, t. XIII, jun., 1904a, p. 76ss. • "Maori Medical Lore – Notes on Sickness and Disease among the Maori People of New Zealand, and their Treatment of the Sick..." *J.P.S.*, t. XIII, dez., 1904b, p. 236. • "Maori Medical Lore. Notes on Sickness and Disease among the Maori People of New Zealand, and their Treatment of the Sick..." *J.P.S.*, t. XIV, mar., 1905b, p. 3. • "Maori Magic: Notes upon Witchcraft, Magic Rites, and various Superstitions as practised or believed in by the Old-time Maori". *Tr.N.-Z.I.*, t. XXXIV, 1901, p. 98. • GOLDIE. "Maori Medical Lore: Notes on the Causes of Disease and Treatment of the Sick..." *Tr.N.-Z.I.*, t. XXXVII, 1904, p. 75ss.

412. Cf. *Kaušikasutra*, 47, 4. Apud CALAND. "Altindisches Zauberritual". *Verh. d. Kon. Ak. v. Wetens., afd. Leilerk.*, nieuwe reeks III, 2, 1900, p. 184. Ao ser extraído do lado esquerdo do corpo, o sangue provoca a morte. Cf. BEST. "Tuhoe Land: Notes on the Origin, History, Customs, and Traditions of the Tuhoe or Urewera Tribe". *Tr.N.-Z.I.*, t. XXX, 1897, p. 41. Pelo contrário, o sangue do lado direito vivifica, regenera (as chagas do Cristo crucificado estão sempre no flanco direito).

se bebe na companhia de um nativo (na Costa da Guiné), deve-se sempre observar sua mão esquerda porque o simples contato do polegar com a bebida seria suficiente para torná-la mortífera". Cada indígena, segundo dizem, esconde debaixo da unha desse polegar uma substância tóxica que teria praticamente "a sutileza fulminante do ácido prússico"[413]. Esse veneno, evidentemente imaginário, simboliza perfeitamente os poderes mortíferos que residem no lado esquerdo.

Como se vê, trata-se aqui não de força ou fraqueza, de habilidade ou falta de jeito [*gaucherie*], mas de funções diversas e incompatíveis, combinadas com naturezas contrárias. Se, no mundo dos deuses e dos vivos, a mão esquerda [*gauche*] é menosprezada e humilhada, ela tem seu domínio no qual é a senhora e de onde a mão direita está excluída: mas trata-se de um domínio tenebroso e mal-afamado. O poder da mão esquerda contém sempre algo de oculto e ilegítimo, inspirando o terror e a repulsa. Como seus movimentos são suspeitos, pretende-se que ela se mantenha sossegada e discreta, escondida, se possível, sob as dobras da roupa: desse modo, evita-se que sua influência corruptora venha a espalhar-se para fora. Do mesmo modo que as pessoas em luto, afetadas portanto pela morte, devem cobrir-se com um véu e negligenciar os cuidados com o corpo, além de não cortarem os cabelos e as unhas, assim também seria despropositado cuidar demais da mão maléfica: suas unhas não são cortadas e é lavada menos vezes que a outra mão[414]. Assim, a crença na profunda disparidade entre as duas mãos chega, às vezes, ao ponto de produzir uma assimetria corporal, aparente e visível. Mesmo que não seja traída por seu aspecto, a mão do malefício continua sendo a mão amaldiçoada. A mão esquerda muito bem-dotada e demasiado ágil é sinal de uma natureza contrária à ordem, de uma disposição perversa e diabólica: qualquer canhoto é um possível feiticeiro, do qual se deve desconfiar com toda a razão[415]. Pelo contrário, a preponderância exclusiva da direita e a repugnância em pedir seja lá o que for à esquerda são as marcas de uma alma orientada extraordinariamente para o divino, imune a tudo o que é profano ou impuro: tais como esses santos cristãos, cuja piedade se desenvolvia, desde o berço, ao ponto de recusarem o peito esquerdo das próprias mães[416]. Eis o motivo pelo qual a

---

413. LARTIGUE, "Rapport sur les comptoirs de Grand-Bassam et d'Assinie". *Revue Coloniale*, 2ª série, t. VII, 1851, p. 365.

414. LARTIGUE. Op. cit. • BURCKHARDT. Op. cit., p. 186. • VON MEYER. Art. cit., p. 26 e 28.

415. Eis o motivo pelo qual há tendência a representar os seres, reais ou imaginários, aos quais se atribuem temíveis poderes mágicos, como se fossem canhotos: esse é o caso do urso entre os Kamtchadal e os Esquimós. Cf. ERMAN, apud VON MEYER. Art. cit. p. 36. • RAE, J., apud WILSON. Op. cit., p. 60.

416. USENER. *Götternamen*, 1896, p. 190-191. Ao cruzarem as pernas, os pitagóricos tinham o cuidado de nunca colocar a esquerda sobre a direita. Cf. PLUTARCO. *De vit. pud.*, 8. • BOKHARI. Op. cit., p. 75ss.

seleção social favorece os destros e pela qual a educação se empenha em paralisar a mão esquerda, enquanto promove o desenvolvimento da direita.

A vida em sociedade implica um grande número de práticas que, sem fazerem parte integrante da religião, estão estreitamente ligadas a ela. Se a união das mãos direitas faz o casamento, se a mão direita presta juramento, assina contratos, toma posse e presta assistência, é porque os poderes da pessoa, a autoridade que dá peso e valor a seus gestos, assim como a força pela qual ela exerce seu controle sobre as coisas, residem em seu lado direito[417]. Como a mão esquerda poderia realizar atos válidos e consistentes se está destituída de prestígio e de poder espiritual, se tem força apenas para a destruição e o mal? O casamento contraído mediante a mão esquerda é uma união clandestina e irregular que se limitará a procriar bastardos. A esquerda é a mão do perjúrio, da traição e da fraude[418]. À semelhança do que ocorre com as formalidades jurídicas, as regras da etiqueta procedem diretamente do culto: os gestos com os quais adoramos os deuses servem para exprimir os sentimentos de respeito e de estima afetuosa que temos uns pelos outros[419]. Ao cumprimentar alguém e na amizade, oferecemos o que temos de melhor, ou seja, nossa direita[420]. O rei usa os emblemas da soberania no lado direito, além de colocar à sua direita as pessoas que ele julga serem mais dignas de receber, sem conspurcá-los, os eflúvios preciosos de seu flanco direito. Isso ocorre porque a direita e a esquerda têm realmente um valor e uma dignidade diferentes; daí o fato de ser tão importante dirigirmo-nos com uma ou com a outra mão a nossos hóspedes, de acordo com sua posição na hierarquia social[421]. Todos esses costumes, que hoje parecem ser puras convenções, tornam-se mais compreensíveis e adquirem sentido ao serem relacionados com as crenças que lhes deram origem.

Vamos aprofundar um pouco mais a análise do profano. Entre numerosos povos primitivos, as pessoas – enquanto estão no estado de impureza, por exemplo, durante o luto – são impedidas de usar as mãos, em particular, para comer: terão de ser alimentadas por alguém que coloque a comida dentro de suas bo-

---

417. Sobre o étimo romano *manus*, cf. DAREMBERG & SAGLIO. Op. cit., verbete "Manus". • SITTL. Op. cit., p. 129ss. e 135ss. Os romanos dedicavam a direita à boa-fé. Em árabe, o juramento tem o nome de *jamin*, ou seja, a direita (WELLHAUSEN. Op. cit., p. 186).

418. Em persa, "dar a esquerda" significa trair (PICTET. Op. cit. 2. ed., III, 1877, p. 227). Cf. PLAUTO. *Persa*, II, 2, 44: *furtifica læva*.

419. Cf. SCHRADER. Op. cit., verbete "Gruss". • CALAND. "Een Indogermaansch Lustratië--Gebruik". Art. cit., p. 314-315.

420. Cf. SITTL. Op. cit., p. 27ss., 31 e 310ss. [em grego, δεξιοῦσθαι; em latim, *dextræ*].

421. Sobre a importância da direita e da esquerda na iconografia cristã, cf. DIDRON. *Iconographie chrétienne*: histoire de Dieu, 1843, p. 186. • MÂLE. Op. cit., p. 19ss.

cas, ou terão de apanhar os alimentos com a boca, à semelhança dos cães; com efeito, se tivessem de tocar a comida com as mãos impuras, engoliriam a própria morte[422]. Nesse caso, uma espécie de enfermidade mística atinge, ao mesmo tempo, as duas mãos e, durante algum tempo, vai paralisá-las. É uma proibição do mesmo tipo que afeta a mão esquerda; mas, pelo fato de pertencer à própria essência dessa mão, a paralisia é permanente. Eis o motivo por que, de maneira geral, a mão direita é a única a intervir ativamente durante as refeições. Nas tribos do Baixo Níger, proíbe-se inclusive que as mulheres se sirvam da mão esquerda quando cozinham, sob pena evidentemente de serem acusadas de tentativa de envenenamento e feitiçaria[423]. Pelo contrário, de modo semelhante aos párias, obrigados a desempenhar todas as tarefas impuras, a mão esquerda é a única que se ocupa dos serviços imundos[424]. Eis-nos aqui bem longe do santuário; mas a influência das representações religiosas é de tal modo poderosa que ela se faz sentir até na sala de jantar, na cozinha e, até mesmo, nos lugares assombrados por demônios, os quais ninguém se atreve a nomear.

Parece, no entanto, que um tipo de atividade, pelo menos, escapa das influências místicas: refiro-me às artes e à indústria. Os diferentes papéis da direita e da esquerda estariam aqui inteiramente ligados a causas físicas e utilitárias. Tal concepção, porém, desconhece o caráter das técnicas na Antiguidade, todas elas impregnadas de religiosidade e dominadas pelo mistério. Para o homem primitivo, por exemplo, haverá alguma atividade mais sagrada além da guerra ou da caça? Estas implicam a posse de poderes especiais e um estado de santidade que é difícil de adquirir e ainda mais penoso de preservar. A própria arma é uma coisa sagrada, dotada de um poder que, por si só, torna eficazes os golpes desferidos contra o inimigo. Infeliz do guerreiro que profanar sua lança ou espada e dissipar sua virtude! Será possível confiar algo tão precioso à mão esquerda? Isso seria um monstruoso sacrilégio; o mesmo ocorreria se fosse permitida a entrada de uma mulher no acampamento dos guerreiros, ou seja, seria uma forma de condená-los à derrota e à morte. É o lado direito do homem que é consagrado ao deus da guerra; é o *mana* do ombro direito que orienta a lança em direção a seu alvo; incumbe, portanto, exclusivamente à mão direita

---

422. Para os Maoris, cf. BEST. "Maori Eschatology: The Whare Potæ (House of Mourning) and its Lore..." *Tr.N.-Z.I.*, t. XXXVIII, 1905a, p. 199 e 221.

423. LEONARD. *The Lower Niger and its Tribes*, 1906, p. 310. A mulher está impedida igualmente de tocar o rosto do marido com a mão esquerda.

424. Sobre o emprego exclusivo da mão esquerda para a purificação das aberturas do corpo, situadas "abaixo do umbigo", cf. LARTIGUE. Op. cit. • GRANVILLE & ROTH. "Notes on the Jekris". *Journ. of the Anthrop.* Inst., t. XXVIII, p. 122. • SPIETH. *Die Ewhe-Stämme*, 1906, p. 235. Sobre os Malaios, JACOBS. Op. cit., p. 21. • "Lois de Manou". *Sacred Books of the East*, XXV – The Laws of Manu, V, 132 e 136. • BOKHARI. Op. cit., p. 69, p. 71. • LANE. Op. cit., p. 187.

carregar e manejar a arma[425]. No entanto, a mão esquerda não ficará ociosa; ela proverá às necessidades da vida profana que nem mesmo uma intensa consagração conseguirá interromper e que deverá ser ignorada pela mão direita, estritamente devotada ao empreendimento bélico[426]. Durante o combate, sem interferir na ação, a mão esquerda poderá aparar os golpes do adversário. Assim, em virtude de sua natureza, ela está feita para se defender, ou seja, é a mão que segura o escudo.

A origem das representações sobre a direita e a esquerda tem sido procurada frequentemente no papel diferente executado pelas duas mãos durante o combate; tal diferença seria o resultado da estrutura do organismo ou de uma espécie de instinto[427]. Essa hipótese, refutada por argumentos peremptórios[428], considera o que é um efeito como se fosse a causa. Não deixa de ser verdade que as funções guerreiras das duas mãos chegaram a contribuir, às vezes, para determinar as características que já lhes haviam sido atribuídas e as relações de uma com a outra. Imaginemos um povo dedicado à atividade agrícola que prefere os trabalhos pacíficos à pilhagem e à conquista, além de limitar o recurso às armas para se defender: a "mão do escudo" subirá na estima coletiva, ao passo que a "mão da lança" perderá um tanto de seu prestígio. Esse é o caso, em particular, dos Zuñis que personificam os lados – esquerdo e direito – do corpo sob as aparências de dois deuses irmãos: o primeiro, mais velho, é reflexivo, sensato e capaz de dar bons conselhos; enquanto o segundo é impetuoso, impulsivo e feito para a ação[429]. Por mais interessante que seja esse desenvolvimento secundário que modifica consideravelmente a fisionomia dos dois lados, ele não deve levar-nos a esquecer a significação – na origem, religiosa – do contraste entre a direita e a esquerda.

---

425. BEST. "Notes on the Art of War, as conducted by the Maori of New Zealand..." *J.P.S.*, t. XI, 1902, p. 25. • TREGEAR. Op. cit., p. 332ss.

426. TREGEAR. Op. cit.

427. P. ex., CARLYLE, apud WILSON. Op. cit., p. 15. • CUSHING. "Manual concepts..." *American Anthropologist*, vol. V, 1892, p. 290.

428. A apresentação dessa tese poderá ser encontrada em JACKSON. Op. cit., p. 51 e 54. No entanto, ele deixou de lado o argumento mais sério. É extremamente provável – como foi demonstrado em DENIKER. *Races et peuples de la terre*, 1900, p. 316ss. • SCHURTZ. *Urgeschichte der Kultur*, 1900, p. 352ss. – que o escudo derive do bastão destinado a aparar o golpe, cujo manejo pressupõe uma grande destreza. Ainda outro aspecto: existem povos que ignoram o uso do escudo; p. ex., os Maoris. Cf. PERCY SMITH, apud *J.P.S.*, t. I, p. 43. • TREGEAR. Op. cit., p. 316. Ora, entre eles, a distinção entre a direita e a esquerda é particularmente acentuada.

429. Cf. CUSHING. Op. cit., p. 290-291. • CUSHING. "Zuñi fetiches". *First Ann. Rep. of the Bur. of Ethn.*, 1883, p. 13ss. Cf. uma passagem curiosa em HERMES TRISMEGISTO. "Corpus Hermeticum". *Fragments extraits de Stobée*, I, p. 59. Sobre os chineses, BRINTON. "Lefthandedness in North American aboriginal Art". *American Anthropologist*, 1896, p. 176-177.

O que é genuíno na arte militar aplica-se também a outras técnicas; mas um documento precioso leva-nos a perceber diretamente, entre os Maoris, em que consiste a preponderância da direita na indústria humana. A descrição refere-se à iniciação de uma jovem no ofício da tecelagem: assunto sério, envolvido em mistério e cheio de perigos. A aprendiz fica sentada, na presença do mestre, que é artesão e sacerdote, diante de dois postes esculpidos, fincados no chão, formando uma espécie de tear rudimentar. No poste da direita, residem as virtudes sagradas que constituem a arte do tecelão, fornecendo uma ajuda eficaz a seu trabalho; o poste da esquerda é, por sua vez, profano e esvaziado de qualquer poder. Enquanto o sacerdote recita suas encantações, a aprendiz morde o poste situado à direita, de modo a absorver sua essência e consagrar-se à sua vocação. É claro, a mão direita é a única a entrar em contato com o poste sagrado, cuja profanação seria funesta à iniciada; e a mesma mão conduz o fio, que é também sagrado, transversalmente da esquerda para a direita. Quanto à mão profana, ela pode cooperar apenas humildemente e de longe na obra solene em via de se realizar[430]. Sem dúvida, essa divisão do trabalho deixa de ser tão estrita quando se trata de indústrias mais rudimentares e profanas. Mas é bem verdade que, em regra, as técnicas consistem em pôr em movimento, por uma delicada manipulação, forças místicas e perigosas: a mão sagrada e eficiente é a única que pode assumir uma iniciativa arriscada; enquanto a mão nefasta, no pressuposto de sua intervenção ativa, limitar-se-á a secar a fonte do sucesso e viciará a obra que está sendo realizada[431].

Assim, de uma extremidade à outra do mundo humano, nos lugares sagrados em que o fiel encontra seu deus, assim como nos lugares amaldiçoados em que se estabelecem os pactos diabólicos, no trono como no banco das testemunhas, no campo de batalha e na oficina tranquila do tecelão, em toda a parte, uma lei imutável regulamenta as atribuições de cada uma das mãos. Do mesmo modo que o profano está impedido de misturar-se com o sagrado, assim também a esquerda não deve usurpar o espaço da direita. A atividade preponderante da mão maléfica só poderia ser ilegítima ou excepcional; com efeito, seria o fim do homem e de todo o resto se, algum dia, o profano viesse a prevalecer em relação ao sagrado e a morte relativamente à vida. A supremacia da mão direita é, ao mesmo tempo, um efeito e uma condição indispensáveis à ordem que governa e conserva a criação boa.

---

430. Do mesmo modo que o poste sagrado não pode ser tocado pela mão esquerda, assim também ele não deve ser surpreendido, enquanto estiver de pé, nem pela noite, nem por um estranho (profano). Cf. BEST. "The Art of the Ware Pora..." *Tr.N.-Z.I.*, t. XXXI, 1898a, p. 627ss. e 656ss. E, em sua esteira, TREGEAR. Op. cit., p. 225ss.

431. O fio usado pelo brâmane deve ser trançado pelo anverso, ou seja, da esquerda para a direita (cf. p. 91). Trançado pelo avesso, ele seria dedicado aos antepassados e não poderia ser usado pelos vivos. Cf. SIMPSON. Op. cit., p. 93.

Conclusão

A análise das características e funções atribuídas à direita e à esquerda confirmou a tese que, mediante dedução, já havíamos vislumbrado. A diferenciação obrigatória entre os lados do corpo é um caso particular e uma consequência do dualismo inerente ao pensamento primitivo. Mas as necessidades de ordem religiosa, que tornam inevitável a preponderância de uma das mãos, não chegam a determinar aquela que será privilegiada. Como se explica que o lado sagrado esteja associado invariavelmente à direita, enquanto o lado profano se identifica com a esquerda?

Segundo alguns autores, a diferenciação entre a direita e a esquerda explicar-se-ia inteiramente pelas leis da orientação religiosa e do culto solar. A posição do homem no espaço não é indiferente, nem arbitrária. O fiel, em suas preces e cerimônias, olha naturalmente para a região do levante, a fonte de toda a vida. Nas diversas religiões, a maior parte dos edifícios sagrados estão orientados para o Leste. Com a consolidação desse sentido, as partes do corpo são elas próprias designadas a partir dos pontos cardeais: o Oeste está atrás, o Sul à direita e o Norte à esquerda. Desde então, as características das regiões celestes refletem-se no corpo humano: o sol a pino do Sul ilumina nosso lado direito, ao passo que a sombra sinistra do Norte se projeta em direção à nossa esquerda. O espetáculo da natureza, o contraste entre a luz do dia e as trevas, o calor e o frio, teriam ensinado o homem a reconhecer e estabelecer a oposição entre sua direita e sua esquerda[432].

Nessa explicação, percebe-se a influência de concepções naturalistas, hoje ultrapassadas. O mundo exterior, com sua luz e sombras, enriquece e fornece maior precisão às noções religiosas, oriundas do fundo da consciência coletiva, sem criá-las. Seria fácil, contudo, formular a mesma hipótese em uma linguagem mais adequada e restringir seu alcance ao aspecto de nossa análise; mas ela acabaria esbarrando ainda em fatos contrários de importância decisiva[433]. Na realidade, nada permite afirmar que as determinações, tomando o espaço como objeto, sejam anteriores àquelas, cuja matéria é o corpo do homem. Umas e outras procedem da mesma origem, ou seja, a oposição entre o sagrado e o profano; por conseguinte, elas estão quase sempre de acordo e fortalecem-se mutuamente; não deixam, porém, de ser independentes. Somos, portanto, obrigados a buscar na estrutura do organismo a linha divisória que dirige o fluxo benfazejo de graças sobrenaturais em direção ao lado direito.

---

432. Cf. VON MEYER. Art. cit., p. 27ss. •JACOBS. Op. cit., p. 33ss.

433. 1º) Se o sistema de orientação postulado pela teoria usufrui de grande generalidade e é, provavelmente, primitivo, está longe de ser universal. Cf. NISSEN. *Orientation*: Studien zur Geschichte der Religion, 1907. 2º) As regiões celestes não são uniformemente qualificadas. P. ex., o Norte é, para os Hindus e os Romanos, a *regio fausta* habitada pelos deuses, ao passo que o Sul pertence aos mortos. 3º) Se as representações solares desempenham o papel que lhes é atribuído, a direita e a esquerda deveriam ser invertidas nos povos do hemisfério austral; ora, a direita dos Australianos e dos Maoris coincide com a nossa.

Evitemos de ver, nesse último recurso à anatomia, uma contradição ou concessão. Uma coisa é explicar a natureza e a origem de uma força, outra coisa é determinar o ponto ao qual se aplica. As leves vantagens fisiológicas da mão direita são apenas a oportunidade de uma diferenciação qualitativa, cuja causa jaz, para além do indivíduo, na constituição da consciência coletiva. Uma assimetria corporal quase insignificante é suficiente para dirigir representações contrárias, todas elas já formadas, em um sentido e no outro. Em seguida, graças à plasticidade do organismo, a coação social[434] acrescenta e incorpora aos dois membros opostos as qualidades de força e fraqueza, de destreza e falta de jeito, as quais parecem emanar, no adulto, espontaneamente da natureza[435].

No desenvolvimento exclusivo da mão direita, tem sido constatado, algumas vezes, um atributo característico do ser humano e um sinal de sua preeminência moral. Em certo sentido, isso é verdade. Durante longos séculos, a paralisia sistemática do braço esquerdo exprimiu, à semelhança de outras mutilações, a vontade que animava o homem a fazer com que houvesse predomínio do sagrado em relação ao profano, a sacrificar os desejos e o interesse do indivíduo às exigências sentidas pela consciência coletiva e a espiritualizar o próprio corpo, inscrevendo nele as oposições de valores e os violentos contrastes do mundo da moralidade. Pelo fato de que o homem é um ser duplo – *homo duplex* – é que ele possui uma direita e uma esquerda profundamente diferenciadas.

Este ensaio não é o lugar para buscar a causa e a significação da polaridade que domina a vida religiosa e se impõe ao próprio organismo; aliás, tratando-se de uma das questões mais sérias a serem resolvidas pela ciência comparativa das religiões e pela sociologia em geral, recusamo-nos a abordá-la de forma enviesada. Talvez tenhamos fornecido alguns elementos novos a essa pesquisa; de qualquer modo, não deixa de ter interesse verificar que um problema particular é reduzido a outro muito mais geral.

Como já tem sido observado pelos filósofos[436], a distinção entre o direito e o esquerdo é uma das peças essenciais de nosso arcabouço intelectual. Parece impossível, desde então, explicar o sentido e a gênese dessa distinção sem tomar

---

434. Essa coação é exercida não somente na educação propriamente dita, mas também no decorrer de jogos, danças e trabalho que, entre os homens primitivos, têm um caráter intensamente coletivo e rítmico. Cf. BÜCHER. "Arbeit und Rythmus". *Abhandlungen der Königlich Sächsischen Gesellschaft der Wissenschaften*, 39, n. 5, 1897.

435. Pode ter ocorrido inclusive que, no decorrer do tempo, a coação e a seleção sociais tivessem modificado o tipo físico humano, se fosse comprovado que a proporção de canhotos é maior entre povos primitivos do que entre civilizados. No entanto, os testemunhos sobre este ponto são imprecisos e de alcance bem limitado. Cf. COLENSO. Art. cit. *Tr.N.-Z.I.*, t. I, 1868, p. 343. • WILSON. Op. cit., p. 66ss. Sobre os homens da Idade da Pedra, WILSON. Op. cit., p. 31ss. • BRINTON. Art. cit., p. 175ss.

436. Em particular, HAMELIN. *Essai sur les éléments principaux de la représentation*, 1907, p. 76.

partido, pelo menos implicitamente, por uma ou outra das doutrinas tradicionais sobre a origem do conhecimento.

Quantas disputas, outrora, entre os partidários do inatismo e os da experiência! E que lindo estardalhaço provocado por argumentos dialéticos! A aplicação de um método experimental e sociológico aos problemas humanos interrompe esse conflito de asserções dogmáticas e contraditórias. Os nativistas ganharam a causa: as representações, intelectuais e morais, relativas ao lado direito e ao lado esquerdo são verdadeiras categorias, anteriores a qualquer experiência individual, pelo fato de estarem associadas à própria estrutura do pensamento social. No entanto, os empiristas também tinham razão: com efeito, aqui não se trata de instintos imutáveis, nem de dados metafísicos absolutos. Essas categorias são transcendentes apenas em relação ao indivíduo; reposicionadas em seu ambiente de origem que é a consciência coletiva, elas aparecem como fatos naturais, submetidos ao devir e dependentes de condições complexas.

Se, como parece, as diversas situações de cada uma das mãos, a destreza de uma e a falta de jeito da outra, são em grande parte obra da vontade dos homens, o sonho de uma humanidade dotada de duas "mãos direitas" nada tem de quimérico. Mas, do fato de que a ambidestria é possível, não se pode concluir que ela seja desejável; as causas sociais que levaram à diferenciação de cada mão poderiam ser permanentes. No entanto, a evolução que ocorre sob nossos olhos não justifica de modo algum tal concepção. A tendência ao nivelamento dos valores de cada uma das mãos não é, em nossa civilização, um fato isolado ou anormal. As antigas representações religiosas – mediante as quais haveria uma distância intransponível entre as coisas e os seres, além de terem servido, em particular, de fundamento à preponderância exclusiva da mão direita – estão hoje em plena regressão. No pressuposto de que haja, para a humanidade, sérias vantagens de ordem física e técnica em permitir que a mão esquerda atinja, no mínimo, seu pleno desenvolvimento, ainda assim a estética e a moral não seriam passíveis dessa revolução. A distinção entre o bem e o mal – que, durante longo tempo, foi solidária com a antítese entre direita e esquerda – não desaparecerá de nossas consciências no dia em que a mão esquerda vier a fornecer uma contribuição mais eficaz para a ação humana e for capaz de suprir, ocasionalmente, a mão direita. Se, durante longos séculos, a coação de um ideal místico acabou transformando o homem em um ser unilateral e fisiologicamente mutilado, uma coletividade libertada e precavida empenhar-se-á em incrementar as energias latentes de nosso lado esquerdo e de nosso hemisfério cerebral direito, além de garantir, mediante um treino apropriado, o desenvolvimento mais harmonioso do organismo.

III
São Besso

Estudo de um culto alpestre[437]

No dia 10 de agosto, anualmente, no fundo de um vale remoto dos Alpes Graios italianos, uma multidão devota e alegre reúne-se em plena montanha, a mais de 2.000m de altitude: é a Festa de São Besso, o protetor de Cogne e do Vale Soana. Esta festa oferece um espetáculo pitoresco e poético aos raros forasteiros que participam do evento. Dentro e nos arredores da pequena capela, aninhada contra uma rocha íngreme, comprimem-se os peregrinos com suas roupas coloridas. As cores vivas dos trajes dos habitantes desta área histórica de Canavase contrastam com o acizentado dos rochedos e o verde monótono dos prados. Assim que terminam a procissão e o serviço religioso, grupos animados espalham-se nas proximidades; sem deixarem de comer, beber e cantar, aproveitam igualmente para descansar da espinhosa subida que haviam realizado na parte da manhã. No entanto, seus folguedos barulhentos mal conseguem, durante algumas horas e em um raio de poucos metros, perturbar o silêncio e a paz da imensa pastagem alpina.

Apesar da grandeza do cenário ou do encanto singular dessa solenidade, o historiador das religiões não pode ignorar os problemas suscitados pela Festa de São Besso. Que sentido é dado pelos fiéis à sua presença anual nesse lugar, bem como aos rituais executados por eles nessa ocasião? E, além dos motivos – talvez, ilusórios – dos próprios crentes, qual será a força que, anualmente, reúne nesse

---

437. "Saint Besse – Étude d'un culte alpestre". *Revue de l'Histoire des Religions* – Annales du Musée Guimet, vol. 67, n. 2, mar.-abr./1913, p. 115-180. • Cf. tb. CISNART. "Au-delà du 'Saint Besse' – Localité, frontière et mobilité dans les Alpes d'aujourd'hui". *Actes de la Conférence Annuelle sur l'Activité Scientifique du Centre d'Études Francoprovençales*. Tema: "Hertz, un homme, un culte et la naissance de l'ethnologie alpine". Sarre: Imprimerie Testolin Bruno, 2013, p. 45-55 [Disponível em http://www.centre-etudes-francoprovencales.eu/cef/allegati/actes2012-524_547.pdf]. Nessas atas constam ainda outros artigos sobre o tema em pauta [N.T.].

espaço inóspito – em troca de uma dolorosa subida e, muitas vezes, após uma longa viagem – uma multidão de homens, mulheres e crianças dos vales circundantes e até mesmo da planície piemontesa?

A simples observação da festa seria incapaz de dar uma resposta suficiente a essas perguntas; nem por isso deixou de ser o ponto de partida para uma investigação bastante longa e abrangendo múltiplos aspectos. Para começar, tornou-se necessário entrevistar ou, melhor dizendo, deixar falar à vontade, um grande número de simples devotos de São Besso[438]. Algumas pessoas instruídas, que conhecem bem essa região pelo fato de terem nascido ou residido aí durante muito tempo, ou então aceitaram responder gentilmente às perguntas que lhes formulei[439]. Finalmente, mesmo que São Besso não tenha sido, até aqui, objeto de nenhuma monografia, é possível recolher informações a seu respeito – pelo menos, indiretas – na literatura histórica e hagiográfica[440]. Assim, o material apresentado neste ensaio é proveniente dessa tríplice fonte.

1 O contexto geográfico e social de São Besso

Antes de penetrar no santuário de nosso santo, vamos dar uma rápida conferida à região circundante e às pessoas que o frequentam há várias gerações.

O espaço alpino do Monte Fautenio no qual se reúnem anualmente os fiéis de São Besso está situado nas montanhas que dominam o alto Vale Saona, ou seja, na

---

438. Fiz uma estadia de cerca de seis semanas (de 20 de julho a 1º de setembro de 1912) em Cogne; assim, tive oportunidade de entrevistar tranquilamente as pessoas do vale – pastores, couteiros, guias etc. –, dando preferência aos idosos e mulheres pelo fato de terem preservado de forma mais fidedigna as tradições locais. Veremos, mais adiante, a razão pela qual Cogne se tornou o terreno de observação mais favorável. Passei apenas dois dias no Vale Soana, por ocasião da festa; mas o Sr. Guazzotti, farmacêutico em Ronco, aceitou gentilmente entrevistar para mim os vigários das freguesias de Ronco e de Campiglia. Além disso, consegui coletar certo número de informações de naturais do Vale Soana, residentes em Paris.

439. Espero que a expressão de meu reconhecimento seja aceita pelos seguintes senhores: o Dr. Pierre Giacosa, professor na Universidade de Turim, que frequenta a região há muitos anos; o Cônego Fruttaz de Aosta; os cônegos Gérard, Ruffier e Vescoz, naturais de Cogne que aceitaram gentilmente fornecer-me, por intermédio de meu amigo P.A. Farinet, notas com informações instrutivas; o Pr. Francesco Farina de Turim que conhece a fundo o Vale Soana, tendo-lhe dedicado um excelente opúsculo que teremos oportunidade de citar várias vezes. Que eles me desculpem se, dos fatos que me relataram e de minhas observações,achei por bem tirar conclusões que não correspondem a suas opiniões e das quais, evidentemente, sou o único responsável.

440. Agradeço efusivamente o Sr. Jean Marx, arquivista-paleógrafo e, sobretudo, o Sr. Paul Alphandéry, diretor-adjunto de estudos na École des Hautes Études e diretor da *Revue de l'Histoire des Religions* por me terem fornecido preciosas indicações bibliográficas.

extremidade leste e na encosta meridional do maciço de Gran Paradiso[441]. Nesse local, a formidável muralha que estabelece a separação entre a bacia do Rio Dora Baltea e a do Orco afunda-se cerca de 3.000m, e vários desfiladeiros facilmente transitáveis, pelo menos, durante a estação mais agradável do ano, permitem passar do Vale de Cogne, afluente do Vale de Aosta, para o Vale Soana que desce para a Planície do Piemonte; no entanto, atualmente, essas passagens deixaram de ser utilizadas, salvo por alguns alpinistas e pelas pessoas de Cogne que se dirigem a São Besso[442].

É precário nosso conhecimento a respeito dos antigos habitantes dessa região dos Alpes: apenas no século V a.C. é que eles emergem da noite da pré-história. Sob a denominação de salassos, os autores clássicos descrevem um conjunto de tribos de pastores, saqueadoras e guerreiras, que ocupavam a região montanhosa entre o Rio Dora e o Orco, tendo oferecido obstinada resistência à invasão de seus "civilizadores". Suas incursões devastadoras nos ricos campos cisalpinos forneceram aos romanos a oportunidade para intervir em uma região importante por sua localização geográfica e por sua riqueza mineral. Mas foi apenas no tempo de Augusto, no termo de cerca de 150 anos de lutas – após a fundação das duas colônias de Ivrea e de Aosta, e na sequência da campanha exterminadora de Terêncio Varro –, que os salassos acabaram sendo forçados a aceitar a lei do vencedor. Então, sob a paz romana, as pessoas da planície, atraídas pelas jazidas de ferro e de cobre nesses vales, instalaram-se na montanha como se fossem os donos do pedaço e ensinaram aos antigos ocupantes do solo a falar o latim do qual derivam os dialetos atuais[443]. Mas, ao desmoronar o poder romano, e com o enfraquecimento da influência dos senhores da planície, a tribo da montanha ficou isolada e caiu no esquecimento; tal situação vai manter-se até o século XIV. Sabemos que o Vale Soana se tornou um dos principais centros da revolta camponesa que foi o *tuchinaggio*: à semelhança do que tinha ocorrido no tempo dos salassos, as aves de rapina da montanha lançaram-se sobre a campina opulenta, saqueando as colheitas, queimando os castelos para se libertarem definitivamente, segundo o que dizem, das cobranças e veleidades usurpadoras dos senhores[444].

---

441. Parque Nacional de Gran Paradiso, que se estende pelas regiões Vale de Aosta e Piemonte, situadas no noroeste da Itália, na divisa com a França e a Suíça [N.T.].

442. Encontrar-se-á a descrição desses desfiladeiros em MARTELLI & VACCARONE. *Guida delle Alpi Occidentali*. Vol. II. Turim, 1889, p. 224ss. O mais frequentado é o Desfiladeiro de Nouva (2.933 metros).

443. Cf. AUBERT, E. *La vallée d'Aoste*. Paris, 1860, p. 9ss. • PROMIS, C. *Le antichità di Aosta*. Turim, 1862, p. 11ss., p. 192ss. • VALLENTIN, F. *Les Alpes cottiennes et graées, géographie galloromaine*. Paris, 1883, p. 58ss. • MOMMSEN. *Corpus Inscriptionum Latinarum* [C.I.L.]. Vol. V: Inscriptiones Galliæ Cisalpinæ [Inscrições latinas da Gália Cisalpina], 1872, p. 736 e 750ss., esp. p. 769.

444. Sobre *otuchinaggio** que perdurou, com intermitências, de 1383 a 1423, cf. TIBALDI, T. *La regione d'Aosta attraverso i secoli*: studi critici di storia. Turim, 1900: II, p. 359ss.; III, p. 10. • FARI-

No entanto, foi inutilmente que, no alvorecer dos novos tempos, os homens da montanha manifestaram tragicamente a vontade de permanecerem donos de seu destino; à medida que se constituiu, na planície, um estado forte por uma penetração pacífica e lenta, mas consolidada, estendeu-se aos poucos seu domínio até os vales mais elevados dos Alpes.

Vale ressaltar que as manifestações históricas mais proeminentes desse povo são atos de agressão ou de defesa contra as populações da campina; dir-se-ia que os montanheses experimentam, em determinados momentos, a necessidade de se vingar das agruras da natureza alpestre em cima dos privilegiados da planície. Ainda não há muito tempo, as formalidades do sorteio, por ocasião do recrutamento militar, davam lugar, anualmente, nas praças da aldeia de Planície Pont-Canavese, a verdadeiras batalhas entre os moços do alto que cobriam a cabeça com chapéu de feltro, e os de baixo que usavam boné; tendo assumido, atualmente, formas mais anódinas, o conflito ainda persiste. Para os habitantes do Vale Soana, o homem da planície continua sendo um alienígena a quem atribuem uma denominação especial, *maret*, e em relação ao qual nutrem – se não, hostilidade –, pelo menos, desconfiança. Eles experimentam a necessidade de oclusão moral tão intensa que constituíram uma linguagem especial que é totalmente incompreensível, até mesmo, para os vizinhos mais próximos[445]. Com certeza, a pequena sociedade montanhesa é incapaz, não obstante seu desejo, de viver inteiramente dobrada sobre si mesma, sem relações com o exterior; ela é obrigada a pedir à planície, por meio de saques, do comércio ou da emigração, o complemento dos escassos recursos que lhe são fornecidos pela montanha. Mas, mesmo quando eles oferecem seus produtos ou seus braços aos senhores da planície, os montanheses empenham-se em não abandonarem nada de si mesmos. Os numerosos habitantes do Vale Soana que trabalham em Paris, durante o inverno, exercem todos a mesma profissão de vidraceiros e, tanto quanto possível, moram juntos, formando pequenas aldeias fechadas e homogêneas dentro da grande cidade. Aliás, se os homens são tentados a ceder às influências urbanas, as mulheres – que nunca deixam o vale – reagem logo para manter os direitos do costume.

Assim, de um extremo ao outro da história, a mesma luta continua – às vezes, surda e, outras vezes, violenta – entre a pequena tribo alpina que, por força de coesão e tenacidade, defende sua autonomia ameaçada, e a grande sociedade da planície que pretende impor-lhe suas ideias e sua lei. Alguns aspectos – tais como o particularismo obstinado, o instinto gregário e o apego apaixonado à tradição

---

NA, F. *Valle Soana* – Guida storico-descrittiva illustrata. Ivrea, 1909, p. 17ss.

* Na tradição piemontesa, a palavra *tuchini* é considerada uma derivação do lema *Tucc un* (um por todos, todos por um), o qual talvez tenha sido usado pelos rebeldes [N.T.].

445. Cf., a respeito desse jargão, NIGRA, C. "Il gergo dei Valsoanini". *Archivio Glottologico Italiano*, t. III, 1878, p. 53ss. • FARINA. Op. cit., p. 73ss.

local, que caracterizam sobretudo os adoradores de São Besso – explicam que, apesar das influências contrárias, eles tenham preservado, até nossos dias, determinados hábitos de pensamento e de vida que perduram há vários séculos[446].

Desde o momento em que penetramos na Bacia de Cogne, temos a sensação de voltar em plena Idade Média. As mulheres, quase sem exceção, ainda usam o traje de suas antepassadas: com os cabelos presos por trás da cabeça sob um boné pontudo e cortados em franja na testa, com seu colar de miçangas e sua grande gola pendente, com seu corpete rígido e sua saia curta estranhamente inflada, com sua atitude hierática e sua maneira de andar lentamente, elas parecem, nos dias festivos, outras tantas imagens de santos fora de seus nichos. Na maior parte das vezes, as casas são ainda de madeira; as pessoas dormem frequentemente no estábulo "porque, no inverno, é um local mais quente e por terem medo de que algo possa acontecer com os animais". A economia é quase inteiramente pastoral. A riqueza consiste totalmente em rebanhos de animais de pequeno e grande porte, assim como em pastagens que permitem alimentá-las. A natureza da região e o estado rudimentar da técnica impõem uma árdua labuta aos homens e, sobretudo, às mulheres. Estas executam todos os trabalhos agrícolas: podemos observá-las retornar de longe para as granjas da aldeia, carregando esmagadores montes de feno diretamente sobre suas cabeças. O pão é cozido em casa com o trigo da ceara familiar, uma única vez para o ano inteiro. Apesar da pureza do ar, o estado de saúde é ruim por causa das condições detestáveis de higiene. No entanto, as pessoas de Cogne não deixam de ter sua teoria a respeito das "febres" que matam um grande número de jovens: nesse ano, elas foram transportadas "pelas enormes nuvens negras que sobem do vale".

Essas poucas pinceladas dispersas serão suficientes talvez para dar uma ideia da situação social e mental a que está associado o culto a cujo estudo vamos dedicar-nos[447]. Nossa descrição começará por abordar os elementos mais fixos e constantes e, em seguida, os mais inconsistentes e variáveis. Examinaremos sucessivamente a função desempenhada por São Besso na vida presente e na prática ritual de seus adoradores; a organização do culto que lhe é prestado; e, finalmente, a lenda que explica e justifica, através de acontecimentos passados, a devoção atual.

---

446. Eis o que é verdadeiro, sobretudo, em relação a Cogne: apesar de sua admirável situação, atraindo anualmente numerosos turistas, e apesar da importância de suas minas de ferro, a aglomeração de Cogne ainda não está ligada ao Vale de Aosta por uma estrada transitável. Há uma vintena de anos, existe uma via no Vale Soana; assim, os habitantes deste vale já não mereceriam o epíteto de "selvagens" que lhes havia aplicado, por volta de 1840. Cf. CASALIS, G. *Dizionario Geografico Storico... degli Stati di S.M. il Re di Sardegna*, 1836ss., t. VIII. Turim, 1841, p. 489; t. XVI, 1847, p. 590. O próximo parágrafo aplica-se apenas a Cogne.

447. Comparar com a monografia que Jean Brunhes dedicou aos habitantes do Vale de Anniviers (cantão suíço do Valais) em seu livro *La géographie humaine*. Paris, 1910, esp. p. 601.

2 A devoção em São Besso

Se perguntarmos aos habitantes da região quem foi São Besso, em que época viveu e o que fez, as respostas obtidas serão, quase sempre, imprecisas e incoerentes. No entanto, a respeito da ação presente do santo, todas eles vão responder unanimemente e com precisão: São Besso é um santo dotado de "grandes poderes" e que faz "muitos milagres". Em vez de curiosidade intelectual, seu nome suscita, sobretudo neles, sentimentos de terna veneração, de reconhecimento e de esperança. Para celebrar seu grande patrono, eles vão relatar incansavelmente histórias em que seu poder se manifesta de forma esplendorosa. Algumas delas são tiradas da vida cotidiana e referem-se aos parentes mais próximos: a irmã de fulano tem a certeza de que foi curada "unicamente" por São Besso de uma doença antiga e incurável; o filho de sicrana, que tinha ido à Festa de São Besso, arrastando-se com a ajuda de muletas, acabou por deixá-las no santuário. Quanto às outras histórias, elas confinam com o contexto maravilhoso da fábula: um homem, na montanha, seria capaz de livrar-se de uma cobra que o mantinha imobilizado; ao fazer a promessa de realizar uma novena em honra de São Besso, nesse mesmo instante a cobra desaparece. O que o santo tem feito para tantos outros, ele vai realizar certamente também para nós, se o adorarmos como se deve. Quem tiver necessidade de pedir alguma graça deve assistir à festa de 10 de agosto. Todos aqueles que foram vítimas de algum infortúnio ou correm algum perigo "entregam-se" a São Besso: fazem a promessa de ir à sua festa no ano seguinte ou, até mesmo, durante nove anos seguidos. Ai daquele que não cumprir sua promessa: há de sofrer algum acidente! No entanto, se for fiel à sua devoção, sua expectativa será atendida.

O poder de São Besso não está limitado a uma graça específica: trata-se de um santo "poderoso para qualquer proteção". Ele é invocado contra as doenças das pessoas[448], do gado e também contra os malefícios dos feiticeiros; com efeito, no vale, ainda existem alguns que são bastante malignos. No entanto, de acordo com determinados comentaristas, há uma ordem de coisas que faz parte mais especificamente das atribuições de São Besso: como as imagens o representam sob a forma de um guerreiro, ele é em particular o patrono dos militares. Nenhum deles, se for convocado para a guerra ou simplesmente recrutado para o serviço militar, deixa de ir à festa e trazer de volta uma "pedra de São Besso" que irá carregar constantemente consigo. Eis o motivo pelo qual as pessoas de Cogne, que haviam participado de muitas guerras, desde aquelas do Império até a campanha da África, nunca morreram, tanto quanto seja possível lembrar-se, em um campo de batalha. No entanto, desde a instituição do serviço militar obrigatório, a graça

---

448. De acordo com o Sr. Cônego Ruffier, invoca-se São Besso sobretudo para a cura das dores de rins, lumbagos etc.

mais solicitada ao santo guerreiro não consiste em proteger seus fiéis contra as balas e os golpes de espada, mas em dispensá-los desse serviço. Os jovens a serem submetidos ao sorteio só precisam ir à Festa de São Besso: assim, evitarão a ida para o regimento![449] Mas essa tendência de São Besso especializar-se em assuntos militares é, como veremos, um fenômeno secundário, talvez, peculiar a Cogne.

A torrente de graças espalhadas mediante o patrono dos dois vales por seus adoradores tem origem em determinado ponto da região que é o palco da festa anual. A Capela de São Besso está como que grudada ao flanco de um grande bloco de ardósia, enorme menir natural, que se ergue, isolado, no meio das pastagens e cuja face constitui uma parede vertical, um tanto inclinada, de uns 30m de altura[450]. Esse rochedo, designado como "o Monte de São Besso", é encimado por uma cruz, além de um pequeno oratório. Nesse local é que os fiéis vêm anualmente extrair a preciosa energia que os ajuda a vencer as agruras da vida.

Mesmo que o santo exerça, durante o ano inteiro, sua proteção eficaz sobre seus seguidores, é apenas no dia de sua festa que ele comunica aos fiéis, reunidos a seu redor, os favores de seu poder. Por intermédio da promessa, é possível, sem dúvida, antecipar essa efusão salutar da graça; mas a promessa, muito longe de dispensar a visita ao santuário, vai executá-la com antecedência, tornando-a obrigatória imperativamente. É em 10 de agosto que se pagam as dívidas contraídas perante o santo durante os meses anteriores[451]; é em 10 de agosto que os fiéis vêm fazer uma provisão de graças, na própria fonte, para os doze meses subsequentes.

Em qualquer festa, cada um tem de fazer sua parte: tanto o santo quanto os fiéis.

E, em primeiro lugar, São Besso recebe dos visitantes a homenagem de sua presença: quanto maior é o número de peregrinos, tanto mais "linda" é a festa e maior é a homenagem prestada ao santo. Além disso, a peregrinação em si mesma equivale a um verdadeiro sacrifício: não é uma tarefa fácil reservar na estação mais agradável, tão curta nas montanhas, um dia ou dois que serão dedicados, não aos trabalhos agrícolas, mas ao culto do santo. Para chegar a São Besso, os fiéis oriundos de Cogne devem caminhar oito ou nove horas em uma trilha, às vezes, íngreme e pedregosa, além de atravessar um desfiladeiro de mais de

---

449. Um pequeno número de habitantes de Cogne contestou a exatidão desse fato, sem dúvida, por achar que desabonava um tanto a honra de seu santo. Mas trata-se de algo que me foi confirmado por vários informadores fidedignos, entre os quais alguns se tinham beneficiado desse poder de dispensa atribuído a São Besso.

450. A outra encosta do monte, muito menos íngrime, está coberta de grama; uma pequena vereda permite chegar ao cume.

451. No entanto, ocorre algumas vezes que, na sequência de uma promessa, o fiel paga o pároco de Campiglia, a fim de que, no decorrer do ano, ele suba à capela para celebrar uma missa.

2.900m acima do nível do mar[452]. De Campiglia, a aldeia mais próxima, há 700m para subir, ou seja, duas horas de subida por uma vereda difícil, cujas etapas são marcadas por pequenas capelas; ao mérito da ascensão, algumas pessoas chegam a acrescentar o fato de caminharem descalços. Os peregrinos, que se reuniram para a festa, enfrentando o mau tempo e a fadiga, trouxeram ao santo, portanto, pelo simples fato de sua vinda, a valiosa oferenda de seu tempo e das dificuldades para efetuar o trajeto.

A celebração da missa, na capelinha ornamentada suntuosamente e toda iluminada, renova e aumenta a santidade do lugar. O sermão do padre exalta a grandeza de São Besso, sua glória e seu poder, além de lembrar a seus adoradores o cumprimento dos respectivos deveres. Mas a operação central da festa é a procissão. Em boa ordem, a comunidade inteira dos fiéis sai da capela, agrupados de acordo com o sexo, a idade e a dignidade religiosa; ela só voltará a entrar nesse local depois de ter "dado uma volta ao Monte", ou seja, executado a volta completa do rochedo, indo, evidentemente, da esquerda para a direita e recitando todas as preces do rosário[453]. Para aumentar o brilho da cerimônia, a Paróquia de Campiglia, em cujo território está situado o santuário, empresta a São Besso toda a espécie de estandartes e de imagens de santos; mas tudo isso trata-se apenas de acessórios. Pelo contrário, a procissão compreende dois elementos essenciais: por um lado, as duas *fouïaces*, ornamentos compostos por fitas e tecidos de cores resplandecentes, montados em uma estrutura de madeira e cobrindo quase completamente o rosto das moças que os carregam à cabeça: considerados atualmente como "troféus" de São Besso, eles continham outrora o pão bento que era distribuído depois da procissão[454]. E, por outro lado e sobretudo, a estátua

---

452. Para chegar a tempo para a festa que começa às 9h da manhã, os peregrinos de Cogne vêm na véspera e passam a noite nos chalés de Chavanis ou junto ao próprio santuário no pequeno edifício adjacente à capela, destinado a esse uso; eles voltam para casa no final da tarde de 10 de agosto.

453. Os mais devotos, segundo parece, ou aqueles que fizeram uma promessa devem subir, após a procissão, ao cume do rochedo para terminar aí a reza do rosário. De acordo com o Sr. Cônego Gérard, os peregrinos de Cogne, mal chegam na véspera da festa, "alinham-se em procissão e executam nove vezes a volta do enorme rochedo; no final de cada rosário, eles sobem para beijar a cruz de ferro colocada no cume, à beira do precipício". Sobre o ritual de dar "a volta da pedra", cf. SÉBILLOT, P. "Le culte des pierres en France". *Revue de l'École d'Anthropologie de Paris*, t. XII, 1902, p. 205ss.

454. O costume de transportar, em cada procissão, pão bento – oferecido pelos fiéis, preparado de maneira especial (com açafrão) e distribuído após a festa aos padres oficiantes e a todos os participantes – está espalhado em toda a região de Canavese. O termo *carità* designa tanto esse pão bento quanto a espécie de pirâmide de fitas multicolores que o encobre; o fato de carregar a *carità* é para a moça uma grande honra e uma garantia de casamento iminente. Cf. CASALIS. *Dizionario...* Op. cit., t. VIII, p. 596. • VALLA, F. "Della poesia popolare sarda". *Archivio per lo studio delle tradizioni popolari*, XIII, 1894, p. 122. A palavra *fouïace* deixou de ter qualquer sentido no dialeto de Cogne; ela não aparece no *Dictionnaire du Patois Valdôtain* (1907) do Abbé Cerlogne, tampouco no *Dictionnaire Savoyard* (1902), de Constantin e Désormaux. No entanto, é fácil reconhecer nesse termo a antiga palavra francesa *fouace*, derivado do latim *focacia*, que se encontra em Rabelais e La Fontaine,

maciça de São Besso com o uniforme de soldado romano e segurando na mão a palma do martírio; quatro ou oito homens jovens vão carregá-la aos ombros, mantendo uma atitude solene e recolhida, como convém a pessoas investidas de uma tarefa árdua, sem deixar de ser honorífica e meritória. Não será mais que justo que o benefício dessa caminhada ritual reverta sobretudo em favor do herói do dia, do senhor do "Monte", do glorioso São Besso? Tendo voltado à capela, ele recebe a adoração exclusiva dos fiéis que se prosternam diante de sua imagem e, com devoção, beijam-lhe os pés.

Além dessas formalidades pessoais ou litúrgicas, os fiéis enviam ou trazem para o santuário uma oferenda extraída dos próprios bens: no domingo anterior a 10 de agosto, em todas as paróquias que participam da festa, procede-se, depois da missa, a uma "coleta", como dizem em Cogne, ou seja, um peditório, cuja renda é depositada no tesouro da capela. No entanto, numerosos fiéis preferem trazer, pessoalmente e em gêneros, o "presente" que haviam prometido ao santo. Cada um oferece ao santuário o que tem de mais precioso: fulano, uma vaca ou uma ovelha; sicrana, seu mais lindo xale ou, até mesmo, o vestido de casamento[455]. É verdade que esse sacrifício nada tem de definitivo. No final do serviço, o mordomo, que preside a festa, coloca em leilão todos os objetos oferecidos ao santo: se o peregrino faz questão realmente de recuperar seu "presente", nada o impede, desde que seja capaz de pagar o preço, de reaver sua plena posse[456]. Procedimento engenhoso que atribui ao santo a essência – ou seja, o valor negociado – da oferenda, permitindo que o fiel tenha a possibilidade de resgatar o objeto de sua predileção do qual havia sido despojado temporariamente em decorrência de sua devoção. Dar o espírito para conservar a substância não será, em última análise, a própria fórmula do sacrifício religioso?

A afluência do povo reunido, os rituais e a procissão, as oferendas dos devotos levaram ao cúmulo e colocaram em plena atividade a energia sagrada

---

além de estar ainda em uso sob diversas formas em várias regiões da França com o sentido de fogaça [*galette*]: cozida no forno ou debaixo das cinzas. Esse termo designava, portanto, certamente o pão bento transportado na Procissão de São Besso. O nome do conteúdo, que desapareceu, manteve-se no sustentáculo; mas, tendo sido destituído de qualquer significação, houve um esforço para encontrar um novo significado com relação à imagem do santo. Daí a ideia do troféu guerreiro. (O Sr. Cônego Gérard garante inclusive que a *fouiace*, ou bolo de festa, continua sendo transportada na procissão; no entanto, essa afirmação é contestada por todos os outros testemunhos que consegui coletar.)

455. De acordo com o Sr. Cônego Gérard, as fitas, lenços de pescoço e de mão, bordados etc., oferecidos à capela, são dependurados às *fouiaces*, durante a procissão.

456. A oferenda em gêneros e o leilão dos objetos entregues ao santuário ocorrem em vários locais de peregrinação do Vale de Aosta, em particular em Notre-Dame du Plou e em Notre-Dame de Guérison (perto de Courmayeur). Segundo parece, o objeto adquirido no leilão não está submetido a nenhuma restrição, nem possui nenhuma virtude especial.

que emana do santuário. Antes de se entregarem sem restrições à alegria de estarem juntos e festejarem o santo de forma jubilosa, os fiéis empenham-se em arrecadar a parte que lhes cabe da festa, servindo-se dessa abundante e vivíssima fonte de graças que lhes é oferecida. O consumo do pão bento – que outrora era transportado na *fouïace* e distribuído após a procissão – acabava sendo uma incorporação do bom efeito da cerimônia. Alguns deles, homens e mulheres, friccionam as costas contra o rochedo, segundo parece, para se curarem, seja de dores, seja de esterilidade[457]. Mas, além disso, é necessário levar para casa garantias visíveis da proteção do santo que hão de estender-se bem longe e prolongar, durante o ano inteiro, a eficácia da festa. À porta da capela, instalaram-se alguns comerciantes que, em suas bancas, misturam guloseimas, pastéis e artigos de devoção; é possível comprar pequenas imagens do santo, quadrozinhos rudimentares ou medalhas que não passam de pálidas representações da grande estátua do santuário. Outrora, quando a cruz colocada no cume do rochedo era de madeira, as pessoas iam raspá-la para coletar um pouco de pó, do qual elas se serviriam mais tarde em caso de doença. Os fiéis de hoje não dispõem desse recurso; com efeito, a antiga cruz, derrubada por uma tempestade, foi substituída por outra, desta vez, de ferro. No entanto, resta-lhes ainda um meio mais direto e seguro de permanecer em comunhão com o santo.

Já vimos que a Capela de São Besso está incorporada, por assim dizer, ao grande rochedo que a domina. Atrás do altar, uma escada apoiada na parede permite alcançar o ponto central do monte. Depois de subirem por essa escada, os fiéis servem-se de uma faca para "picar" a rocha, a fim de remover pequenas lascas que eles hão de transportar com toda a devoção para suas casas. Trata-se das "pedras de São Besso", consideradas como as relíquias do santo. Em tempo normal, elas são guardadas simplesmente em casa como se fosse um talismã; mas em caso de perigo especial – por exemplo, em tempo de guerra –, a pessoa vai andar sempre com ela. Se um parente estiver doente, a pedra é colocada na água que ele bebe ou ainda ele vai engolir alguns grãos[458]. Trata-se de um remédio santo; mas, em conformidade com as expressões que são pronunciadas frequentemente pelos fiéis, "não se deve zombar, mas convém ter fé e confiança". No termo da festa,

---

457. Não cheguei a observar pessoalmente esse fato nem pude obter a confirmação do mesmo ao entrevistar os "indígenas": apesar de não o terem negado, eles declararam insistentemente que o ignoravam, talvez para não darem a impressão de ser demasiado "supersticiosos". A autenticidade do fato foi-me garantida pelo médico da aldeia de Ronco e, especialmente, pelo Sr. F. Farina que conhece muito bem o Vale Soana, do qual a esposa é originária. O costume, tão difundido – que consiste em "tocar" um manto sagrado para ter filhos – é ainda comumente observado no santuário piemontês de Oropa. Cf. SÉBILLOT, P. *Le Folklore de France*. Vol. I, 1904, p. 338ss.

458. Encontraremos fatos análogos em SÉBILLOT. Op. cit., p. 342ss. Ele relaciona tal prática com "o costume de cortar fragmentos de túmulos ou de estátuas de santos" para utilizá-los como remédios.

quando a assembleia se dissolve e os peregrinos voltam, em pequenos grupos, para seus lugarejos dispersos, carregando alguns fragmentos do grande rochedo, imbuídos totalmente de sua energia, dir-se-ia que o próprio São Besso desce em sua companhia em direção dos lugares habitados e que, disseminando-se sem se perder, ele estará presente, até a próxima festa, em cada uma das casas em que é adorado.

Assim, a festa é proveitosa tanto para o patrono quanto para seus fiéis. Ela enaltece o prestígio do santo, mantém e incrementa a honra de seu nome e o brilho de seu santuário; sem a festa, São Besso não existiria realmente e perderia bem depressa seu lugar na terra. Os fiéis, por sua vez, trazem da visita ao Monte um pouco dessa santidade fortificante e tutelar, necessária para suportarem as dificuldades de suas vidas. Do mesmo modo que os vales profundos exalam um vapor quente e suave que, após sua condensação no flanco da montanha, volta a cair sobre os desfiladeiros em forma de gotas fecundantes, assim também as humildes paróquias dos homens enviam em direção ao santuário venerado o sopro vivificante de sua devoção que, transfigurado no lugar santo, lhes é devolvido na chuva das bênçãos.

3 A comunidade de São Besso

A perpetuidade do santuário e da Festa de São Besso é garantida por uma pequena sociedade que inclui cinco paróquias: Campiglia, Ronco, Valprato, Ingria e Cogne. Diz-se que elas têm "direito a São Besso": outrora, todas elas contribuíram para a construção e, em seguida, ampliação da capela; e ainda contribuem para sua manutenção e seu embelezamento. Cada uma, alternadamente[459], tem o encargo – ou, de preferência, a honra – de oferecer a festa, garantindo sua organização material e seu sucesso, além de nomear seus principais atores que são os portadores das *fouïaces* e do santo, por um lado, e, por outro, o "festeiro"[460]. Este último personagem é um leigo, escolhido por sua devoção e por sua fortuna; ele tem a missão de garantir a ordem e o brilho da solenidade, coletar as oferendas e guardá-las no tesouro do santuário, proceder ao leilão dos "presentes" oferecidos ao santo, pagar os cantores e os músicos; enfim, recepcionar e presentear da melhor forma os vigários das outras paróquias e todos os sacerdotes participantes da solenidade.

---

459. Ouvi numerosos cognianos afirmarem que "a vez de Cogne" ocorria de sete em sete anos. Tal equívoco inegável, cometido a respeito de um evento periódico que desperta tanto seu interesse, explica-se sem dúvida pela imprecisão cronológica das representações populares e pelo prestígio do algarismo 7.

460. Em princípio, os sacerdotes e os cantores da paróquia encarregada da organização da festa é que oficiam na capela; no entanto, o atual pároco de Cogne não parece de modo algum manifestar a mínima preocupação relativamente a essa prerrogativa.

À primeira vista, parece que nada possa existir de mais silencioso e mais harmonioso do que a vida dessa pequena federação religiosa, em que todos os membros parecem ser rigorosamente iguais. Mas isso é uma ilusão. Uma observação mais atenta revela, entre os devotos de São Besso, divergências, conflitos de ambição, lutas insidiosas ou violentas, às vezes, até mesmo sangrentas.

A simples diferença de localização geográfica tem o efeito de determinar diferenças de categoria entre os cinco municípios associados. É claro que Cogne, aldeia situada no outro lado dos Alpes Graios, ocupa, em relação a São Besso, uma posição muito menos vantajosa do que as outras quatro paróquias, localizadas no Vale Soana, no qual se encontra o santuário. Mas, além de pertencer a outra bacia hidrográfica, Cogne faz parte de outra região política e religiosa. Enquanto o Vale Soana, à semelhança de todo o território de Canavese, está incluído no Piemonte, faz parte da Diocese de Ivrea, assim como da língua e da civilização italianas, Cogne depende do ducado e da Diocese de Aosta que, em decorrência de vínculos históricos plurisseculares, continuam associados à língua e à cultura francesas[461]. Entre as pessoas de Cogne e os outros adoradores de São Besso, existe portanto uma profunda separação de natureza moral: eles são quase estrangeiros uns em relação aos outros. Tal separação não é atenuada, como acontece quase sempre nas fronteiras, pela frequência das trocas comerciais. Se, no passado, o intercâmbio econômico chegou a ser bastante ativo entre o Vale de Cogne e o Vale Soana, ele deixou de existir atualmente: as pessoas de Cogne só transpõem a muralha que limita sua bacia para se dirigirem à Capela de São Besso, não tendo o mínimo interesse em descer até Campiglia[462]. Deste modo, elas sentem-se, na festa, um tanto deslocadas e isoladas: por medo de serem alvo de escárnio, as mulheres de Cogne deixam de vestir nesse dia seu traje peculiar dos domingos; elas fazem tudo o que é possível para passarem despercebidas[463]. Desde então, concebe-se que a população do Vale Soana acabe considerando, em parte, como intrusos seus associados do outro lado das montanhas. Que eles venham, se isso lhes dá prazer, manifestar sua devoção a São Besso, mas, à semelhança de tantos outros peregrinos, de forma individual; que eles não tenham

---

461. Durante toda a Idade Média, o Vale de Aosta (até o de Lys) formou uma espécie de região fronteiriça francesa, dependendo sucessivamente dos reinos de Borgonha e de Provença, assim como do Condado de Saboia, em oposição à região limítrofe italiana de Ivrea. É somente a partir do século XIV que Aosta e Ivrea foram reunidas sob o domínio da Casa de Saboia. Apesar disso, o Vale de Aosta não chegou a tornar-se um território piemontês: ele continuava a depender do Senado de Saboia, sediado na cidade francesa de Chambéry. Cf. TIBALDI. Op. cit., passim, esp. II, p. 317ss. (em 1229, guerra entre Aosta e Ivrea); III, p. 14ss.

462. O cogniano, que exerce há muito tempo as funções de "festeiro" de São Besso e tem a obrigação de comparecer anualmente à festa, afirmou-me que nunca desceu mais baixo do que o santuário.

463. Segundo parece, os moleques de Campiglia colocavam pedras em cima da bossa formada pelo contorno avantajado desse traje.

a pretensão de dirigir nossa festa, administrar nosso santuário e carregar nosso santo! Algum dia, já teríamos, nós, tentado ditar a lei nos numerosos lugares sagrados de que se vangloria a Diocese de Aosta?

As pessoas de Campiglia é que, em particular, alimentam semelhantes pensamentos. E se elas sonham em jogar Cogne para fora da Comunidade de São Besso, é talvez por terem assim a expectativa de se livrarem do principal obstáculo à sua preeminência ou, até mesmo, a seu domínio exclusivo no santuário. É um fato que, apesar de sua reduzida população[464], Campiglia usufrui, no Vale Soana, de um prestígio particular; diz-se que é a comuna mais antiga do vale e a primeira paróquia cristã, mediante a qual todas as outras foram evangelizadas. Além disso, como os campiglianos vivem à sombra do santuário, eles têm a sensação de estarem unidos ao santo por meio de vínculos particularmente íntimos e tendem a considerá-lo como seu próprio patrono. Um grande número de homens de Campiglia tem o nome de Besso. É verdade que, ao emigrarem – o que ocorre com frequência –, eles parecem bastante encabulados com o patrono que é ignorado pelo calendário e tem a aparência de algo demasiado provinciano: eles adotam outro nome[465], como que para manifestar a mudança de sua existência desenraizada. Mas, ao voltarem à terra natal, eles se sentem muito mais à vontade de se colocarem sob a proteção do santo que, além de ser seu patrono pessoal, é o protetor de sua pequena pátria. Finalmente, pela força das coisas, as outras comunas foram induzidas a confiar à igreja mais próxima a custódia e a manutenção do santuário, assim como a recorrer a ela para os ornamentos e os acessórios da festa. E é assim que os campiglianos chegaram a considerar a capela do "Monte" como uma simples dependência de sua paróquia e a conceber o desejo de converter essa sua hipoteca sobre São Besso em um controle efetivo e total.

Mas teriam eles obtido sucesso? No passado, em várias oportunidades, eles já haviam feito tal tentativa indo ao encontro de interlocutores. As pessoas de Cogne, as primeiras a serem visadas, deram a impressão de estar pouco dispostas a abandonar o direito que lhes vem dos antepassados. Deixemos aqui a palavra a um dos heróis dessas lutas homéricas, um idoso de 77 anos que, depois de ter exercido durante muito tempo a profissão de pedreiro, ocupa sua aposentadoria em cuidar de abelhas. Como eu lhe mostrava, certo dia, as fotografias que eu tinha

---

464. Em 1901, Campiglia contava com 209 habitantes; Valprato, 1.355; Ronco, 3.105; Ingria, 1.280. Atualmente, Ronco é o centro econômico e a capital administrativa do vale. Cf. FARINA. Op. cit., p. 24, 36ss., 49 e 59.

465. Em geral, o de *Laurent* [Lourenço], por ser o santo oficial do dia 10 de agosto. De acordo com a explicação que me foi dada por um trabalhador valsoaniano em Paris, "*Laurent* quer dizer, em francês, Besso". Temos a sensação de que pouco faltou para que São Besso viesse a fundir-se na personalidade mais ilustre de São Lourenço.

tirado do santuário e da festa: "Ah, São Besso!", disse-me ele sorrindo, "peguei aí uma bela facada". Diante de minha surpresa, ele prosseguiu: "Para explicar-lhe o caso será necessário voltar lá atrás bem longe." E contou-me a lenda do santo que, veremos mais adiante, atribui um papel importante às pessoas de Cogne na origem do culto, fundamentando assim o direito delas à festa; em seguida, fez referência a épocas mais próximas de nós, embora bastante indeterminadas. "Certo ano em que se tornou necessário ampliar a capela, o pároco de Campiglia, para insuflar nos paroquianos mais entusiasmo nesse trabalho, prometeu-lhes em troca desse serviço que, daí em diante, em cada procissão, entre os quatro carregadores da estátua do santo, haveria sempre dois campiglianos. No ano seguinte, a organização da festa competia a Cogne. Quando os jovens desta paróquia, designados para transportar a estátua, se apresentaram para carregá-la aos ombros, os campiglianos impediram-nos de fazer tal serviço, alegando a promessa do respectivo pároco; acalorada discussão e, em breve, os intervenientes chegavam às vias de fato. No interior da capela assistiu-se a um verdadeiro tumulto e confusão em que as pessoas acabaram por entrar em luta umas contra as outras: era como que um campo de trigo fustigado pela tempestade. Já faiscava no ar o brilho das facas. Os sacerdotes e os festeiros tiveram muita dificuldade para acalmar os ânimos exaltados; e, nesse ano, não houve procissão.

Nos anos subsequentes, os campiglianos mantiveram-se discretos e a festa se desenrolou como de costume; mas quando, cinco anos mais tarde, voltou a vez de Cogne, estávamos bem decididos a manter nosso direito. Assim, nesse ano, foram designados oito moços robustos para segurar os varais do andor com a estátua; eu fazia parte desse grupo. Na capela, a briga desencadeou-se de novo e, durante toda a procissão, os campiglianos atacaram-nos com violência; tivemos de dispender enormes esforços para que a estátua do santo não fosse derrubada. Durante essa luta, as pessoas de Ronco, Valprato e Ingria garantiram-nos seu apoio, gritando: 'Couragi, Cougneis; si teñi nen boun, noi autri soma pers'[466] (Ânimo, cognianos; se vocês não resistirem, nós também estaremos perdidos). No decorrer dessa batalha é que recebi uma facada na coxa direita, o que não me impediu de ir até o fim do trajeto. Quando chegamos finalmente à porta da capela, as pessoas de Ronco, Valprato e Ingria manifestaram sua compaixão por nós, dizendo-nos: 'Vejam só os coitados dos cognianos, como estão banhados em suor!'" Coitado de São Besso! Teria realmente valido a pena estabelecer sua moradia tão alto e longe dos homens, na montanha deserta, e encontrar-se assim misturado às tumultuadas disputas de seus adoradores? Deveríamos deplorar sua

---

466. O Sr. Farina, que fez questão de fornecer-me a grafia correta dessa frase histórica (recitada com solenidade), diz-me que ela pertence ao dialeto piemontês e não ao valsoaniano. Eis o que não constitui uma verdadeira surpresa porque o patuá de Cogne e o do Vale Soana nada têm praticamente em comum.

135

sorte ou, de preferência, parabenizá-lo por ter fiéis tão exaltadamente ciosos de estar a seu serviço? De qualquer modo, admiramos a ríspida tenacidade dos cognianos na defesa da "honra de sua comuna" e do patrimônio moral legado pelos predecessores.

Dessa vez, a atitude resoluta dos rapazes de Cogne levou a melhor em relação às pretensões dos campiglianos: tendo sido informado do caso, o bispo de Ivrea decidiu, para reconhecer em medida razoável a promessa imprudente do pároco, que as pessoas de Campiglia poderiam arborar, daí em diante, em cada procissão qualquer número de estandartes; mas, quanto às *fouïaces* e à estátua do santo, elas continuariam sendo carregadas, de acordo com o costume, alternadamente por cada paróquia. Essa sentença de bom-senso não conseguiu pôr termo ao debate. Parece que os campiglianos renovaram suas tentativas de usurpação porque a festa deu origem a novas batalhas, de tal modo que o governo decidiu enviar, anualmente, para o local alguns policiais. Tendo retomado a sensatez por essa intervenção externa e, talvez, cansados de tais lutas, os fiéis de São Besso decidiram, há alguns anos, "para obterem a paz", reformar a constituição secular que os governava. De agora em diante, os carregadores do santo deixariam de ser nomeados sucessivamente pelas diversas paróquias: a função honrosa seria atribuída anualmente às pessoas que fizessem as ofertas mais elevadas, independentemente da respectiva paróquia. Assim, por dez ou vinte francos, dependendo do ano, cada um pode comprar sua parte da carga sagrada. Inovação perigosa que, ao dotar o tesouro da capela com uma nova fonte de renda, introduzia um princípio de dissolução da antiga comunidade. Evidentemente, as pessoas de Campiglia não deixam, anualmente, de oferecer lances superiores a seus concorrentes, a fim de açambarcarem todos os varais do andor da preciosa estátua: "Elas são demasiado orgulhosas, diz-se, para serem desapossadas de seu São Besso!"

É possível prever, sem demasiada temeridade, em que sentido irá prosseguir a evolução iniciada. A velha cultura local, que formava a atmosfera natural de São Besso, já está grandemente corroída: será difícil que ela venha a resistir durante muito tempo à invasão dos citadinos, das ideias e dos costumes modernos. Se houve um apaziguamento em relação às paixões de outrora é porque a fé tem diminuído. Quando o rei se encontra em Cogne para caçar o cabrito montês ou quando faz mau tempo, o grupo de cognianos que atravessam a montanha para dirigir-se a São Besso reduz-se, às vezes, unicamente ao vigário da paróquia[467]. Com o passar do tempo, os habitantes de Campiglia poderão, sem dúvida, realizar seu sonho; mas quando eles se tornarem os únicos senhores do santuário, este terá perdido muito de seu valor. São Besso já não correrá o risco, nesse caso,

---

467. Nesse ano, havia na festa uma quinzena de cognianos; tal número é, segundo parece, inferior à média. Conta-se que, outrora, em particular nos anos em que a festa "pertencia" a Cogne, costumavam vir 100 ou, até mesmo, 200 peregrinos de Trás-os-Montes ao Santuário de São Besso.

de receber pancadas no decorrer das brigas, nem de ser derrubado no chão. Já não haverá disputa acerca da honra de transportá-lo; quem sabe até mesmo se a carga ainda encontrará pessoas interessadas em carregá-la? A estátua tornar-se-á verdadeiramente pesada para ombros que deixarão de ser fortalecidos pela fé. O "Monte São Besso" há de oferecer às pessoas do vale um destino de excursão a ser frequentado, em 10 de agosto, para fazer piqueniques e dançar sem saber realmente o motivo desse lazer[468]. Há de sobrar para o santo o recurso de agir como um grande número de fiéis e avançar para longe, estabelecendo-se na cidade: a Catedral de Ivrea reserva-lhe um abrigo seguro. Mas quem poderá reconhecer nesse citadino bem-vestido, perdido no meio da multidão dos santos oficiais, o antigo hóspede do rochedo selvagem? Deixará de existir o "São Besso da montanha". Ele não terá sobrevivido durante muito tempo à velha organização local, cujo santuário era o centro e que, por cima das barreiras naturais, transpunha de forma tão estranha as fronteiras políticas e as normas habituais da Igreja.

4 São Besso na planície

O nome de São Besso não usufrui de grande celebridade no mundo cristão. Fora da região que circunda o santuário do Monte Fautenio, ele é conhecido e venerado unicamente na pequena aldeia de Ozegna e na metrópole da diocese, Ivrea, da qual faz parte o Vale Soana. Aliás, esta cidade orgulha-se de possuir as relíquias do santo, dedicando-lhe, no mínimo há vários séculos[469], um culto bastante popular e tendo-o elevado à dignidade de "copatrono da diocese". Mas esse culto oficial e o culto local nada têm a ver, aparentemente, um com o outro: a Festa de "São Besso da planície" ocorre, não em 10 de agosto, mas no 1º de dezembro, em uma época do ano em que o "São Besso da montanha" teria sido impedido, frequentemente, de receber visitantes por causa da neve que cobre seu santuário[470].

---

468. Esse é já o caso para os piemonteses, bastante numerosos, que vieram estabelecer-se no vale, sobretudo em Ronco. Evidentemente, é bem possível que, sob a influência de circunstâncias favoráveis, o santuário do Monte Fautenio renasça para uma nova vida e, à semelhança do que ocorre em numerosos outros lugares sagrados do mesmo tipo, se torne uma peregrinação famosa. Cf. p. 158. Mas, até mesmo nesse caso, o culto na montanha, retraído em si mesmo e relativamente autônomo, terá deixado de existir.

469. Os antigos Estatutos da cidade de Ivrea, cuja coleção remonta a cerca de 1338, já mencionam a Festa de São Besso nos dias de recesso forense e entre as três grandes feiras anuais da cidade. Cf., *Historiæ patriæ monumenta* – Leges municipales, I, cols. 1.164 e 1.184. Sobre a data desse documento, cf. DURANDO, E. "Vita cittadina e privata nel medio evo in Ivrea". *Bibl. della società storica subalpina*, t. VII, p. 23ss.

470. No Vale Soana, diz-se que a "verdadeira" Festa de São Besso é o 1º de dezembro; no entanto, o bispo de Ivrea autorizou, por um decreto, os montanheses a celebrar sua festa em 10 de agosto. Segundo parece, as pessoas de Cogne ignoram completamente a festa do 1º de dezembro.

A discordância nas datas da festa, a autonomia quase completa do cultor montanhês poderiam pressupor que, neste caso, estamos em presença de dois santos diferentes, cujo único aspecto comum seria o nome. No entanto, é bem difícil admitir que dois São Besso se encontrem em um território tão limitado quando, na Igreja inteira, não existe nenhum santo com tal denominação; aliás, as autoridades eclesiásticas da diocese proclamam que o protetor do Vale Soana e o copatrono de Ivrea são um só e mesmo santo[471]. No entanto, desses dois cultos – um, urbano e oficial, enquanto o outro é camponês e um tanto irregular –, qual deles teria dado origem ao outro? São Besso seria uma cria da montanha que a metrópole adotou e enalteceu? Ou então seria um citadino importante que não desdenhou vir a ocupar, para a felicidade de alguns montanheses rústicos, a pequena capela aninhada no sopé de um enorme rochedo?

De acordo com um historiador italiano bastante erudito e perspicaz, o Pe. Savio, o culto ivreano de São Besso seria provavelmente autóctone e teria origem nos primeiros séculos do cristianismo piemontês[472]. Mas tal hipótese que se baseia unicamente na crítica dos textos relativos a Ivrea e que, conforme reconhece seu autor, não se apoia em nenhuma prova concreta, parece dificilmente compatível com a difusão atual do culto de São Besso.

Se esse culto se propagou, como parece admitir o Pe. Savio, do centro para a periferia da diocese, por que motivo tal irradiação ocorreu em um só sentido? Por que razão as pessoas de Ozegna e do Vale Soana, e exclusivamente elas, adotaram como protetor direto o glorioso copatrono da diocese inteira? E, aci-

---

471. Um opúsculo, publicado com a aprovação eclesiástica, ostenta este título: *Vita e miracoli di San Besso, martire tebeo, compatrono della diocesi d'Ivrea* (Turim: Artale, 1900; creio que se trata de uma reimpressão que, daqui em diante, será citada como *Vita*). Na capa, aparece o retrato do santo com a seguinte legenda: "Protettore di val Soana".

472. Cf. SAVIO, F. *Gli antichi vescovi d'Italia dalle origini al 1300. Il Piemonte*. Turim, 1898, p. 180ss., esp. p. 182ss. O Pe. Savio começa por estabelecer – em uma apresentação elucidativa à qual teremos de voltar a propósito da lenda – que, no século XV, os ivreanos não tinham nenhum conhecimento devidamente fundamentado a respeito da vida e morte de São Besso. Em seguida, ele acrescenta: "Por conseguinte, São Besso deve ter sido venerado pelos ivreanos desde uma época bem antiga e, talvez, desde os primeiros séculos do cristianismo". Em nosso entender, essa consequência é um tanto forçada. Para apoiar essa hipótese, o Pe. Savio cita uma inscrição funerária, copiada em Ivrea, segundo parece, por volta do final do século IX e que Gazzera, sem provas, atribui ao final do século VI; nesse texto, um denominado Pe. Silvius declara ter depositado em um monumento os restos mortais de santos mártires, ao lado de quem ele deseja ser enterrado e dos quais invoca a proteção para sua pátria. Cf. GAZZERA, C. *Delle iscrizioni cristiane antiche del Piemonte*. Turim, 1849, p. 80ss. Gazzera questiona-se para saber se os santos mártires dessa inscrição não corresponderiam aos santos Sabino, Besso e Tégulo, os quais são venerados em Ivrea. O Pe. Savio declara que essa hipótese é falsa no que diz respeito a São Sabino; mas ele admite que o epitáfio de Silvius pode aplicar-se perfeitamente a Besso e Tégulo. É possível; no entanto, não há nenhuma prova e ele deveria ter começado por demonstrar que se trata de dois "santos nativos de Ivrea", aliás, aspecto precisamente questionado.

ma de tudo, se a comunidade montanhesa tomou de empréstimo à metrópole ivreana o conhecimento de São Besso, como é que esse culto acabou por implantar-se e perpetuar-se em Cogne, lugarejo que – pelo menos, desde o século XII – depende do bispado de Aosta[473] e não mantém nenhuma relação com Ivrea? Essas dificuldades desaparecem se aceitarmos a hipótese oposta, segundo a qual o culto de São Besso, originário da montanha, começou por propagar-se de Campiglia para Ozegna e, em seguida, de Ozegna para Ivrea. Ora, essa suposição tem fundamento se dermos crédito a uma tradição – desconhecida em Cogne, mas bem presente no Vale Soana – cuja expressão literária mais antiga remonta ao século XV[474].

De acordo com essa tradição, o corpo de São Besso repousava, há muito tempo, na capelinha do Monte, na qual os fiéis na região vinham adorá-lo quando, no século IX, alguns devotos de Monferrato resolveram roubá-lo a fim de levá-lo para sua terra natal[475]. A sacola com os preciosos restos mortais era carregada por uma besta de carga. Tendo chegado a Ozegna, lugarejo em que deviam passar a noite, os ladrões disseram ao estalajadeiro, para não levantar suas suspeitas, que a sacola continha apenas toucinho defumado[476], depositando-a no canto de uma sala. No entanto, quando os viajantes já estavam deitados, o estalajadeiro, passando por essa sala, reparou que ela estava completamente iluminada. Ao procurar a causa desse clarão misterioso, ele abriu a sacola e descobriu o corpo. Convencido de que só poderia tratar-se das relíquias de um santo e tendo decidido conservá-las em sua comuna, ele colocou-as em um lugar seguro e substituiu-as na sacola por ossos vulgares, encontrados no cemitério.

---

473. Esse é o resultado de duas bulas pontifícias (de 15 de janeiro de 1151 e de 6 de maio de 1184), confirmando os privilégios e as posses do bispo e dos cônegos de Saint-Ours de Aosta na Bacia de Cogne. Cf. *Historiæ patriæ monumenta*. Vol. I, p. 795ss. e 931; cf. p. 981 e 1.091.

474. Ela encontra-se em um breviário manuscrito, conservado nos arquivos da Catedral de Ivrea que data, aparentemente, de 1473. Cf. SAVIO. Op. cit., p. 181. (Uma cópia do texto desse documento – que me foi enviada de Ivrea, durante a impressão deste artigo – encontra-se em apêndice.) O relato impresso mais antigo dessa tradição encontra-se em BALDESANO DI CARMAGNOLA, G. *La sacra historia thebea... opera non meno diletlevole che pia*. 2. ed. Turim, 1604, p. 269ss. [a 1. ed., de 1589, não contém qualquer alusão a São Besso]. Na lista das fontes, localizada no início do volume, Baldesano menciona uma *Historia di S. Besso* que é talvez o breviário de 1473, do qual lhe teria sido enviada de Ivrea uma cópia, depois da 1. ed. de seu livro. Cf. *Vita*, p. 8ss.

475. T. Tibaldi (Op. cit., I, p. 375, nota 3) reproduz uma "lenda valdostana" – publicada por P.-E. Duc no *Annuaire du Diocèse d'Aoste* de 1893 – que relata a translação das relíquias de São Besso. Nessa versão, o roubo das relíquias é atribuído a cognianos que, ao dirigirem-se "no final do outono a Monferrato para exercer aí a destilação", "carregaram o corpo do santo com a intenção de doá-lo a alguma aldeia localizada em seu percurso". Tal versão – que, creio estar em condições de afirmá-lo, nunca chegou a ser coletada em Cogne sob essa forma – é o resultado de uma combinação dos dados de Baldesano com a tradição cogniana, relativa à descoberta do corpo do santo, cuja narração será exposta mais adiante.

476. Tradição oral. Baldesano diz simplesmente: "uma coisa desprezível".

Não se sabe o que teria acontecido com os ladrões roubados de Monferrato; mas a besta de carga voltou diretamente para o santuário do Monte[477]. A estalagem que abrigava as relíquias foi transformada em uma capela, da qual deriva a atual igreja de Ozegna que continua sendo dedicada a São Besso. Durante muito tempo, o corpo sagrado permaneceu nesse lugar, rodeado pela devoção das pessoas da região de Canavese e operando numerosos milagres. Mas, no início do século XI, Arduíno, rei da Itália, pretendendo enriquecer a Catedral de Ivrea com esse tesouro, ordenou que essa transferência fosse feita com grande pompa[478]. Durante o trajeto, não faltaram incidentes. De acordo com meus informadores valsoanianos – que são aqui, sem dúvida, os ecos da tradição de Ozegna –, a charrete que transportava as relíquias, ao sair da aldeia, recusava-se a avançar; para que ela voltasse a movimentar-se, foi necessário cortar um dedinho do santo que permaneceu em Ozegna. De acordo com Baldesano, que se baseia em uma tradição ivreana, o corpo sagrado ainda parou seu veículo ao atravessar a ponte sobre o rio Dora, antes de chegar a seu destino; os cidadãos de Ivrea tiveram de prometer que o colocariam em uma cripta sob o altar-mor da catedral. Tão logo cessou o peso extraordinário das relíquias, São Besso tomou posse de seu novo domínio.

O erudito bollandista[479], que relata essa história inspirando-se em Baldesano, repreende severamente o coitado do cônego por ter admitido, de maneira complacente, essas lastimáveis tradições populares, *populares traditiunculas*[480]: Como é que ele não se deu conta de sua inverossimilhança histórica, de sua imoralidade e de suas "abomináveis consequências"? O motivo é que a substituição, pela qual a Providência acabou punindo o zelo dos ladrões devotos, deveria ter como resultado levar à adoração como relíquias, em Monferrato, dos restos mortais de um corpo profano. Esses escrúpulos de uma consciência esclarecida eram tão estranhos quanto possível à hagiografia lendária da Idade Média, período em que teve origem nossa narrativa. Nessa literatura, nada é mais comum do que o tema do roubo de relíquias[481] ou do que o episódio da

---

477. Essa característica da lenda local não se encontra em Baldesano.

478. A tradição oral – pelo menos, tal como ela me foi recitada por valsoanianos residentes em Paris – não fornece nenhuma precisão, nem datas, tampouco nomes próprios.

479. De Jean Bolland (1596-1665), jesuíta e hagiógrafo dos Países Baixos, fundador da Société des Bollandistes, ainda em atividade. Ele iniciou uma coleção de volumes – 66 na edição original – com a vida dos santos, seguindo o calendário católico romano: 1º de janeiro a 31 de dezembro. Intitulada *Acta Sanctorum* – e, de forma abreviada, *Acta SS.* – os dois volumes de janeiro foram publicados, em Antuérpia, em 1643 [N.T.].

480. *Acta SS.*, vol. VI, set./1757, p. 916.

481. Cf. SAINTYVES, P. *Les saints successeurs des dieux*. Paris, 1907, p. 41ss.

translação interrompida por uma prodigiosa resistência do corpo sagrado[482]. A intervenção do Rei Arduíno não é, de modo algum, adequada para realçar o crédito desse tecido de lugares-comuns. Alguns historiadores italianos de nosso tempo continuam prestando homenagem a "um campeão da independência latina contra a tirania germânica" na pessoa desse marquês sedicioso que, para derrubar o domínio imperial, foi investido por duas vezes de uma realeza precária pelos condes italianos, além de ter sido excomungado duas vezes por "episcopicídio". Por maior força de razão, a lenda ter-se-ia apropriado desse Carlos Magno piemontês para transformá-lo em um herói nacional e atribuir-lhe a honra de tudo o que é belo, grandioso e sagrado na região[483]. A cidade de Ivrea que, graças a ele, foi promovida nos primeiros anos do século XI à posição de capital da Itália, limita-se a quitar uma dívida de reconhecimento ao indicar Arduíno como a origem do culto que ela dedica a São Besso[484].

Mas seria um abuso da crítica negativa recusar-se a reconhecer o fundo de realidade que se esconde sob essas ficções inconsistentes. Em geral, as histórias tão comuns, relacionadas com a "invenção" ou a translação das relíquias, nada provam em si mesmas, no que diz respeito à autenticidade ou, até mesmo, à existência das relíquias em questão; no entanto, elas nos instruem de maneira bastante exata sobre a localização e a dependência mútua dos centros de culto. Nesse domínio, a fantasia dos criadores de lendas pode dificilmente manifestar-se sem restrições, como é o caso quando se trata de acontecimentos míticos ou longínquos; com efeito, ela está submetida, aqui, à prova dos fatos presentes e, em particular, ao controle cioso das paixões e suscetibilidades locais. Se tivesse sido possível para os citadinos levar os camponeses ou montanheses adoradores de São Besso a acreditar que o objeto de sua tosca devoção era tomado de empréstimo à metrópole, eles não teriam deixado certamente escapar tal oportunidade. Como essa tentativa era impossível, eles contentaram-se em reivindicar para sua catedral a posse de todo o corpo sagrado, reservando a Ozegna apenas o consolo de um dedinho, enquanto era reconhecida ao santuário do Vale Soana a honra de ter acolhido primitivamente as relíquias do santo. Os pastores da montanha estariam equivocados em protestar contra uma distribuição que, apesar de des-

---

482. Cf. DELEHAYE, P. *Les légendes hagiographiques*. Bruxelas, 1906, p. 35ss.

483. Sobre esse fenômeno de absorção que é extremamente geral, cf. DELEHAYE. Op. cit., p. 20ss.

484. Sobre o papel histórico do Rei Arduíno e sobre as lendas que se formaram em torno de seu nome, cf. PROVANA, L.G. *Studi critici sovra la storia d'Italia a tempi del re Ardoino*. Turim, 1844, esp. p. 252 e 307. • GABOTTO, F. "Un millennio di storia eporediese (356-1357)". *Bibl. Soc. Stor. Subalp.*, vol. IV, 1900, p. 19ss. e 118, além do "Prefácio" de *Studi eporediesi*, apud *Bibl. Soc. Stor. Subalp.*, vol. VII, 1900, p. V. • BAUDI DI VESME, B. "Il Re Ardoino e la riscossa italiana contro Ottone III..." *Bibl. Soc. Stor. Subalp.*, vol. IV, 1900, p. 1ss. É notável observar que Ferrari – cujo *Catalogus sanctorum Italiæ* é citado, a esse propósito, pelos bollandistas (*Acta SS.* Op. cit., p. 917) – denuncia como falso o papel atribuído ao Rei Arduíno pelo breviário de 1473.

pojá-los do corpo de seu protetor, levava-os a desempenhar um papel essencial na constituição do tesouro sagrado da metrópole.

Talvez constitua um motivo de surpresa o fato de que um centro religioso da importância de Ivrea tenha sido obrigado a buscar, tão longe e tardiamente, as relíquias que lhe faziam falta; mas o caso de São Besso nada tem de excepcional. Nenhum dos três patronos, que protegem especialmente a cidade e a Diocese de Ivrea e cujas relíquias estão preservadas na catedral, é um santo nativo; em conformidade com a tradição eclesiástica, cada um desses três corpos sagrados foi importado do exterior em uma data relativamente recente. Assim, o corpo de São Tégulo, que permaneceu ignorado até o século X, foi descoberto, diz-se, pelo bispo São Vérémond em um lugar situado a certa distância no norte de Ivrea e transferido para a catedral um pouco antes de São Besso[485]. Quanto a São Sabino, antigo bispo de Spoleto, suas relíquias só foram levadas para Ivrea em meados do século X, em uma época em que relações bastante estreitas uniam os duques de Spoleto e os marqueses de Ivrea[486]. Se determinadas razões políticas acabaram levando os ivreanos a adotar um bispo estrangeiro como seu principal patrono, é provável que algumas considerações da mesma natureza não tenham sido estranhas à escolha de seu "copatrono" São Besso.

Na Idade Média, o horizonte político de Ivrea era realmente restrito, de um lado, pela muralha dos Alpes e, do outro, por um círculo de poderosos vizinhos, tais como Vercelli, Monferrato e o Condado de Saboia. A região de Canavese, o rico território agrícola que se estende para o oeste no sopé das montanhas, era a única que poderia oferecer a Ivrea o complemento de recursos e de energia de que a comuna tinha uma necessidade premente. Assim, a preocupação dominante da política ivreana dos séculos XI ao XIV continuaria sendo estender sua influência sobre essa região, descartar – sendo necessário, através da guerra – as pretensões dos rivais, apaziguar as lutas incessantes entre os senhores dos castelos locais e, finalmente, reunir todos eles em uma federação colocada sob a hegemonia de Ivrea; além disso, nesse labirinto de feudos e subfeudos tal como era a região, os bispos ivreanos administravam diretamente alguns territórios, irradiando dessa maneira sua influência[487]. É assim que vemos, em um foral de 15 de setembro de 1094, o Conde Huberto de Canavese doar várias terras que lhe pertenciam – e, em especial, de Ozegna – ao Bispo Ogier e aos cônegos de Santa Maria de

---

485. BOGGIO, C. "Le prime chiese christiane nel Canavese". *Atti della Società di Archeologia e Belle Arti per la provincia di Torino*. Vol. V. Turim, 1887, p. 67.

486. Cf. SAVIO. Op. cit., p. 182ss. Qual seria o motivo que levou este autor a aceitar a historicidade da tradição relativa à origem estrangeira do culto de São Sabino e, ao mesmo tempo, a descartar, sem colocá-la em discussão, a tradição absolutamente análoga que diz respeito a São Besso? Sobre as relações entre Ivrea e Spoleto nos séculos IX e X, cf. GABOTTO. "Un millennio..." Art. cit., p. 14ss.

487. Esta apresentação apoia-se no trabalho citado de Gabotto. Cf. esp. p. 46ss., 56ss., 81ss. e 118ss.

Ivrea[488]. Em um período em que a religião e a política estavam intimamente ligadas, em que o principal poder temporal do território ivreano era o do bispo[489], em que o vínculo social mais eficaz era a comunidade do culto, então a maneira mais enérgica para Ivrea manifestar sua vontade de anexar a região de Canavese consistia em reservar uma posição honorífica em sua catedral ao santo que as pessoas dessas paragens veneravam com uma devoção fervorosa e cujo santuário encontrava-se nas terras do bispo. É bem provável que a naturalização ivreana de São Besso remonte a essa época: ela anuncia e prepara o ato solene de 15 de março de 1213, pelo qual os condes da região de Canavese se tornaram cidadãos de Ivrea *perpetualiter* e assumem o compromisso de defender a causa da cidade em tempos de paz ou de guerra[490].

Mas para ser capaz de desempenhar um papel na política ivreana, São Besso teve de começar por descer de sua montanha e vir estabelecer-se no centro da região de Canavese. Ele não poderia ter escolhido um local mais bem situado do que Ozegna: esse lugarejo, tal como é descrito por Casalis, está localizado no centro de um território fértil e comerciante: cercado por um cinturão quase contínuo de vilarejos e aldeias, ele dispõe de uma ponte sobre o Orco, cuja importância é capital para a circulação no âmbito de uma ampla região. Finalmente, ele encontra-se no cruzamento de três estradas principais: uma tem ligação com Ivrea; a outra com Vercelli e Monferrato; enquanto a terceira chega a Turim[491]. Em qualquer época da história, os cruzamentos, que são como que os nós da mobilidade social, têm sido centros de intensa vida religiosa. Ora, entre as correntes humanas que se cruzavam em Ozegna, havia uma que vinha, em cada outono, do pequeno vale fechado de Soana em direção aos centros industriais de Monferrato e Vercelli[492]. A essa primeira etapa de sua migração, os homens da montanha, ainda completamente impregnados de São Besso, deviam falar de seu nome, de seu poder e de seus

---

488. GABOTTO, F. "Le carte dello Archivio vescovile d'Ivrea fino al 1313". *Bibl. Soc. Stor. Subalp.*, vol. V, 1900, p. 13. Durante muito tempo, Ozegna permaneceu sob o domínio episcopal; com efeito, em 1337, vemos que Ozegna faz parte das diversas terras cedidas pelo bispo de Ivrea ao Conde Aimon de Saboia. Cf. GABOTTO. "Un millennio..." Art. cit., p. 207.

489. Sobre a importância histórica de Ogier e sobre o poder temporal dos bispos de Ivrea, cf. GABOTTO. Op. cit., p. 38ss. e 43ss.

490. Sobre esse ato, cf. CASALIS. *Dizionario*. Op. cit., t. VIII, p. 647. • GABOTTO. Op. cit., p. 81ss. Entre os signatários figuram os condes de vários lugarejos situados em redor de Ozegna: Agliè, Valperga, Pont etc.

491. Cf., sobre Ozegna, o verbete "Località centrale". In: CASALIS. *Dizionario*. Op. cit., vol. XII, 1845, p. 751ss.

492. A alusão a Monferrato, na lenda do roubo das relíquias, parece ser bastante significativa. O lugarejo de Vercelli era, na Idade Média, muito mais rico e populoso que Ivrea, de acordo com GABOTTO. Op. cit., p. 119.

benefícios aos estalajadeiros que os hospedavam. Como acontece frequentemente na luta pela supremacia, é o deus mais rústico e singular que prevalece em relação aos concorrentes mais civilizados e, por conseguinte, mais pusilâmines. E foi assim que, em conformidade com o que diz acertadamente a tradição, a antiga estalagem de Ozegna foi "afetada ao culto" de São Besso[493]. À força de dar hospitalidade aos emigrantes da montanha, os camponeses da região de Canavese apropriaram-se de seu santo patrono.

Assim, a hipótese segundo a qual o São Besso da montanha chegou a Ivrea passando por Ozegna está de acordo com a difusão atual do culto, com o testemunho da tradição e com os dados da história. As três moradas de São Besso – ou seja, a capela da pastagem alpina, a igreja da farta campina e a catedral da cidade – marcam as etapas sucessivas do desenvolvimento que lhe permitiu não ficar confinado em um pequeno vale obscuro e vir a ocupar um lugar modesto, mas honroso, na sociedade regular dos santos.

5 A Lenda de São Besso

Fizemos a descrição da devoção a São Besso e da organização de seu culto, deixando praticamente de levar em consideração a lenda que as justifica; na realidade, a prática religiosa é, em ampla medida, independente das razões que, supostamente, lhe servem de fundamento. E não é porque os fiéis careçam de tais razões: pelo contrário, estas lhes são fornecidas em profusão pelo ensino da Igreja e pela tradição popular.

Na lenda oficial da diocese[494], São Besso é apresentado como um mártir que "enobreceu a região com seu precioso sangue" depois de ter suportado prova-

---

493. No tempo de CASALIS (Op. cit., p. 755), ainda eram visíveis, em Ozegna, as ruínas de um templo muito antigo de São Besso. É notável observar que a Igreja de Ozegna é a única dedicada a São Besso: com efeito, no Vale Soana só existe a capelinha do santuário em seu nome; e, em Ivrea, ele não passa de um hóspede da catedral que é dedicada à Santíssima Virgem.

494. Na *Vita* (cf. p. 138, nota 471), p. 5ss., encontra-se a esse respeito um relato autorizado. O autor anônimo dessa brochura reproduz quase literalmente a versão das *Memorie storiche sulla chiesa d'Ivrea*, do Cônego Saroglia (Ivrea, 1881, p. 16; tive conhecimento desse texto graças à gentileza do Sr. Cônego Vescoz, que teve a amabilidade de me enviar uma cópia desse trecho; daqui em diante citado como A). Mas, ao chegar à narrativa do martírio, ele interpola a narração de BALDESANO. Op. cit., p. 129 (daqui em diante: B), tendo procedido a alguns retoques. Outra versão da lenda foi fornecida por SAROGLIA. *Eporedia sacra* (Ivrea, 1887). O Sr. Cônego Boggio de Ivrea teve a amabilidade de copiar para mim a p. 146 dessa obra (daqui em diante: C). Enfim, a quarta versão deve-se a FERRARI. *Catalogus sanctorum Italiae* (BORDONIUS, 1613), composta *ex antiquis lectionibus quae in ecclesia Eporediensi recitari consueverant*. Cf. *Acta SS.* Op. cit. (daqui em diante: D).

ções extraordinariamente cruéis. Ele era um soldado da legião tebana[495] que foi massacrada, em 286, por ordem do Imperador Maximiano: tendo conseguido escapar desse massacre, Besso procurou refúgio nas montanhas do Vale Soana; e começou a instruir na fé os habitantes do vale e, em particular, os de Campiglia, que foram os primeiros a receber a influência benéfica dos evangelhos. Mas os soldados pagãos, sedentos de sangue cristão e ansiosos por agradar o imperador, empreenderam a perseguição de São Besso e conseguiram encontrá-lo entre os rochedos do Monte Fautenio[496]. Eis como eles chegaram a descobri-lo. Alguns pastores da montanha tinham cozinhado uma ovelha, furtada ao rebanho do patrão; tendo encontrado Besso nas paragens, eles convidaram-no a participar do banquete. Mas, tendo conhecimento de que se tratava de um animal roubado, ele recusou o convite e pôs-se a acusá-los veementemente de sua ação culpável. Com receio de serem denunciados ao patrão ou irritados com sua repreensão ou, melhor ainda, movidos pelo ódio contra a fé cristã que, ao confessá-la, ele nem corava de vergonha[497], os pastores jogaram o apóstolo do alto de um rochedo; no entanto, o santo saiu ileso dessa terrível queda[498]. Nesse momento, surgiram os soldados que o perseguiam. Tendo reconhecido Besso e adquirido a certeza de que ele se obstinava em confessar a fé do Cristo, eles apunhalaram-no com crueldade. Outros relatos dizem – acrescenta um tanto desdenhosamente o narrador – que, depois de ter sido jogado do alto do rochedo, ele fugiu do Vale Soana e, durante algum tempo, foi habitar nas montanhas mais próximas do Rio Dora Baltea, ou seja, ao lado de Cogne: aí teria ocorrido o martírio[499]. O que é certo, de qualquer modo, é que os fiéis, em especial os de Campiglia, por devoção ao glorioso mártir, recolheram seus restos mortais foram enterrar na cavidade de

---

495. Ela estava estacionada na cidade de Tebas, no Egito, tendo-se deslocado, por ordem do Imperador Maximiano e sob o comando de Maurício, para a Gália a fim de participar da luta contra os rebeldes da Borgonha. Cf. p. 150, nota 508 [N.T.].

496. Neste ponto é que a *Vita* abandona a versão A para seguir a versão B.

497. Essa terceira explicação é acrescentada à versão B pela *Vita*.

498. Baldesano é muito menos afirmativo, limitando-se a dizer: "Alguns acrescentam que essa queda não foi a causa de sua morte, uma vez que Deus o conservou milagrosamente a fim de que seu martírio fosse mais brilhante". Ora, na versão D, Besso morre efetivamente na sequência de sua queda, o que está em conformidade, como veremos, com a tradição local. Por outro lado, na versão C, o papel dos pastores reduz-se a denunciar Besso aos soldados pagãos que lhe dão a morte, "precipitando-o do alto monte". Enfim, na versão A, os pastores desaparecem completamente suplantados pelos carrascos de Maximiano; depois de terem jogado o santo do alto de um rochedo, estes vão decapitá-lo.

499. Esta última frase pertence ao texto da *Vita*. Na versão C, diz-se que Besso, ao vir do Vale de Aosta, chegou ao Vale Soana, passando pelas montanhas de Champorcher e Cogne. Essa versão é também aquela que é reproduzida pelo Bispo J.-A. Duc no vol. 1 de sua *Histoire de l'église d'Aoste* (de acordo com o extrato que me foi enviado gentilmente pelo Sr. Cônego Ruffier). A partir daqui, a *Vita* volta a reproduzir a versão A, adicionando a menção especial de Campiglia.

um rochedo; e em cima de seu túmulo é que foi erguida a capelinha que, depois de diversas transformações, ainda existe e é visitada, anualmente no dia 10 de agosto, por numerosos peregrinos[500].

Essa foi a gloriosa carreira de São Besso, tal como os párocos a relatam no sermão e é possível, ao que parece, "ler nos livros". Seria surpreendente que essa lenda, consagrada pela Igreja e por publicações, não tivesse impregnado os fiéis. Na verdade, ela parece ser unanimemente aceita no Vale Soana que se encontra, como já vimos, sob a autoridade direta da metrópole ivreana[501]. Mas é diferente o que se passa em Cogne; com efeito, esta paróquia escapa da influência de Ivrea e as autoridades eclesiásticas de Aosta não manifestam, certamente, tanta preocupação com um santo que não é de sua alçada; raros são os cognianos que relatam com o mínimo de exatidão a lenda oficial, à maneira de uma lição aprendida que o aluno recita com esforço. Ainda assim a lenda acaba apresentando, em seus relatos, algumas variantes. Em todos, a morte do santo ocorre na sequência de sua queda do alto do Monte; os soldados pagãos não têm, portanto, de intervir. Além disso, é antes de ir habitar nas montanhas do Vale Soana que Besso permaneceu em Cogne. Finalmente, não se sabe o que aconteceu com seu corpo e, segundo parece, isso não é motivo de preocupação.

Essas alterações ou correções equiparam a lenda oficial à tradição popular que está muito mais disseminada entre os simples fiéis de Cogne. De acordo com essa tradição, São Besso era um pastor que levava os carneiros a pastar ao redor do Monte; ele próprio permanecia continuamente no cume do rochedo. Tratava-se de uma pessoa muito santa, um verdadeiro homem de Deus: seu único trabalho consistia em rezar[502]. Assim, suas ovelhas eram, porventura, as mais nutridas e permaneciam agrupadas à sua volta, de modo que ele nunca tivesse necessidade de correr atrás delas. Outros dois pastores da mesma montanha, ciosos de ver que as ovelhas de Besso nutriam-se sozinhas e eram sempre as mais bem tratadas, jogaram-no do alto do Monte[503]. Alguns meses mais tarde – em pleno inverno, perto do Natal –, algumas pessoas de Cogne que passaram por esse local aperceberam-se, no sopé do rochedo, de uma flor erguendo-se bem reta acima da neve

---

500. Enquanto a versão A, adotada pelo texto da *Vita*, não estabelece nenhuma relação entre o rochedo do qual o santo foi jogado e o monte que encobre a capela, a versão C, por sua vez, especifica que, "em conformidade com o uso dos romanos", o mártir foi enterrado no próprio lugar de seu suplício.

501. Todavia, a tradição oral do Vale Soana acrescenta que São Besso, além de pregar o Evangelho aos habitantes do vale, desempenhava o ofício de pastor. Esse dado, cuja importância será apresentada mais adiante, desapareceu completamente em todas as redações literárias.

502. Alguns narradores omitem qualquer alusão à piedade de Besso; eles passam imediatamente para a descrição de seu rebanho, seguida por esta observação: "trata-se de um milagre".

503. De acordo com algumas versões, tratar-se-ia de uma tripla queda.

e dotada de uma beleza e de um brilho maravilhosos. Surpreendidos com um espetáculo incomum nessa estação, eles foram à procura de outras pessoas. Quando a neve foi removida do local marcado pela flor milagrosa, descobriu-se o cadáver do santo: estava intato! Ao cair, o corpo tinha ficado impresso no rochedo, no próprio lugar em que os devotos ainda vêm buscar as pedras de São Besso; por isso é que, nesse local, foi erguida uma capela, objeto de devoção anualmente. Cogne tem direito à festa porque os cognianos haviam sido os primeiros a descobrir o corpo do santo.

Essa é a ideia que praticamente todos os cognianos, apesar dos sermões e das brochuras, têm ainda hoje a respeito da vida e morte de São Besso. Se lhes dissermos que ela não está de acordo com o ensinamento da Igreja, a maioria deles fica encabulada e é incapaz de dar uma explicação. Se insistirmos, se lhes perguntarmos o motivo pelo qual, nas imagens ou medalhas que estão em sua posse, esse pastor é representado sob a forma de um guerreiro, eles respondem desconhecer a resposta ou então dizem: "Isso é verdade; ele era um homem ainda jovem...; ele tinha feito o serviço militar". Em geral, eles parecem completamente indiferentes ao desacordo que existe entre a figura do santo, tal como é apresentada pela Igreja, e a representação defendida pela tradição local. Alguns, no entanto, mais preocupados com a lógica, encontraram uma maneira de conciliar as duas imagens concorrentes: quando o soldado cristão, ao fugir dos perseguidores, veio refugiar-se acima de Campiglia, ele começou a desempenhar o "ofício de pastor" e a guardar o rebanho. Através dessa metamorfose, o herói lendário pode tornar-se outro personagem, sem deixar de ser ele próprio. Procedimento fácil e acessível que serve sempre de recurso à imaginação popular para ajustar representações divergentes. Mas, relacionada ou não com a lenda local, a imagem, representada pelas pinturas e estátuas, vive de sua própria vida e reage sobre a devoção. À força de ver o pastor São Besso com o uniforme militar, numerosos cognianos começaram a pensar que ele deveria interessar-se, especialmente, pelos assuntos dos soldados em campo de batalha... ou dos recrutas desertores.

Não é de estranhar que os habitantes de Cogne tenham permanecido tão obstinadamente apegados à lenda popular de São Besso: eles estão aí, entre os montanheses, como se estivessem na própria casa, enquanto sentem-se fora de seu ambiente e sob coação no meio do Imperador Maximiano, dos legionários tebanos e do glorioso mártir. Eles experimentam respeito, mas pouca simpatia por uma narrativa em que o principal papel é desempenhado por um forasteiro que veio da planície para instruí-los e moralizá-los, e em que os pastores passam por ser incrédulos, ladrões e assassinos. O outro São Besso é, sem sombra de dúvida, mais amável: simples filho da região, o melhor pastor do rebanho mais bem-nutrido que já se viu nestas montanhas! Que emoções intensas e variadas surgem dos diversos cenários que compõem a lenda! É, em primeiro lugar, a imagem idílica e encantadora do pastor sempre em oração, rodeado do rebanho abençoado. Em seguida, vem o drama sombrio, a vilania dos invejosos, o lamentável fim do coitado de Besso. Mas que orgulho e arrebatamento quando algumas pessoas de nossa aldeia descobrem a flor maravilhosa! E que jubilosa confiança dizer para si mesmo que o pastor divino, ao cair, como que se incrustou no rochedo para permanecer eternamente presente no meio de seus protegidos; com efeito, esse primeiro milagre é a base e a garantia de todos aqueles que, diariamente, o santo realiza ou que, segundo se espera, venham a ser efetuados mediante seu poder. A lenda oficial ensina aos fiéis as origens de sua fé; ela leva-os a se lembrarem de alguns dos deveres de um bom cristão, e que não se deve prejudicar seu patrão, nem murmurar contra seu pároco. Lições úteis, certamente, mas cujo inconveniente é o fato de serem lições! A outra lenda, a deles, apreende seu ser inteiro, conduzindo-o a um mundo, ao mesmo tempo, familiar e sublime, em que eles se reencontram, mas transfigurados e enobrecidos.

Dessas duas tradições – a primeira, erudita e edificante, enquanto a outra é ingênua e poética –, a mais antiga é certamente a segunda. A primeira, com efeito, não nos fornece nenhum dado original a respeito de São Besso: a parte da narrativa que lhe pertence como algo de particular consiste em generalidades tão precárias e banais que elas poderiam aplicar-se também a uma grande quantidade de outros santos[504]. Para a Igreja, São Besso não passa realmente de uma unidade em uma legião: a única coisa que ele detém como propriedade particular é seu nome. Na lenda oficial, os únicos aspectos que lhe são um tanto peculiares foram tomados de empréstimo à tradição oral, embora retocados à sua maneira: a imagem local do santo, depois de se ter refletido na consciência dos letrados, retorna a seu ponto de partida, corrigida e distorcida[505].

Vamos lembrar o único tema desenvolvido pela tradição popular: um pastor abençoado é precipitado por rivais ciumentos do alto de um rochedo, no qual ele imprime seu caráter sagrado. Esse tema reaparece na outra lenda, mas em outro lugar e sob outra forma. Em primeiro lugar, os autores da nova versão recusaram-se a admitir que Besso tivesse sido colocado no mesmo patamar de seus carrascos, sobrepondo-se a eles apenas pela beleza e docilidade de seu rebanho. Para os cognianos, a santidade é um poder singular que vem de uma comunhão

---

504. Eis um fato que ilustra perfeitamente o caráter abstrato e impessoal de São Besso na versão oficial: a mulher do "festeiro" de Cogne mostrou-me, certo dia, várias medalhas semelhantes umas às outras, lembranças das festas de que o marido havia participado. Diante de minha surpresa ao constatar que essas medalhas traziam, como legenda, o nome de São Pancrácio, obtive esta resposta peremptória: "Nada disso; é o retrato de São Besso". E, de fato, trata-se realmente da mesma imagem tipo do soldado-mártir.

505. Na própria cidade de Ivrea, como já vimos, ela tende a desaparecer completamente, dando lugar a uma imagem totalmente esquemática que se limita a fazer referência ao "confessor da fé" e aos "carrascos pagãos". Cf. p. 144, nota 494 e p. 145, nota 497.

íntima com o mundo divino e se manifesta mediante efeitos temporais. Para os clérigos de Ivrea, a santidade é uma virtude espiritual e moral que pressupõe uma qualificação religiosa definida. Os pastores medíocres e invejosos transformaram-se em pecadores empedernidos, em revolta contra seu diretor espiritual; por sua vez, o pastor exemplar converteu-se em vítima do dever que incumbe profissionalmente aos ministros da religião. Em segundo lugar, estava fora de questão que São Besso tivesse morrido em decorrência de sua queda porque, para obter toda a virtude santificadora, sua morte deveria ser um martírio autêntico; a queda do alto do Monte torna-se assim um simples episódio, o que explica – sem que se saiba de que modo – que os soldados pagãos tenham conseguido deitar a mão em sua vítima. Finalmente, na lenda erudita, o rochedo do qual o santo foi jogado não é o Monte de São Besso, mas uma rocha qualquer; a capela em que se celebra a festa de 10 de agosto foi erguida perto de outro rochedo, em cuja cavidade o corpo do mártir havia sido depositado. Com efeito, para a Igreja, a única santidade que não emana diretamente de Deus provém dos restos mortais de pessoas que realizaram perfeitamente o ideal do cristão; o Monte só tinha o direito de ser sagrado com a condição de ter servido – pelo menos, durante algum tempo – de sepultura a um mártir. Além disso, a lenda oficial tem seu centro de perspectiva não em Cogne ou em Campiglia, mas em Ivrea. Acima de tudo, esta cidade pretende enaltecer o glorioso "copatrono" da diocese e justificar o culto prestado pela metrópole às relíquias preservadas em sua catedral. Neste caso, tornava-se necessário colocar em destaque a santidade do Monte e concentrá-la no corpo do santo: com efeito, o rochedo permanece fixado eternamente no mesmo lugar; mas o corpo, real ou suposto, é móvel e pode servir perfeitamente como veículo de energia benfazeja, se os senhores poderosos acharem por bem, um dia, "enriquecer" com ele seus tesouros sagrados. O verdadeiro interesse das pessoas de Cogne concentra-se, pelo contrário, no Monte: uma vez que o corpo de Besso, ao gravar-se no rochedo, acabou por impregná-lo com sua virtude, ele pode desaparecer sem grande inconveniente. Daí em diante, o rochedo é que se converte no verdadeiro corpo do santo; aliás, não será essa rocha que fornece inexaurivelmente aos fiéis as "relíquias" salutares que são as pedras de São Besso?

Assim, do mesmo modo que alguns devotos ladrões, ao que parece, roubaram o corpo do santo a fim de levá-lo para a planície, assim também a imaginação de algumas almas piedosas transformaram um simples pastor de carneiros em um legionário tebano, tendo imputado sua morte não a colegas invejosos, mas aos soldados pagãos de César. Será que devemos condená-los severamente por terem dado um sentido diferente às tradições locais que lhes serviram de inspiração e por terem substituído a "verdadeira" imagem do santo por uma "ficção" que era mais conveniente para eles? Isto seria aplicar equivocadamente as regras da crítica histórica. As pessoas de Ivrea não reservaram a São Besso um tratamento diferente daquele ao qual submetemos ainda os montanheses atraídos pelas grandes cidades: ao adotá-lo como "copatrono", eles impuseram o traje e a personalidade que lhes pareciam ser decentes. Se é verdade que as palavras trocam de sentido quando elas passam da zona rural para a cidade[506], por que motivo o nome de São Besso não chegou a revestir uma nova significação, mais abstrata e convencional, na boca de seus novos fiéis? A tradição popular não é, nem mais nem menos, "verdadeira" do que a outra. Desde que todos os elementos essenciais do culto sejam transpostos em um plano ideal, que convenha à inteligência e ao coração dos crentes, por mais que as duas legendas se contradigam ou manifestem divergências, elas são igualmente legítimas para os diversos ambientes sociogeográficos que as aceitam.

É curiosa e bem instrutiva a história dessa legião tebana, cujo culto, originário da cidade helvética de Saint-Maurice-en-Valais – então chamada de Agauno –, espalhou-se ao longo das estradas que descem dos Alpes para a Suíça, a Bacia do Reno, a Borgonha, a Saboia, o Delfinado [Dauphiné] e a Itália. Tendo escrito cerca de 150 anos depois da eventual ocorrência do horrível massacre, Santo Euquério limita-se a nomear quatro mártires; mas ele diz que todos os 6.600 soldados cristãos dessa legião – que teriam se recusado a fazer sacrifícios pelo imperador – tinham sido dizimados[507] nos campos de Agauno, exceto, talvez, dois deles, Urso e Victor, os quais teriam sofrido o martírio em Soleura, capital do cantão suíço do mesmo nome[508]. Onze séculos mais tarde, Baldesano, que aparentemente dispunha de informações mais fundamentadas, podia criticar Santo Euquério pelo fato de sua demonstração estar eivada de demasiada reserva ou mesquinhez relativamente ao sangue dos tebanos. Por iniciativa desse cônego piemontês, uma grande quantidade de santinhos com o uniforme de "legionários" – e entre eles, nosso São Besso – tinha surgido do fundo dos vales alpinos e da zona rural italiana com a pretensão de desfilar sob o estandarte de São Maurício, o glorioso patrono da casa de Saboia; o interesse de Baldesano pelo grande número de seus heróis teria sido, talvez, bem insignificante se sua fé não tivesse sido tão robusta[509]. Em última análise, o número de tebanos, ten-

---

506. Cf. MEILLET, A. "Comment les mots changent de sens". *L'Année Sociologique*, vol. IX, p. 1-38.

507. Ou seja, vítimas do *decimatio* (dizimação): a morte de um em cada dez de seus homens, repetindo-se o procedimento até o extermínio de todos [N.T.].

508. "Passio Acaunensium martyrum auctore Eucherio epíscopo" [A paixão dos mártires de Agauno pelo Bispo Euquério] foi editada, entre outros autores, por B. Krusch: *Monumenta Germaniæ historica, Scriptorum rerum merovingicarum*. Vol. III – *Passiones vitaeque sanctorum aevi Merovingici*, p. 20-41 e esp. p. 32ss. O Abbé Lejay elaborou uma excelente apresentação crítica da questão. Cf. "Ancienne philologie chrétienne, Monachisme oriental". *Revue d'Histoire et de Littérature Religieuse*. Vol. XI, 1906, p. 264ss.

509. Pelo contrário, ele manifesta seu regozijo pelo fato de que, entre a 1ª e a 2ª edição de seu livro, o número dos tebanos piemonteses havia crescido acima do dobro.

do escapado do massacre coletivo para acabarem sofrendo isoladamente o martírio em lugares muito remotos, teria excedido talvez o efetivo total da legião, tal como havia sido definido por Santo Euquério[510]. É verdade que um pouco de erudição dissipa esse escrúpulo. Basta pedir ajuda às duas legiões tebanas não mencionadas por Santo Euquério que, no entanto, tem conhecimento de *notitia dignitatum*: ao esclarecerem inúmeras paróquias com seu apostolado, santificando-as com seu sangue, os tebanos eram originários na realidade de três legiões, todas elas cristãs e perseguidas pelos imperadores pagãos[511]. Mas, quando se considera que cada um desses apóstolos foi perseguido pelos "soldados de César", ficamos amedrontados ao pensar que a principal ocupação dos exércitos romanos, no início do século IV, teria sido acuar os tebanos disseminados nos vales do Ródano e do Reno, assim como em todos os recantos dos Alpes Italianos. Além disso, uma análise meticulosa do papel da legião permite chegar a constatações surpreendentes: vários nomes aparecem aí um grande número de vezes[512]; e, em particular, por não usarem nomes próprios e individuais, a maior parte dos tebanos são designados por seus atributos ou suas funções[513]. Vemos figurar, repetidas vezes, o nome de Cândido, Exupério, Victor, Adventor e Solutor, assim como o de Defensor que protege os fiéis contra as avalanches e inundações[514]. Dir-se-ia que a legião tebana é uma legião de deuses locais e de epítetos personificados[515].

Assim, ao período de crescimento e multiplicação exuberante, deveria suceder um tempo de suspensões e cortes drásticos em relação aos companheiros de São Maurício. A primeira dizimação ocorreu, em meados do século XVIII, quando o bollandista, Pe. Cleus, declarou ter sérias suspeitas de que um grande número dos supostos mártires tebanos haviam usurpado seu título[516]. Mas o século XIX acabaria por mostrar-se mais cruel: um historiador católico reduz a legião de

---

510. De acordo com o Cônego Ducis – cf. *Saint Maurice et la légion thébéenne*. Annecy, 1882, p. 31ss. –, além dos 6.000 tebanos imolados em Agauno, haveria ainda cerca de 1.000 na Germânia – Colônia reivindica, por si só, 318 –, 300 na Helvécia e uma multidão inumerável na Itália.

511. Essa é a explicação proposta pelo Abbé J. Bernard de Montmélian em *Saint Maurice et la Légion Thébéenne*. Vol. 1. Paris, 1888, p. 225ss.

512. Cf. DE MONTMÉLIAN. Op. cit., p. 336ss.

513. Tal observação foi feita em DÜMMLER, E. "Sigebert's von Gembloux... Passio sanctorum Thebeorum". *Phil. u. hist. Abh. d.k. Akad. d. Wiss. z.* Berlim, 1893, p. 20, nota 2. Cf. KRUSCH. Op. cit., p. 21. Em sua opinião, deve-se suspeitar inclusive do nome *Mauricius* (do latim, *niger* = negro).

514. Para este último tebano, venerado em vários lugares do Vale de Aosta, cf. TIBALDI. Op. cit. I, p. 379.

515. Sobre o fenômeno geral mediante o qual os antigos deuses locais são substituídos pelos santos mártires, cf. DUFOURCQ, A. *La christianisation des foules*. Paris: Blond, 1903, p. 44ss.

516. *Acta SS*. Op. cit., p. 908.

São Maurício às proporções restritas de um *vexillatio*[517] ou de uma simples coorte auxiliar[518]. Sem provas, um doutor alemão pretendeu salvar os quatro mártires, cujos nomes próprios haviam sido indicados por Santo Euquério[519]: esse último punhado de sobreviventes é, por sua vez, contestado[520] e o Pe. Delehaye não vê razão para deixar de classificar "A paixão dos mártires de Agauno" na categoria dos "romances históricos"![521]

São Besso foi uma das primeiras vítimas desse novo massacre da legião tebana. A começar pelo Pe. Cleus que, depois de ter considerado a narrativa de Baldesano como "história eminentemente fabulosa" – *historiam inter primas fabulosam* –, exprimia a opinião de que, sem o apoio de testemunhos antigos e fidedignos, teria de ser tomada a decisão de excluir o nome de São Besso da lista dos soldados mártires[522]. Em sua resposta, Ivrea limitou-se a alegar uma lenda que se encontra em um breviário manuscrito, conservado nos arquivos da catedral e datado de 1473[523]; é pouco provável que esse documento, produzido mais de mil anos após os eventos narrados por ele, preencha as exigências dos bollandistas[524] e seja suficiente para levá-los a reconsiderar sua intenção, manifestada em 1875, de apresentar São Besso nos *Atos dos santos* de dezembro, não como um mártir tebano, mas precisamente... como um bispo de Ivrea[525].

---

517. Destacamento formado *ad hoc* no exército do Império Romano, sem tamanho nem composição bem-determinados, utilizado como um apoio flexível permitindo reunir tropas para controlar situações de emergência [N.T.].

518. ALLARD, P. *La persécution de Dioclétienet le Triomphe de l'Église.* Vol. II. Paris, 1890, p. 354-357.

519. STOLLE, F. *Das Martyrium der thebäischen Legion.* Breslau, 1891, p. 82ss.

520. Esp. em DÜMMLER & KRUSCH. Op. cit.

521. Cf. DELEHAYE. Op. cit., p. 129 e 135ss., esp. p. 245.

522. *Acta SS.* Op. cit., p. 915ss.

523. SAROGLIA, G. *Memorie storiche...* Op. cit., 1881, p. 16. Cf. SAVIO. Op. cit., p. 181. O texto dessas lições pode ser encontrado no apêndice.

524. Ele parece ser amplamente suficiente para alguns historiadores piemonteses. O Sr. Farina teve a gentileza de me enviar um trecho do livro – *Diario dei santi e beati che per la nascita...* Turim, 1907 – do salesiano, Pe. A.M. Rocca, em que a lenda "oficial" de São Besso é afirmada sem restrições com a seguinte variante: o rochedo do qual o mártir foi jogado e aquele que lhe serviu de sepultura foram declarados categoricamente idênticos. O espírito crítico ainda não teria exercido, segundo parece, seu estrago na Diocese de Ivrea: "Seria difícil encontrar, no Piemonte, uma cidade mais apegada às crenças locais e às tradições eclesiásticas", escreve C. Patrucco. Cf. "Ivrea da Carlo Emmanuelle I a Carlo Emmanuelle III". *Bibl. Soc. Stor. Subalp.*, t. VII, p. 269.

525. Essa hipótese já tinha sido enunciada em *Acta SS.* Op. cit., p. 917. Cf. tb. *Acta SS* – Supplementum. Paris, 1875, p. 400.

Se realmente São Besso foi o predecessor de Santo Vérémond e do poeta Ogier, temos de admitir que os montanheses de Cogne e do Vale Soana alteraram particularmente a verdadeira fisionomia de seu patrono. Mas o Pe. Savio não teve nenhuma dificuldade para demonstrar que a identificação histórica, proposta pelo bollandista do século XVIII e mantida provisoriamente por seus sucessores, não se baseia em nenhum fundamento sério[526]. É verdade que Ughelli, em sua *Italia sacra* – depois de ter relatado que a Catedral de Ivrea possui as relíquias "do glorioso mártir São Besso" –, inclui na série dos bispos da diocese, cerca do ano 170, um denominado Bessus "que F. Bergomense menciona em sua crônica, atribuindo-lhe o epíteto de santo"[527]. Ora, esse cronista, em seu livro publicado em 1485, dá-nos a conhecer simplesmente que "os habitantes de Ivrea dedicam grande veneração às relíquias de São Besso, um bispo de sua cidade"[528]. Deve-se reconhecer, na esteira do Pe. Savio, que esse testemunho tardio e impreciso não contém nenhuma indicação cronológica, nem comprova de modo algum a existência de um bispo com o nome de Besso em determinada época da igreja ivreana, aliás, fixada arbitrariamente por Ughelli, a respeito da qual não dispomos de nenhum dado histórico[529]. Do texto de Filippo Bergomense, no entanto, só é possível tirar esta conclusão: em 1485 – ou seja, doze anos depois da primeira redação conhecida da Lenda de São Besso, mártir tebano[530] –, o copatrono ado-

---

526. Cf. SAVIO. Op. cit., p. 180ss.

527. UGHELLI, F. *Italia sacra* – Tomus quartus: *complectens metropolitanas, earumque suffraganeas ecclesias, quæ in amplissimis Insubriæ, Liguriæ, ac Pedemontis Italiæ provinciis spectantur* [1. ed., 1642; Venetiis: apud Sebastianum Coleti; 2. ed., 1719, col. 1064].

528. BERGOMENSE, F. *Historia novissime congesta, chronicarum supplementum appellata*. Bréscia, 1485, fol. 97 verso. Com os mesmos termos praticamente, essa afirmação se encontra em ALBERTI, L. *Descrittione di tutta Italia...* Veneza: Giouan Maria Bonelli, 1553, apud SAVIO. Op. cit., p. 180, nota 2.

529. Essa é também a opinião de GABOTTO. "Un millennio..." Op. cit., p. 7, nota 3. Bima (*Serie chronologica degli arcivescovi e vescovi di Sardegna*. 2. ed. Turim, 1842, p. 123) menciona Besso, "chiamato santo", com a data 730 [sic]. No entanto, como afirma o Pe. Savio (Op. cit., p. 176), sua lista é "inteiramente imaginária". O nome de Besso não aparece entre os bispos de Ivrea. Cf. GAMS, P.B. *Series episcoporum ecclesiæ catholicæ...* Ratisbona, 1873, p. 816.

530. Evidentemente, ignoramos se houve outras narrativas mais antigas. Quanto a E. Dümmler, cf. *Anselm der Peripatetiker nebst andern Beilrägen zur Literaturgeschichte Italiens im elften Jhdt*. Halle, 1872, p. 83ss. Ele publicou uma série de 14 poemas litúrgicos, escritos em sua opinião por um sacerdote ivreano da época do Bispo Ogier (e, talvez, pelo próprio bispo). Entre eles, encontra-se um poema em honra de São Tégulo, mártir, e outro em honra da legião tebana em que o único a ser nomeado é São Maurício. A ausência de qualquer poema e de qualquer alusão a São Besso é, talvez, significativa e parece confirmar a hipótese segundo a qual o culto de São Besso não foi introduzido em Ivrea antes do final do século XI. Por sua vez, Dom Edmond Martène e Dom Ursin Durand, autores de *Voyage littéraire de deux religieux bénédictins* (t. 1, p. 244), viram na Abadia de Talloires – situada nas margens do Lago Annecy, no departamento francês de Haute-Savoie – "um poema sobre o mártir da legião tebana, composto por *Ogerius*, bispo de Ivrea". Esse manuscrito nunca foi encontrado. Cf. SAVIO. Op. cit., p. 202.

tivo, que tinha chegado há dois ou três séculos de uma circunscrição episcopal, era considerado em Ivrea, no mínimo, por uma porção dos fiéis, como um antigo bispo da cidade. Tal versão – lisonjeira, sem dúvida, para o amor-próprio ivreano – subsistiu até o século XVII, época em que vemos o Cônego Dejordanis incluir no inventário das relíquias da catedral, um ao lado do outro, "o corpo de São Besso, terceiro bispo de Ivrea e confessor" e "o corpo de São Besso, mártir da legião tebana"[531]. Desdobramento bastante estranho se levarmos em conta que a Igreja de Ivrea só venerou um único São Besso, cuja festa cai no 1º de dezembro. Mas a lenda do mártir tebano deveria impor-se, em breve, a todos; e quando, em 1591, o chefe glorioso da legião, representado por uma parte de suas relíquias, emigrou em grande pompa da Abadia de São Maurício de Agauno, situada no cantão suíço do Valais, para a Catedral de Turim, ele encontrou para acolhê-lo, à porta da Igreja de Ivrea, dois de seus antigos soldados, Besso e Tégulo, representados por dois painéis pintados[532]. Atualmente, graças em parte ao livro de Baldesano, a imagem de São Besso, mártir tebano, suplantou de tal modo a de São Besso, bispo de Ivrea, que os fiéis dessa diocese acabaram deixando de experimentar, com certeza, qualquer emoção ao verificar que o nome de seu copatrono havia desaparecido da lista expurgada de seus antigos bispos.

A aventura de São Besso não é animadora para os pastores da montanha que viessem a tentar as honras da planície. Depois de terem conseguido atraí-lo para o meio dos citadinos, estes revestiram-no de acordo com suas conveniências, sem mesmo terem chegado a um acordo: alguns colocaram em sua mão o báculo dos bispos, enquanto outros decidiram representá-lo com a espada dos legionários e a palma dos mártires. Tendo prevalecido a preferência destes últimos, outros citadinos, à semelhança dos pastores ciumentos em relação à lenda, jogaram-no do cume de glória ao qual o haviam içado. E agora, depois de tantos avatares, a personalidade histórica de São Besso aparece bastante problemática e flutuante, uma vez que, até mesmo na pequena sociedade de seus primeiros fiéis, duas tradições divergentes persistiram até nós. Nada nos é ensinado, seja por uma ou pela outra, sobre a verdadeira identidade de seu herói comum; mas ambas lançam uma luz brilhante sobre os hábitos de pensamento e sobre as tendências morais dos grupos profundamente diversos em que elas se constituíram.

No pequeno círculo fechado de sua terra natal, São Besso é um pastor, grudado estreitamente ao rochedo íngreme que domina as altas pastagens, base da riqueza da região. Rodeado por suas anafadas e dóceis ovelhas, ele realiza plenamente a ideia de que o habitante da montanha faz-se ainda hoje da piedade e da felicidade terrestre: um pastor cheio de fé que deposita toda a sua confiança em

---

531. Esse inventário, com a data de 1775, é citado em SAVIO. Op. cit., p. 181.

532. BALDESANO. Op. cit., p. 326ss.

Deus e cujos animais, por conseguinte, "criam-se sozinhos". Mas, quando São Besso emigra para Ivrea, entre os doutos cônegos da catedral, ele deve transformar-se radicalmente se, porventura, pretende continuar encarnando o ideal de seus adoradores: por um lado, é um soldado que combate em uma milícia sagrada, sob o comando de um chefe poderoso; e, por outro, é um apóstolo que enfrenta os piores sofrimentos e, até mesmo, a morte para defender, propagar e glorificar sua fé. A divergência e a impermeabilidade relativa das duas lendas de São Besso mostram toda a diferença – de preferência, moral em vez de física – que, ainda hoje, marca a separação entre Cogne e Ivrea: na zona rural, uma pequena sociedade de rústicos e simples montanheses, dedicados a seus rebanhos e convencidos de que a maior virtude consiste em abandonar-se completamente à custódia de Deus; e, na cidade, um círculo de pessoas da Igreja, alimentadas com uma cultura livresca, mais eruditas talvez que levadas pelo bom-senso, demasiado ansiosas em esclarecer e moralizar os aldeões analfabetos e, finalmente, animadas por preocupações sacerdotais e centralizadoras.

6 A gênese de São Besso

O culto local de São Besso suscita ao historiador três problemas distintos: 1°) Como explicar a organização especial da comunidade agrupada ao redor do santuário e, em particular, a participação de Cogne em uma festa do Vale Soana? 2°) Por que motivo o centro desse culto é um rochedo íngreme da montanha à qual está relacionado o nome de Besso? 3°) De onde vem, finalmente, a crença em um poder misterioso e tutelar que, do santuário, irradia em toda a região? As duas lendas vigentes entre os montanheses oferecem duas soluções diversas – as quais atendem de igual modo às expectativas dos fiéis a quem elas são destinadas – a cada um desses problemas. No entanto, por vivermos em outra atmosfera espiritual, não poderíamos contentar-nos com uma dessas duas "explicações" tradicionais. Não seria possível conceber uma terceira apresentação que, ao dar conta dos mesmos fatos, não envolva forças distintas daquelas que, de acordo com a opinião corrente de nosso tempo, têm a ver unicamente com a história? Eis o que tentaremos fazer sucessivamente em relação aos três problemas que acabamos de enunciar.

Vimos que a organização do culto de São Besso contradiz ou ignora as divisões regulares da Igreja, uma vez que ela se sobrepõe a duas dioceses. Entre os cinco municípios que têm direito à festa, há um que usufrui de uma espécie de primazia que ele aspira a converter em um domínio exclusivo. Os outros quatro encontram-se em uma situação subordinada ou precária: esse é o caso, em particular, de Cogne, cuja participação na festa é considerada uma intrusão pelos campiglianos e, com efeito, parece um paradoxo. Somos tentados a explicar essa organização peculiar ao pressupor que São Besso foi, outrora, o patrono de uma comunidade, constituída não longe de seu santuário, que posteriormente se teria segmentado em várias frações; ao se tornarem independentes, estas teriam continuado a participar do culto de seu antigo patrono com diferenças de categoria correspondentes à maior ou menor distância do centro do culto. Essa hipótese verifica-se no que se refere a Valprato, Ronco e Ingria; com efeito, sabemos comprovadamente que a Paróquia de Campiglia deu origem, por uma série de desmembramentos sucessivos, às outras três paróquias do Vale Soana[533], à medida que a população do vale assumia um caráter menos exclusivamente pastoril e o centro de sua vida econômica tendia a ser mais semelhante à da planície. Mas como será possível admitir uma relação de filiação ou de origem comum entre a população de Cogne e a de Campiglia quando, afinal, observamos as duas comunidades separadas por uma espessa muralha de montanhas e por uma fronteira moral ainda mais terrível?

Mas, como é sobejamente conhecido pelos geógrafos, trata-se de um erro crasso a hipótese de que as montanhas constituem, sempre e em toda parte, barreiras entre os povos, feitas para dividir e não para unir, enquanto os vales seriam necessariamente as mais fáceis e antigas rotas de comunicação. A jusante de Cogne, o vale afunila-se e torna-se um desfiladeiro estreito com paredes escarpadas: no tempo em que ainda não havia sido construído um caminho através deste contraforte montanhoso, ou tal vereda se encontrava intransitável, era incontestavelmente mais difícil penetrar na Bacia de Cogne pela subida direta do Vale de Aosta do que pela travessia das passagens apertadas que vinham do Vale Soana. É precisamente esse caminho que teria sido utilizado pelos primeiros habitantes de Cogne, se dermos crédito a uma tradição ainda bastante viva e aceita unanimemente na região: todos estão de acordo para afirmar que os pais tinham chegado ao vale passando por cima, ao virem de Canavese. Durante muito tempo, diz-se, os pastores de Campiglia limitavam-se a levar, no verão, seus rebanhos a pastar do outro lado da montanha, nas ricas pastagens de Chavanis. Mas, certo dia, tendo decidido passar aí o inverno, eles fundaram a aldeia de Cogne no terrapleno de Cret, situado a vários quilômetros acima de sua localização atual e, por conseguinte, muito mais próximo de São Besso; só depois de muitos anos é que a pequena colônia campigliana emigrou para os prados de Saint-Ours, lugarejo que se tornou hoje no centro administrativo do vale. No entanto, demorou muito tempo para que o novo enxame se desligasse completamente da colmeia-mãe e tivesse uma vida autônoma. Cogne começou por ser apenas uma "fração" do

---

533. A Paróquia de Ronco desmembrou-se do território de Campiglia em 1280, enquanto a emancipação de Valprato ocorreu em 1609. Ingria, por sua vez, separou-se de Ronco apenas em 1750. Cf. FARINA, F. *Valle Soana*... Op. cit., p. 25, 40 e 49.

município, um simples povoado, sem igreja nem cemitério: para rezar, os vivos subiam para as montanhas, local de onde eles podiam ouvir o som dos sinos prediletos; por sua vez, os mortos, para seu longo sono, voltavam ao solo sagrado em que tinham deixado seus antepassados. Vínculos mais materiais continuavam ligando os cognianos à sua longínqua origem: suas relações econômicas limitavam-se à região de Canavese; não é que se mostra ainda, segundo parece, em Cuorgné, pequena aldeola piemontesa, o "mercado de Cogne", ou seja, a praça em que as pessoas de Cogne costumavam vender seus queijos? Temos todas as razões para considerar essa tradição como a expressão lendária de fatos históricos; com efeito, ela está confirmada por vários indícios que parecem ser convincentes[534] e é um fato comprovado que, do ponto de vista do tipo físico, dos costumes e do traje, os habitantes de Cogne formam, na população valdostana, uma ilhota completamente isolada[535].

No entanto, com o decorrer do tempo, a fronteira dos grupos humanos tendia a deslocar-se e confundir-se com o limite da bacia hidrográfica. Quando as estradas foram construídas ou restauradas ao longo do vale, a vida econômica e religiosa de Cogne orientou-se, cada vez mais, no mesmo sentido da água de seu rio. Uma nova população totalmente saboiana, atraída pelas excelentes pastagens e pelas minas de ferro, acabou por misturar-se com os antigos habitantes oriundos do Vale Soana. Enquanto Campiglia sofria uma influência cada vez maior do Piemonte, tendo sido arrastada para a órbita de Ivrea, Cogne tornava-se uma dependência direta do bispado de Aosta, de tal modo que em breve nada subsistiu dos vínculos, morais ou temporais, que haviam servido de ligação, durante muito tempo, dos antigos emigrantes à sua primeira pátria. Ainda assim subsistia um único vínculo que, até agora, nada conseguiu quebrar, nem a longa distância e a dificuldade da viagem, nem a atração de novos santuários mais brilhantes e mais fáceis de acesso, tampouco a hostilidade dos campiglianos que tratavam seus parentes transmontanos como se fossem intrusos: tal vínculo, tenso, mas não quebrado, é a ligação religiosa, a lealdade dos cognianos em relação a seu antigo patrono.

São Besso teve de exercer um poder singular de atração e coesão para superar as forças dispersivas que tendiam a desagregar a pequena sociedade de seus

---

534. Em particular, os vestígios, ainda subsistentes, de duas estradas pavimentadas que ligam Cogne a Pont: elas foram, diz-se, parcialmente destruídas pelo aumento das camadas de neve nos cumes e das geleiras, ocorrido desde a Idade Média. Cf. CASALIS. *Dizionario...* Op. cit. Vol. III, p. 382, verbete "Campiglia"; vol. V, p. 309ss., verbete "Cogne". • ABBE VESCOZ. *Notices topographiques et historiques sur la vallée de Cogne.* Florença, 1873. No século XIII, os bispos de Ivrea ainda eram proprietários de terras no Vale de Cogne. Cf. tb. GABOTTO. "Un millennio..." Op. cit., p. 79ss.

535. A opinião exposta aqui está de acordo com a do Dr. Giacosa e dos eruditos de Aosta que cheguei a consultar; todos estão de acordo para afirmar que a tradição local apoia-se em um fundamento histórico.

adoradores. Qual é então a verdadeira natureza do núcleo de uma devoção tão intensa e persistente?

Vimos que o principal objetivo das lendas, tanto a popular quanto a se-mierudita, de São Besso consiste em explicar a virtude misteriosa atribuída ao Monte: ambas procuram, sob diferentes símbolos, compenetrar-se de maneira mais ou menos íntima da santidade de um homem divino no âmago da pedra bruta. A verdadeira base do culto, inclusive em nossos dias, é a crença no caráter sagrado do rochedo em torno do qual gira o culto. Não será verossímil que, em épocas remotas, essa crença fundamental ainda não estivesse dissimulada sob as camadas de representações que vieram encobri-la sucessivamente, vindo à tona então diretamente na consciência dos fiéis? É certo que os antigos habitantes de grande parte da Europa praticaram o culto dos rochedos[536]; é provável que eles o praticassem – como ainda é feito por numerosos povos primitivos – de forma deliberada, sem experimentar a necessidade de se justificarem a si mesmos, nem procurarem forçosamente a fazer com que o poder do rochedo venerado resulte da perfeição ideal de um homem santo. Seria fácil apoiar tal suposição em uma grande quantidade de exemplos pedidos de empréstimo a sociedades inferio-res[537]. Mas de que serviria buscar nos antípodas o que podemos ter ao alcance da mão sem deixar o território francês? Em 1877, no profundo vale pirenaico do Larboust, os senhores Piette e Sacaze chegaram a observar, quase intacto, esse culto das pedras, objeto de contundente condenação por vários concílios do sé-culo V ao VII; esses autores ouviram "idosos de bem" exprimir sua "grande fé" nas pedras sagradas que as pessoas do vale iam "tocar" com veneração a fim de obterem a fertilidade dos campos e a fecundidade dos casais. Aqui, os rochedos são ainda o objeto imediato e declarado da devoção; ou, se experimentarmos a necessidade de representar concretamente seu poder, é sob a forma de gênios

---

536. Cf. DÉCHELETTE, J. *Manuel d'archéologie préhistorique, celtique et gallo-romaine* – Vol. I: Archéologie préhistorique. Paris: Alphonse Picard, 1908, p. 379ss. e 439ss. Evidentemente, nem passa por nossa cabeça afirmar que os antigos valsoanianos limitar-se-iam a praticar esse culto. É provável que, à semelhança desses montanheses do Gévaudan dos quais nos fala Gregório de Tours (*Patrologia Latina**, LXXI, col. 831), eles conheciam também o culto dos lagos. As margens do Lago Miserin continuam sendo, anualmente, o teatro de uma grande festa, dedicada a Notre-Dame des Neiges [Nossa Senhora das Neves] e frequentada pelos habitantes dos vales de Champorcher, Cogne e Soana.
* Coleção de 217 vol. contendo os textos dos Padres da Igreja e outros escritores eclesiásticos desde Tertuliano (ca. 160-ca. 220) ao Papa Inocêncio III (1160-1216), publicada por Jacques-Paul Migne, entre 1844 e 1855 [N.T.].

537. Fatos particularmente instrutivos serão encontrados em KRUIJT, A.C. *Het animisme in den indischen Archipel*. Haia, 1906, p. 205ss. ["A pedra é a sede de uma força espiritual impessoal".] E neste texto dos padres Abinal e La Vaissière (*Vingt ans à Madagascar*. Paris, 1885, p. 256ss. ["Um poder, dotado de uma ação física e moral tanto sobre o ser humano quanto sobre as outras criatu-ras... [está] contido na pedra"]).

especiais, "metade anjos, metade serpentes, que habitam as pedras sagradas". De acordo com os senhores Piette e Sacaze, os sacerdotes do Vale do Larboust, como já havia sido prescrito pelo Concílio de Nantes, de 658, combatiam com rigor esse paganismo persistente; eles mandavam destruir secretamente as pedras sagradas e espalhar ao longe os menores fragmentos, correndo o risco de provocar tumultos entre seus paroquianos, escandalizados diante de tal sacrilégio[538]. Em geral, e sobretudo na região dos Alpes, a Igreja adotou, em relação aos *veneratores lapidum*, uma atitude menos rigorosa: em vez de destruir os rochedos sagrados, ela colocou uma cruz em seus cumes, ladeados por uma capelinha e associados, de uma ou outra maneira, à crença e ao culto cristãos[539].

Se pudéssemos comparar sem pressa o culto de São Besso com o dos numerosos santos e santas da região que são adorados e festejados junto de um rochedo, constataríamos, por um lado, a surpreendente fixidez na prática ritual, assim como nas representações elementares que ela implica e, por outro, a diversidade quase infinita nas lendas que, supostamente, explicam a existência do culto e definem o santo a quem este é dirigido. O número de santuários é equivalente ao de justificações diferentes de uma devoção por toda a parte e sempre semelhante a si mesma: aqui, servem-se dos temas, familiares para nós, da queda mortal ou da sepultura; mas, alhures, um santo bispo, deparando-se com as portas fechadas de Ivrea, adormeceu no cume desse rochedo que ainda conserva as marcas de seu corpo[540]. Esta pedra aqui é sagrada por ter servido de oratório ao tebano Valeriano que deixou nela a marca dos joelhos[541]; e aquela pedra mais longe por ter sido regada pelo sangue do tebano Solutor ao ser martirizado[542]. Se os objetivos da peregrinação são os dois rochedos mais frequentados do Piemonte, isso deve-se ao fato de que, no primeiro, Santo Eusébio dissimulou outrora sua milagrosa Madona Negra[543]

---

538. PIETTE, E. & SACAZE, J. "La montagne de l'Espiaup". *Bulletins de la Société d'Anthropologie*. 2. Série. Vol. XII, 1877, p. 237ss.

539. Cf. REINACH, S. "Les monuments de pierre brute dans le langage et les croyances populaires". *Revue Archéologique*. 3. série. Vol. XXI, 1893, p. 333ss. e 337ss. Na p. 196, o Sr. Reinach tem a precaução de advertir que essas crenças aplicam-se não exclusivamente aos monumentos manufaturados pelo ser humano, mas às pedras sagradas em geral.

540. Trata-se de São Gaudêncio, primeiro bispo de Novara. Uma igreja foi construída nesse lugar, cerca de 1720. Cf. SAVIO. Op. cit., p. 247. • PATRUCCO. Art. cit., p. 283. Cf. *Archivio per lo studio delle tradizioni popolari* (a partir do vol. XIII, 1894, p. 65ss.) a interminável série das "Impronte meravigliose in Italia". • SÉBILLOT. Op. cit. Vol. 1, 1904, caps. IV e V, esp. p. 320ss., 359ss. e 402ss.

541. BALDESANO. Op. cit., p. 130.

542. Cf. DE MONTMÉLIAN. Op. cit. Vol. 1, p. 238ss.

543. Sobre o célebre Santuário de Oropa, cf. CASALIS. *Dizionario...* Vol. II, p. 312, verbete "Biella".

e de que, no outro, uma devota da região, no início do século XVIII, cavou um pequeno nicho para colocar uma estátua da Santa Virgem...[544] Mas como admitir que "causas" tão particulares e contingentes tenham conseguido dar origem a um efeito tão generalizado e constante? Como enxergar nessas "explicações" algo além das traduções, superficiais e variáveis, da antiga crença fundamental que via, em determinados rochedos, a sede e o foco de uma força divina?[545]

Haverá talvez alguém para criticar, não essa conclusão que irá aparecer-lhe demasiado evidente, mas as vias distorcidas que empreendemos para alcançá-la. Considerando que a história é omissa sobre São Besso; que as lendas, precárias, recentes e contraditórias, não têm nenhum valor documental; que, enfim, o único dado comprovado que possuímos sobre São Besso é seu nome, por que motivo não questionamos, de saída, tal nome a fim de nos revelar a verdadeira identidade do pretenso mártir tebano? Certamente, esse método teria sido mais direto e rápido. Mas teria sido suficientemente seguro? Pelo fato de que um grande número de belas construções, baseadas em semelhanças de nomes, acabaram desmoronando lamentavelmente, e de que um grande número de "lendas eruditas" vieram a decalcar as lendas populares que elas deveriam ter substituído, por isso mesmo impõe-se realmente ser audacioso para fundamentar uma teoria religiosa sobre a etimologia de um nome divino[546]. Entretanto, no termo deste trabalho, não gostaríamos de levar nossa precaução ao ponto de eludir o enigma do nome de Besso quando, afinal, esse nome misterioso constitui um elemento essencial do culto que é precisamente o objeto de nosso estudo. Mas que, desde já, fique bem claro que nossa hipótese etimológica nada acrescenta à força de nossas outras conclusões; pelo contrário, estas é que lhe garantem o valor que ela possa ter.

O nome de Besso [*Besse*][547] ocorre com bastante frequência como nome de família ou de localidade no centro e sul da França, na Suíça e na Itália; no

---

544. O Santuário de Notre-Dame de Guérison, acima de Courmayeur, ainda é designado na região por La Croix du Berrier [A Cruz do Berrier]: "berrier", em patoá valdostano, significa rochedo. Cf. a instrutiva brochura *Le sanctuaire de Notre-Dame de Guérison à Courmayeur**. 3. ed. Aosta, 1909.
* Esse santuário de "Nossa Senhora da Cura" encontra-se na entrada do Vale Vény, perto de Courmayeur, no Vale de Aosta, situando-se diante da Geleira da Brenva, cercada pelo maciço do Monte Branco e nascente do maior rio deste vale, o Dora Baltea.

545. Se o culto das pedras sagradas deu origem a determinado número de tebanos locais, ele acabou contribuindo também, em certa medida, para o surgimento do culto dos próprios mártires agaunianos. Notre-Dame do Scex ou do Rocher [Rochedo] é ainda venerada atualmente em Saint-Maurice com um culto bastante popular. Cf. DE MONTMÉLIAN. Op. cit. Vol. 1, p. 126ss. O santuário está localizado a 100m acima da cidade, no alto de uma cornija rochosa e perto de um olho-de-água. Cf. *Dictionnaire Géographique de la Suisse*. Vol. 4. Neuchâtel, 1906, verbete "Scex".

546. Cf. as criteriosas observações em DELEHAYE. Op. cit., cap. VI, esp. p. 194ss.

547. Alguns letrados de Aosta escrevem: *Saint Bès*. De acordo com o que me disseram alguns cognianos, "em francês deve-se pronunciar *Bisse*". No Vale Soana, o nome é *Bess* e, na Itália, *Besso*.

entanto, como prenome, é totalmente inusitado. Na Antiguidade, é encontrado apenas em um reduzido número de vezes nas inscrições de origem ilírica[548]. Na Idade Média, parece que *Bessus* teria sido utilizado como diminutivo de *Bertericus*[549]. Mas o que está comprovado é que, fora da Diocese de Ivrea, Besse não existe como nome de batismo cristão e que, na própria diocese, as pessoas de Campiglia são praticamente as únicas a utilizar o nome de seu patrono; e ainda, como já vimos, uma espécie de recato levá-las-ia a adotar outro nome quando elas deixam a terra natal. Para explicar esse nome um tanto suspeito, alguns historiadores têm especulado que o verdadeiro São Besso era originário do povo trácio dos Bessos[550] ou, de preferência, da região piemontesa que é ainda designada como a Bessa[551]: a história não teria conservado nenhuma lembrança desse personagem, além da designação étnica sob a qual ele era conhecido. Semelhante hipótese não é, de modo algum, absurda; mas é inteiramente arbitrária e parece ser bastante difícil admitir que um nome estranho e impessoal – sem vínculos com a região na qual o culto se desenvolveu – tenha conseguido, na ausência de qualquer tradição histórica, servir como núcleo para várias lendas e como vocábulo para uma devoção local, bastante fervorosa e tenaz. Experimentemos, então, outro método que não nos obrigará a supor gratuitamente por trás desse nome – que não é um nome – um personagem sem personalidade histórica. Considerando que tudo – seja na lenda, seja na prática ritual – conduz-nos em direção ao Monte de São Besso, foco da devoção local, ponto de partida do culto de Ozegna e de Ivrea, vejamos se o nome de Besso não poderia designar

---

548. C.I.L. [*Corpus Inscriptionum Latinarum*], III, s. 8.312. Cf. SCHULZE, W. "Zur Geschichte lateinischer Eigennamen". *Abh. d. k.Ges. d. Wiss. z. Göttingen*. Berlim, 1904, p. 39, nota 6. Quanto ao célebre deus egípcio Bes ou Besas, nada – que eu saiba – permite supor que seu culto ou seu nome tenham penetrado na região que suscita nosso interesse.

549. GIULINI, apud SAVIO. Op. cit., p. 183.

550. Cf. o verbete "Bessoi" em PAULY-WISSOWA*. Sua conversão ao cristianismo ocorreu no final do século VI.
* Trata-se da *Realencyclopädie der classischen Altertumswissenschaft*, enciclopédia alemã que aborda a Antiguidade Clássica, cujo 1º vol. foi publicado por August Pauly (1796-1845), tendo o 6º vol. da 1. ed. sido editado depois de sua morte, em 1852. Por sua vez, Georg Wissowa (1859-1931) iniciou uma nova e ambiciosa edição, em 1890, mas o último dos 84 volumes só foi publicado em 1978, e o índice em 1980 [N.T.].

551. Esse território, incluído na Diocese de Vercelli, encontrava-se nos confins do território de Ivrea, diz-nos SAVIO. Op. cit., p. 183. Nessa região existia um mosteiro – chamado *della Bessa* – ao qual faz alusão BARELLI, G. "Cartario dell'abazia di S. Stefano d'Ivrea fino al 1230". *Bibl. Soc. Stor. Subalp.*, vol. IX, p. 271. A esses fatos, talvez, convenha relacionar a afirmação, totalmente isolada de Ferrari, segundo a qual "São Besso, tendo renunciado a suas armas, teria levado durante algum tempo uma vida de eremita na região que separa Vercelli de Ivrea". Apud *Acta SS*, vol. VI, set., p. 917. A similitude dos nomes teria levado a atribuir um papel a São Besso na fundação do *Mosteiro de Bessa*; no entanto, sobre esse ponto, não consegui coletar nenhuma informação suplementar.

algum atributo do grande rochedo sagrado que se eleva no meio da pastagem em grande altitude[552].

A denominação *Munt della bescha* encontra-se frequentemente no cantão suíço dos Grisões para designar as pastagens em grandes altitudes para carneiros ou os cumes que as dominam[553]. *Bescha* é o plural do substantivo masculino *besch*, relacionado pela maior parte dos romanistas com o termo latino *bestia*: na linguagem dos pastores da montanha, o termo geral assumiu uma significação restrita e designa os animais, as bestas [*bêtes*] por excelência, ou seja, o gado [*bétail*] e, em particular, os carneiros[554]. No modo de falar valsoaniano, em virtude das regras da fonética local, o termo correspondente a *besch* seria *bess*. Mas não estamos confinados a fazer intervir, para justificar nossa hipótese, um nome imaginário. Se, no modo de falar atual do vale, *bess* deixou de ter o sentido próprio de besta e de carneiro[555], esse termo é ainda utilizado em uma acepção figurada: trata-se de um apelido que se aplica aos tolos[556]. A estranha semelhança dessa designação pouco lisonjeira com o nome do patrono tem a ver, certamente, com a pressa manifestada pelos campiglianos chamados Besso que trocam de nome quando descem para a planície; mas talvez exista aí mais do que uma desagradável coincidência.

---

552. O termo *Besse* aparece com muita frequência na toponímia suíça, tal como *Besso*, cume no Vale de Anniviers: Pierrebesse, Cretabesse etc. De acordo com H. Jaccard (*Essai de toponymie, origine des noms de lieux... de la Suisse romande*. Lausânia, 1906, p. 34 e 548), esse vocábulo – oriundo do baixo latim *bissus* e que significa duplo, gêmeo, bifurcado – designa sempre uma montanha com duas agulhas ou um bloco composto de duas pedras coladas etc. Considerando que, pelo menos, de acordo com meu conhecimento, o Monte de São Besso não comporta nenhuma dualidade, esse epíteto não poderia convir a nosso rochedo. Fui tentado a relacionar o nome de *Besse* com *becca* que se encontra correntemente (ao lado de *becco*) na toponímia dessa região para designar um cume rochoso em forma de bico [*bec*]. Tal etimologia conviria perfeitamente em relação ao sentido, considerando a forma do Monte. No entanto, ela parece excluída pelas condições da fonética valsoaniana: *becca* deveria permanecer invariável ou dar a forma *beci*, mas não *bess*. (Devo esses dados à amabilidade do Sr. Farina e do Sr. B. Terracini, um linguista italiano que se dedica especialmente dos patoás da montanha piemontesa.)

553. Cf. *Dictionnaire Géographique de la Suisse*. Op. cit., verbete "Bescha". O termo equivalente alemão é *Schafberg*; sob esse nome – e ainda os termos de *Schafhorn, Schafstock, Schafthurm* etc. –, o mesmo *Dictionnaire* apresenta uma longa série de cumes rochosos que dominam pastagens para carneiros.

554. Cf. PALLIOPI. *Dizionari...* Samaden, 1895, verbete "besch". • CANELLO & ASCOLI. "Gli allótropi italiani". *Arch. Glottol. Ital.* Vol. III, p. 339. • PARIS, G. "La Chanson du pèlerinage de Charlemagne". *Romania*, IX, 1880, 486. • KÖRTING. *Lateinisch-romanisches Wörterbuch*. 2. ed., 1901. • MEYER-LÜBKE. *Romanisches Etymologisches Wörterbuch*, 1911, verbetes "bestia" e "bestius". As formas *biscia, bessa* e *bisse* encontram-se em italiano e em francês antigo com o sentido de "serpente".

555. Fiquei sabendo pelo Sr. Farina que, no dialeto do Vale Soana, carneiro diz-se *bigio* e ovelha, *feia*. Por sua vez, o termo *bestia* é utilizado com o sentido geral de animal (*bête*).

556. Cf. os termos italianos *biscio* e *besso*.

A designação *Mont-bess*[557], "monte ou rochedo do carneiro", convinha perfeitamente a uma eminência situada em plena pastagem alpestre e que a lenda representa sempre rodeada por ovelhas. Em seguida, quando a palavra *bess*, por razões desconhecidas, deixou de ser utilizada pelas pessoas do vale no sentido de carneiro[558], ela tornou-se um nome próprio, livre de qualquer vínculo pejorativo, tendo servido como núcleo para duas ou três personalidades míticas diferentes. O santo "rochedo do carneiro" começou por ser um exemplar pastor de carneiros; em seguida, um missionário jogado do alto do Monte por ter recusado alimentar-se com uma ovelha roubada; e, enfim, um bispo de Ivrea. Esta última lenda – formada na atmosfera da cidade e que se reduz, para nós, a duas palavras e a uma data – foi a única que perdeu qualquer lembrança da significação primitiva do nome que designava a pedra sagrada, venerada pelos pastores de carneiros[559].

Devo dizer que essa demonstração, considerada isoladamente, não chegou a convencer o clarividente linguista que aceitou examiná-la. O Sr. Meillet admite que o latim *bestia* tenha dado uma palavra valsoaniana que signifique carneiro; mas, acrescenta ele, a "possibilidade fonética não é uma prova". Seria impossível fazer comentário mais criterioso e, se eu tivesse conhecido o nome de *Besse* unicamente através de textos literários, eu teria evitado abordar sua etimologia. Mas o estudo das lendas, além da difusão do culto e, em particular, a observação da prática religiosa local restringem singularmente o campo das hipóteses possíveis e acrescentam, talvez, algum valor probatório a uma simples "possibilidade fonética". Ao apoiar-se em um conjunto de fatos não linguísticos, mas religiosos, a etimologia proposta teria aparecido como menos arriscada aos bons juízes, tais como o Sr. Meillet?

No entanto, mesmo quando essa hipótese e qualquer outra do mesmo gênero fossem inadmissíveis ou indemonstráveis, mesmo quando tivéssemos de considerar esse nome singular como se tratasse do nome de um santo inteiramente indeterminado que tivesse servido para cristianizar o culto local de uma pedra sagrada, nossas conclusões nem por isso deixariam de subsistir. O rochedo sagrado, depois de ter sido durante muito tempo adorado por si mesmo, foi objeto

---

557. Essa formação seria perfeitamente normal na toponímia da região. O Sr. Terracini indica-me em particular: *Pera-caval* (perto de Usseglio); *Monte-Bo* (Val Sesia) e, em várias localidades, *Pian-fé* (planalto das ovelhas ou da ovelha).

558. Quanto a *bess*, tolo, a santidade do Monte excluía o paralelismo entre dois nomes pertencentes a esferas mentais tão profundamente separadas.

559. Na opinião do Sr. B. Terracini, a quem expus esta hipótese, ela não suscita dificuldades de ordem fonética e é plausível. "*Bestia*, acrescenta ele, parece ser realmente – no Vale Soana, assim como nos outros vales – uma palavra recém-chegada; o termo é também piemontês. *Bigio*, por sua vez, parece-me ser uma forma oriunda da gíria que é, ou era, utilizada frequentemente no vale."

em seguida de adoração pelo fato de exibir a marca de um pastor modelo ou por ter servido de abrigo aos restos mortais de um mártir cristão. Mas ao longo dos séculos, foi sempre, no fundo, a própria santidade do rochedo, representada de várias maneiras, que atraiu a multidão piedosa de peregrinos para esse cume. De onde teria surgido, portanto, a santidade difusa do Monte?

Não é crível que as dimensões desse bloco de pedra, a singularidade relativa de sua situação ou de sua forma sejam suficientes para explicar uma devoção tão tenaz e fecunda de significação moral. Convém procurar alhures, e seguindo a via que já nos permitiu dar conta das mudanças ocorridas – e que continuam ocorrendo –, na organização da festa e no conteúdo da lenda. Se é verdade que os elementos contingentes e variáveis do culto local de São Besso estão em relação direta com a natureza e as tendências dos diversos grupos de fiéis, se eles são determinados em última análise pela estrutura e pela composição variáveis do meio social, temos de admitir que o elemento mais profundo e essencial desse culto – o que permaneceu até aqui imutável através das vicissitudes da história – encontra também sua razão em alguma condição da existência coletiva, fundamental e permanente como esse próprio elemento. Tal condição necessária foi aquela que permitiu à pequena tribo de São Besso persistir até nós e manter sua originalidade a despeito da natureza adversa e das forças poderosas que tendiam a dissolvê-la: foi a fé que esse povo obscuro de montanheses depositava em si mesmo e em seu ideal, foi sua vontade de resistir e superar as fragilidades transitórias ou a hostilidade dos homens e das coisas. O princípio divino, mantido e utilizado pela devoção, foi desde tempos imemoriais – tais como as lendas o exprimem à sua maneira – algo não inerente, mas exterior e superior ao rochedo inerte que se torna animado ao incorporar-se nele. Se os homens de nossa época, apesar de todos os obstáculos, insistem em vir para se reabastecerem e fortalecerem junto do Monte, é porque seus pais, durante várias gerações, tinham dedicado o melhor de si mesmos a essa devoção enquanto fundamento de suas concepções sucessivas da perfeição humana; é porque já seus longínquos antepassados tinham transformado esse rochedo eterno – que sobreviveu a todas as tempestades e nunca é encoberto totalmente pela neve – no emblema e no lar de sua existência coletiva. As pessoas de Cogne, portanto, não se enganavam quando, na escuridão do inverno, viram um dia irradiar, perto do Monte, uma flor resplandecente que iluminava a bruma espessa e fazia derreter a neve ao redor. Mas eles ignoravam que essa flor maravilhosa tinha brotado das profundezas da alma de seus antepassados. Foi seu pensamento mais elevado, sua mais vigorosa esperança que tinham criado raízes no flanco do rochedo, erguido entre pastagens nutrientes; de lá de cima, tal pensamento e tal esperança continuam iluminando e esquentando os corações congelados pelo sofrimento, pela angústia ou pelo tédio das agruras cotidianas.

Citadinos, não nos regozijemos demais com o próximo desaparecimento dessas "superstições tolas". Durante vários séculos, São Besso ensinou a seus fiéis a elevarem-se, nem que fosse por alguns instantes, acima do horizonte limitado de seus cotidianos – a carregarem nos ombros com alegria o pesado fardo do ideal –, a conservarem, enfim, até mesmo nas horas de aflição, "a fé e a confiança" que são mais fortes que o mal. Ao entregar-lhes pedacinhos de sua substância – as pedrinhas extraídas, anualmente, do imenso rochedo –, ele acaba por levá-los a compreender, na linguagem concreta que eles são os únicos a entender, que a força e a coragem de cada um provêm de um ser superior que, além de englobar todos os indivíduos presentes e vindouros, é infinitamente mais amplo e dura-douro que todos eles. Quando o rochedo sagrado vier a converter-se em uma rocha vulgar, completamente desnuda e material, quem estará aí para lembrar aos habitantes do vale essas verdades tão sólidas quanto a pedra de que é feito o Monte de São Besso?

Conclusão

Talvez seja supérfluo reservar tanto tempo e espaço a histórias de aldeões e a um pequeno santo, dissimulado em um recanto dos Alpes. Mas os santos menos famosos são, às vezes, os mais instrutivos. E, se é verdade que a vida religiosa de um povo manifesta suas tendências mais profundas, o culto de São Besso tem, pelo menos, esse interesse de levar-nos a penetrar na consciência, tão antiquada e hermética, dos montanheses. Além disso, São Besso – por mais limitado que seja seu domínio – não está confinado em um ou dois vales alpinos: vamos encon-trá-lo transplantado na metrópole de uma ampla diocese, em Ivrea, na qual ele é venerado, há vários séculos, com um culto bastante popular. Ora, de acordo com a opinião de todos os críticos experientes, a personalidade desse santo ivreano é um mistério, cuja elucidação tem sido tentada sem sucesso mediante a pesquisa dos arquivos episcopais ou a consulta de textos tardios e contraditórios. Teríamos sido mais bem-sucedidos ao tomar como centro de perspectiva não a suntuosa catedral da cidade, mas a humilde capela do Monte Fautenio? Se essa tentativa foi coroada de êxito, nem que seja parcialmente, convém concluir que o hagió-grafo, sempre que as circunstâncias forem propícias, estará bem inspirado em não negligenciar as preciosas ferramentas de pesquisa que são um par de sapatos resistentes e um bordão com ponta de ferro.

Além disso, o culto local de São Besso permite-nos estudar em condições particularmente favoráveis a formação de uma lenda religiosa. Atualmente, quase todos os autores estão de acordo em considerar *A vida dos santos* como o produto de duas forças distintas: a espontaneidade inventiva do povo e a atividade reflexiva dos redatores. Os críticos – empenhados em encontrar a verdade da história sob o emaranhado das lendas e, sobretudo, preocupados em fazer com que a crença dos fiéis seja depurada de todos os elementos adventícios – são em geral muito severos em relação tanto à lenda popular quanto aos escritores que a colocam em letra de fôrma. Até mesmo no livro, tão ponderado e detalhado do Pe. Delehaye, a imaginação coletiva é efetivamente "a louca do lar", cuja intervenção tem como única finalidade embaralhar as datas, confundir os nomes, ampliar e alterar os acontecimentos[560]. Tais juízos depreciativos têm fundamento se está em questão o "povo" que, tendo sido retirado do estado de inocência mitológica por uma semicultura, pôs-se a fazer história. Mas seria legítimo apreciar "a imaginação infantil" baseando-se em composições históricas, mais ou menos fantasiosas, dos alunos da escola primária? Além disso, como o autor anônimo da lenda não escreve o texto, somos obrigados quase sempre a imaginar a narrativa "popular" de acordo com a versão literária elaborada a seu respeito pelo redator. Mas que sinais são suscetíveis de nos levar a reconhecer que este, em alguma parte de sua obra, limita-se a "registrar os achados" do povo e é perfeitamente "o eco da voz popular"?[561] O controle é geralmente impossível porque faz falta o termo de comparação; até mesmo as tradições orais da nossa zona rural, quando elas mantêm uma estreita relação com o culto cristão, estão de tal modo impregnadas de representações de origem eclesiástica que é bem quimérico considerá-las como "populares". Ora, ocorre que, por uma boa sorte bastante rara, uma parte dos fiéis de São Besso conservou em estado puro a tradição original a partir da qual os letrados elaboraram seu trabalho. Neste caso privilegiado, em que nos é possível estabelecer o confronto entre o modelo e a cópia, a lenda popular aparece-nos, certamente, como indiferente à verdade histórica e à moralidade cristã. Aliás, essa não é sua pretensão porque ela se move em um plano de pensamento completamente diferente; pelo contrário, em seu domínio, ela é perfeitamente coerente e perfeitamente adaptada a seu ambiente. Por outro lado, verificamos que os redatores das diversas versões literárias manipulam e reduzem a tradição oral, a fim de enquadrá-la nos moldes do sistema cristão. Se a lenda oficial de São Besso contesta o senso comum, a lógica e a verdade dos fatos, a culpa não é do "povo", mas de seus "corretores". Certamente, seria temerário atribuir imediatamente um alcance general aos resultados desse confronto; mas, a partir da abordagem do caso de São Besso, deveria alertar-nos contra a tentação de considerar os textos hagiográficos como a expressão fidedigna das crenças populares nas quais eles se baseiam[562].

---

560. Cf. DELEHAYE. Op. cit., p. 12ss.

561. Ibid., p. 67.

562. Cf., no mesmo sentido, VAN GENNEP, A. *La formation des legendes*. Paris, 1910, p. 128ss.

Enfim, há realmente a possibilidade de que a observação de um culto alpestre nos revele formas bastante antigas da vida religiosa. Tem sido afirmado com frequência que a montanha é um maravilhoso conservatório com a condição de que ainda não tenha "submergido" pela enxurrada da planície. Os Alpes Graios italianos são, neste aspecto, uma região abençoada; eles formam uma espécie de reserva em que se encontram grandes rebanhos de cabrito montês que já desapareceu do restante território dos Alpes e em que existe uma superabundância das mais raras plantas alpinas. Nas pastagens em torno do santuário de São Besso, o *edelweiss* é praticamente tão comum quanto a margarida em nossos prados. Aqui, o sociólogo não é menos favorecido do que o zoólogo ou o botânico. Do mesmo modo que, nos Alpes, o rochedo primitivo emerge, às vezes, do acúmulo das estratificações mais recentes que o encobrem alhures, assim também vemos surgir, em algumas ilhotas e por um curto período de tempo, a civilização mais antiga da Europa. No fundo dos vales nas altitudes, crenças e gestos rituais persistem há vários milênios, não no estado de vestígios ou "superstições", mas sob a forma de uma verdadeira religião que vive de sua própria vida e se produz, em plena luz do dia, sob um véu cristão transparente. O principal interesse do culto de São Besso é, sem dúvida, o fato de que ele nos oferece uma imagem fragmentária e um tanto sobrecarregada, mas ainda nítida e bastante animada, da religião pré-histórica.

Apêndice

Enquanto este artigo estava no prelo, fiquei conhecendo, graças à incansável gentileza do meu amigo P.-A. Farinet, o mais antigo texto literário referente a São Besso, mártir tebano. Foi o Sr. Cônego Boggio, um erudito ivreano muito distinto, que aceitou o incômodo de copiar, para mim, as lições do breviário manuscrito de 1473, já aludidas anteriormente. Considerando que, a meu conhecimento, esse documento nunca foi publicado e que ele poderá servir para o controle das conclusões formuladas acima, creio necessário reproduzir aqui o texto transcrito pelo Sr. Cônego Boggio, assim como as poucas linhas de sua autoria que o precedem. Limitar-me-ei a indicar, em nota de rodapé, algumas comparações com as versões impressas da lenda que, manifestamente, derivam todas do texto dessas lições.

Nell'archivio Capitolare d'Ivrea – escreve o Sr. Cônego Boggio –, *si conserva realmente il breviario del 1473, accennato dal P. Savio. Ed in esso al 1º Dicembre si fa l'uffizio di S. Besso, di cui si distribuisce la vita in nove assai lunghe lezioni, ripiene di aggettivi e di frasi più o meno inutili per uno storico. Ne trascrivo percio solo le parti più importanti.*

Beatus Bessus ex Thebeorum agminibus inclito martirio coronatus, exemplo agni mitissimi inter lupos maluit occidi quani. occidere, laniari quam repercutere... Nam de turbine frementium et hostilium gladiorum stupendo miraculo liberatus et ad vallem Suanam perductus, et ibi antra deserti inhabitans, et per mirabiles abstinentias... angelicam vitam ducens perstitit, proprii corporis hostiam iterato Domino oblaturus.

In illa itaque solitudine martir Christi Bessus occultatus est, pane lacrimarum et aqua sapientie recreatus et usque ad montem Di Oreb mensam s. aeterni convivii martirio promerente pervenit. Nam dum pastores quidam spiritu diabolico instigati in partibus illis furtivain oviculam pro edulio miserabili preparassent et Bessum ibidem repertum ad esce furtive gustum quo magis eorum facinus celarent instantius invitarent, isque obsisteret, scelus argueret et tain prophanum edulium exhorreret, veriti miseri homines et nefandi latrones et homicide ne forte ipsos detegeret, statim ut lupi rapaces in ipsum ferocius irruentes crudeliter macerant laniant necare festinant ac demum de rupis prominentis scupulo, proiicientes, propter sue innocentie et justicie observantiam peremerunt[563]. *Quod autem a plerisque dicitur*[564] *quod mortem evadens vallem predictam hic eques lassus et ferro sauciatus ingreditur, ibique a cesareanis militibus in spelunea*[565] *gladio iugulatur, ad magnam Dei gloriam et sancti sui coronam, pie potest et probabiliter declarari, et dici quod sanctus hic sauciatus sanguine ex precipiti collisione, Dei nutu militum paganorum, hune, et alios christianos ubique persquentium, jugulandum gladio fuerit reservatus; quia cum fidei martirum in passionibus subiecta inveniatur quelibet creatura, sola mala voluntate excepta, mors gladii, a malicia voluntatis immediate producta, in sancto isto et aliis martiribus pro Christo morientibus ultima fuit pena declarans quod solum voluntatis perversitas est creatori contraria.*

Verurn quia dominus custodit omnia ossa sanctorum... quibusdam fidelibus de monte ferrato hominibus martirii loco et martire revelato statim de honorando corpore dignatus est inspirare...[566]. *Qui reperto corpore et indicio celitus sibi dato ferentibus illud cum exultationc et gaudio, dum ad villarn nomine Eugeniarn hospitandi causa nocte perveniunt, ac in domo hospitis abjecto studiose corpore, illis et cunctis iarn sopore depressis, soli hospiti visio angelica ostenditur non tacenda. Nova enim lux illi oriri visa est, dum tota domus resplendentibus luminibus et mirandis fulgoribus ex circumiacente*

---

563. Versão seguida por Ferrari. Cf. p. 144, nota 494.

564. Observar a distinção estabelecida entre a primeira tradição e a segunda, apresentada como piedosa e provável, além de justificada por razões teológicas. Em suma, Baldesano reproduziu fielmente o essencial desse texto.

565. Aqui, o rochedo do alto do qual o santo foi jogado e aquele na cavidade do qual ele foi atingido pela espada (e, de acordo com outros, enterrado) são nitidamente separados. Cf. p. 146, nota 500 e p. 148.

566. Observar que não se faz aqui nenhuma menção da primeira sepultura do santo: o culto montanhês é completamente ignorado; a invenção do corpo e a origem do culto são atribuídos, sem indicação cronológica, às pessoas de Monferrato e de Ozegna. Cf. p. 140 e 161.

divino lumine circa martirern divinitus illustratur et non minus odoris fragrantia et suavitate quam lucis irradiatione perfunditur. Tanto viso miraculo hospite stupefacto et tanto pignore ac spirituali thesauro reperto, cum tremoreet reverentia occultato, alioque in peregrinorurn sacco pro vicario pia delusione imposito callidoque argumento hospites suos ne s. capiantur a comite ante lucem surgere et remeare ad propria resumpta sarcina instantius compellente, demum tantam visionem usque predicante fama et devotione diffusa, ecclesia ibidem in eius honorern construitur, ubi sacrum corpus curn reverentia sepelitur.

Audiens autem celebre nomen Bessi et famam sui patrocinii apud Eugeniarn divinis graciis declarari, illustris Rex Italie Arduinus... corpus martiris una cum Episcopo ad civitatem regiam (Ypporeyam) decrevit aducere. Sed... statim ut pedes portantium eius alveum attigerunt, sic sanctus hic mox ut delatus est ad pontem civitatis, stetit immobilis nec virtute hominum et multorum bovum penitus moveri potuit, nisi primo tocius cleri voto de celebrando supra corpus ejus divino misterio, quo pacto Dei nutu facillime ad majorem ecclesiarn est delatum et cum maximis solempniis et gaudiis tumulatum[567].

---

567. A integralidade desta narração foi fielmente seguida por Baldesano, o que parece confirmar a hipótese enunciada acima, p. 139, nota 474. Esse texto suscita, portanto, críticas semelhantes às que foram feitas à versão de Baldesano (Op. cit) e seu valor documental não é maior.

Santuário de São Besso

"Saint Besse. Étude d'un culte alpestre"
HERTZ, R. *Sociol. relig. et folklore.*

Disponível em https://ia600909.us.archive.org/15/items/LibroR.HertzSanBesse/Libro%20R.%20Hertz%20San%20Besse.pdf

******

Ilustrações extraídas de MAUSS, M. (org.).
Mélanges de Sociologie Religieuse et Folklore. Paris: Librairie Félix Alcan, 1928
[Disponível em https://archive.org/details/LibroR.HertzSanBesse].

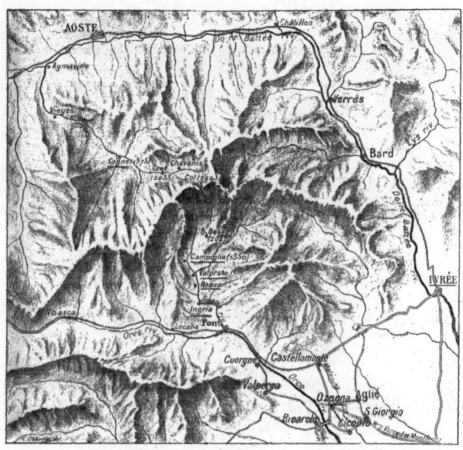

Croquis que ilustra a difusão do Culto de São Besso (extraído de *Mélanges de Sociologie Religieuse et Folklore*. Paris: Librairie Félix Alcan, 1928, p. 133).

S. BESSO - martire

Image de saint Besse, imprimée sur cretonne,
qui se vend à la fête du 10 août.

Imagem de São Besso, impressa em cretone, à venda durante a festa de 10 de agosto (extraída de *Mélanges de Sociologie Religieuse et Folklore*. Paris: Librairie Félix Alcan, 1928, p. 162).

Disponível em https://www.google.com.br/search?q=besso&espv=2&biw=1600&bih=775&tbm=isch&tbo=u&source=univ&sa=X&ved=0ahUKEwjZtoDP5NHJAhUCkZAKHegDA3EQsAQIPw#imgrc=oLkKEjU96bl3LM%3A

San Besso. Festa 2009.

Disponível em https://www.google.com.br/search?q=besso&espv=2&biw=1600&bih=775&tbm=isch&tbo=u&source=univ&sa=X&ved=0ahUKEwjZtoDP5NHJAhUCkZAKHegDA3EQsAQIPw#imgrc=i7cZdix7ErGtCM%3A

IV
Contos e provérbios coletados na frente de combate entre os soldados [*poilus*] da Primeira Guerra Mundial, originários do Departamento de Mayenne e de outras regiões

(Campanha de 1915)[568]

Principais informadores (I.-et-V.):

O baixinho Gaudin, um soldado republicano (na Guerra da Vendeia) originário da Bretanha: "Quando era criança, eu passeava frequentemente na companhia de um idoso que não parava de me contar histórias..."

Pottier: agricultor, magro, relativamente instruído.

Pannetier: a exemplo de todos os rapazes de La Croisille, dizem os outros, é encorpado, fechado, taciturno, apegado às tradições, acreditando cegamente em lobisomens etc.

Petitjean, o lenhador de Argonne: esperto, agitado, o "deus do machado"...

1 Cantos e movimentos dos pássaros

À la Saint-José [= Joseph, 19 mars], c'est le mariage des oiseaux.

Na Festa de São José [19 de março], os pássaros acasalam-se.

---

568. "Contes et dictons recueillis sur le front parmi les poilus de la Mayenne et d'ailleurs (Campagne de 1915)". *Revue des Traditions populaires*, n. 1-2 e 3-4, 1917. • Como uma parte das notas, tão curiosas, coletadas por nosso saudoso colega são oriundas do Departamento de Ille-et-Vilaine, anotei os aspectos detectados por mim, há mais de trinta anos, e impressos em duas de minhas obras: *Traditions et superstitions de la Haute-Bretagne*, 1882 (11 vol.) e *Les Coutumes populaires de la Haute-Bretagne*, 1886. E. designa Ercé perto de Liffré (I.-et-V. = Departamento de Ille-et-Vilaine); S.C. = Saint-Cast; P. = Penguily; M. = Matignon (Departamento de Côtes-du-Nord) [N. de P. Sébillot].

Tous les oiseaux se coupient [= accouplent]. C'est aussi la fête des cocuset celle des charpentiers.

Todos os pássaros acoplam-se [= acasalam-se]. É também a festa dos chifrudos e a dos carpinteiros (MAYENNE. Cantão de Chailland).

Cotovia [Alouette]

À la Saint-Vincent [le 22 janvier]
L'alouett' prend son chant.
Na Festa de São Vicente [22 de janeiro]
A cotovia põe-se a chilrear (ARGONNE. Les Islettes [Petitjean]).

*

Ao subir, ela chilreia:
Dieu, Dieu, j' n' jur' rai pú
Deus meu, Deus meu, não vou xingar

E ao descer:
Sang Dieu, que j'étais haute
Nossa! como eu estava bem alta (MAYENNE. Cantão de Lassag [Dujarrier]).

*

Ao subir:
Non, non, car j' n' jur'rai pú!
Não, não, porque não voltarei a xingar!

Ao descer:
Sacré mâtin, que j'étais montée haute
Credo, como subi tão alto (Cantão de Chailland – La Baconnière [Baloche]).

*

A cotovia, ao subir, chilreia:
Prie Dieu! Prie Dieu! Prie Dieu!
Deus me ouça! Deus me ouça! Deus me ouça!

Ao descer:

*Aux cinq cents diab's, q' j'élais-t-y haute
en appuyant sur cinq.*

Com cinco centos de diabos, como eu estava bem alto [acentuando o cinco] (Cantão de Villaines-la-Juhet [Sohier]).

*

No alto, ela chilreia:

J' jur'rai pu!

Vou xingar!

Embaixo:

J'jur'rai 'ncore

E vou continuar (Saint-Mars-sur-Colmont [Girard]) (SÉBILLOT, II, p. 151-152; E.-S.C.-P.).

*

Quando ela sobe:

Mon p'tit bon Dieu; je n'jur'rai pú [répété plusieurs fois]

Amado Deus; não voltarei a xingar [repetido várias vezes].

Ao descer:

Au diabl' que j'étais haute [Elle commence à jurer].

Com os diabos, como eu estava bem alto [Ela começa a xingar] (MAYENNE. Saint-Martin-de-Connée [Lecomte]).

Galinhola [Bécasse]

Um sujeito armou um laço a uma galinhola; ao encontrá-la, ele enfiou-lhe o bico na terra tendo a convicção de segurá-la. No entanto, ela fez-lhe fiau. Ao vê-la escapar-se, ele diz-lhe:

Va donc, vieille garse, tu as toujours le bec bien terroux.

Desapareça, piranha, você continua tendo o bico bem sujo de terra.

O que era verdade uma vez que ele o havia enfiado na terra; mas, com o bico sujo ou não de terra, a galinhola escapa-se bem contente.

Isso significa que há pessoas que se deixam ludibriar sem que manifestem a mínima reação (Saint-Martin-de-Connée [Lecomte]).

Coruja uivante / coruja / corvo [Chat-huant / chouette / corbeau]

Ao subir para as árvores, à noite, a coruja-do-mato [*chal-ourant*] chilreia o seguinte:

N'a m' chaud les douill's

As penas não me esquentam

A coruja-do-mato é a coruja uivante; ela chilreia

Je n'ai mie [pas] chaud aux doigts de pied.

Não esquentei os dedos do pé (ARGONNE. Les Islettes [Petitjean]).

*

Sobre o corujão [*chouan*], ver pintarroxo [*rouge-gorge*] (Mayenne).

*

À noite, o *corujão* chilreia à coruja:

Faut-y aller coucher o vous?

[o = com]

Terei de deitar-me com você?

E a coruja responde:

Que oui! Que oui

Com certeza! Com certeza!

E esse é realmente o chilreio deles, também (Ille-et-Vilaine: Bourg-Barré [Gaudin]) (SÉBILLOT, II, p. 162).

*

A grande coruja [*farzée*] completamente branca é sinal de morte quando as pessoas escutam seu chilreio nas casas (MAYENNE. La Croisille [Parmetier]).

*

Ao empoleirarem-se nas árvores ao redor das casas, os corvos chilreiam:

J' l'attends! J' l'attends

Estou à sua espera! Estou à sua espera

e isso anuncia a morte de um doente ou de uma pessoa qualquer (Ille--et-Vilaine: Bourg-Barré [Gaudin]) (SÉBILLOT, II, p. 167).

Galo / galinha [Coq / poule]

Havia um moleiro que tinha três galos: o primeiro cocorica

L'hiver est long!

O inverno é comprido!

o segundo que estava em cima da tremonha [peça coniforme, de madeira, superposta à mó, na qual se coloca o grão a ser triturado] cocoricava:

Nous l' passerons! (bis)

Vamos sobreviver a ele! (bis)

o terceiro que estava na soleira da porta e não podia aproximar-se da tremonha, cocoricava:

En misérant!

Indigentes!

Ou então:

Aïc-éac! (MAYENNE. Canton de Gorron, Vieuvy [Chesnel]) (SÉBIL-LOT, II, p. 129).

*

Havia três galos. O grandão cocoricava:

Je l'fais quand j'veux !

Vou fazê-lo quando eu quiser!

O segundo de tamanho médio:

Et moi, quand j'peux !

E eu, quando eu puder!

E o terceiro, o coitadinho do menor – ele tenta, mas nada pode fazer porque o grandão adianta-se:

T'es bien heureux!

Você é sortudo!

Os ouvintes acham graça e aprovam: "É o que os galos cocoricam também; o cocoricó será tanto mais breve quanto menor for o galo" (Ille-et-Vilaine. Mayenne. Argonne).

*

História semelhante à anterior, salvo que o caçula cocorica:

Châtrez les vieux.

Castrem os idosos (Risos) (Saint-Mars-sur-Colmont [Girard]).

*

1) Toute fille qui siffle
2) Tout gars qui file
3) Tout' poul' qui chante le cô
4) Sont trois bêt's de trop
1) Qualquer moça que assobia
2) Qualquer rapaz que se esquiva
3) Qualquer galinha que cacareja
4) Os três são tolos demais

Ao cacarejar, a galinha anuncia a morte do dono; é má sina e ela deve ser morta imediatamente (Villaines-la-Juhel [Sohier]) (SÉBILLOT, II, p. 131).

*

Toute fille qui siffle
Tout' poul'qui chante le cô
Ça mérite la mort
Qualquer moça que assobia
Qualquer galinha que cacareja
Uma e outra merecem a morte (Bourg-Barré [Gaudin]).

*

Tout vache qui beugle
Tout' fille qui siffle
Tout' poul' qui chante le cô,
Sont trois bêt's de trop
Qualquer vaca que muge
Qualquer moça que assobia
Qualquer galinha que cacareja
As três são tolas demais

É o touro quem muge.

Pannetier acrescenta: Não é legal (Canton de Chailland. La Croisille [Pannetier]).

Cuco [Coucou]

À la Marchasse (25 mars)
Le cocou braille.
Em 25 de março
O cuco crocita (MAYENNE. Canton de Villaines-la-Juhel [Sohier]).

*

À la Marchaise
Le cocou est mort s'y n' prêche.
Em 25 de março
Se não há o pio do cuco é que ele está morto.

Se ele não crocitar em 25 de março, ele ficará mudo durante o ano inteiro (MAYENNE. Canton de Gorron [Fourmont]).

*

À la mi-mar(s)
Le coucou est dans l'épinard
À la mi-avri(l)
Y's'fait ouï(r).
Em meados de março
O cuco alimenta-se de fura-parede
Em meados de abril
Ele faz ouvir seu pio.

Os anciãos é que contam isso (ILLE-ET-VILAINE. Bourg-Barré [Gaudin]).

*

À la mi-mar(s)
Le coucou passe la Loire.
Em meados de março

O cuco atravessa o Loire[569] (MAYENNE. Saint-Mars-sur-Colmont [Girard]).

*

Quando uma pessoa ouve o primeiro pio do cuco e traz dinheiro consigo, mas sem ter conhecimento disso, fica rica durante o ano inteiro (MAYENNE. Ille-et-Vilaine. Argonne) (SÉBILLOT, II, p. 172. E. -S.C.-P.).

*

On dit du coucou. Le trois ou quatre Avri(l)
Il est mort ou en vie.
Diz-se a respeito do cuco: no dia 3 ou 4 de abril
Ele está morto ou vivo.

Eis o que os idosos sempre afirmaram: se ele não crocita no dia 3 ou 4 de abril, ficará mudo durante o ano inteiro. A estação será ruim (ARGONNE. Les Islettes [Petitjean]).

*

À la mi-avri(l)
Il est mort ou en vie.
Em meados de abril
Ele está morto ou vivo (ILLE-ET-VILAINE. Mellé [Potier]).

Gaio [Geai]

O gaio grasna:
J'ai mal aux reins.

Tenho dores nas costas.
E seu confrade responde-lhe:
Tu plains, tu geins toujou(rs).
Você está sempre se queixando, se lamentando (SÉBILLOT, II, p. 177, 1).

---

569. O mais longo rio da França, estabelecendo a divisão do país, no imaginário dos cidadãos, em Norte e Sul; ele estende-se por mais de 1.000km entre o Maciço Central, passando pelo sul da bacia parisiense e desaguando no Atlântico, na altura da cidade de Nantes [N.T.].

*

Ao ver um sujeito que não trabalha, ele grasna [com um acentuado sotaque do Sul]:

Feignant! Feignant!

Vagabundo! Vagabundo!

São os anciãos que contam isso (ILLE-ET-VILAINE. Bourg-Barré [Gaudin]; Mellé [Potier]).

*

Na primavera, estação do acasalamento, o gaio grasna:

Mes reins! mes reins!

Minhas cadeiras! Minhas cadeiras! (MAYENNE. Canton de Lassay [Dujarrin]) (SÉBILLOT, II, p. 178).

*

O gaio exprime que sente dor nas cadeiras. Ele grasna:

Les reins! Les reins!

Minhas cadeiras! Minhas cadeiras!

Isso ocorreu-lhe porque outro pássaro a seu lado o tinha proibido de dizer o lugar em que fazia seu ninho. – Será que esse pássaro era o sabiá? Eles eram colegas. Ao encontrar outros colegas, o gaio diz-lhes onde é que fazia seu ninho. Então, para castigá-lo, esse pássaro diz que ele sentirá dores nas cadeiras, enquanto o outro pássaro faz seu ninho. É por essa razão que ele gira em torno das árvores em que o sabiá (?) faz seu ninho trucilando: *Les reins* [As cadeiras] (bis). Isso não dura muito tempo; no máximo, três semanas, um mês (MAYENNE. Saint-Martin de Connée [Lecomte]).

*

O gaio grasna no mês de maio. Isso significa que chegou o bom tempo, que a grama cresce e que se deve levar os animais para as pastagens (MAYENNE. Passim; Ille-et-Vilaine: Mellé [Potier]) (SÉBILLOT, II, p. 187).

Melro [Merle]

Premier Février

Beaux merles, dénichez.

No 1º de fevereiro

Lindos melros, deixem os ninhos (SAINT-DENIS-EN-GATINE [Péculier]. Cantão de Lassay [Dujarrier]).

*

Isso significa dizer que o bom tempo retorna e que os melros começam a deixar os ninhos / a fazer seus ninhos. [Esse uso no sentido de deixar o ninho e esses provérbios são desconhecidos no Departamento de Mayenne.] (ILLE-ET-VILAINE. Bourg-Barré [Gaudin]).

*

Pàqu' (s) hao ou bas,

Y a des p'tits miels dans les has!

Páscoa alta ou baixa

Há melrinhos nas sebes!

Independentemente que a Páscoa ocorra mais cedo ou mais tarde no ano, existem melrinhos nas sebes; os melros são os primeiros a fazer ninhos (Cantão de Lassay [Dujarrier]).

*

Pàqu's hao ou bas

Petits miels tu trouvéras.

Páscoa alta ou baixa

Você encontrará melrinhos (VILLAINES-LA-JUHEL [Sohier]).

*

Em breve, vamos ouvi-lo grasnar. O gaio está aí, na beirada de seu ninho, a 2 ou 3 metros, e ele grasna:

Cinq beaux p'tits.

Cinco belos melrinhos.

Sabiá [Grive]

A "trâs" é uma das maiores espécies deste pássaro [na Europa, *Turdus viscivorus*]. Quando o agricultor lavra seu terreno em março e que a terra é revolvida, o sabiá trucila:

Pierrot, cure!

Pierrot, limpa!

(*curer* = retirar a terra da relha do arado). Isso anuncia os aguaceiros (Ille-et-Vilaine: Bourg-Barré [Gaudin]).

*

Quando se ouve o sabiá no começo do inverno [na Europa], em dezembro,

ele trucila:

Cul rôti

Tu rôtiras encore.

Bunda queimada

Você continuará se queimando.

Isso significa que o inverno está longe de seu termo e que ainda será necessário voltar com frequência perto da lareira (MAYENNE. Cantão de Lassay [Dujarrier]) (SÉBILLOT, II, p. 183).

*

La haute grive siffle haut

No alto, o sabiá chilreia alto

Quando ele está escondido nas ramagens e chilreia, isso anuncia o mau tempo e aguaceiros (ARGONNE. Les Islettes [Petitjean]).

Poupa [Huppe]

A *pupule* é designada por saia [*jupe*] em Mellé (I.-et-V.).

Ela arrulha:

Ton nid pupupu (e)!

Seu ninho fede!

185

e é verdade que seu ninho fede [*pue*], está repleto de excrementos; quando se ouve a poupa, o cuco não está longe. [NB: associação entre grito e nome... *ip up up ú*.] (MAYENNE. St-Mars-sur-Colmont e Cantão de Gorron, Vieuvy [Chesnel]) (SÉBILLOT, II, p. 185).

Canário [Loriot]

Ele estridula:
Mettez les viaux dehó!
Coloquem os novilhos fora!

ou segundo outros:
Mets les p'tits viaux d (é) hô!
Sur l'bord de mon nid
Bientôt drus, bientôt drus.
Coloque os novilhos fora!
Na beirada de meu ninho
Em breve, voando, em breve, voando.

[assobiando ao pronunciar *drus* = capazes de voar].
O *miel terra* (que faz o ninho na terra e tem o bico amarelo) (MAYENNE. Saint-Martin-de-Connée [Lecomte]).

*

O canário chilreia em maio; é um dos últimos pássaros a aparecer. Ele estridula:
Ils rougiront!
Eles ficarão vermelhos!

É por causa das cerejas; as cerejeiras dão fruto nesse momento (ARGONNE. Les Islettes [Petitjean, Chennery]).

*

Potier: Claro! Eles não têm novilhos; assim, não podem colocá-los fora. [Pelo contrário, as cerejas são um negócio da China em Argonne].

Chapim real [Mésange]

O chapim faz: *linntiniu* (bis) – É sinal de chuva. Ao ouvi-lo, as pessoas dizem: "Em breve, teremos água". Cada pássaro tem seu instinto. É algo parecido ao que ocorre quando o tentilhão [*pinson*] se agita e faz – *pic pic* e *rut rut* –, é uma chuvarada que vai desabar. É possível observá-lo perfeitamente em um bosque (ARGONNE. Les Islettes [Chennery]).

*

Vis du tien!...
Viva do seu!...

Viva de sua renda.

[= não viva à custa dos outros] (MAYENNE. Nos confins do Departamento de Sarthe. Saint-Martin-de-Connée [Lecomte]).

Ganso [Oie]

Une bonne oie doit pondre et couver en février.
Uma boa gansa deve botar ovos e chocá-los em fevereiro.

O que é raro. Uma gansa bota ovo de dois em dois dias e choca 13 ovos. Assim, ela tem necessidade de 26 dias para botar seus 13 ovos, sobrando dois dias para começar a chocar. Ao proceder dessa maneira, uma gansa é duplamente boa: por começar já em fevereiro e pelo fato de não deixar de botar ovos (MAYENNE. Saint-Hilaire-des-Landes [Boussard]).

Pega [Pie]

Se ela começa a fazer o ninho na copa das árvores, é sinal de um ano seco; mas isso não ocorre todos os anos. São os idosos que dizem isso (MAYENNE. Saint-Martin-de-Connée [Lecomte]).

Pombo bravo [Le Pigeon ramier]

Ele arrulha:
Tu n' pouss' s pú!
Pauv' bonhomme!
[pronunciar apoiando na consoante inicial de cada palavra].

Você já não rebola!
Coitadinho!

Ele repete três ou quatro vezes e, em seguida, arrulha.
Pousse
Rebola

E ele vai embora (tanto o macho quanto a fêmea); isso dirige-se ao agricultor que lavra as terras. – Esse é seu canto, é o que ele diz ou, então, o que se compreende (MAYENNE: Saint-Aubin, Canton de Gorron [Bourdon]).

*

Payes-lu un pot, l'tonton ? (bis)
Paye (plus grave).
[*pot* = uma cuia de sidra]
Paga uma cuia, titio? (bis)
Paga (tom mais grave).

Gaudin, de Bourg-Barré: "Também se diz isso na minha terra".
(O titio é seu tio) (ILLE-ET-VILAINE. Vers Vitré [Buisson]) (SÉBILLOT, II, p. 206, E.).

*

O pombo bravo arrulha:
Les chous crous sont bons,
ton-ton !
[*crous* = crus]
As couves cruas são boas,
ti-tio!

O pombo gosta bastante de couve; não deixa nada, estraçalhando-a completamente (MAYENNE. Canton de Villaines-la-Juhel [Sohier]; ocorre a mesma coisa em Saint-Mars-sur-Colmont).

*

A pomba brava:
Pousses-tu cor, ton-ton?
Vai rebolar esgalho, ti-tio?

E o pombo responde:
Rabats la quoue! Rabats la quoue!
Baixa a cauda! Baixa a cauda!

Os ouvintes soltam um grito de surpresa: e o que é pior, isso diz perfeitamente o que quer dizer! (ILLE-ET-VILAINE. Mellé [Potier]).

*

O pombo doméstico arrulha para a pomba, enquanto lhe faz a corte e pega seu pescoço
Veux-tu que i' le l' fourr'
Você aceita que eu o enfie

E a pomba fica em posição de chocar e, em seguida, abaixa-se (ARGONNE. Les Islettes [Petitjean]).

*

"O pombo doméstico é o deus de Saulnières."
Certo dia, havia aí uma idosa que mandou o filho à confissão. Ora, os pombos faziam ninho em um recanto da igreja; tratava-se de uma igreja velha. – E então, quando o rapaz voltou, a mãe perguntou-lhe se tinha visto Nosso Senhor. Ele responde:
"Sim, senhora, eu o vi no recanto da igreja e ele arrulhava
Rou tou tou!
E levantando a cauda, levantando a cabeça, ele arrulhava
Rou tou tou!"

Isso, diz outro, é uma adivinhação. – Risos (Conté por Gaudin de Bourg-Barré (I.-et-V.), a 3 ou 4 léguas de Saulnières).

Tentilhão [Pinson]

Tu n'as pas vu ma femme,
passer par ici c'matin,
citoyen?
Você não viu minha mulher
passar por aqui esta manhã,
cidadão?

A fêmea do tentilhão responde: "Não me lembro". Ele dirige-lhe seus cumprimentos (MAYENNE. Saint-Martin-de-Connée [Lecomte]) (SÉBILLOT, II, p. 204).

*

O tentilhão diz em sua linguagem:
Merd', merd', merd', pour toi, Cyprien
Merda, merda, merda, para você, Cipriano (MAYENNE. Canton de Villaines-la-Juhel [Sohier]).

*

Et toi, citoyen,
As-tu vu la femm', c' matin?
E você, cidadão,
Você viu a mulher, esta manhã?

Pica-pau [Pivert]

O pica-pau nunca está contente. – Por mais que chova, ele deseja sempre mais. Ele enfia-se no seu buraco e depois chilreia: *pieu! pieu!* ("il pleut" [está chovendo], ele diz "il pleut"). Isso ocorre quando ele está sozinho. Mas quando existem falcões [*émouchets*] – uma espécie de gavião [*épervier*] –, ele chilreia:
Gare à mon cucu
J' n'ai ni vu ni perdu
Atenção ao meu traseiro
Nem o vi, nem o perdi
e depois escapole o mais que puder. Ele escava um buraco em uma árvore, apenas

um buraquinho e, em seguida, diz ao falcão que não consegue introduzir-se nele:

Veux-tu du tabac?

Você quer uma surra?

e, ao mesmo tempo, dá-lhe bicadas na cabeça.

E ele pode dizer isso efetivamente porque nada há mais fedorento que um pica-pau (ILLE-ET-VILAINE. Bourg-Barré [Gaudin, Potier]).

Pintassilgo ["Petit Prince" ou Bieutin]

Passarinho que chega no final de abril ou de maio, voltando de países mais quentes – ele permanece apenas cinco ou seis semanas até fazer os filhotes e depois retorna – ele é cinzento e tem uma pena ou duas amareladas nas laterais – ele imita o senegalês que atrai o beija-flor [*l'oiseau-mouche*] – tem praticamente o tamanho da corruíra [*roitelet*].

Quando brigam, as pessoas dizem:

"*Y a un petit oiseau dans le bois qui dit:*

'*Comme on le fait, fais-li*'" (prononcé vite)

"Há um passarinho no bosque que chilreia:

'Faça como deve ser'" (a pronunciar rapidamente).

Ou seja, se você se comportar mal, acontecer-lhe-á uma desgraça. É o "petit prince" que diz isso; ora, quem se comporta mal, ao ouvir o pássaro, vai dizer para si mesmo que está ferrado. Ao voar em torno dele, o pássaro anuncia-lhe seu bem ou seu mal.

Ele (o "petit prince") faz um pequeno ninho com capim-branco, embaixo de uma mata, em um pequeno recanto. – Ele deixa um buraquinho. – Faz cinco ou seis filhotes. – Assim, não vale a pena ser depenado (ARGONNE. Les Islettes [Petitjean]).

Corruíra [Roitelet]

Dependendo dos lugares, pode charmar-se também *berruchet*, *berruchon*, *beret*

O pequeno *berruchon*, ao chilrear, diz:

Gross' buche,

Gross' comm' ma cuisse

Fendue en quatre

Ferait de bons petits carreaux.

Grande tronco

Grande como a minha coxa

Rachado em quatro

Daria bons quadradinhos

Ele daria isso pelo fato de sua coxa ser minúscula. Diz-se que é o primeiro pássaro que trouxe o fogo por estar queimado – por causa de sua cor (SÉBILLOT, II, p. 212).

*

Meu avô contava-me histórias de todo o tipo a respeito de pássaros quando eu era garoto; quando eu tinha 10-11 anos, ele levava-me a passear e explicava-me tudo isso, mas esqueci muitas coisas. Algumas vezes, ao ouvir chilrear os pássaros nos bosques, faz-me lembrar um pouco essas histórias.

Gaudin, ao ouvir o discurso do "berruchon" diz: "Isso faz sentido" (MAYENNE. Saint-Martin-de-Connée [Lecomte]).

*

Certo dia, ao pousar em cima de uma perua [*dinde*], o *berruchet* chilreou:

Kirikiki, me sens-tu?

Kirikiki, você está sentindo algo?

A resposta da perua é não.

O *berruchet*:

J't'en fourr, pourtant si long, si long!

No entanto, estou enfiando tudo, bem comprido! (MAYENNE. Cantão de Villaines-la-Juhel [Sohier]).

O *rikiki* – nome pelo qual a corruíra é conhecida na nossa terra – ganhou o fogo que ele tinha ido buscar no céu. Ele e o bútio fizeram uma aposta para buscar o fogo: o vencedor seria quem subisse mais alto e fosse o primeiro a cantar ao atingir o ponto mais elevado. Por ter grandes asas, o bútio é o pássaro que consegue subir mais alto; o *rikiki*, por sua vez, voa bem perto da terra e canta sem parar. Ao pretender iniciar a busca, nosso bútio desdobra as asas. Enquanto isso, nossa corruíra pousa nas costas dele, sem que o bútio se tenha apercebido porque o *rikiki* é leve demais; assim, ele é o primeiro a chegar por ser mais ágil, começa a cantar imediatamente e levanta a cauda. – (O narrador sorri por estar contente com a astúcia do pequeno *rikiki*.) Então, Nosso Senhor entregou-lhe o fogo (ARGONNE. Les Islettes [Petitjean]).

Pintarroxo [Rouge-Gorge]

Ao fazer muito frio, os pintarroxos chilreiam:
C'est-y triste? C'est-y triste!
Como é triste? Como é triste! (ILLE-ET-VILAINE. Mellé [Potier]).

O pintarroxo traz o fogo, enquanto o *berruchot* traz a água.
Isso significa que o pintarroxo é um pássaro familiar pelo fato de procurar o fogo.

Quando o pintarroxo canta nos ramos mais baixos anuncia o bom tempo; à medida que o inverno passa e volta o bom tempo, eles cantam nos ramos cada vez mais altos (MAYENNE. Passim).

*

Pannetier, de La Croisille, afirma a mesma coisa: nos anos chuvosos, a pega faz o ninho no interior do bosque (nas ramagens).
Nos anos mais secos, ele é feito na ponta dos ramos.
No entanto, Dujarrier e Fourmont dizem o contrário: se o tempo é chuvoso, a água escorre do alto para os ninhos; neste caso, elas sobem para os ramos mais altos.

A garganta do pintarroxo é vermelha em razão de uma queimadura. Ele tinha perdido as penas; cada um dos outros pássaros ofereceu-lhe uma para voltar a guarnecê-lo. Mas o *chouin* (= corujão, coruja uivante) deu a pena mais suja que tinha no traseiro: é por esse motivo que os outros pássaros não desejam vê-lo e ele sai apenas durante a noite. Quando sai durante o dia, os outros pássaros põem-se a caçá-lo, a começar pelas pegas e depois os gaios, os melros e os corvos; isso faz um alarido pavoroso e o *chouin* permanece imóvel. Ao receber uma bicada, ele troca de lugar e toda a matilha vai acuá-lo até que ele se esconda na cavidade de um carvalho que havia sido podado (MAYENNE. Cantão de Gorron. Vieuvy [CHESNEL. Passim]) (SÉBILLOT, II, p. 27).

Verdelhão [Verdier]

Pescoço dourado (diz Verrier no Departamento de Mayenne).

Ele chilreia:
Je crois quoi, quoi,
Au Saint-Esprit.
Creio, cuá, cuá,
No Espírito Santo (MAYENNE. Saint-Martin-de-Connée [Lecomte]).

Também em La Croisille.

Existem idosos que estariam dispostos a contar tudo o que os pássaros dizem em sua região (LA CROISILLE [Pannetier]).

2 Os animais rastejantes

Si l'ovin veyait
Et si le sourd oyait
Aucun homme ne vivrait.
Se a cobra-de-vidro fosse capaz de ver
E se a lagartixa de cor preta e amarela fosse capaz de ouvir
Nenhum homem estaria vivo (SÉBILLOT, II, p. 240).

*

O *ovin* é a cobra-de-água [*orvet*] que ouve perfeitamente, mas é incapaz de ver. Por sua vez, o *sourd* [surdo] – incapaz de ouvir – é uma espécie de lagartixa [*lézard*] de cor preta e amarela que se encontra nos terrenos encharcados. – Ao ser esmagada, escorre o *vlin* (= veneno) que enche seu corpo, um creme amarelo imundo; é algo repugnante. O *sourd* está sempre tentando entrar em buracos (das sebes etc.), assim como nas aberturas do corpo das pessoas adormecidas. E tendo entrado, ele permanece vários anos e se a pessoa for incapaz de expulsá-lo, ela acaba morrendo.

Alguns afirmam que o *sourd* é a salamandra.

Outros, em maior número, negam isso veementemente (MAYENNE: Saint-Denis-en-Gâtine [Péculier etc.]; Cantão de Lassay; Ille-et-Vilaine [Potier]).

*

Si sourd ouiait,

Ovin veyait,

Personn' su' terr' ne vivrait.

Se a lagartixa de cor preta e amarela fosse capaz de ouvir

E a cobra-de-vidro fosse capaz de ver

Ninguém estaria vivo na terra (Saint-Mars-sur-Colmont [Girard]).

*

Diz-se que os *sourds* desenvenenam a terra; em Bourg-Barré, esse animal recebe o nome de *sourd-gor* (*gor* = várias cores) (Bourg-Barré [Gaudin]).

*

Si l'orvert voyait clair

Se a cobra-de-vidro fosse capaz de ver claramente

Ninguém estaria vivo ou seria incapaz de subsistir. – Petitjean não se lembra, ao certo, da fórmula; no entanto, o ditado é familiar (ARGON-NE. Les Islelles [Petitjean]).

*

A cobra penetra também no corpo das pessoas que adormecem nos campos – sobretudo debaixo das nogueiras porque, segundo se diz, tais árvores atraem os *vlins* [*vlin* = veneno, além de termo genérico para todos os animais considerados venenosos]. Em particular, as crianças pequenas que as mães deixam dormindo nos campos enquanto elas es-tão remexendo o feno para secá-lo: a cobra sente o leite; isso é verdade. A cobra come avelãs, grandes sapos; ela busca no ninho os passarinhos, os melros, além de sugar os ovos.

Outros sabem que a cobra não provoca nenhum dano, mas de qualquer forma sentem repugnância por ela (MAYENNE. Cantão de Gorron [Péculier, Jousset, Bourdon]).

*

Um sapo, dando três pulos em cima do estômago de um homem adormecido, pode matá-lo. E isso já aconteceu realmente; é possível ver três pequenos arranhões, a marca deixada pelo sapo (SÉBILLOT, II, p. 229, S.C.).

*

Ao encontrar um sapo, ele tem de ser morto na hora; caso contrário, ele virá incomodá-lo à noite (SÉBILLOT, II, p. 228).

O sapo é um veneno ainda mais perigoso que o de uma cobra.

Na nossa região, as víboras são muito raras (ILLE-ET-VILAINE. Cantão de Vitré [Coulon] e Mayenne: Cantão de Gorron [Sourdon]).

3 As festas, as atividades e os dias

Outrora, na nossa região, existiam as lavagens de lixívia (lavagem da roupa de terça-feira gorda), principalmente no entrudo; nas aldeias, era uma festa popular. As moças e mulheres reuniam-se para fazer essa lavagem durante o dia. Tal operação valia para os três meses subsequentes. E à noite todo o mundo se juntava como se tratasse de umas núpcias: eram preparadas panquecas, as pessoas cantavam e dançavam. Nas outras "lavagens", fora do entrudo, não há festa. Em determinadas localidades a lavagem da roupa faz-se apenas duas vezes no ano (MAYENNE. Cantão de Chaillant. La Croisille [Pannetier]).

*

No Departamento de Morbihan, na época atual, existem ainda fazendas em que a lavagem faz-se uma só vez no ano [Moisant].

*

Lavagem de lixívia. Na terça-feira gorda, todas as peças de roupa mais sujas da fazenda, além de lençóis e camisas, são entregues a lavadeiras dos arredores. À noite, ao terminar o serviço, faz-se o acasalamento por meio das cinzas (são traçados vários sulcos na cinza da lareira e, de costas, as moças são levadas a adivinhar o nome do futuro marido, de acordo com o sulco designado por elas, considerando que cada sulco representa um partido). [Cf. a 4a-feira da terceira semana da Quaresma, Festa das Lavadeiras.] No mesmo dia dessa lavagem, no entrudo, os homens reúnem-se para fazer a faxina, reformar as estradas etc.

Na terça-feira gorda, em vez do trabalho habitual dos outros dias, os rapazes das fazendas vão passear (Cantão de Chaillant. St.-Hilaire-des--Landes [Boussard]).

*

Em todos os domingos da Quaresma e na terça-feira gorda, jogava-se a *tèque* [pequena bola de couro estofada com retalhos][570]; os jogadores dividiam-se em dois campos, representando os lugarejos. Os membros de um campo estão equipados com bastões cuja extremidade é plana e procuram impedir que a *tèque* venha a atingir a meta. Se ela passar além do campo, os jogadores são queimados ou grelhados (= derrotados) e retornam "para baixo", enquanto os outros tomam a posição mais alta. Se aqueles que se encontram embaixo conseguirem agarrar a *tèque* no ar com as duas mãos, eles ganham a jogada e vão para cima.

[Explicação obscura – espécie de combinação de críquete com a bola ao caçador.]

Nos dias de hoje, esse jogo já deixou de ser praticado. No final da noite, após o jogo, as pessoas dançam a ronda (MAYENNE. Passim. ILLE--ET-VILAINE. Cantão de Mellé).

Festa dos Vinhateiros

Em Mussy, o Dia de São Vicente (22 de janeiro) é a Festa dos Vinhateiros. Eles fazem uma procissão ao redor da aldeia transportando um grande bolo, um brioche, o bolo de São Vicente. Depois da missa, eles reúnem-se e distribuem o bolo a todo o mundo. Em cima do bolo forma-se uma espécie de pirâmide, carregada no andor por dois ou quatro homens, e no topo da qual são colocadas coroas, fitas e ramalhetes. É uma honra ficar com o bolo; isso custa caro. Aquele a quem couber o quinhão, fica com o encargo de oferecer o bolo no ano seguinte. Se houver sol de manhã, bebe-se na taça grande e as pessoas regozijam-se

---

570. Outrora, li em uma publicação infantil – creio eu, *Le petit français* – a descrição de um jogo semelhante, mas o narrador estava certamente equivocado a respeito da *tèque*: em vez da bola, trata-se do bastão com a extremidade plana, a borduna destinada a desferir pancadas na bola.

por ser bom sinal. Aquele que oferece o bolo é quem o carrega ou manda o filho carregá-lo. Isso ainda se faz.

Do mesmo modo, os recém-recrutados andam com um bolo no Dia de São Nicolau [É exatamente a *fouiace* de São Besso; cf. p. 129, nota 454]. [Petitjean des Islettes, casado em Mussy (Aube)].

Lenhadores

No 1º de março, na soleira da porta, meu pai levanta-se, apresenta suas saudações e diz:

Mars, je le salue
De la tête et du cul,
Ne m'fais pas d'plus grand' crevasse
Que celle que j'ai au cul.

Março, seja bem-vindo
Do começo até o fim,
Não me faça uma greta maior
Do que a do meu traseiro.

Quase todos os lenhadores padecem de profundas gretas nas mãos [o próprio Petitjean tem a palma toda gretada]. É em março que isso ocorre com maior frequência: os fortes ventos de março dessecam as mãos, provocando um maior número de gretas (ARGONNE. Les Islettes [Petitjean]).

Março

Une bondrée en mar(s)
Ça vaut du canard
Uma *bondrée* em março
Vale bem um pato

A *bondrée* é um tipo de gavião [*épervier*]; trata-se do maior pássaro do Departamento de Mayenne e é difícil de matá-lo (MAYENNE: Cantão de Chaillant, La Croisille [Pannetier]).

*

En mar(s)
Faut voir s'mell' dans les draps [sans chandelle]
Faut voir s' couvri (r)
En mai
Faut's coucher d' solé (il)
Em março
Tem de dormir sob os lençóis [sem vela]
Tem de se cobrir
Em maio
Tem de se deitar cedo

É uma fala de idoso para dizer o seguinte: não há lugar para os serões; convém deitar-se cedo para se levantar de manhãzinha. De manhã trabalha-se com mais vontade; à noite o trabalho não rende (Cantão de Lassay [Dujarrier]).

*

À la Marchaise [25 mars]
Bonn' femm', renforc' la beurrée
Na Anunciação [25 de março]
A mulher incrementa a panqueca amanteigada

Nesse dia, começa-se a preparar a 5ª refeição, a *reïssiée*: faz-se um lanche às 4 horas. (Explicação dada com alguma hesitação.)

[Diversas formas desse nome: *Marchaise*, *Marchâsse*, *Malchâsse* = a Anunciação. Ninguém conseguiu dar-me a significação disso. Chesnel, de Vieuvy (Cantão de Gorron), diz-me que, em Fougerolles, há uma feira da *Marchâsse*, em 25 de março] (Cantão de Chaillant, Saint-Hilaire-des-Landes [Roupard]).

*

En mars
On s'assit,
En avri (l),
On dort un p'tit
En mai
À plein l'ai (l'oeil)

Em março
A gente senta-se
Em abril
Dorme-se um pouco
Em maio
De olho bem aberto
(É para o meio-dia) (Saint-Mars-sur-Colmont [Girard]).

*

Em Bourg-Barré, a sesta do meio-dia chama-se a *merrienne* (= meridiana) e existe este ditado:
Quand les chênes ont des feuilles grandes comme des oreilles d'souris
On fait merrienne un p'tit
Quando os carvalhos têm folhas grandes como orelhas de camundongo
Faz-se um pouco de *merrienne* (BOURG-BARRÉ [Gaudin]).

Semana Santa

As mulheres não colocam os ovos para chocar na Semana Santa porque eles acabam por gorar (MAYENNE. Cantão de Gorron, Vieuvy [Chesnel]).

*

Il ne faut jamais cuire le pain dans les jours saints, ou l'on mange du pain moisi toute l'année.
Evite sempre assar o pão nos dias santos ou vai comer pão mofado durante o ano inteiro.

Isso é verdade; se alguém deseja pão, deve procurá-lo na padaria.

Quand il tombe de l'eau le Vendredi saint, la terre en saigne toute l'année.
Quando chove na Sexta-feira Santa, a terra vai escorrer essa água ao longo do ano.

A maioria diz:
Elle est sec toute l'année; elle a soif et elle fend; elle est toujours altérée.

Ela fica seca durante o ano inteiro; está sedenta e com rachaduras; está sempre alterada (LA CROISILLE. [Pannetier]).

*

Evite sempre assar o pão nos dias santos ou vai comer pão mofado durante o ano inteiro. – É o contrário; na nossa região, as idosas dizem:

C'est demain l' Vendredi saint
Nous allons avoir du beau pain.
Amanhã é Sexta-feira Santa
Teremos pão bem gostoso.

É proibido lavar na Sexta-feira Santa; quem o fizer é amaldiçoado. Mas é permitido assar o pão e ele fica bem gostoso (ARGONNE. Les Islettes [Chennevy]).

*

Qui met sa chemise le vendredi
Six semain's après est enseveli.
Quem veste a camisa na sexta-feira
Seis semanas depois estará enterrado.

Há um grande número de mulheres que não deixarão os filhos vestir camisa na sexta-feira (isso significa que elas não os deixarão trocá-la). Não se começa um canteiro de obras na sexta-feira. É um dia que não deve ser classificado na mesma categoria dos outros. Há quem afirme que esse dia é azarento para deixar os animais nos campos (ARGONNE. Les Islettes [Chennevy]).

*

On n'ouvre pas la terre le Vendredi saint.
Não se lavra a terra na Sexta-feira Santa.

A esse respeito, ele conta uma história:

Tendo morrido uma *gaille* (cabra), em seu quintal, na quinta-feira, ele e seu irmão vão enterrá-la no buraco de um tronco de árvore arrancada. Pensávamos que não seríamos passíveis de grande punição visto que a terra já estava aberta (ARGONNE. Les Islettes [Petitjean]).

*

Não sou mais devoto do que os outros; nunca vou à missa porque tenho receio de ser esmagado pela queda do campanário, mas não me sirvo de carne na Sexta-feira Santa [Chennevy].

Páscoa

Pâqu's haô ou bas
Bonn' femm', tu veilleras.
Páscoa alta ou baixa
Mulher, você vai velar.

Os serões de inverno estendem-se até a Páscoa; depois da Páscoa, já não se trabalha após o jantar; depois dessa refeição, cada um tem a liberdade de ir para a cama no momento que lhe aprouver (MAYENNE. Saint-Denis-en-Gâline [Péculier]).

*

Quand on a Pàques en Mars,
C'est les filles qui vont voir les gars;
Quand on a Pâqu's en Avril,
C'est les gars qui vont voir les filles.
Quando a Páscoa cai em março,
As moças é que vão ao encontro dos rapazes;
Quando a Páscoa cai em abril,
Os rapazes é que vão ao encontro das moças (ILLE-ET-VILAINE. S.-O. de Rennes, Bourg-Barré [Gaudin]).

*

No Dia da Ascensão, os tamanqueiros escolhiam uma bela faia para guarnecê-la com fitas, lanternas, plantando-a junto à porta de casa; cada um procurava encontrar a mais bonita e deixá-la mais bem-enfeitada do que os outros. À noite eles organizavam uma festa. Essa atividade já não existe.

E a este respeito: a rega do novo poço: três marteladas desferidas, cada um por sua vez, na pedra do fundo. Procede-me da mesma maneira para regar a primeira pedra de uma casa, assim como o loureiro quando ela estiver concluída (Mellé).

Année de pois blanc,
Année de froment.
Ano de ervilhas,
Ano de trigo.

As ervilhas [*pois blancs*] são colhidas por volta de maio, junho, e se a colheita for abundante haverá muito trigo, e isso aconteceu também. Ao chegar para as primeiras, o tempo chega para o outro... a florescência dos grãos ocorre no mesmo período (MAYENNE E ILLE-ET-VILAINE. Mellé).

*

À l'Ascension,
Bonn' femm', tous' les moutons.
(touser é tosquiar)
Na Ascensão,
Mulher, toca a tosquiar os carneiros.

Esse é precisamente o momento de tosquiar os carneiros (MAYENNE. Cantão de Gorron [Fourmont]).

*

À l'Ascension
Les étourneaux sont bons (à prendre dedans leur nid).

A la Pentecôte
La fraise ragoûte (on aura des fraises au dessert).

Na Ascensão
Os estorninhos podem ser facilmente (retirados dos ninhos).

No Pentecostes
O morango desperta o apetite (haverá morangos na sobremesa) (ARGONNE [Petitjean]).

Festa das Colheitas

Quando termina a debulha dos cereais, faz-se um pequeno feixe propositalmente na eira. Ele é atado com filaças e guarnecido com flores. A filaça deve ser cortada com uma faca pelo patrão e pela patroa, e por mais ninguém. Após esse corte, os jovens põem a máquina a girar (ocupando o lugar dos cavalos) e é obrigatório que cada metade do feixe seja jogada, uma pelo dono e a outra pela dona da casa, na debulhadora. Os jovens ao redor cantam, e bebe-se um bom trago. Essa atividade é chamada "fazer o feixe", e coloca-se um ramalhete em cima da máquina; outro ramalhete deve ser entregue ao patrão e à patrona. Essa festa ainda é realizada. Há quem guarde algumas espigas ou o ramalhete (MAYENNE. Cantão de Chaillant, La Baconnière [Duval]).

*

Fazer o feixe. – Os vizinhos reúnem-se à noite e fazem uma festinha. Outrora, ao bater o mangual, florescia o último feixe – tal prática perdeu-se. – Quanto mais se avança no tempo e maior é a tendência que tudo isso venha a desaparecer! (Cantão de Lassay [Dujarrier]).

Festa de São João

Há três ou quatro anos, na Festa de São João, fazia-se pontaria para acertar os juncos. Pega-se três juncos, que são colocados em cima de uma grande vasilha de cobre ou de uma bacia de bronze. Um jogador vai segurá-los, enquanto o outro tenta derrubá-los. No fundo da vasilha, se alguém quiser, coloca um copo com água, contendo uma moeda de cem centavos. A queda dos juncos provoca grande estardalhaço. Essa atividade era praticada especialmente na Festa de São João, por volta das 8h30 e 9h da noite. Tratava-se de um jogo em honra de São João. Mas, na hora atual, já passou de moda.

Moisant, nosso informador, habita ao lado de Josselin no Departamento de Morbihan: Isso fazia-se também na nossa região. Juntava-se o maior número possível de bacias de bronze em torno da fogueira da Festa de São João. As pessoas cantavam e dançavam.

[Para eles, é absolutamente estranha a ideia de que essa música poderia ser usada para expulsar os espíritos ou sortilégios malignos] (MAYENNE E ILLE-ET-VILAINE. Cantão de Mellé e passim).

*

Há um dia em julho, não me lembro a data exata, em que se cortarmos as samambaias por volta das 3h da manhã, elas deixam de crescer. Há também um dia em agosto: se arrancarmos os cardos, eles não voltam a crescer (MAYENNE. Cantão de Chaillant etc. [Pannetier]).

*

A la Saint-Denis [9 octobre].
On serre mell's et bésis.
Na Festa de São Dionísio [9 de outubro]
Colhem-se as *melles* e as peras pequenas.

A *melle* é uma fruta que se enxerta no espinheiro-alvar; o *bésis*, por sua vez, é uma espécie de pera pequena. Essa é precisamente a estação também [para sua colheita] (MAYENNE: Saint-Hilaire-des-Landes).

*

À la Saint-Mathieu [21 septembre]
Veille, si tu veux.
À la Saint-Denis [9 octobre]
Veille, je t'en prie,
À la Toussaint [1er novembre]
Tu veill'ras pasmain.
(*pasmain* = seja como for).

Na Festa de São Mateus [21 de setembro]
Faça serão, se quiser.
Na Festa de São Dionísio [9 de outubro]
Faça serão, suplico-lhe.
Na Festa de Todos os Santos [1º de novembro]
Fará serão, seja como for.

Independentemente de sua vontade, você é obrigado a fazer serão, ou seja, trabalhar à noite com vela, porque chegou a estação dos dias curtos. As mulheres fazem tricô e costuram, enquanto os homens, depois de cuidarem dos animais, fazem peças de vime, cestos, colmeias etc. (MAYENNE. Cantão de Gorron, Brassey [Fourmont]).

O tronco de Natal

No Dia de Natal, após a missa da meia-noite, coloca-se o maior tronco possível na lareira. A mãe vai abençoá-lo com água-benta (e o pai? Não tem tempo para lidar com isso).

O carvão remanescente é recolhido no dia seguinte e jogado ao redor do edifício para afugentar as cobras; de fato, nessa época, elas eram incontáveis (ARGONNE. Les Islettes [Petitjean]).

*

Conserva-se o tronco de Natal em um canto e depois, quando começa a dar estalos muito fortes, é reconduzido à lareira (MAYENNE. Cantão de Lassay [Dujarrier]).

*

No Dia de São Silvestre deve-se tosquiar as vacas entre os dois chifres para que elas não sejam picadas durante o ano (= retira-se o pelo delas para que as mutucas não as piquem). – Trata-se de uma brincadeira que se faz aos pastores jovens, àqueles que são acanhados; de fato, como é o Dia de São Silvestre, não há perigo que elas sejam picadas durante o ano (Cantão de Gorron [Jousset]).

4 A previsão do tempo

Le temps blanc
Tir' le bonhomm' du champ.
O tempo nublado
Tira o homem do campo.

Quando se forma como que um grande lençol de nuvens brancas por baixo, é sinal de chuva (MAYENNE. Cantão de Gorron e Villaines-la-Jahel etc. Ibid., em Argonne).

*

L'iau de février
Vaut le jus de fumier.
A água de fevereiro
Vale o suco do esterco.

Para dizer que a chuva de fevereiro é benéfica para a terra (ILLE-ET-VILAINE. Mellé [Potier]).

*

A chuva do domingo vai influenciar a semana (esta será ruim).

Temps cailloté
Fill' mal coiffée
N'a pas longu' durée.

Tempo incerto
Moça despenteada
Não têm longa duração.

Isso significa que, alguns dias depois, vai chover (*cailloté*, é quando existem pequenas nuvens bastante altas, todas com a mesma forma, quando o tempo está claro). A moça despenteada é alguém desorganizado: ela vai deteriorar-se como o tempo (Cantão de Gorron. Saint-Mars-sur-Colmont [Girard]).

*

Temps cailloté
Fill' trop fardée
N'a pas longu' durée.

Tempo incerto
Moça maquilada demais
Não têm longa duração.

Em período de grande calor, os flocos que se amontoam e formam como que um mar de pequenas nuvens (Cantão de Lassay [Dujarrier]).

*

A la Chandeleur
Quand elle est claire
L'hiver est derrière,
Quand elle goutte
L'hiver est passé sans doute.

Na Candelária
Quando o tempo é claro
O inverno ficou para trás
Quando chove

O inverno, sem dúvida, passou (MAYENNE. Cantão de Villaines-
-la-Juhel [Sohier]).

*

Belles Rogations
Belle fenaison.
Boas Rogações
Boa ceifa.

Se o tempo estiver bom nas Rogações, é sinal de que fará bom tempo
para a ceifa. Nas Rogações faz-se uma procissão para implorar o bom
tempo. Não há, de modo algum, bom tempo antes das Rogações. – Isso
é verdade (MAYENNE. Gorron e *passim*, e em Argonne).

*

Beaux Sacres [début de juin]
Beau battre
Boas sagrações [início de junho]
Boa debulha

Existem duas sagrações, ou seja, os dois domingos do *Corpus Christi*: a
grande é o primeiro, enquanto no outro é a pequena sagração. Organi-
zam-se procissões e, se fizer bom tempo, espera-se que ele se mantenha
para debulhar o grão. É bastante raro se isso não acontecer. Mais cedo
ou mais tarde, o bom tempo acaba chegando (MAYENNE. Passim).

*

Telles Rogations, telle fenaison,
Tel sacre, tel battre.
Tell' Rogations
Tell' fenaison,
Tel Noël
Et tel Pâq's au pareil.

Tais Rogações, tal ceifa,

Tal sagração, tal debulha.

Tais Rogações

Tal ceifa,

Tal Natal

E tal Páscoa é igual.

Se chover nas Rogações, haverá chuva em todas as outras festas; e, se for o contrário, ocorre a mesma coisa (Cantão de Lassay [Dujarrier]; Bourg-Barré [Gaudin]).

*

Le jour des Ramiaux
Quand le vent est du haut
Il fait sec toute l'année.
[du haut = do Norte]

No Dia de Ramos
Quando o vento sopra do Norte
O ano inteiro será seco (MAYENNE. Cantão de Villaines-la-Juhel [Sohier]).

*

Se, durante a procissão no Domingo de Ramos, às 10h, o galo (do campanário) estiver voltado para o Norte, ele permanecerá nessa posição em três trimestres do ano. Há quem fique observando isso durante a procissão. [Alguns afirmam que não é somente se ele estiver voltado para o Norte, mas dependendo do fato de estar voltado para um lado ou para o outro. Opinião contestada por outros.]

Após a missa, as pessoas vão plantar o loureiro nos campos; isso preserva do granizo (Cantão de Chaillant. Saint-Hilaire-des-Landes [Bouffard etc.]).

*

En Mars
Le grain va à la chasse,
En Avri (l),
Il en revient un p'tit.

Em março
O grão vai à caça
Em abril
Ele retorna um pouco.

Em março, o tempo é ruim e o grão tem dificuldade em resistir; à medida que, em abril, chega o bom tempo, ele cresce em melhores condições (BOURG-BARRE [Gaudin]. Cantão de Gorron, Bressé [Babey]).

Páscoa

No Dia de Páscoa, quando o sol ilumina com seus raios o pé das árvores, é sinal de que haverá maçãs (MAYENNE. Cantão de Villaines-la-Juhel [Sohier]).

*

Existem anciãos que ficam observando a posição do sol nas festas: Todos os Santos, Natal e Páscoa. É necessário que o sol venha dardejar o pé das árvores [iluminá-lo com seus raios], em particular, das macieiras. Isso anuncia a frutificação; insufla esperança nas pessoas (Cantão de Gorron [Fourmont]).

*

Brouillards en Mar(s)
Gelées en Mai.
Nevoeiro em março
Gelo em maio.

É bastante raro que o número de dias de gelo em maio não seja semelhante ao dos dias de nevoeiro em março (MAYENNE. Passim).

*

Quand y pieut en Avri (l)
Ça vaut du fumier d' brebis.

A chuva em abril
Vale o esterco das ovelhas (Cantão de Villaines-la-Juhel [Sohier]).

Quand y tonne en Mar (s)
Faut dire: Hélas!
Quand y tonne en Avri (l)
Faut s' réjoui.

Quando troveja em março
Impõe-se dizer: ai de mim!
Quando troveja em abril
Convém regozijar-se.

Se o tempo é ameno em março, a grama começa a crescer e congela em abril (ILLE-ET-VILAINE. Cantão de Lassay [Dujarrier]).

*

Quand y pieut le jour Saint-Georges [23 avril]
Υ n'y a pas d'fruits à coque.
Quando chove no Dia de São Jorge [23 de abril]
Não há fruta com casca.
(cerejeiras, ameixeiras, damasqueiros, pessegueiros têm dificuldade para florescer.) Quando chove na Festa de São Marcos [25 de abril].

N'y a ni prunes ni prunards.
Quand y pieut le jour Saint-Philippe [ler mai]
Il n'y a ni tonneau ni pipe.
Não há ameixas, nem mirabelas.
Quando chove no Dia de São Filipe [1º de maio]
Não há tonel, nem pipa.

Isso significa que não haverá nenhuma fruta. O tonel é uma peça de cinco ou seis barricas; a pipa tem o conteúdo de duas ou três barricas. Bastará servir-se apenas de simples barricas (MAYENNE. Passim, particularmente em Saint-Denis-en-Gâtine [Péculier]).

*

Quand y pleut le jour de la Saint-Georges,
Ça coupe la gorge aux cerises.

211

A chuva no Dia de São Jorge,
Corta o pé das cerejas.

O gelo da primavera provoca a queda das cerejas. Ora, na nossa região, as cerejas têm muita importância para nós. As cerejeiras começam a florescer na Festa de São José (ARGONNE. Les Islettes [Petitjean]).

*

Mai frais et chaud
Remplit la grang' jusqu'en haut.

Maio ameno e quente
Enche completamente o celeiro.

Quando o tempo é, simultaneamente, úmido e quente, nesse momento tudo se torna rentável; a colheita será boa. Tudo depende do mês de maio (ILLE-ET-VILAINE. Mellé [Potier]).

*

Quand il pleut le jour Saint-Médard [8 juin]
Il pleut quarant' jours plus tard

Quando chove no Dia de São Medardo [8 de junho]
Choverá quarenta dias mais tarde (MAYENNE. Villaines-la-Juhel e por toda parte [Sohier etc.]).

*

Quand il pleut le jour de la Saint-Jean
Y a rien dedans.

Quando chove no Dia de São João
Não haverá nada dentro.

Isso refere-se às avelãs, cujas cascas estarão ocas, repletas de água e bichadas. Isso é verdade (ARGONNE. Les Islettes [Petitjean]).

La Miout
Ne laisse pas le temps comme ell' l' trou (v)e.
[*Miout* ou *Mioue* (?) = meados de agosto]

Em meados de agosto
Não deixe o tempo tal qual.

Isso significa que o tempo se altera em 15 de agosto.

À la Miout
Les nousill's ont le cul roux.

Em meados de agosto
As avelãs têm a casca ruiva.

As avelãs começam a amadurecer (MAYENNE. Cantão de Villaines-la-Juhel [Sohier]).

*

À la Miout
Les noix ont le cul roux.

Em meados de agosto
As nozes têm a casca ruiva (SAINT-MARS-SUR-COLMONT [Girard]; Bourg-Barré [Gaudin]).

*

Quand la gelée prend à Saint' Catherine
Tout groue jusque dans la racine.
(*Groue* = congela)

Quando há gelo no Dia de Santa Cararina
Tudo congela até a raiz.

O Dia de Santa Catarina é em dezembro [na realidade, em 25 de novembro]. O gelo chega a tal profundidade que atinge a raiz (ILLE-ET--VILAINE. Mellé [Potier]).

*

L'hiver est dans un bissac,
S'y n'est pas dans un bout
Il est dans l'autre.

O inverno está dentro de um alforje,
Se não estiver em uma bolsa
Estará na outra.

(Se o frio não vier cedo, acabará chegando mais tarde) (MAYENNE.
Cantão de Gorron [Fourmont]; Cantão de Lassay).

*

Quand il tonne aux avents de Noël,
l'hiver avorte.

Quando troveja antes do Natal,
o inverno aborta.

(Isso significa que o inverno será ameno) (Cantão de Chaillant. Saint-
-Hilaire-des-Landes [Boussard]).

*

Noël au pignon
Pâqu's au tison

Natal na empena
Páscoa no tição

Se o tempo estiver bom no Natal com sol, as pessoas pegam em uma
cadeira e sentam-se fora de casa – a empena é a parede lateral da
casa. – O tempo será ruim na Páscoa (Cantão de Lassay [Dujarrier].
Saint-Hilaire-des-Landes [Boussard]).

*

Quand on fait Noël aux mulons,
On fait Pâqu's aux tisons.

(*Mulon* = meda de palha horizontal)

Quando se passa o Natal em medas de palha
A Páscoa é passada junto aos tições.

Se o tempo estiver bom no Natal, as pessoas sentam-se na meda de palha, tomando sol (Cantão de Chaillant. La Baconnière [Baloche]).

*

Noël à table
Pâqu's au feu.

Natal à mesa
Páscoa junto à lareira.

Quando faz calor no Natal, as pessoas sentam-se à volta da mesa (SAINT-MARS-SUR-COLMONT [Girard]).

5 Crenças, superstições etc.

Serão dignas de crédito?

Discussão acirrada entre habitantes do Departamento de Mayenne para saber se ainda existem feiticeiros. Alguns chegam a defendê-los vigorosamente, enquanto outros são peremptórios: "Não existem feiticeiros; há pessoas instruídas que leem livros ruins ou não sei o quê". "Existem, sim; quando alguém está envolvido em tramoias, vai procurar um bruxo para fazer um passe. Outrora, só se falava em feiticeiros. E não é verdade que há livros de toda a espécie? A intervenção de alguns não contribui de modo algum para melhorar a situação da pessoa; e há quem imponha a uma mulher que fique sem urinar durante quinze dias. – Em Bourgneuf-la-Forêt (Cantão de Loiron) há um homem com cerca de 67 anos que é chamado feiticeiro; ele tem plenos poderes para agir. Certa vez, uma mulher roubou a grana de um vizinho; este foi consultar o feiticeiro. Aconteceu que a mulher nunca mais conseguiu entrar em casa; ela ficava dançando diante da soleira da porta. Então, ela foi confessar-se. Tendo recebido ordem do confessor para entregar a grana, ela ficou livre do bruxedo e pôde voltar para casa quando quis. O feiticeiro cura as verrugas ao fazer uma cruz por cima com a unha, mas a pessoa não deve molhar a mão durante o dia. Ele anda por todo o lado nos arredores e é mais estimado ao longe do que de perto: ao longe, é chamado "Senhor", enquanto de perto continua sendo "o feiticeiro".

O *lobisomem* [Guérou]

Imperturbável, apesar das risadas dos colegas incrédulos, Pannetier (La Croisille, Cantão de Chaillant, Magenne) afirma o seguinte:

> Meu pai viu um lobisomem. Tratava-se de um homem convertido em um grande carneiro que passava por um buraco da cerca. Ele aparecia sem dizer uma palavra e prosseguia seu caminho. Apesar das armadilhas, ele conseguiu evitá-las e o próprio cão perdeu seu rastro; assim, ele desapareceu.

O lobisomem. No *angelus* do final da tarde, ele comportava-se dessa maneira e, em seguida, de manhã, retornava como pessoa. Em vez de feiticeiros, trata-se de uma punição de Nosso Senhor. Isso ocorre há muito tempo.

A contestação dos outros refere-se não à existência do lobisomem a respeito da qual já tinham efetivamente ouvido falar, mas ao fato de que o pai de Pannetier tivesse conseguido vê-lo. São coisas de antigamente; há uns sessenta ou setenta anos que elas deixaram de ocorrer.

As *sacas de carvão* [Houbilles]

Mayenne, *passim*; Cantão de Gorron etc.

As sacas de carvão são indivíduos que utilizam roupas de cor cinzenta, como se fossem irmãs de caridade, ou dito por outras palavras, para amedrontar os transeuntes. Quando alguém consegue apanhá-los, acaba por desferi-lhes pancadas. As pessoas simples afirmam: "Vejam a besta".

Os *salteadores* [Liottes]

Trata-se de bandidos disfarçados com máscaras que assaltam os veículos, nos dias de feira, para roubar as pessoas que voltam do mercado; isso aconteceu, há três anos, com um açougueiro... São indivíduos piores que os lobisomens.

Péculier relata que, perto de Saint-Denis-en-Gâtine, existem dois locais – o Chêne friloux e o Gué du Verger [em geral, são lugares em que há cruzes] – pelos quais ninguém se atreve a passar por serem frequentados pela besta: bichanada etc. Ele próprio, tendo de passar perto do Chêne friloux, armava-se com um bastão; mas nunca chegou a ver o que quer que fosse.

Outrora, falava-se também de caçada do Rei Artur; mas tudo isso deixou de existir. Constata-se a existência de brincalhões que se divertem em assustar os medrosos ao se disfarçarem ou então ao colocarem na ponta de uma vara, em um lugar sombrio, uma abóbora embrulhada em um lençol. Além de desenhar na abóbora dois olhos, um nariz, uma grande boca, o interior é escavado para colocar velas acesas. Certa vez, uma costureira, ao retornar à noite de Gorron, passou por um desses espantalhos que tinha sido colocado em seu caminho para amedrontá-la. Tendo mantido sua serenidade, ela aproximou-se desse objeto e retirou as velas. A gargalhada dos outros era sinal de que eles aprovavam esse comportamento.

Fadas

Argonne: Les Islettes [relato de Petitjean]:

> Minha avó, que era dos 700 e tantos anos (século XVIII), estava encarregada de nossa guarda... Ela falava das fadas de outrora. Certo dia, chegou uma mulher que lhe pediu leite; como desculpa para recusar tal pedido, minha avó disse à mulher que tinha vendido todo o leite. À noite, durante o serão, caiu dentro de casa pela chaminé uma grande quantidade de cobras. Quem teria feito isso? – Perto de Clermont-en--Argonne, existe ainda o buraco das fadas.

Crenças diversas

O incrédulo Chennery (des Islettes): "Eu nunca poderia ter acreditado que ia fazer coisas como esta... Meu garoto, há um ano, tinha aftas". O pai deixou-se convencer em recitar uma oração durante nove dias; no segundo dia, o moleque tinha melhorado; ao fim dos nove dias, ele estava curado. "Antes, eu teria arrebentado de rir se me tivessem falado disso. O garoto sentia que isso lhe tinha feito bem; agora, ele não desgruda de mim e, antes disso, não suportava minha presença."

Velório

Prática ainda em uso nos departamentos de Mayenne e Ille-et-Vilaine:

No velório de alguém que teve uma boa vida, as pessoas acabam manifestando bom humor; são relatadas as travessuras do falecido e todo o mundo acha graça. Aliás, cada um vai apresentar sua adivinha. Pelo contrário, quando se trata de alguém que não goza de grande estima ou é uma bêbeda inveterada, as pessoas vão ao velório por conveniência, afirmando: "Nada merece além de uma pazada". – Na morte de alguém que atinge certa idade, é costume dizer: "Não fez grande estrago". (Isso significa que, ao morrer, não prejudica ninguém.) Isso depende da estima das pessoas: no velório de alguém que goza de boa estima, as pessoas afluem em maior número. No caso de um pai de família que deixa cinco ou seis filhos, esse não é um momento que se preste a um grande regozijo.

História divertida

Uma mulher leva três bois – cada um com seu nome – para a feira:

> *Bande à part,*
> *Tout ensemble,*
> *L'un et l'autre.*

> Rancho à parte,
> Tudo junto,
> Um e outro.

Então, a um comerciante que estava interessado na compra dos animais, a mulher – mais maliciosa que ele – pergunta-lhe se deseja "Tudo junto", "Rancho à parte" ou "Um e outro". O comerciante diz que leva tudo junto e paga o preço dos três animais, enquanto a mulher entrega-lhe apenas um: "Tudo junto". Eis o motivo pelo qual a mulher é mais maliciosa que o homem (MAYENNE. Cantão de Gorron. Saint-Aubin [Bourdon]).

V
Seitas russas

(Campanha de 1917)[571]

GRASS, K.K. *Die russischen Sekten*. I: *Die Gottesleute oder Chlüsten* (x-716 p. in 8º); II: *Die Weissen Tauben oder Skopzen* (Erste Hälfte, iv-448 p.). Leipzig: Hinrichs, 1907-1909.

Antes da publicação da obra de K.K. Grass, o conhecimento do público ocidental a respeito das seitas russas era tão precário quanto sua informação acerca do totemismo australiano, anteriormente à edição das obras de Spencer e Gillen[572]. No entanto, raciocinamos sobre a Rússia sem suspeitar que a religiosidade das seitas é um produto tão característico e um fator tão essencial da vida moral do povo russo como pode ser, na Inglaterra, o não conformismo; dissertamos sobre o tolstoísmo sem levar em consideração que ele não passa de uma transposição literária, para uso do mundo culto, das maneiras de pensar e sentir dos camponeses russos dissidentes, em 1912. Que a obra do Sr. Grass tenha sido possível e necessária mostra, por si só, o abismo que ainda hoje separa o mundo ocidental do caráter mais recôndito do povo russo; ora, o empenho do autor consistiu precisamente em preencher esse abismo. Ele estava preparado para essa tarefa porque já havia estudado a história da dogmática russa, além de ter traduzido a Sagrada Escritura dos *skoptsy* ou seita dos eunucos, não tendo poupado tempo, nem esforço, para ser bem-sucedido em seu trabalho. Tendo analisado criteriosamente a literatura russa, imensa e muito dispersa, referente ao assunto, ele fez questão de consultar diretamente as fontes, periódicos eclesiásticos e

---

571. "Sectes russes" [resumo]. *Année sociologique*, t. XI da primeira série, 1909, p. 181-186. Aqui, texto integral (cf. "Preâmbulo"). Resenha do livro de K.K. Grass, *Die Russischen Sketen*.

572. SPENCER, B. & GILLEN, F.J. *Native Tribes of Central Australia*, 1899. • *The Northern Tribes of Central Australia*. Londres: Macmillan, 1904.

atas impressas de processos movidos contra os dissidentes; além disso, para dar vida aos dados extraídos dos documentos por impressões visuais, ele visitou os principais centros e os lugares santos das seitas que eram objeto de seu estudo e tentou, sem muito sucesso, é verdade, entrar em contato com seus adeptos. O material recolhido no decorrer dessa longa e penosa investigação é apresentado em boa ordem e submetido a uma crítica imparcial e sólida; todos os textos essenciais estão traduzidos integralmente. Pela primeira vez, os investigadores que ignoram o russo estão em condições de formar uma ideia exata e completa do não conformismo russo. Trata-se de uma iniciativa bastante auspiciosa porque os fatos revelados pelo Sr. Grass, além de serem, para nós, inéditos e singulares, apresentam um interesse teórico, cuja importância dificilmente será superada.

A obra será composta por uma série de volumes; até agora, o único que foi concluído é o primeiro tomo, oferecendo-nos uma visão panorâmica da mais antiga seita russa atualmente existente – a dos *khlysty*, flagelantes ou Pessoas de Deus – de quem expõe a história, a doutrina, o culto e a organização.

A lenda e a história estão de acordo para estabelecer a origem dessa seita em meados do século XVII, na época conturbada que se seguiu, na Igreja, à reforma da liturgia introduzida pelo Patriarca Nikone. Enquanto uma parte dos devotos se revoltava contra as inovações nas quais eles viam a mão do anticristo e se separavam da Igreja para permanecerem fiéis à antiga liturgia, o fundador da seita, Daniil Filippovič, proclamava a ineficácia dos sacramentos, seja dos ortodoxos ou dos cismáticos: ele juntava os livros antigos e os novos no mesmo pacote para jogá-lo no fundo do Volga (I, p. 13). Desde então, a seita não deixou de opor aos livros humanos da Igreja e à própria Bíblia, que são letra morta para os simples fiéis, o divino "livro da vida" do qual ela é depositária e que fornece a todos, também e sobretudo aos iletrados, a revelação integral (p. 298ss.; cf. II, p. 156ss.). Essa oposição entre a religião morta e a religião viva constitui a essência da apologética *khlysty*. Na Igreja, tudo é inerte e afetado pela letargia: sua vã ciência e seus ritos formais, seus sacerdotes fariseus e seus ícones mudos, incluindo ainda seus santos desaparecidos e seu deus distante e inacessível (p. 183). Como a centelha divina, presente em cada homem, está sufocada sob as cinzas amontoadas pelos séculos sem fé (p. 660 e 693), a seita pretende reanimá-la com o sopro candente do Espírito Santo.

O êxtase é, ao mesmo tempo, o meio e o fim desse despertar espiritual; a seita é, antes de tudo, um ambiente em que se cultiva e desabrocha o entusiasmo extático, o qual apresenta sempre um caráter coletivo. Pode acontecer, sem dúvida, que indivíduos, dotados de poderes especiais, sejam visitados pelo Espírito quando estão sozinhos ou entre os profanos; mas isso é totalmente excepcional na medida em que, em geral, os próprios profetas chegam ao estado de inspiração somente no meio da comunidade reunida e tomada de entusiasmo (p. 295).

As reuniões cultuais, que constituem o núcleo da vida da seita, realizam-se de noite, a salvo dos olhares indiscretos, ou então em uma sala preparada para esse efeito, ou em uma simples granja, ou no fundo da floresta (cf. p. 498ss.). No início, são recitadas preces e cantos que lembram as manifestações anteriores da graça na seita e evocam o Espírito Santo; em seguida, começa a *radenije*, o "trabalho", o verdadeiro "serviço" de Deus (p. 266, nota 2). É a dança ritual que inclui algumas variantes. A mais característica é a seguinte: vestidos com longas túnicas brancas, os dançarinos, rodopiando em torno de si mesmos, formam uma espécie de roda que gira em redor de seu eixo no mesmo sentido do sol. Dentro do círculo sagrado, um ou vários profetas animam os dançarinos com a voz e a respiração. A cadência é marcada pelo canto e pelas batidas de mãos dos assistentes que não tomam parte na *radenije*; os próprios dançarinos cantam infatigavelmente um refrão que, em geral, limita-se a duas palavras – "Espírito, Deus" (*Dych, Bog*) – e é interrompido, de vez em quando, por interjeições que fazem lembrar estranhamente os gritos festivos das bacantes, evoé (p. 268ss.). No começo, os movimentos, apesar de serem executados com bastante rapidez, são regulares e ordenados. Mas, aos poucos – às vezes, após algumas horas –, o ritmo acelera-se até se romper totalmente: os dançarinos, estremecendo da cabeça aos pés, executam pulos frenéticos e perdem todo o controle. Então, toda a assembleia é invadida por uma exultação delirante: o Espírito baixou; só resta abandonar-se a ele. Homens e mulheres precipitam-se uns sobre os outros, ora para se esbaldarem desbragadamente, ora para medirem forças em uma luta sem tréguas. Alguns fazem longos discursos em línguas desconhecidas (p. 123, § 44); outros contemplam visões deslumbrantes; outros ainda andam de quatro e dão urros de animais. Todos se sentem transformados até o âmago de seu ser; sentem odores de uma suavidade tal que nada têm a ver com os perfumes comuns. São completamente insensíveis ao frio, ao cansaço e ao sofrimento físico. Essa anestesia, combinada com a extrema tenacidade de seu sistema muscular, dá-lhes a impressão de um estado de imponderabilidade e da possibilidade de voarem em pleno céu. Mas a graça suprema que recompensa os dançarinos pelo seu "trabalho" penoso é quando o Espírito Santo se digna fazer a assembleia ouvir, pela boca de suas "trombetas de ouro", a palavra divina. Abatido por convulsões, espumejando pela boca, o profeta vaticina, muitas vezes durante várias horas seguidas, sobre o passado, o presente e o futuro da comunidade – sobre o destino dos indivíduos, revelando seus pecados secretos ou sua morte iminente – sobre o tempo que fará e sobre a qualidade da futura safra; frequentemente obscura, sempre ritmada e rimada, a profecia "alimenta" a alma dos ouvintes, cumulando-os de alegria (II, p. 251ss.). Esgotados por tamanha agitação, os fiéis, antes de se dispersarem, acalmam-se cantando e comungando de uma refeição fraterna (I, p. 264-304, 381-402, 416ss. e 538ss.; II, p. 254).

Na atmosfera superaquecida da *radenije* emergem representações consideradas pela ortodoxia como produtos da fantasia e blasfematórias. A partir do momento em que o êxtase começa, as Pessoas de Deus experimentam a sensação de terem perdido o controle de seus corpos; tornam-se simples instrumentos a serviço de uma força que as domina, assumindo inteiramente o lugar das próprias vontades. É essa força que lhes comunica poderes prodigiosos, levando-as a realizar ações extraordinárias que a razão impassível denuncia como insensatas pelo fato de não perceber sua significação. Os *khlysty* definem essa força baseando-se em crenças tradicionais do cristianismo: em seu entender, o Espírito Santo é, em vez de uma pomba afável, um falcão sagaz e rápido como um raio e que, do alto do sétimo céu, arremete sobre sua presa, apoderando-se dela. É um ser selvagem, caprichoso e feroz: basta a presença de um profano para afugentá-lo (p. 264ss., 282 e 337ss.). Ao extravasar-se sobre os fiéis reunidos para recebê-lo, o Espírito confere-lhes uma espécie de divindade: ao solicitar sua admissão na seita, o neófito invoca, convocando-os, seus "deuses" (p. 373); e, entre si, eles adoram-se mutuamente como se fossem deuses uns para os outros (p. 426). De acordo com a observação do Sr. Grass, nesse aspecto nada há de blasfematório para o camponês russo porque ele está habituado a designar seus ícones por "deuses" (*bógi*), venerando-os como tais: considerando que as Pessoas de Deus são ícones vivos e, por conseguinte, impregnadas – em um grau ainda mais elevado do que ocorre com os outros – pelo Espírito Santo, elas podem perfeitamente reivindicar o nome e a qualidade de deuses (nota da p. 255; p. 353, nota 1). Essa divindade, difusa na seita, condensa-se nos profetas em quem o Espírito Santo reside com predileção e de maneira mais abundante e permanente. E, entre os próprios profetas, alguns homens e algumas mulheres usufruem de uma divindade eminente, em virtude de seus sofrimentos "messiânicos", ou de seus poderes excepcionais, ou de sua ascendência pessoal, ou de uma espécie de investidura hierárquica: trata-se de encarnações de "Deus Sabaoth", de "Cristo" e de "Mãe de Deus" que se sucedem, desde Daniil Filippovič, de geração em geração, e seu número é praticamente tão grande quantas são numerosas as comunidades *khlysty* separadas. O Sr. Grass, porém, insiste sobre este ponto: do simples fiel ao profeta e do profeta ao Cristo há uma diferença, não de natureza, mas de grau, a qual é às vezes dificilmente discernível e pode inclusive ser reduzida a uma simples distinção hierárquica (p. 263ss., 295ss., 327 e 493).

Essa multidão indefinida de Cristos e de Mães de Deus, que se oferecem à adoração de seus fiéis, é um escândalo para os teólogos ortodoxos: ela contradiz não somente o dogma, mas também a lógica. Alguns, para dar uma aparência de razão a esse absurdo, atribuem às Pessoas de Deus a opinião segundo a qual as almas de Jesus e da Virgem reencarnam-se, de geração em geração, no seio de sua comunidade. Mas, como o Sr. Grass observa acertadamente, a crença na transmigração das almas – que, afinal, se apresenta entre os *khlysty* apenas de maneira bastante esporádica – não estaria em condições de explicar um fenômeno geral e constante (p. 172ss., 253ss., 259, 261ss. e 357ss.); aliás, ela não justificaria a coexistência de um grande número de cristos simultâneos. Na realidade, o escândalo não existe para eles porque, mediante sua experiência religiosa, aprenderam a considerar o Cristo não como determinada individualidade, mas como uma força impessoal, suscetível de se propagar ao infinito, sem deixar de permanecer ela mesma. Nos cânticos da seita, "Cristo" e "Espírito Santo" são dois nomes intercambiáveis que designam a mesma entidade divina (p. 257, 328 e 352). O Cristo não se distingue da energia singular que, na *radenije*, invade o ser dos dançarinos e substitui a personalidade deles. Essa energia é que, ao encarnar-se em Jesus por ocasião do batismo, transforma o ser humano comum em um deus salvador dos homens. Todos os verdadeiros crentes são parte integrante, de alguma forma, do Cristo; alguns deles, porém, são possuídos por Ele em tal grau de potência e plenitude que acabam formado um só ser com Ele, devendo ser adorados à semelhança do Cristo ou da Mãe de Deus.

Se Jesus não passa de um Cristo como os outros, parece que não há motivo para considerá-lo como um ser incomparável e dedicar-lhe um culto especial. Os *khlysty* aceitam, às vezes, essa consequência de sua doutrina; para enaltecer seus inumeráveis Cristos, eles chegam inclusive a denegrir o Cristo único dos ortodoxos. Estaríamos, porém, equivocados em levar a sério tais hipérboles provocadas pelo ardor das polêmicas contra a Igreja. Na realidade, o Cristo do Evangelho, dos ícones e do culto tradicional domina toda a vida religiosa dos *khlysty* e obceca sua imaginação. Para eles, Jesus está efetivamente sentado no céu à direita de seu Pai. Todos os acontecimentos da vida de seus cristos são interpretados e pensados em termos evangélicos: se forem açoitados nas costas pelos policiais, diz-se que eles são crucificados. O sinal mais seguro que distingue um cristo de um simples profeta é a perfeição com a qual ele reproduz, em sua pessoa física e ao longo de toda a sua vida, os mínimos vestígios do modelo nazareno (p. 260ss. e 296).

Existe – declara o Sr. Grass – um hiato, uma contradição chocante: esses pobres teólogos, que são os camponeses *khlysty*, nem chegam a perceber que justapõem uma teoria herética a uma prática fundamentada inteiramente na ortodoxia (p. 643). No entanto, parece-nos que o autor comete, neste aspecto, o erro criticado por ele em vários de seus antecessores. Ele esquece que as Pessoas de Deus preocupam-se o menos possível em especular a respeito da natureza do Cristo e em estabelecer qualquer oposição entre um dogma e outro: sua única preocupação consiste em alcançar a própria salvação e a dos outros pela posse direta do Espírito Santo (p. 252 e 264; p. 347, nota 1; p. 356). Se a teoria dos *khlysty* brotou espontaneamente de sua prática que é a própria expressão e justificação de tal teoria, é inverossímil que ela a contradiga de maneira tão flagrante.

Na realidade, apesar de sua contradição com o dogma ortodoxo da encarnação, a cristologia pneumatológica da seita conecta-se facilmente com as representações implicadas no culto ortodoxo: além de aceitá-las, apoia-se nelas e vai ajustá-las às necessidades de uma religiosidade extática. Se o Cristo está realmente presente sempre que a missa é celebrada pelos sacerdotes profanos da Igreja secular, por que não estaria realmente presente na hóstia viva que é um homem divino, marcado pelo selo do Espírito, cuja vida de um extremo ao outro não passa de uma longa paixão? E uma vez que se adoram quase tantas Mães de Deus, distintas embora idênticas, quantos são os santuários na Igreja, por que motivo cada comunidade *khlysty* deixaria de ter também a sua, encarnada não na madeira de uma estátua inerte, mas na carne de uma mulher santa? (p. 258; p. 353, nota 1 e p. 668; II, p. 373). Apesar de algumas afirmações isoladas, a seita acredita, à semelhança da Igreja, que houve um tempo miraculoso em que a graça divina se difundia abundantemente na Terra: isso ocorreu no começo da era cristã. Mas, enquanto a Igreja considera esse tempo como abolido e empenha-se unicamente em prolongá-lo e espalhar sua influência pelos sacramentos e pelos ícones, a seita não se contenta com esses precários reflexos de uma santidade que ela pretende possuir imediata e inteiramente (p. 366). Pelo êxtase, que não conhece tempo nem espaço, o passado evangélico torna-se um presente sempiterno (p. 350ss.). A posse do Espírito Santo, ou seja, do Cristo impessoal, identifica cada comunidade *khlysty* com o bando santo, cujo chefe é Jesus: eis o motivo pelo qual cada uma delas tende a constituir-se em uma pequena sociedade completa, dotada não apenas de um Cristo e de uma Virgem-Mãe, mas, se possível, de um João Batista, de mulheres santas e de apóstolos. Muito longe de dissolver as representações aceitas e mantidas pelo culto oficial, o entusiasmo das Pessoas de Deus confere-lhes uma intensidade, um relevo e uma atualidade de que elas estavam despojadas; ou, melhor dizendo, as imagens tradicionais, representadas e vivenciadas pelos fiéis, deixam de ser imagens e tornam-se o próprio âmago de seu ser espiritual.

Para se tornarem deuses vivos, transformando seu corpo em uma morada agradável ao Espírito Santo, os *khlysty* devem extirpar neles quaisquer sentimentos e desejos que venham a conspirar contra a santidade. Ao ingressar na seita, cada neófito faz voto de recusar a participação em festas e folguedos do mundo, de abster-se de todos os alimentos "gordurosos" e de bebidas alcoólicas, enfim e, sobretudo, de observar uma castidade rigorosa (p. 309ss.). – O ato sexual é sempre e em todo lugar um pecado abominável; o horror que inspira é tal que envolve até mesmo a maternidade e leva a considerar as crianças de tenra idade como seres impuros e quase demoníacos (p. 159, 315, 559 e 573). Em vão, a Igreja humana pretende abolir ou atenuar a mácula carnal ao transformar o matrimônio em um sacramento: o labéu permanece intacto e contamina a Igreja que tenha a ousadia de consagrá-lo. A seita não reconhece nenhuma validade ao matrimônio oficial em que Deus não participa e que corrompe a fruição carnal; pelo contrário, ela aprova as uniões formadas entre seus membros pelo Espírito Santo e que, pelo menos, em princípio, consistem em um puro intercâmbio de serviços espirituais e econômicos. A esse ascetismo negativo, que se impõe a todos como a condição estrita da salvação, acrescenta-se um ascetismo ativo e conquistador, cujas variantes são inumeráveis segundo a vocação, a energia e a imaginação dos fiéis. Para os *khlysty*, o fato de obrigar o corpo a dispender um esforço penoso e de subjugar, pelo esgotamento, a carne não é de modo algum o menor mérito da dança sagrada (p. 305ss.). Os mais fervorosos, porém, sobretudo os profetas e os cristos, acrescentam a esse "trabalho" santo toda a espécie de exercícios mortificantes: andam descalços na neve, fazem jejum absoluto durante dias inteiros, usam cilícios ou se flagelam no decorrer da *radenije*.

O ideal de santidade, que as Pessoas de Deus realizam da melhor maneira possível, não é sua propriedade exclusiva; ele não se distingue em nada do ideal que a Igreja russa, fiel à tradição bizantina, implantou profundamente na consciência de seus fiéis. O *khlysty* pálido e magro, cuja única preocupação relativamente ao corpo consiste em martirizá-lo, corresponde perfeitamente à ideia que o povo ortodoxo tem, há vários séculos, do verdadeiro "homem de Deus". Mesmo quando ele se entrega à embriaguez e à mais obscena sensualidade, o camponês russo admira e reverencia aqueles a quem designa como "heróis", os virtuosos do ascetismo (p. 320ss. e 568). Mas, para os cristãos comuns, a verdadeira santidade continua sendo um ideal proposto, sem ser imposto, pela Igreja: eles nem tentam conformar-se a ele, salvo em determinados momentos do ano, na proximidade das grandes festas em que a presença divina exige dos fiéis uma pureza excepcional. Para as Pessoas de Deus, porém, não há distinção entre leigos e religiosos, visto que todos são habitados pelo Espírito Santo; e a Quaresma estende-se pelo ano inteiro porque não há semana sem sua Páscoa ou seu Pentecostes. O ascetismo excepcional da Igreja torna-se entre eles a regra de todos os instantes e determina o nível comum e obrigatório da religiosidade, acima do qual o fiel terá de elevar-se a fim de atingir uma santidade especialmente intensa. Para justificar seu rigorismo, a seita alega um dualismo radical que confere à escatologia dos *khlysty* uma feição bastante heterodoxa: se, em vez de serem santificados, os desejos e os instintos da carne devem ser suprimidos, é porque a carne é irredutivelmente profana. A alma é a única a ser capaz do divino; assim, quando vier o dia do Juízo, o mundo não será regenerado, nem os corpos hão de ressuscitar (p. 308 e 362ss.). Em vez de terem surgido de uma revolta especulativa contra a doutrina tradicional, essas opiniões heréticas marcam simplesmente a atitude intransigente dos *khlysty* a respeito do mundo e da carne, com os quais a Igreja oficial é conivente. Ainda neste aspecto, a originalidade da seita, em vez de residir no conteúdo das representações religiosas, tem a ver com o poder e o exclusivismo mediante os quais essas representações dominam a vida inteira de cada fiel.

A prova cabal de que o ascetismo *khlysty* se limita a pôr em prática as regras tradicionais da santidade é a estreita afinidade que existe entre a seita e as comunidades monásticas, as quais, no interior da Igreja, estão empenhadas, por sua vez, em fazer com que o ideal cristão se torne uma realidade viva. É um fato significativo que, no século XVIII, os principais focos do movimento *khlysty* tenham sido conventos e que vários de seus chefes mais influentes tenham sido monges ou monjas. O monaquismo ortodoxo foi, para as Pessoas de Deus, um modelo que elas procuraram reproduzir, não somente em suas regras de vida, conformes à prática monástica, mas também, com as devidas adaptações, em sua maneira de vestir e na organização de sua vida doméstica: as moças *khlysty* levam frequentemente uma vida comunitária em verdadeiros claustros (p. 157ss., 310, 320, 494, 497 e 574ss.; II, p. 417). Mas, apesar de terem o maior respeito e admiração pelos princípios monásticos, as Pessoas de Deus menosprezam categoricamente as ordens religiosas que pretendem aplicá-los. Ligados à Igreja carnal cuja lei aceitam, reivindicando o mérito da pureza que se impõe a todos os verdadeiros crentes, privados enfim da comunicação direta com Deus, os monges ortodoxos deveriam ser afetados também pela morte espiritual: assim, é possível encontrar bêbados e depravados nos conventos; aliás, nesses lugares, são raros os "verdadeiros monges" (p. 436ss., 477 e 468). A seita *khlysty* apropria-se do ideal monástico, deturpado pela Igreja, a fim de salvaguardá-lo, fazendo com que ele prevaleça enquanto referência da verdadeira religiosidade; a todos os cristãos preocupados com a própria salvação, ela providenciará o acesso a um monaquismo libertado, regenerado e vivificado pelo Espírito Santo.

A posse do Espírito Santo – concedida, aliás, apenas aos puros – é a única que permite alcançar a pureza completa e duradoura; o ascetismo e o êxtase sustentam-se e condicionam-se mutuamente. Para o Sr. Grass, neste aspecto, há uma espécie de paradoxo que constituiria a característica essencial do movimento *khlysty*. Com efeito, o caráter próprio do êxtase consiste em libertar o fiel, desligá-lo de toda coação, enquanto o ascetismo, pelo contrário, vai subjugá-lo a regras estreitamente definidas. Alguns profetas *khlysty* teriam experimentado, aparentemente, o sentimento dessa profunda contradição e sacrificaram o ascetismo ao entusiasmo; no entanto, essas tentativas isoladas foram efêmeras. Em seu conjunto, a seita *khlysty* manteve sempre o equilíbrio entre as duas tendências divergentes; com efeito, sua característica é precisamente essa união (p. 223ss., 239ss., 247 e 321ss.). Mas o Sr. Grass terá a certeza de que essa conciliação dos contrários é particular às Pessoas de Deus? Não será verdade que, em diversos graus, todas as religiões acabam impondo a seus fiéis uma severa disciplina relativamente à vida cotidiana e, em determinados momentos, enaltecem suas existências levando-os a comungar com o divino e dando-lhes assim a sensação de um poder ilimitado? Mesmo que exista uma contradição lógica entre o conceito do êxtase e o do ascetismo, trata-se afinal de duas atitudes complementares e intimamente associadas na realidade da vida religiosa; a experiência *khlysty* permite-nos precisamente entrever a relação interna que une essas duas formas de culto.

Vimos que a participação no Espírito Santo exclui as festas profanas, a fruição sexual e o uso de bebidas alcoólicas. Ora, o êxtase, tal como é praticado pelas Pessoas de Deus, é de uma ordem semelhante à dos pecados aos quais ele se opõe. Trata-se, em primeiro lugar, no sentido mais genuíno da palavra, de uma festa durante a qual são entoadas belas canções populares (p. 404ss.) e os fiéis dançam ensandecidamente. Em seguida, uma verdadeira orgia aproxima os dois sexos em uma agitação frenética que ignora as habituais convenções. De acordo com numerosos autores russos, essa licenciosidade sexual seria estimulada até o *swalnü grech*, o pecado coletivo: no decorrer da *radenije*, homens e mulheres unir-se-iam sem se preocuparem com o parentesco ou com os laços conjugais contraídos na Igreja; os filhos que viessem a nascer dessas uniões teriam sido gerados pelo Espírito Santo. Segundo o Sr. Grass, o *swalnü grech*, à semelhança do assassinato ritual, nunca existiu a não ser na imaginação rancorosa dos ortodoxos; no entanto, o autor não deixa de reconhecer que, à exaltação religiosa dos *khlysty*, se mistura um elemento erótico bastante acentuado (p. 390, 434ss. e 447). Enfim, nos cânticos da seita e nos testemunhos de seus adeptos, o êxtase é assimilado constantemente a uma embriaguez: o Espírito Santo é uma "cerveja espiritual" com a qual as Pessoas de Deus "se embriagam" com deleite (p. 272ss., 289ss., 678 e 686). Mas as festas e os prazeres sensuais são, sobretudo, para o camponês russo, um expediente para esquecer-se de si mesmo e evadir-se do real que o oprime. Ora, em que devassidão, em que álcool essa necessidade poderia encontrar uma satisfação mais intensa do que na *radenije*, a qual transforma um pobre casebre em um paraíso celestial? Em vez de homens que dançam, são anjos que rodopiam, batendo asas, em redor do Senhor, e cujo júbilo delirante proclama a glória de Deus (p. 200, 304ss. e 363). Ao lado dessa alegria, as fruições carnais parecem ser insípidas e desprezíveis. O amor pela *radenije* é uma verdadeira paixão que não admite partilha, excluindo qualquer outra paixão (p. 323 e 394ss.). Para uma multidão de camponeses, o único meio de sair da devassidão e da bebedeira – cuja cura não pode ser conseguida "nem pelo papa, nem pelos popes" – consiste em ingressar na seita das Pessoas de Deus (p. 508, 526, 559 e 661; cf. II, p. 250). Assim, é justamente por causa de seu caráter orgiástico que o êxtase *khlysty* inspira e permite o ascetismo.

Vencedores da carne e alimentados pelo Espírito Santo, as Pessoas de Deus formam na terra uma comunidade de justos, a única Igreja Apostólica, o Reino de Deus. O sentimento de sua superioridade espiritual enche de orgulho esses camponeses incultos e humilhados. Eles só experimentam menosprezo pela Igreja ortodoxa que os persegue, por esses "judeus" que não se cansam de ignorar e crucificar o Cristo sempre presente (p. 199, 338ss., 487, 660 e 663ss.). Eles sentem-se acima das grandezas temporais e do próprio czar, considerando que o czar celeste habita entre eles (p. 649, 270, 352 e 661). Cercada por um mundo profano, a seita entrincheira-se no segredo. O Sr. Grass esclareceu perfeitamente o verdadeiro caráter dos arcanos peculiares aos *khlysty*. Não se trata de uma medida de prudência, inspirada pelo desejo de escapar à perseguição: um grande número de Pessoas de Deus, que teriam conseguido salvar-se mediante a divulgação de sua fé, preferiram a tortura e a morte. Mas o conhecimento dos meios pelos quais se adquire o Espírito Santo é um grande mistério, cuja posse era atribuída aos Antepassados e aos santos de outrora, reencontrado agora pelos *khlysty* (p. 69 e 111). Sua divulgação equivaleria a entregar o divino aos impuros, profanar o Espírito Santo e esse sacrilégio retiraria toda a energia da *radenije*. A hipocrisia torna-se, desde então, um dever: os *khlysty* são frequentemente os devotos mais zelosos da Igreja a fim de estarem nas melhores condições para dissimular seu culto secreto (p. 334ss. e 504ss.). Permanecendo retraída em si mesma, a seita cresce a expensas do mundo profano por meio da iniciação. No entender das Pessoas de Deus, a entrada em sua comunidade possui um valor sacramental: enquanto o batismo ortodoxo é frívolo e ineficaz, a iniciação ao Espírito Santo é um verdadeiro batismo que confere ao neófito o perdão de seus pecados, abrindo-lhe o acesso ao mundo divino (p. 109, 119, 126, 369ss. e 410ss.).

O mistério, do qual os *khlysty* são depositários, tem de ser dotado de uma singular força de atração; com efeito, essa seita, apesar de não exigir dos adeptos que contribuam para sua perpetuidade, já perdura há mais de dois séculos e meio, estando espalhada atualmente por todos os distritos agrícolas da Rússia e contando, segundo parece, entre cento e cinquenta e duzentos mil membros; mas essa estimativa numérica fornece apenas uma ideia bastante insuficiente de sua influência sobre o povo russo (p. 505ss.). É sobretudo entre os camponeses – e, em particular, entre as mulheres – que são recrutadas as Pessoas de Deus (p. 315, 323 e p. 446, nota 1); de fato, a doutrina proposta pelos *khlysty* parece estar adaptada admiravelmente às exigências religiosas e morais desse público. Na Igreja, o camponês sente-se, em parte, tratado como estranho e inferior: indicam-lhe o que deve fazer em uma linguagem de difícil compreensão para ele, a partir de livros a que ele não tem acesso. Pelo contrário, entre as Pessoas de Deus, a ignorância, em vez de ser um defeito, é, de preferência, um mérito: em geral, existe nessa comunidade uma aversão por aqueles que sabem ler (p. 495; II, p. 374). Na seita, o povo sente-se como se estivesse em casa; reencontra aí a verdadeira identidade com suas velhas canções (p. 402ss.), suas velhas crenças e seus velhos costumes (p. 363ss., 430ss. e 603ss.); com sua veneração pelos mudos e fracos de espírito (p. 43 e 269; II, p. 27, 55 e 139); enfim, com o seu horror pelos costumes ocidentais, pelo fumo e pela batata[573] que é "a maçã [*pomme*] do diabo" (p. 311 e 313). – O cristianismo oficial dirige-se sobretudo à razão e à memória do crente que, ao assistir ao serviço divino, deve permanecer mudo, imóvel e impassível; sua atividade reduz-se a recitar preces que aprendeu de cor e a executar gestos mecânicos. A religião das Pessoas de Deus, porém, exige a participação de todo o seu ser, físico e moral, de sua imaginação ingênua, de seu instinto dramático e, até mesmo, de sua energia muscular. A seita dá a palavra e o movimento ao povo reunido, além de transformá-lo no verdadeiro oficiante do culto. A Igreja soube inculcar nos crentes um ideal ascético bastante severo; mas não lhes fornece a energia para realizá-lo, tampouco chega a exigir-lhes tal atitude. O contraste entre o ideal recebido de uma santidade integral e a realidade de uma vida apagada e quase animalesca desenvolve, entre um grande número de camponeses russos, um estado doloroso de má consciência, de dilaceramento interior e de humilhação. A seita fomenta e satisfaz a necessidade de uma vida mais altiva, nobre e estimulante: ela convida seus adeptos a realizar, finalmente, o sonho tradicional, além de torná-los capazes de um esforço heroico ao erguê-los acima de si mesmos pela virtude do entusiasmo. Essa unidade moral, enfim, encontrada no seio de uma comunidade fraterna, fornece o contentamento interior e o repouso da alma a uma multidão de seres cansados de lutar e sedentos de paz (p. 327ss., 354, 359ss., 551ss. e 659). Até mesmo os inimigos dos *khlysty* reconhecem que o nível moral dos membros dessa seita, apesar das imperfeições inevitáveis, é incomparavelmente superior ao de seus congêneres ortodoxos (p. 503ss.). Finalmente, enquanto a Igreja consagra e torna ainda mais penoso o estado de dependência material e moral em que vive o povo do campo, a seita vai erguê-lo, de estalo, acima de seus senhores, garantindo-lhe uma desforra tanto mais radical pelo fato de produzir-se na ordem espiritual. Se as mulheres são mais acessíveis à propaganda *khlysty* é pelo seguinte motivo: para elas, ainda mais do que para os homens, é impressionante o contraste entre a posição humilhante a que são condenadas pela Igreja e as expectativas ilimitadas que lhes são oferecidas pela seita (p. 495ss. e 559). O Espírito Santo, com seu impetuoso sopro, derruba as barreiras legais, as distinções de classe ou de sexo: ele transforma uma mulher miserável em uma Mãe de Deus, assim como um servo em um anjo e, talvez, em um Cristo (p. 623, 659 e 651). Por que seria surpreendente que essa religião popular, dramática, ativa e emancipatória, que assume o camponês tal qual ele é para divinizá-lo, seja considerada por ele como a única religião viva e eficaz?

Contudo, se a posse do Espírito é para os *khlysty* uma fonte sempre viva de entusiasmo e de emoções, ela não conseguiu prodigalizar à comunidade a uni-

---

573. No original, *pomme de terre*, literalmente: maçã da terra [N.T.].

dade e a estabilidade que são o triunfo da Igreja. A seita é caracterizada por uma vida coletiva extremamente intensa (p. 503) e, ao mesmo tempo, por uma estrutura social muito frágil e instável. As Pessoas de Deus de todos os tempos e de todos os lugares apresentam determinados traços comuns que as distinguem de todos os outros cristãos, ortodoxos, cismáticos ou sectários, a saber: elas levam o mesmo nome prestigioso, participam do mesmo mistério, cantam os mesmos cantos e seguem os mesmos métodos para alcançar a salvação; enfim, independentemente de seus Cristos vivos e particulares, todos os fiéis veneram os seis primeiros Cristos, fundadores da seita, assim como os lugares santificados por sua presença (p. 255, 406 e 454ss.). Nunca, porém, essa comunidade de crenças e práticas chegou a tomar corpo em uma organização sólida e coerente. À margem da Igreja, da qual continuam oficialmente a fazer parte, os *khlysty* formam "naves", ou seja, cenáculos de iniciados geralmente pouco numerosos; na Rússia propriamente dita, seu número é, em geral, de dez a quarenta membros e, no máximo, cem (p. 507). Sob a ameaça da perseguição, eles dedicam-se em segredo à dança extática. Numerosas dessas pequenas comunidades fechadas bastam-se a si mesmas; dotadas de um Cristo e de uma Mãe de Deus, ou simplesmente de um dos dois, elas deixam-se conduzir pelo Espírito Santo (p. 492). Algumas vezes, duas "naves" vizinhas, e os Cristos que estão à sua frente, acabam enfrentando-se em violento conflito (p. 258 e 672); inclusive, às vezes, o grupo local está dilacerado por conflitos internos, lutas de ambição ou de doutrina. Pode ocorrer que um profeta diga ao colega: "Sou um deus maior do que você" (p. 283). Com bastante frequência, essas rivalidades redundam em cisões: os dois segmentos da antiga "nave" vivem sua vida própria e ambos pretendem a posse exclusiva do Espírito Santo, sem que haja intervenção de qualquer autoridade superior (p. 179, 239ss. e 497ss.). Noutros lugares, pelo contrário, várias comunidades do mesmo distrito juntam-se em redor de um centro, o único que possui verdadeiros "deuses vivos", enquanto elas devem contentar-se com simples profetas. Sobretudo na região do Cáucaso, na qual os *khlysty* usufruem de uma espécie de tolerância e vivem não entre os ortodoxos, mas no meio de uma população muçulmana ou gregoriana, veem-se grupos esparsos que se reúnem e tomam lugar em uma organização extensa e centralizada. Os nomes de Deus Sabaoth, de Cristo e de profeta tendem então a designar não mais graus de inspiração e de santidade pessoal, mas títulos e funções em uma hierarquia análoga à da Igreja (p. 249ss., 254ss., 296ss., 423ss., 493, 498 e 501).

Ao mesmo tempo em que essas veleidades de organização parcial, observa-se, entre os *khlysty*, uma tendência a reintroduzir em seu culto, decalcando-os, os ritos da Igreja ou então a instituir novos ritos que têm a aparência de êxtase cristalizado (p. 426 e 429ss.); no entanto, em geral, trata-se de mudanças locais e temporárias que não chegam a alterar a fisionomia de conjunto da seita. Alimentado pela cultura ocidental, o Sr. Grass manifesta total surpresa e está como que desnorteado pelo fato de não encontrar, na vida religiosa dos russos, nenhuma evolução verdadeira, e pelo fato de ter de escrever "uma história sem história" (p. 248). Com efeito, o desenvolvimento histórico, tal como estamos habituados a concebê-lo, pressupõe a continuidade, garantida pela tradição e pela organização, e, ao mesmo tempo, a criação de novas formas, suscitadas pelo movimento da vida. Ora, na Rússia, a Igreja transformou em lei a imutabilidade absoluta; as únicas mudanças ocorridas aí consistem em opor uma tradição a outra ou em modificar o equilíbrio dos elementos tradicionais (p. 643). E a seita, pelo contrário, reduz voluntariamente ao mínimo a parte da tradição e da organização para deixar o campo livre ao Espírito, que é o único a dar vida. Assim, é possível observar aí variações sem sequência nem fim: em determinado lugar, o movimento *khlysty* adapta-se aos ambientes luterano ou batista no qual penetrou e se impregna de representações adventistas (p. 508ss., 524ss. e 557); em outro lugar, ele suporta durante algum tempo a influência doutrinal de um dos seus profetas, afastando-se em direção à mística ou ao panteísmo (p. 211ss., 567ss. e 578ss.). A energia divina impessoal, desembaraçada dos limites nos quais estava confinada pelo dogma, pode deslocar-se ao sabor da imaginação popular e fixar-se ora no busto de Napoleão, ora nos retratos do Pe. João de Cronstadt[574] (p. 210 e 562ss.). A seita dá assim origem, por uma espécie de ressurgência incessante, a um grande número de novas seitas, consideradas frequentemente pelos autores russos como independentes; apesar disso, o Sr. Grass acredita encontrar nelas os elementos essenciais do movimento *khlysty*. Essa incerteza é, aliás, uma de suas características. Na realidade, a seita das Pessoas de Deus não chega a ser, no sentido estrito, uma sociedade religiosa constituída; trata-se preferencialmente de um "despertar" que se propaga, de lugar em lugar, e recomeça perpetuamente, guardando sempre o mesmo núcleo de representações fundamentais sob a diversidade indefinida de suas manifestações.

No entanto, do seio dessa religiosidade difusa e movediça, surgiu uma seita incomparável por seu fanatismo selvagem, por sua individualidade acentuada e pelo ódio violento que ela inspira às outras Pessoas de Deus: trata-se dos *skoptsi*. O Sr. Grass dedica-lhes o segundo volume do qual, até agora, só foi publicada a primeira metade. Esse texto fornece-nos abundantes informações sobre a vida, personalidade e doutrina do iniciador Selivanov, assim como sobre o primeiro

---

574. Santo ortodoxo russo, falecido em 20 de janeiro de 1908. Desde 12 de janeiro de 1909, o Imperador Nicolas II publica um edito pelo qual solicita ao Santo Sínodo a criação de um dia de preces em memória do Pe. João de Cronstadt, no dia do aniversário de sua morte. Em decorrência da Revolução Russa e consequente perseguição da Igreja sob o regime comunista, sua canonização ocorreu somente em 1964 pela Igreja Russa *extra muros*, tendo sido confirmada pelo Patriarcado de Moscou em 1990 [N.T.].

desenvolvimento da seita. Apesar do estado inacabado dessa obra, vamos tentar descobrir o significado e a razão de ser do movimento *skoptsi*[575].

Em relação à seita mãe, ela caracteriza-se mediante dois traços principais: em primeiro lugar, uma organização social infinitamente mais forte, uma verdadeira centralização. O que tem um efeito extremamente instrutivo, paralelamente à dispersão extrema do divino que caracteriza a cristologia das "Pessoas de Deus", a divindade tende a encerrar-se de novo nos limites de uma personalidade definida e simplificada que é a do fundador da seita, Selivanov (II, p. 185, 211ss. e 338).

E, em seguida, a característica fundamental da seita, o ritual da castração, explica-se pela exasperação sexual e religiosa que é semelhante à orgia sagrada da *radenije*. Ao pregar a castração completa, os *skoptsi* permanecem fiéis ao ideal dos *khlysty*, pretendendo facilitar sua realização mediante uma operação radical e segura. Essa inovação, porém, altera o ritual. Ao concentrar todo o interesse da seita em um rito sangrento de iniciação e em uma pureza adquirida de uma só vez, ela repercute sobre toda a vida religiosa. A dança extática tende a se tornar, entre os *skoptsi*, uma simples formalidade cultual e os cantos inspirados dão lugar a elucubrações complacentes sobre os méritos da castração (II, p. 315, 338 e 436).

Com uma consciência e um zelo admiráveis, o Sr. Grass empreendeu a tarefa de levar as seitas russas ao conhecimento do público da Europa Ocidental que as ignorava quase totalmente. Essa obra, que abrangerá uma série de volumes, promete ser um maravilhoso repertório de fatos a partir dos quais o psicólogo, o historiador do cristianismo e o observador da Rússia contemporânea poderão extrair preciosos ensinamentos. A julgar pelos dois volumes iniciais, os únicos que foram publicados até agora, o sociólogo deverá manifestar seu agradecimento ao Sr. Grass.

É em um mundo singular que o Sr. Grass nos introduz. Sob os nomes de Deus Sabaoth, de Cristo e de Mãe de Deus, inumeráveis homens-deuses circulam nesse mundo cercados de um cortejo fervoroso de adoradores.

No entanto, não há diferença entre as representações [dessas seitas] e as representações tradicionais da Igreja. [As pessoas míticas] são as mesmas. O ideal ascético é o mesmo. A única distinção entre a seita e a Igreja é a seguinte: o ideal, em vez de permanecer platônico ou reservado a alguns, impõe-se a todos integralmente. Os pequenos grupos de camponeses exaltados que constituem a *Christowschtina*, ao se apropriarem do cristianismo, modificam seu caráter. Ela deixou de ser uma religião letrada, dominada pela lógica, administrada por um pessoal especializado e ligada aos poderes do Estado. A seita devolve a palavra ao

---

575. "O manuscrito definitivo termina aqui: uma parte foi publicada em um relatório impresso; a outra existe apenas na forma de rascunho. Tentamos reconstituí-lo, mas não conseguimos evitar algumas repetições que, aliás, preferimos deixar subsistir" [Comentário de M. Mauss].

povo reunido em assembleia, transformando-o no principal oficiante do culto. Ela satisfaz a necessidade experimentada pelo povo no sentido de tentar evadir-se do real e viver uma vida mais altiva e estimulante; enfim, ela vai erguê-lo, de estalo, acima de seus senhores, os popes, e do próprio tzar, transformando um servo em um Cristo.

Foi constatado que o cristianismo desses camponeses incultos lembra bastante o das comunidades cristãs descritas por Paulo. Para nós, porém, impõe-se outra equiparação. Essas danças ritmadas, que se prolongam durante várias horas para culminar em alucinações coletivas e a transes proféticos; essa força impessoal que circula através das pessoas e das coisas; esses homens-deuses, cujo sopro, unhas e cabelos são recolhidos piedosamente pelos adoradores, todas essas representações e práticas hão de parecer estranhamente familiares a quem quer que esteja ao corrente da literatura etnográfica. Seria inútil procurar explicar a existência de um parentesco tão impressionante alegando pretensas reminiscências do antigo paganismo finlandês (I, p. 601ss.). É provável que nos encontremos aqui na presença de fenômenos, de um fenômeno que não está absolutamente ligado a este ou aquele credo particular, mas que se reproduz todas as vezes que ocorre determinado estado social e mental. Esse estado, cuja definição está sendo estabelecido laboriosamente pela sociologia, caracteriza as sociedades inferiores, ao passo que sua manifestação nas sociedades mais avançadas ocorre apenas de maneira excepcional e passageira, nos períodos de crises em que a vida religiosa cria novas formas ou desperta de seu torpor.

Se a religião australiana e, na sequência, a cristandade primitiva e a seita russa apresentam uma semelhança surpreendente de representações e práticas, é porque todas elas emanam de uma "sociedade em efervescência", para retomar uma expressão de Durkheim. As condições especiais da vida camponesa russa fazem com que essa efervescência possa manter-se quase indefinidamente; daí a persistência e o sucesso dessas seitas. O fato de que semelhante exaltação mística possa existir na Rússia, em estado endêmico, e se propagar em determinados momentos na sociedade mais alta, explica-se apenas pelas condições anormais em que vive o povo russo; e ela apresenta aí um caráter tanto mais temível quanto maior for o grau de sua inspiração nas representações dualistas que são comuns a todo o cristianismo oriental.

[Enfim, para nós, do ponto de vista das condições sociológicas da representação religiosa,] temos aqui uma experiência crucial. Com efeito, nos movimentos *khlysty* e *skoptsi*, observa-se a maneira como a noção fundamental da religião troca de caráter segundo o estado da comunidade crente. Quando a vida coletiva é intensa, agitada [e ao mesmo tempo] difusa, a noção do Cristo assume um caráter impessoal. O Cristo não se distingue do Espírito Santo. A energia religiosa é impessoal, transmissível a toda a espécie de homens-deuses que circulam na seita cercados de cortejos de adoradores fervorosos. Quando a sociedade religiosa tende a reconstituir-se sob formas rígidas e centralizadas, a noção do Cristo é prevalecente; o Espírito Santo é apenas a emanação do "deus" que, no caso concreto, é o fundador do movimento *skoptsi*.

Estas poucas observações serão suficientes para dar uma ideia da extrema importância sociológica dos fatos que o Sr. Grass fornece à ciência ocidental. Acrescentemos que parece impossível abordar hoje a teoria, seja do êxtase religioso, ou do profetismo, ou do ascetismo sexual, se não prestamos suficiente atenção a esses fenômenos atuais, observáveis, da vida das seitas russas, expostos nesta obra.

Referências

Os documentos pessoais de R. Hertz e sua biblioteca – 22 caixas de papelão contendo dossiês de trabalho e acima de 1.000 cartas –, entregues pelo cunhado a Claude Lévi-Strauss, em 1964, constituem o Fonds Robert Hertz (FRH) depositado no Laboratoire d'anthropologie sociale (LAS). Trata-se de uma unidade mista de pesquisa composta por Collège de France, Centre National de la Recherche Scientifique (CNRS) e École des Hautes Études en Sciences Sociales (Ehess), fundada em 1960 por C. Lévi-Strauss. Cf. MARIOT, N. "Les archives de saint Besse – Conditions et réception de l'enquête directe dans le milieu durkheimien". *Genèses*, n. 63, 2/2006, p. 66-87 [Disponível em https://www.cairn.info/revue-geneses-2006-2-page-66.htm].

*

ABINAL, A. & DE LA VAISSIÈRE, C. *Vingt ans à Madagascar*: colonisation, traditions historiques, moeurs et croyances. Paris: V. Lecoffre, 1885.

Acta SS. – Acta sanctorum quotquot tot orbe coluntur... vel a catholicos scriptoribus celebrantur... notis illustravit Joannes Bollandus... [Atos dos Santos. Coleção de 66 vol., na edição original. Os dois volumes de janeiro foram publicados em 1643].

ADAIR, J. *The History of the American Indians, particularly those nations adjoining to the Missisippi, East and West Florida, Georgia, South and North Carolina, and Virginia*. Londres: E. and C. Dilly, 1775.

ADRIANI, N. & KRUIJT, A.C. "Van Posso naar Todjo". *Mededeelingen van wege het Nederlandsche Zendelinggenootschap*, XLIII, 1899.

ALBERTI, L. *Descrittione di tutta Italia di f. Leandro Alberti bolognese, nella quale si contiene il sito di essa, l'origine & le signorie delle città, & de i castelli, co i nomi antichi & moderni, i costumi de' popoli, le conditioni de i paesi. Et più, gli huomini famosi che l'hanno illustrata, i monti, i laghi, i fiumi, le fontane, i bagni, le miniere, con tutte l'opre merauigliose in lei dalla natura prodotte. Con somma diligenza corretta, & ristampata*. Veneza: Giouan Maria Bonelli, 1553.

ALLARD, P. *Histoire des persécutions* [pendant les deux premiers siècles, pendant la première moitié du troisième (Septime Sévère, Maximin, Dèce), les dernières persécutions du troisième Siècle (Gallus, Valérien, Aurélien), et les deux tomes de la persécution de Dioclétien et du triomphe de l'Eglise]. 5 vol. Paris:Victor Lecoffre, 1885-1900.

ARBOUSSET, J.-T. *Relation d'un voyage d'exploration au nord-est de la colonie du cap de Bonne-Espérance* – Entrepris dans les mois de mars, avril et mai 1836, par MM. T. Arbousset et F. Daumas, missionnaires de la Société des Missions Evangéliques de Paris. Paris: Arthus Bertrand, 1842.

Archivio Glottologico Italiano, 96 vol. [Revista fundada em 1873]. Florença: Le Monnier [desde 1950].

Archivio per lo studio delle tradizioni popolari, 24 vol. Palermo: Luigi Pedone Lauriel [Turim: Carlo Clausen, 1882-1909].

ARISTÓTELES. *Metafísica*. Livros I e II. São Paulo: Abril, 1984.

AUBERT, E. *La vallée d'Aoste*. Paris: Amyot, 1860.

BACIOCCHI, S. "Livres et lectures de Robert Hertz", p. 19-44. In: *Actes de la Conférence Annuelle sur l'Activité Scientifique du Centre d'Études Francoprovençales*. Tema: "Hertz, un homme, un culte et la naissance de l'ethnologie alpine". Assessorat de l'Éducation et de la Culture de la Région Autonome Vallée d'Aoste--Cogne, 10/11/2012. Sarre [Itália]: Testolin Bruno, 2013 [Disponível em http:// www.academia.edu/5897515/Livres_et_lectures_de_Robert_Hertz].

BAESSLER, A. *Südsee-Bilder*. Berlim: A. Asher, 1895.

BALDESANO DI CARMAGNOLA, G. *La sacra historia thebea del Signor Guglielmo Baldesano di Carmagnola, dottor theologo. Diuisa in due libri; ne' quali si narra la persecutione, e martirio di tutta la Illustrissima Legione Thebea, e de' suoi inuitti campioni, L'infelice e vituperosa morte de' loro persecutori, e l'essaltatione della istessa legione in tutte le parti del mondo. Opera non meno diletteuole, che pia, per la varietà dell'historie, e segnalate imprese, e attioni di molti illustri personaggi, e varie nationi, che in essa si toccano, conle loro origini. Al Sermo Carlo Emanuele Duca di Savoia e Principe di Piemonte*. Turim: Per l'Herede del Beuil'acqua, 1589 [Reimpressão: Turim, 1604].

BALDWIN, J.M. *Le Développement mental dans l'enfant et dans la race*. Paris: Alcan, 1897 [Original: *Mental development in the infant and in the human race*, 1895].

BARELLI, G. "Cartario dell'abazia di S. Stefano d'Ivrea fino al 1230, con una scelta di carte dal 1231 al 1318". *Biblioteca della Società Storica Subalpina*, IX, 1902, p. 269-887. Pinerolo [Este texto que faz parte do "Questo e il lavoro del Savio". Vol. VI dos Documenti e studi sulla storia d'Ivrea].

BATCHELOR, J. *The Ainu and their Folklore*. Londres: The Religious Tract Society, 1901, 603 p.

_____. *The Ainu of Japon*. Londres, 1892, 335 p.

BATCHELOR, R.T. "Notes on the Antankarana and their Country". *The Antananarivo Annual and Madagascar Magazine 1875-1878*. Vol. III. Christmas, 1877.

BAUDI DI VESME, B. "Il Re Ardoino e la riscossa italiana contro Ottone III ed Arrigo I", p. 1-20. *Studi eporediesi*. Pinerolo: Chiantore-Mascarelli, 1900 [Vol. VII da Biblioteca della Società Storica Subalpina e vol. IV dos Documenti e Studi sulla Storia d'Ivrea].

BAUMANN, O. *Usambaraund seine Nachbargebiete*. Berlim, 1891.

BERGOMENSE, F. *Historia novissime congesta, chronicarum supplementum appellata*. Bréscia, 1485.

BEST, E. "The Lore of the Whare-Kohanga". *Journal of the Polynesian Society*, t. XV: Parte II, mar./1906, p. 1-26; parte III, set./1906, p. 147-162.

_____. "Maori Eschatology: The Whare Potæ (House of Mourning) and its Lore; being a Description of many Customs, Beliefs, Superstitions, Rites, & c., pertaining to Death and Burial among the Maori People, as also some Account of Native Belief in a Spiritual World". Art. XXV. *Transactions of New Zealand Institute*, t. XXXVIII, 1905a, p. 148-239.

_____. "Maori Medical Lore. Notes on Sickness and Disease among the Maori People of New Zealand, and their Treatment of the Sick; together with some Account of Various Beliefs, Superstitions and Rites pertaining to Sickness, and the Treatment thereof, as collected from the Tuhoe Tribe". Part I. [Continued]. *Journal of the Polynesian Society*, t. XIV, mar./1905b, p. 1-23.

_____. "The Lore of the Whare-Kohanga. Notes on Procreation among the Maori People of New Zealand. With some Account of the Various Customs, Rites, and Superstitions pertaining to Menstruation, Pregnancy, Labour, & c.". Part I. *Journal of the Polynesian Society*, t. XIV, dez./1905c, p. 205-215.

_____. "Notes on the Art of War, as conducted by the Maori of New Zealand, with Accounts of Various Customs, Rites, Superstitions, & c., pertaining to War, as practiced and believed in by the Ancient Maori. Supplementary Notes". *Journal of the Polynesian Society*, t. XIII, jun./1904a, p. 73-82.

_____. "Maori Medical Lore. Notes on Sickness and Disease among the Maori People of New Zealand, and their Treatment of the Sick; together with some Account of Various Beliefs, Superstitions and Rites pertaining to Sickness, and the Treatment thereof, as collected from the Tuhoe Tribe". Part I. *Journal of the Polynesian Society*, t. XIII, dez./1904b, p. 213-237.

_____. "Notes on the Art of War, as conducted by the Maori of New Zealand, with Accounts of Various Customs, Rites, Superstitions & c., pertaining to War, as practiced and believed in by the Ancient Maori". *Journal of the Polynesian Society*, t. XI, mar./1902, p. 11-41.

_____. "Maori Magic: Notes upon Witchcraft, Magic Rites, and various Superstitions as practiced or believed in by the Old-time Maori". Art. V. *Transactions of the New-Zealand Institute*, t. XXXIV, 1901, p. 69-98.

_____. "The Art of the Whare Pora: Notes on the Clothing of the Ancient Maori, their Knowledge of preparing, dyeing, and weaving Various Fibres, together with some Account of Dress and Ornaments, and the Ancient Ceremonies and Superstitions of the Whare Pora". Art. LXV. *Transactions of the New-Zealand Institute*, t. XXXI, 1898a, p. 625-658.

_____. "Omens and Superstitious Beliefs of the Maori". *Journal of the Polynesian Society*, t. VII: Part I, set./1898b, p. 119-136; Part II, dez./1898, p. 233-243.

_____. "Tuhoe Land: Notes on the Origin, History, Customs, and Traditions of the Tuhoe or Urewera Tribe". Art. IV. *Transactions of the New-Zealand Institute*, t. XXX, 1897, p. 33-41.

Bibliography of Indonesian Peoples and Cultures – Yale Anthropological Studies. New Haven: Yale University Press, 1945 [Disponível em http://cscd.osaka-u.ac.jp/user/rosaldo/Biblio_irian_R_Kennedy1945.pdf].

BIET, A. *Voyage de la France equinoxiale en l'isle de Cayenne, entrepris par les François en l'année MDCLII*. Paris: François Clouzier, 1664.

BIMA, P.L. *Serie chronologica degli arcivescovi e vescovi di Sardegna*. Turim, 1842.

BLUMENTRITT, F. "Der Ahnencultus und die religiösen Anschauungen der Malaien des Philippinen-Archipels". *Mitteilungen der Kaiserlichen und Königlichen Geographischen Gesellschaft*, XXV, 1882. Viena.

BOAS, F. "Notes on the ethnology of British Columbia". *Proceedings of the American Philosophical Society*, 24, 1887.

BOCK, C. *The Head-Hunters of Borneo*. Londres, 1881.

BOGGIO, C. "Le prime chiese christiane nel Canavese". *Atti della Società di Archeologia e Belle Arti per la provincia di Torino*, vol. V, 1887, p. 63-114. Turim.

BOILE, D. "The land of souls". *Annual Report of the Canadian Institute* – Appendix to the Report of the Minister of Education, Ontario 1888-1889. Toronto, 1889, p. 4-15.

BOKHÂRI, E. *Les traditions islamiques*. 4 vol. Paris: J. Maisonneuve, 1906-1914 [Trad. do árabe com notas e índice por O. Houdas e W. Marçais].

BOSMAN, G. *Voyage de Guinée*. Utrecht: Antoine Schouten, 1705.

BOVALLIUS, C. "Resa i Central Amerika". *Internationales Archiv für Ethnographie*, II, 1889, p. 76-78 + pranchas 77a e 77b.

BRACHES, S. "Sandong Raung". *Jahresberichte der Rheinischen Mission*. Barmen: D.B. Wieman, 1882.

BRASSEUR DE BOURBOURG, C.-É. *Popol-Vuh* – Le livre sacré et les mythes de l'antiquité américaine, avec les livres héroïques et historiques des Quichés, 1861.

BRÉBEUF, J. *Relation de ce qui s'est passé dans la Nouvelle-France en l'année 1635*. 2 vol. Paris, 1637.

BRINTON, D.G. "Lefthandedness in North American aboriginal art". *American Anthropologist*, 9, 1896, p. 175-181.

_____. *The Myths of the New World*: A Treatise on the Symbolism and Mythology of the Red Race of America. Nova York: Haskell House, 1868.

BRUGMANN. "Lateinische Etymologien". *Rheinisches Museum*, t. XLIII, 1888.

BRUNHES, J. *La géographie humaine* – Essai de classification positive: Principes et exemples. Paris: Félix Alcan, 1910.

BÜCHER, K. "Arbeit und Rhythmus". *Abhandlungen der Königlich Sächsischen Gesellschaft der Wissenschaften*, 39, n. 5. 1897, p. 11-130. Leipzig: S. Hirzel.

BURCKHARDT, J.L. *Arabic Proverbs*: or, the Manners and Customs of the Modern Egyptians. 2 vol. (Cairo, 1817). Londres: J. Murray, 1830.

Bureau of American Ethnology [Disponível em http://www.sil.si.edu/digital collections/bae/bulletin200/200annl.htm].

BÜTTIKOFER, J. *Reisebilder aus Liberia*: Resultate geographischer, naturwissenschaftlicher und ethnographischer untersuchungen wa hrend der jahre 1879-1882 und 1886-1887. 2 vol. Leiden: E.J. Brill, 1890-1891.

_____. "Einiges über die eingebornen von Liberia". *Internationales Archiv für Ethnographie*, I, 1888, p. 33-48, 77-91, Plate IV (facing page 32) e Plate V (facing page 78).

BUYSE, O. *Méthodes américaines d'éducation générale et technique*. Paris: H. Dunod & E. Pinat, 1908.

CALAND, W. "Altindisches Zauberritual". *Verhandelingen der Koninklijke Akademie van Wetenschappen*, Afd. Letterkunde, nieuwe reeks 3, n. 2, 1900. Amsterdã.

_____. "Een Indogermaansch Lustratië-Gebruik. *Verslagen en Mededeeligen der Koninklijke Akademie van Wetenschappen*, Afd. Letterk., 4e reeks, 2, 1898, p. 275-325.

_____. *Die altindischen Todten- und Bestattungsgebräuche*. Amsterdã, 1896.

_____. *Über Totenverehrung bei einigen der Indogermanischen Völker*. Amsterdã: Frederik Müller, 1888.

Cambridge Anthropological Expedition to Torres Straits(Reports of the), by HADDON, A.C.; RIVERS, W.H.; SELIGMAN, C.G.; MYERS, C.S.; McDOUGALL, W.; RAY, S.H. & WILKIN, A. 6 vols: I – General ethnography, 1935. • II – Physiology and psychology. Pt. I. Introduction and vision, 1901. Pt. II. Hearing, smell, taste, cutaneous sensations, muscular sense, variations of blood--pressure, reaction-times, 1903. • III. Linguistics, by S.H. Ray, 1907. • IV. Arts and crafts. 1912. • V. Sociology, magic and religion of the western islanders, 1904. • VI. Sociology, magic and religion of the eastern islanders, 1908. Cambridge: The University Press.

CAMPBELL, A. *A Voyage round the World, from 1806 to 1812*. Edimburgo, 1816.

CAMPBELL, H.A. *The Doctrines of a Middle State between Death and Resurrection*. Londres, 1721.

CANDELIER, H. *Rio-Hachaet les Indiens Goajires*. Paris: Firmin-Didot, 1893.

CANELLO, U.A. "Gli allótropi italiani". *Archivio Glottologico Italiano*, III, 1878, p. 285-419.

CARVER, J. *Travelsthrough the Interior Parts of North America in the Years 1766, 1767, and 1768*: An Eighteenth-Century Explorer's Account of Uncharted America. 3. ed. Londres, 1871.

CASALIS, E. *Les Bassoutos, ou vingt-trois années d'études et d'observations au Sud de l'Afrique*. Paris: Société des Missions Évangéliques, 1859.

CASALIS, G. *Dizionario Geografico Storico-Statistico-Commerciale degli Stati di S.M. il Re di Sardegna* – Compilato per cura del professore e dottore di belle lettere Goffredo Casalis, in 28 volumi. Turim [Di volta in volta pubblicati presso codesti editori torinesi: G. Maspero Librajo e Cassone. Marzorati: Vercellotti Tipografi, 1833-1856].

CATLIN, G. *Letters and Notes on the Customs and Manners of the North American Indians*. 2 vol. Nova York: Wiley and Putnam, 1841.

CERLOGNE, J.-B. *Dictionnaire du Patois Valdôtain précédé de la Petite grammaire*. Aoste: Imprimerie Catholique, 1907.

CHATELIN, L.N. "Godsdienst en bijgeloof der Niassers". *Tijdschrift voor Indische Taal- Land- en Volkenkunde*, XXVI, 1880.

CLERCQ, F. "Dodadi ma-taoe en Gowa ma-taoe of zielenhuisjes in het district Tobelo op Noord-Halmahera". *Internationales Archiv für Ethnographie*, II, 1889, p. 204-212.

CODRINGTON, R.B. *The Melanesians*: studies in their anthropology and folklore. Oxford: Clarendon, 1891.

COLENSO, W. "On the Maori Races of New Zealand". *Transactions of the New Zealand Institute*. Essays, t. I, 1868.

_____. *On the Maori races of New Zealand*. Dunedin: New Zealand Exhibition, 1865.

CONSTANTIN, A. & DÉSORMAUX, J. *Dictionnaire Savoyard*. Paris/Annecy: Émile Bouillon/Abry, 1902.

CORÉAL, F. *Relation des voyages aux Indes occidentales, contenant une description exacte de ce qu'il y a vú de plus remarquable pendant son séjour, depuis 1666, jusqu'en 1697... avec une relation de la Guiane*, de Walter Raleigh (1595)... 3 vol. Amsterdã: J.F. Bernard, 1722.

CRANTZ, D. *The History of Greenland* – Including an Account of the Mission Carried on by the United Brethren in that Country. 2 vol. West Yorkshire: Fulneck School, 1820.

CRAWFURD, J. *History of the Indian Archipelago*: Containing an Account of the Manners, Arts, Languages, Religions, Institutions, and Commerce of its Inhabitants. 3 vol. Edimburgo: Archibald Constable, 1820.

CRAWLEY, A.E. *The Mystic Rose*: a Study of Primitive Marriage and of Primitive Thought in its Bearing on Marriage. Londres: Macmillan, 1902.

CREAGH, C.V. "On Unusual Forms of Burial by People of the East Coast of Borneo". *The Journal of the Anthropological Institute of Great Britain and Ireland*, vol. XXVI, 1897, p. 33-36.

CREVAUX, J. *Voyages dans l'Amérique du Sud*. Paris: Hachette, 1883.

CUSHING, F.H. *Zuni folk tales*. Nova York: The Knickerbocker, 1901.

_____. "Remarks on shamanism". *Proceedings of the American Philosophical Society*, XXXVI, 1897, p. 184-192.

_____. "Outlines of Zuñi Creation Myths". *Thirteenth Annual Report of the Bureau of Ethnology to the Secretary of the Smithsonian Institution*, 1891-1892. Washington: Government Printing Office, 1896, p. 321-447.

_____. "Manual Concepts: A Study of the Influence of Hand-Usage on Culture-Growth". *American Anthropologist*, vol. V, n. 4, out./1892, p. 289-318.

_____. "Zuñi Fetiches". *Second Annual Report of the Bureau of American Ethnology to the Secretary of the Smithsonian Institution, 1880-1881*. Washington: Government Printing Office, 1883 [1884], p. 3-45.

CUZENT, G. *Voyage aux îles Gambier (Archipel de Mangarèva)*. Paris, 1872.

DANKS, B. "Burial Customs of New Britain". *The Journal of the Anthropological Institute of Great Britain and Ireland*. Vol. XXI, 1892, p. 348-356.

DAREMBERG, C.V. & SAGLIO, E. (dir.). *Dictionnaire des Antiquités Grecques et Romaines d'après les textes et les monuments contenant l'explication des termes qui se rapportent aux mœurs, aux institutions, à la religion, aux arts, aux sciences, aux costume, aux mobilier, à la guerre, à la marine, aux métiers, aux monnaies, poids et mesures etc. et en général à la vie publique et privée des anciens*. 10 vol. Paris: Hachette, 1877-1919.

DASTRE, A. *La vie et la mort*. Paris: Ernest Flammarion, 1903 [Bibliothèque de Philosophie Scientifique].

DÉCHELETTE, J. *Manuel d'archéologie préhistorique, celtique et gallo-romaine*. 2 t. em 6 vol. [dos quais 2 vol. de apêndices]. Paris: Alphonse Picard et Fils, 1908-1914.

DECLÉ, L. *Three Years in Savage Africa*. Nova York/Londres: M.F. Mansfield/ Methuen, 1898.

DELEHAYE, P. *Les légendes hagiographiques*. 2. ed. Bruxelas: Société des Bollandistes, 1906.

DENIKER, J. *Races et peuples de la terre* – Éléments d'anthropologie et d'ethnographie. Paris: Schleicher Frères, 1900.

DENNETT, R.E. *Notes on the Folklore of the Fjort (French Congo)*. Londres: Folk--lore Society, 1898.

_____. *Seven Years Among the Fjort*: Being an English Trader's Experiences in the Congo District. Londres: S. Low, Marston, Searle and Rivington, 1887.

DÉSERT, C. *Le Livre mortuaire, donnant l'interprétation et l'enchaînement du texte liturgique, ainsi que le sens des cérémonies funèbres*. Arras: Sueur-Charruey, 1889.

Dictionnaire du Patois Valdôtain précédé de la *Petite grammaire*, pelo abbé Jean--Baptiste Cerlogne. Aoste: Imprimerie Catholique, 1907.

Dictionnaire Géographique de la Suisse (sob a dir. de Charles Knapp, Maurice Borel, Victor Attinger e de numerosos colaboradores de todos os cantões). 6 vol. Neuchâtel: Attinger, 1902-1910.

Dictionnaire Savoyard – Contentant une carte des localités citées (Savoie et Haute-Savoie), avec une bibliographie des textes patois et des travaux concernant les patois savoyards, por Aimé Constantin e Joseph Désormaux. Paris/Annecy: Émile Bouillon/Abry, 1902.

DIDRON, A.N. *Iconographie chrétienne*: histoire de dieu. Paris: Royale,1843.

DIELS, H. *Sibyllinischer Blätter*. Berlim: Reimer, 1890.

DIETERLE, J.C. "Gebräuche heim Sterben eines Königs in den Tschiländern der Goldküste". *Ausland*, 56, 1883, p. 754-757.

DIEZ, F.C. *Etymologisches Wörterbuch der romanischen Sprachen*. Bonn, 1853 [2 Bde.; 4. Aufl. v. A. Scheler, Bonn, 1878. Zu dem Jarnik einen *Index* herausgab. Berlim, 1878].

Dizionari dels Idioms Romauntschs d'Engiadin' ota e bassa, della Val Müstair, da Bravuogn e Filisur: con particulera consideraziun del idiom d'Engiadin' ota, por Zaccaria Palliopi, pai, e Emil Pallioppi, filho. Samedan [Cantão Grisões, Suíça]: S. Tanner, 1895.

DOBRIZHOFFER, M. *Historia de Abiponibus, equestri bellicosaque Paraquariae natione, locupletata copiosis barbarorum gentium, urbium, fluminum, ferarum, amphibiorum, insectorum, serpentium praecipuorum, piscium, avium, arborum, plantarum aliarumque ejusdem provinciae proprietatum observationibus*. Viena, 1784.

DODGE, R.I. *Our wild Indians: thirty-three years' personal experience among the red men of the great West* – A popular account of their social life, religion, habits, traits, customs, exploits etc. With thrilling adventures and experiences on the great plains and in the mountains of our wide frontier. Hartford: A.D. Worthington and Company, 1883.

DONLEBEN, J.F. "Bijdragen tot de kennis van het eiland Nias". *Bijdragen tot de Taal-, Land- en Volkenkunde van Nederlandsch-Indië*, X, 1848, p. 171-199.

DOUTTÉ, E. *Magie et religion dans l'Afrique du nord* – La société musulmane du Maghrib. Alger: Adolphe Jourdan, 1909.

DUBOIS, J.-A. *Hindu Manners*. Oxford, 1899.

DUC, J.-A. *Histoire de l'Église d'Aoste*. 10 vol. Aosta: Imprimerie Catholique, 1901-1915.

DUC, P.-E. "Lenda valdostana sobre a translação das relíquias de São Besso". *Annuaire du Diocèse d'Aoste*. Turim, 1893.

DU CHAILLU, P. *Voyages et aventures dans l'Afrique équatoriale, moeurs et coutumes des habitants, chasses au gorille etc*. Paris, 1864.

DUCIS. *Saint Maurice et la légion thébéenne*. Annecy: J. Niérat & Cie., 1882.

DUFOURCQ, A. *La christianisation des foules* – Étude sur la fin du paganisme populaire et sur les origines du culte des saints. Paris: Blond, 1903.

DÜMMLER, E. "Sigebert's von Gembloux Passio Sanctae Luciae Virginis und Passio Sanctorum Thebeorum". *Preussische Akademie der Wissenschaften Berlin* – Abhandlungen der historisch-philologischen Klasse, 1893, p. 44-125.

_____. *Anselm der Peripatetiker nebst anderen Beitragen zur Literaturgeschichte Italiens im eilften Jahrhundert*. Halle: Buchhandlung des Waisenhauses, 1872.

DUMONT D'URVILLE, J. *Histoire générale des voyages* – Vol. 1-2: Voyage autour du monde. Paris: Furne, 1859.

DURANDO, E. "Vita cittadina e privata nel medio evo in Ivrea". *Studi eporediesi*. Pinerolo: Chiantore-Mascarelli, 1900, p. 21-64; vol. VII da Biblioteca della Società Storica Subalpina, e vol. IV dos Documenti e Studi Sulla Storia d'Ivrea.

DURKHEIM, É. *Altersklassen und Männerbünde*: Eine Darstellung der Grundformen der Gesellschaft [Resenha de H. Schurtz]. Berlin: G. Reimer, 1902. Apud *L'Année Sociologique*, t. VI (1901-1902), 1903, p. 317-323.

_____. *Das Trauerjahr der Wittwe* [Tese de doutorado, 1902] [Resenha de G. RÉVÉSZ]. Apud *L'Année Sociologique*, t. VI (1901-1902), 1903, p. 361-365.

_____. "La prohibition de l'inceste et ses origines". *L'Année Sociologique*, I, 1898, p. 1-70.

DURKHEIM, É. & MAUSS, M. "De quelques formes primitives de classification: contribution à l'étude des représentations collectives". *L'Année Sociologique*, t. VI, 1903, p. 1-72.

ELLIS, W. *Polynesian researches during a residence of nearly eight years in the Society and Sandwich Islands*. 4. vol. 2. ed. Londres: Fisher, Son & Jackson, 1831-1833.

_____. *Polynesian researches during a residence of nearly six years in the South Sea Islands: including descriptions of the natural history and scenery of the islands*. 2 vol. Londres: Fisher, Son & Jackson, 1829.

EPP, F. *Schilderungen aus Holländisch Ost-Indiens Archipel*. Heidelberg, 1841.

ERMAN, A. "Ethnographische Wahrnehmungen und Erfahrungen an den Küsten des Berings-Meeres". *Zeitschrift für Ethnologie*. Vol. II-III. Berlim, 1870-1871.

EYLMANN, E. *Die Eingeborenen der Kolonie Süd-Australiens*. Berlim: Reimer, 1908.

FARINA, F. *Valle Soana* – Guida storico-descrittiva illustrata. Ivrea: Lorenzo Garda, 1909.

FERRARI, F. *Catalogus sanctorum Italiae in menses duodecim distributus*. Bordonius, 1613.

FESTUS, 17, verbete "Sinistræ aves" [s.n.t.].

FINSCH, O. *Neu-Guinea und seine Bewohner*. Bremen: Müller, 1885.

FISON, L. "Notes on Fijian Burial Customs". *The Journal of the Anthropological Institute of Great Britain and Ireland*, vol. X, 1881, p. 137-149.

FLACHS, A. *Rumänische Hochzeits-und Totengebräuche*. Berlim: G. Minuth, 1899.

FORBES, H. *A naturalist's wanderings in the Eastern Archipelago* – A narrative of travel and exploration from 1878 to 1883. Nova York: Harper & Brothers,1885.

FRAZER, J.G. "The Origin of Circumcision". *Independent Review*, 4, 1904-1905, p. 204-218.

_____. *The Golden Bough*: A Study in Comparative Religion. 2 vol., 1890 [*The Golden Bough*: A Study in Magic and Religion. [2. ed., 3 vol., 1900; 3. ed., 12 vol., 1906-1915] [Em português: *O ramo de ouro*. Rio de Janeiro: Zahar, 1982. Prefácio do Professor Darcy Ribeiro; tradução de Waltensir Dutra; resumo da edição em treze volumes de *The Golden Bough*. Cambridge: The Council, Trinity College] [Disponível em http://www.classicos12011.files.wordpress.com/2011/03/45354652-o-ramo-de-ouro-sir-james-george-frazer-ilustrado.pdf].

_____. "On Certain Burial Customs as Illustrative of the Primitive Theory of the Soul". *The Journal of the Anthropological Institute of Great Britain and Ireland*. Vol. XV, 1886, p. 63-104.

GABB, W.M. "On the Indian Tribes and Languages of Costa Rica". *Proceedings of the American Philosophical Society*, XIV, 1876, p. 483-602.

GABOTTO, F. "Un millennio di storia eporediese" (356-1357) com dois *excursi*: "I – Intorno alla serie dei Vescovi d'Ivrea dal 1358 al 1437"; "II – Relazioni tra la chiesa d'Ivrea, il comune ed i conti di Savoia dal 1357 al 1412". In: *Eporediensia*. Pinerolo: Chiantore-Mascarelli, 1900, 520 p. [Vol. IV da Biblioteca della Società Storica Subalpina, e vol. I dos Documenti e studi sulla storia d'Ivrea].

_____. *Le carte dello Archivio vescovile d'Ivrea fino al 1313*. Pinerolo: Chiantore--Mascarelli, 1900 [Vol. V da Biblioteca della Società Storica Subalpina, e vol. II dos Documenti e studi sulla storia d'Ivrea].

_____. "Prefácio". *Studi eporediesi*. Pinerolo: Chiantore-Mascarelli, 1900 [Vol. VII da Biblioteca della Società Storica Subalpina, e vol. IV dos Documenti e studi sulla storia d'Ivrea].

GAMS, P.B. *Series episcoporum Ecclesiae catholicae quotquot innotuerunt a beato Petro apostolo*. Ratisbona, 1873 [Sup. I – Hierarchia catholica Pio IX Pontifice Romano. Munique, 1879; Sup. II – Series episcoporum quae apparuit 1873 completur et continuatur ab anno circa 1870 ad 20 Febr. 1885, Ratisbona, 1886].

GARCILASSO DE LA VEGA. *The Royal Commentaries of Peru*. Londres: Miles Flesher, 1688.

GAZZERA, C. *Delle iscrizioni cristiane antiche del Piemonte e della inedita epigrafe di Rustico vescovo di Torino del settimo secolo*: discorso. Turim: Stamperia Reale,1849 [Disponível em http://babel.hathitrust.org/cgi/pt?id=hvd.32044081033219; view=1up;seq=88].

GENNEP, A. *La formation des légendes*. Paris: Flammarion, 1910.

GERHARD, E. *Über die Gottheiten der Etrusker, eine in der königl. Akademie der Wissenschaften zu Berlin vorgelesene Abhandlung*. Druckerei der könig: Akademie der Wissenschaften, 1847.

GILL, W.W. *Myths and songs from the south Pacific*. Londres: Henry S. King, 1876.

Globus – Illustrierte Zeitschrift für Länder- und Völkerkunde. 98 vol. Leipzig: Braunschweig/F. Vieweg und Sohn, 1862-1910 [Disponível em http://catalog.hathitrust.org/Record/000534264].

GODDARD, P.E. "Hupa texts". *American Archæology and Ethnography*, vol. 1, n. 1, 1904, p. 89-368. Berkeley: University of California Publications.

_____. "Life and Culture of the Hupa". *American Archæology and Ethnography*, vol. 1, n. 1, 1903, p. 1-87. Berkeley: University of California Publications.

GODDEN, G.M. "Naga and Other Frontier Tribes of North-East India". *The Journal of the Anthropological Institute of Great Britain and Ireland*, vol. XXVI, 1897, p. 161-201.

GOLDIE, W.H. "Maori Medical Lore: Notes on the Causes of Disease and Treatment of the Sick among the Maori People of New Zealand, as believed and practised in Former Times, together with some Account of Various Ancient Rites connected with the Same". Art. I. *Transactions of the New-Zealand Institute*, t. XXXVII, 1904, p. 1-120.

GÓMARA, F.L. *Histoire generalle des Indes occidentales*. Paris: Michel Sonnius, 1568 [Trad. de Martin Fumée.]

GOUDSWAARD, A. *De Papoewa's van de Geelvinksbaai* – Hoofdzakelijk naar mededeelingen van ooggetuigen. Schiedam: Roelants, 1863.

GRAAFLAND, F. "Die Insel Rote (Rotti)". *Mitteilungen der Geographischen Gesellschaft zu Jena*, VIII, 1890, p. 134-168.

GRABOWSKY, F. "Der Tod, das Begräbnis, das Tiwah oder Todtenfest und Ideen über das Jenseits bei den Dajaken". *Internationales Archiv für Ethnographie*, II, 1889, p. 177-204.

_____. "Der Distrikt Dusson-Timor in Südost-Borneo und seine. Bewohner". *Das Ausland*, n. 24, 1884.

GRAMBERG, J.S. "Eene Maand in de binnenlanden van Timor". *Verhandelingen van der Bataviaasch Genootschap van Kunsten en Wetenschappen*, XXXVI, 1872.

GRANDIDIER, A. "Des rites funéraires chez les Malgaches". *Revue d'Ethnographie*, V, 1886, p. 213-232.

GRANVILLE, R.K. & ROTH, F.N. "Notes on the Jekris, Sobos and Ijos of the Warri District of the Niger Coast Protectorate". *The Journal of the Anthropological Institute of Great Britain and Ireland*, t. XXVIII, 1899, p. 104-126.

GRASS, K.K. *Die russischen Sekten – I: Die Gottesleute oder Chlüsten* (x-716 p. in 8°); II: *Die Weissen Tauben oder Skopzen* (*Erste Hälfte*, iv-448 p.). Leipzig: Hinrichs, 1907-1909.

GREGÓRIO DE TOURS. *Patrologia Latina*, vol. LXXI, 1849 [Disponível em https://pt.wikipedia.org/wiki/Patrologia_Latina].

GRIMM, J.L.C. *Geschichte der deutschen Sprache*. 2 vol. Leipzig: Weidmannische Buchhandlung, 1848.

GROOT, J.J.M. *The Religious System of China*: Its ancient forms, evolution, history and present aspect. Manners, customs and social institutions connected therewith. 6 vol. Leyden: E.J. Brill, 1892-1910.

GUDGEON, W.E. "Maori Religion". *Journal of the Polynesian Society*, t. XIV, set./1905, p. 107-130.

GUILLAIN, C. *Documents sur l'histoire, la géographie et le commerce de la partie occidentale de Madagascar*. Paris: Royale, 1845.

GUMILLA, J. *Histoire naturelle, civile et géographique de l'Orénoqueet des principales rivieres, qui s'y jettent*. 3 vol. Avinhon: F. Girard, 1758.

HADDON, A.C. "X: Funeral Ceremonies". *Reports of the Cambridge Anthropological Expedition to Torres Straits* – V: Sociology, magic and religion of the Western Islanders, 1904, p. 248-262.

_____. "XXVIII: Magic and Religion". *Reports of the Cambridge Anthropological Expedition to Torres Straits* – V: Sociology, magic and religion of the Western Islanders, 1904, p. 353-367 [*Supernatural Beings*].

HAGEN, B. "Beiträge zur Kenntnis der Battareligion". *Tijdschrift voor Indische Taal- Land- en Volkenkunde*, XXVIII, 1883.

HAHN, C. *Bilder aus der Kaukasus*: Neue studien zur kenntnis Kaukasiens. Leipzig: Duncker & Humblot, 1900.

HAIGNERÉ, D. *Des rites funèbres dans la liturgie romaine*. Boulogne-sur-Mer: Mlle Deligny, 1888.

HALE, H. "The United States Exploring Expedition, 1838-1842". *Ethnography and Philology*, vol. 6, 1846.

HAMELIN, O. "Essai sur les éléments principaux de la représentation". *Bibliothèque de Philosophie Contemporaine*. Vol. 258. Paris: F. Alcan, 1907.

HARDELAND, A. *Dajakisch-deutsches Wörterbuch*. Amsterdã: F. Muller, 1859.

_____. *Versuch einer grammatik der dajackschen sprache* – Bearbeitet und herausgegeben im auftrage und auf kosten der Niederlaendischen bibelgesellschaft. Amsterdã: F. Muller, 1858.

HAWKESWORTH, J. *An Account of the Voyages Undertaken by the Order of His Present Majesty for Making Discoveries in the Southern Hemisphere* – II: W. Strahan and T. Cadell in the Strand, 1773.

HEIJEMERING, G. "Zeden en gewoonten op het eiland Rottie". *Tijdschrift voor Nederlandsche-Indië*, VI, 1844.

HENDRICHS, C.C. "Bootreisen auf dem Katingam in Süd-Borneo". *Mitteilungen der Geographischen Gesellschaft zu Jena*, VI, 1888, p. 93-110.

HERMES TRISMEGISTO. *Corpus Hermeticum* – Vol. 1: Traités I: *Poimandrès*. Traités II-XII. • Vol. 2: Traités XIII-XVIII: *Asclepius*. • Vol. 3: *Fragments extraits de Stobée* (I-XXII). • Vol. 4: *Fragments extraits de Stobée* (XXIII-XXIX). *Fragments divers*.

HERÓDOTO. *História* [Disponível em http://www.ebooksbrasil.org/adobeebook/ historiaherodoto.pdf].

HERTZ, R. "Contes et dictons recueillis sur le front parmi les Poilus de la Mayenne et d'ailleurs (Campagne 1915)". *Revue des Traditions Populaires* – Recueil mensuel de mythologie, littérature orale, ethnographie traditionnelle et art populaire, 32 (1-2), jan.-fev./1917, p. 32-45; 32 (3-4), mar.-abr./1917, p. 74-91.

_____. *Sociologie religieuse et anthropologie* – Deux enquêtes de terrain (1912-1915). Paris: PUF, 2015 [Ed. e apres. de Stéphane Baciocchi e Nicolas Mariot] [Col. "Quadrige"].

_____. "Saint Besse – Étude d'un culte alpestre". *Revue de l'Histoire des Religions* – Annales du Musée Guimet, vol. 67, n. 2, mar-abr./1913, p. 115-180.

_____. "Sectes russes" [resumo]. *Année Sociologique*, t. XI da primeira série, 1909, p. 181-186.

_____. "La prééminence de la main droite – Étude sur la polarité religieuse". *Revue Philosophique de la France et de létranger*. Paris: G. Baillière, t. LXVIII, dez./1909, p. 553-580.

_____. "Contribution à une étude sur la représentation collective de la Mort". *L'Année Sociologique*, 1ère série, t. X (1905-1906), Mémoires originaux, 1907, p. 48-137.

_____. *Fetichism in West Africa*. Londres: Duckworth, 1904. Apud *L'Année sociologique*, IX (1904-1905), 1906, p. 191-194.

HICKSON, S. *A naturalist in north Celebes*: a narrative of travels in Minahassa, the Sangir and Talaut Islands, with notices of the fauna, flora and ethnology of the districts visited. Londres: J. Murray, 1889.

Histoire générale des voyages, ou nouvelle collection de toutes les Relations de voyages par mer et par terre qui ont été publiées jusqu'à présent dans les différentes langues de toutes les nations connues, par l'abbé Prévost, 60 vol. Paris: Didot, 1746-1759 [28 vol. traduzidos do inglês] [GREEN, J. *A new general collection of voyages and travels*. Londres: Thomas Astley, 1745. Publicação do vol. I].

HOFMANN, F. "Über den Verlobungs-und den Trauring". Apud "Sitzungsberichte der Kaiserlichen Akademie der Wissenschaften". *Phil.-Hist. Klasse*, t. LXV, 1870, p. 825-863. Viena.

HOLLIS, A. *The Masai*: their language and folklore. Oxford: Clarendon Press, 1905.

HOLM, G. "Ethnologisk skizze af Angmagsalikerne". *Meddelelser om Grönland*, t. X, 1888.

HORACE. *Œuvres* – T. 2: *Epistolarum*. Liber Primus, Epistola VII. Paris: Charpentier/Libreur-Éditeur, 1860, p. 94-95.

HOWITT, A.W. *The Native Tribes of South-East Australia*. Londres: Macmillan, 1904.

HUBERT, H. & MAUSS, M. "Essai sur la nature et la fonction du sacrifice". *L'Année Sociologique*, vol. II, 1899, p. 29-138.

HUMBOLDT, W.A. *Ansichten der Natur, mit wissenschaflichen Erläuterungen*. 2 vol. Stuttgart/Tübingen: J.G. Cotta, 1826.

Internationales Archiv für Ethnographie by Intern. Gesellschaft für Ethnographie – Rijksmuseum van Oudheden te Leiden. Vol. I a XX, 1888-1912 [Disponível em https://archive.org/details/internationalesa01inte].

ISNART, C. "Au-delà du 'Saint Besse' – Localité, frontière et mobilité dans les Alpes d'aujourd'hui". *Actes de la Conférence Annuelle sur l'Activité Scientifique du Centre d'Études Francoprovençales*. Tema: "Hertz, un homme, un culte et la naissance de l'ethnologie alpine". Vallée d'Aoste-Cogne, 10/11/2012. Sarre [Itália]: Imprimerie Testolin Bruno, 2013, p. 45-55 [Disponível em http://www.centre-etudes-francoprovencales.eu/cef/allegati/actes2012-524_547.pdf].

ISTA (Internet Sacred Text Archive). *The largest freely available archive of online books about religion, mythology, folklore and the esoteric on the Internet* [Disponível em http://www.sacred-texts.com/index.htm].

JACCARD, H. *Essai de toponymie*: origine des noms de lieux habités et des lieux-dits de la Suisse romande. Lausana: G. Bridel, 1906.

JACKSON, J. *Ambidexterity*. Londres: Kegan Paul, 1905.

JACOBS, J. *Onze Rechtshandigheid uit een ethnologisch, clinisch en paedagogisch oogpunt beschouwd*. Amsterdã: Seyffardt, 1892.

JACOBSEN, J.A. *Reise an der Nord-West Küste Amerikas*. Leipzig: M. Spohr, 1884.

JAMIESON, J. *Etymological Dictionary of the Scottish Language*: Illustrating the Words in Their Different Significations by Examples from Ancient and Modern Writers. 2 vol. Edimburgo, 1808.

JUNOD, H.-A. [missionnaire à Lourenço Marques]. "Les Ba-ronga: étude ethnographique sur les indigènes de la baie de Delagoa". *Bulletin de la Société Neuchâteloise de Géographie*, t. X, 1898. Neuchâtel: Attinger Frères.

KEATING, W.H. *Narrative of an expedition to the source of St. Peter's river, Lake Winnepeek, Lake of the Woods & c*. 2 vol. Filadélfia: H.C. Carey & I. Lea, 1824.

KINGSLEY, M.H. *Travels in West Africa*: Congo Français, Corisco and Cameroons. Londres: Macmillan, 1897.

KLEINPAUL, R. *Die Lebendigen und die Toten*: in Volksglauben, Religion und Sage. Leipzig, 1898.

KLOSS, C.B. *In the Andamans and Nicobars; the narrative of a cruise in the schooner "Terrapin", with notices of the islands, their fauna, ethnology etc*. Londres: J. Murray, 1903.

KOCH-GRÜNBERG, T. "Zum Animismus der Südamerikanischen Indianer". *Internationales Archiv für Ethnographie*, Suppl. zu Band XIII, 1900, 146 p. Leiden.

KOLFF, D.H. *Voyages of the Dutch brig of war Dourga, through the southern and little-known parts of the Moluccan Archipelago, and along the previously unknown southern coast of New Guinea, performed during the years 1825 & 1826*. Londres: J. Madden, 1840.

KÖRTING, G. *Lateinisch-romanisches Wörterbuch* – Etymologisches Wörterbuch der romanischen Hauptsprachen. 2. ed., 1901.

KRAUSE, A. *Die Tlinkit-Indianer*. Jena: H. Costenoble, 1885.

KRIEGER, M. *Neu-Guinea*. Berlim: A. Schall, 1899.

KRUIJT, A.C. *Het animisme in den indischen Archipel*. Haia: Martinus Nijhoff, 1906.

_____. "Een en ander aangaande het geestelijk en maatschappelijk leven van den Poso Alfoer". *Mededeelingen van wege het Nederlandsche Zendelingen Genootschap*, vol. XXXIX, 1895.

KRUSCH, B. *Monumenta Germaniae historica, Scriptorum rerum merovingicarum*. 7 vol. Hanover/Leipzig, 1885-1920 [Disponível em http://www.dmgh.de/de/fs1/object/display.html?sortIndex=010:020].

KUBARY, J.S. *Ethnographische Beiträge zur Kenntnis des Karolinen Archipels*. Berlim, 1889-1895.

_____. "Die Religion der Pelauer". *Bastian's Allerlei aus Volks- und Menschenkunde*. Vol. I. Berlim, 1888, p. 1-69.

_____. "Die Verbrechen und das Strafverfahren auf den Palau-Inseln". *Original Mitteilungen aus der Ethnologischen Abteiling der Königlichen Museen zu Berlin*, I, 1886, p. 77-91.

_____. *Ethnographische Beiträge zur Kenntniss der Karolinischen Inselgruppe und Nachbarschaft* – Vol. 1: Die socialen Einrichtungen der Pelauer. Berlim, 1885.

_____. "Die Todten-Bestattung auf den Pelau-Inseln". *Original Mitteilungen aus der Ethnologischen Abteiling der Königlichen Museen zu Berlin*, 1, 1885, p. 4-11.

KÜKENTHAL, W. "Ergebnisse einer zoologischen Forschungsreise in den Molukken und Borneo". *Abhandlungen der Senckenbergischen Naturforschenden Gesellschaft*, 22-25. Frankfurt a. M.

KÜRZE. "Das Volk der Süd-Sakalava – Nach den Forschungen der norwegischen Missionare L. Riestvig und A. Walen / bearbeitet von G. Kurze". *Mitteilungen der Geographischen Gesellschaft für Thüringen zu Jena*, VIII, 1889, p. 106-119.

LAFITAU, J.-F. *Mœurs des sauvages américains comparées aux mœurs des premiers temps*. 4 tomos. Paris: Saugrain l'Aîné-Hochereau, 1724.

LALANNE, L. *Curiosités des traditions, des moeurs et des légendes*. Paris: Paulin/Libraire-Éditeur, 1847.

LANE, E.W. *An Account of the Manners and Customs of the Modern Egyptians* – Written in Egypt during the years 1833-1835. Londres: The Society for the Diffusion of Useful Knowledge, 1836.

L'Année Sociologique, 1ª série, tomo X (1905-1906) [Memórias originais, 1907] [Disponível em http://visualiseur.bnf.fr/ark:/12148/cb34404872n/date1905].

LARTIGUE. "Rapport sur les comptoirs de Grand-Bassam et d'Assinie". *Revue coloniale*, 2ª série, t. VII, 1851, p. 329-373.

LE BRAZ, A. *La légende de la mort chez les Bretons armoricains*. 2 vol., 1902 [Ed. aumentada de *La legende de la mort en Basse-Bretagne*, 1893].

LE GOBIEN, C. *Histoire des îles Marianes*. Paris: Nicolas Pepie, 1700.

LEJAY, P. "Ancienne philologie chrétienne – Rapports de l'Église et de l'État, Hagiographie". *Revue d'Histoire et de Littérature Religieuse*, vol. XI, p. 240-384. Paris: A. Picard et fils, 1906.

LEONARD, A.G. *The Lower Niger and its Tribes*. Londres: Macmillan, 1906.

Le Sanctuaire de Notre-Dame de Guérison à Courmayeur. 3. ed. Aosta, 1909 [Brochura].

LICHTENSTEIN, M.H.C. *Reisen im südlichen Afrikain den Jahren 1803, 1804, 1805 und 1806* – Mit einer Einführung von Wahrhold Drascher. 2 vol., 1811-1812.

LIDÉN, E. *Armenische Studien*. Göteborg: Wettergren & Kerber, 1906, 149 p. [Göteborg Högskolas Arsskrift, XII].

LIERSCH, L.W. *Die linke Hand*: eine physiologische und medizinisch-praktische Abhandlung. Berlim, 1893.

Livre des morts des Anciens Égyptiens. Paris: Ernest Leroux, 1882.

LOMBROSO, C. "Left-Handedness and Left-Sidedness". *The North American Review*, set./1903, p. 440-444.

LORD, T. "The Belief of the Sihanaka with Regard to the Soul". *Antananarivo Annual and Madagascar Magazine 1881-1884*, vol. VII, Christmas 1883.

LOW, A.P. "Report on the exploration in the Labrador Peninsula along the east Main, Koksoak, Hamilton, Manicuagan and portions of other rivers in 1892-93-94-95". *Geological Survey of Canada* – Annual Report, vol. 8 (1895), 387 p.

LOW, H.B. *Sarawak*: ist inhabitants and productions. Londres, 1848.

LUMHOLTZ, C. *Unknown Mexico*. 2 vol. Nova York: Charles Scribner's Sons, 1902.

LYDON, F.F. *Ambidextrousand Free-Arm Blackboard Drawing and Design with fifty-seven plates and explanatory diagrams*. Londres: G. Philip & Son, 1900.

MacDONALD. "Manners, Customs, Superstitions, and Religions of South African Tribes". *The Journal of the Anthropological Institute of Great Britain and Ireland*, vol. XIX, 1890, p. 264-296.

_____. *Journ. Anthr. Inst.*, IX, p. 295.

MÂLE, É. *L'art religieux du XIIIe siècle en France*: étude sur l'iconographie du Moyen âge et sur ses sources d'inspiration. Paris: E. Leroux, 1898.

MALLERY, G. "Sign-language among the North-American Indians compared with that among Other Peoples and Deaf-Mutes". *First Annual Report of the Bureau of Ethnology to the Secretary of the Smithsonian Institution, 1879-1880*. Washington: Government Printing Office, 1881, p. 263-552.

MAN, E.H. "On the Aboriginal Inhabitants of the Andaman Islands". *The Journal of the Anthropological Institute of Great Britain and Ireland*, vol. XII, 1883, p. 69-116 (Part I); p. 117-175 (Part II); p. 327-434 (Part III).

MAN, E.H. & RIVERSA. P. "On the Andamanese and Nicobarese Objects Presented to Maj.-Gen. Pitt Rivers". *The Journal of the Anthropological Institute of Great Britain and Ireland*, vol. XI, 1882, p. 268-294.

MARINER, W. *An Account of the Natives of the Tonga Islands in the South Pacific Ocean*. 2 vol. Londres: John Murray, 1817.

MARIOT, N. "Les archives de saint Besse – Conditions et réception de l'enquête directe dans le milieu durkheimien". *Genèses* 2/2006, n. 63, p. 66-87 [Disponível em www.cairn.info/revue-geneses-2006-2-page-66.htm].

MARTELLI, E.A. & VACCARONE, L. *Guida delle Alpi Occidentali*. 2 vol. Turim: Sezione del Club Alpino Italiano, 1889.

MARTÈNE, D. (ed.). *De antiquis Ecclesiæ ritibus editio secunda*. 4 vol. Anvers, 1736-1738.

MARTÈNE, E. & DURAND, U. *Voyage littéraire de deux religieux Bénédictins de la Congrégation de Saint-Maur*. 2 vol. Paris, 1717-1724.

MARTIUS, C.F. *Beiträge zur Ethnographie und Sprächenkunde Amerika's zumal Brasiliens*. Leipzig: Friedrich Fleischer, 1867 [I – Zur Ethnographie; II – Glossaria linguarum Brasiliensium].

MASPERO, G. *Histoire ancienne des peuples de l'Orient classique*. 3 vol. Paris: Hachette, 1895-1899.

_____. *Études de mythologie et d'archéologie égyptiennes*. 8 vol. Paris: Ernest Leroux, 1892-1916.

MATTHES, B.F. *Verslag van een uitstapje naar de Ooster-districten van Celebes van 25 Sept. tot 22 Dec. 1864*. Macassar, 1865.

MAUSS, M. "La religion et les origines du droit pénal". *Revue d'Histoire des Religions*, 35, 1897, p. 31-60.

MAUSS, M. (ed.). *Mélanges de sociologie religieuse et folklore*. Paris: Félix Alcan/ Bibliothèque de Philosophie Contemporaine, 1928 [Col. Travaux de *L'Année Sociologique*].

McGEE, W.J. "Primitive numbers". *19th Annual Report of the Bureau of American Ethnology*, 19, 1900, p. 821-851.

MEILLET, A. *Quelques hypothèses sur les interdictions de vocabulaire dans les langues indo-européennes*. Chartres: Durand, 1906.

_____. "Comment les mots changent de sens". *Année Sociologique*, vol. IX, 1904-1905, p. 1-38.

MEINICKE, C.E. *Die Inseln des Stillen Oceans, eine geographische Monographie*: Polynesien und Mikronesien. Vol. II. P. Frohberg, 1876.

Mémoires de Trévoux ou *Journal de Trévoux* – Mémoires pour l'histoire des sciences et des beaux-arts, recueillis par l'ordre de Son Altesse Sérénissime Monseigneur prince Souverain de Dombes [Coletânea de crítica literária e, em seguida, científica, histórica, geográfica, etnológica e religiosa. Esta publicação foi fundada por jesuítas em Trévoux no principado de Dombes. No primeiro período, 1701-1767, foram editados 265 vol.].

MEYER, A.B. "Über den Ursprung von Rechts und Links". *Verhandlungen der Berliner Gesellschaft für Anthropologie, Ethnologie und Urgeschichte*, t. V, 1873, p. 25-34.

MEYER, A.B. & RICHTER, O. "Die Bestattungsweisen in der Minahassa" – Abhandlungen und Berichte des Kon; Zoologischen und Anthropologisch Ethnographischen Museums zu Dresden, IX. *Ethnogr. Miscellen*, t. 1, 6, 1896.

MEYER-LÜBKE, W. *Romanisches etymologisches Wörterbuch*. Heidelberg: C. Winter, 1911.

MIKLUCHO-MACLAY, N. "Ethnologische Bemerkungen über die Papuas der Maclay-Küste in Neu Guinea", II. *Natuurkundig tijdschrift voor Nederlandsch Indië / uitgegeven door de Natuurkundige Vereeniging in Nederlandsch Indië*, XXXVI, 1876, p. 294-340.

MODIGLIANI, E. *Un viaggio a Nias*. Milão, 1896.

MŒRENHOUT, J.-A. *Voyages aux îles du grand Océan, contenant des documents nouveaux sur la géographie physique et politique, la langue, la littérature, la religion, les mœurs, les usages et les coutumes de leurs habitants et considérations générales sur leur commerce, leur histoire et leur gouvernement depuis les temps les plus reculés jusqu'à nos jours*. 2 vol. Paris: Adrien Maisonneuve, 1837.

MOMMSEN, T. *Corpus Inscriptionum Latinarum* (CIL), 17 vol. [O primeiro volume foi editado em 1853].

MONTMÉLIAN, J.B. *Saint Maurice et la légion thébéenne*, 2 vol. Paris: E. Plon/ Nourrit, 1888.

Monumenta Historiæ Patriæ, edita jussu Regis Caroli Alberti – *Leges municipales*, 1838.

MOONEY, J. *The Siouan tribes of the East*. Washington: Smithsonian Institution, 1894.

_____. "The Funeral Customs of Ireland". *Proceedings of the American Philosophical Society*, vol. XXIV, 1888, p. 243-296.

MÜLLER, S. "Reis in het Zuidelijk gedeelte van Borneo, gedaan in het jaar 1836". *Verhandlingen ov. de Natuurlijke Geschiedenis der Nederl, overzeesche Be-*

zillingen, afd. Land- en Volkenkund van Nederlansch-Indië. Amsterdã: Frederik Muller, 1857.

NANSEN, F. *Eskimo Life*. Londres, 1893.

NASSAU, R.H. *Fetichism in West Africa* – Forty Years' Observation of Native Customs and Superstitions. Londres: Charles Scribners, 1904.

Natuurkundig tijdschrift voor Nederlandsch Indië – Uitgegeven door de Natuurkundige Vereeniging in Nederlandsch Indië. Vol. 1 a 80-82, 1850 a 1920-1922 [Disponível em http://www.biodiversitylibrary.org/bibliography/13350#/summary].

NELSON, E.W. "The Eskimo about Bering Strait". *Eighteenth Ann. Rep. Bur. Ethn.*, 1899, p. 3-518.

NEUVILLE, A.J. "Lettre à M*** sur l'origine, le pays et la religion des Guyanois". *Mémoires de Trévoux*, XXIX, mar./1723, p. 443-455.

NIEUWENHUIS, A.W. *Quer durch Borneo*, I. Leiden, 1907.

NIGRA, C. "Il gergo dei Valsoanini". *Archivio Glottologico Italiano*. Vol. III. Turim: Loescher, 1878.

NISSEN, H. *Orientation*: Studien zur Geschichte der Religion. 3 vol. Berlim: Weidmann, 1906-1910.

Nouvelles annales des voyages, de la géographie et de l'histoire: ou Recueil des relations originales inédites, communiquées par des voyageurs français et étrangers; des voyages nouveaux, traduits de toutes les langues européennes; et des mémoires historiques sur l'origine, la langue, les moeurs et les arts des peuples, ainsi que sur les productions et le commerce des pays peu ou mal connus: accompagnées d'un bulletin où l'on annonce toutes les découvertes, recherches et entreprises qui tendent à accélérer les progrès des sciences historiques, spécialement de la géographie / publiées par MM. J.B. Eyriès et Malte-Brun. 188 vol. Paris, 1819-1865.

OLDENBERG, H. [1894] *La religion du Véda*. Paris: F. Alcan, 1903.

OWEN, M.A. *Folklore of the Musquakie Indians of North America*. Londres: David Nutt, 1904.

PARIS, G. "La Chanson du pèlerinage de Charlemagne". *Romania*, IX, 1880.

PARKIN, R. *The Dark Side of Humanity*. The Work of Robert Hertz and its Legacy. Amsterdã: Harwood Academic Publishers, 1996.

PATRUCCO, C. "Ivrea da Carlo Emmanuelle I a Carlo Emmanuelle III". *Studi eporediesi*. Pinerolo: Chiantore-Mascarelli, 1900, p. 201-325 [Vol. VII da Biblioteca della Società Storica Subalpina e vol. IV dos Documenti e Studi Sulla Storia d'Ivrea.

PENNY, R.A. *Ten Years in Melanesia*. Londres: W. Gardner, Darton, 1888.

PERCY SMITH, S. "Futuna; or, Horne Island and its People. Western Pacific". *The Journal of the Polynesian Society*, t. I, n. 1, abr./15, 1892, p. 33-52.

PERELAER, M. *Ethnographische beschrijving der Dajaks*. Zalt-Bommel, Netherlands: Joh. Noman en Zoon, 1870.

PETITOT, É. *Exploration de la région du Grand lac des Ours*. Paris: Téqui, 1893.

_____. *Traditions indiennes du Canada nord-ouest*. Paris, 1886.

PICTET, A. *Les origines indo-européennes, ou Les aryas primitifs*: essai de paléontologie linguistique. 2 vol. Paris: Joel Cherbuliez, 1859-1863 [2. ed., Paris: Sandoz et Fischbacher, 1877].

PIETTE, E. & SACAZE, J. "La montagne de l'Espiaup". *Bulletins de la Société d'Anthropologie*, 2ª série, vol. XII, 1877.

PINART, "Eskimaux et Koloches: idées religieuses et traditions des Kaniagmioutes". *La Revue d'Anthropologie*, vol. 4, 1873.

PLATÃO. *As leis*. São Paulo: Edipro, 1999.

PLAUTO. *Persa* [s.n.t.].

PLEYTE, G.M. "Pratiques et croyances relatives au bucéros dans l'archipel indien". *Revue d'Ethnographie*, IV, 1885; V, 1886.

PLÍNIO O VELHO [Gaius Plinius Secundus, naturalista romano, 23-79 d.C.]. *Naturalis Historiæ* [Vasto compêndio das ciências antigas em 37 vol. publicados entre os anos 77 e 79 d.C.].

PLÜMACHER, O. "Etwas über die Goajira-Indianers". *Ausland*, 61, 1888, p. 41-60.

PLUTARCO. *Questiones Romanæ* [s.n.t.].

_____. *Moralia* – VII: *De vitioso pudore* [s.n.t.].

POTT, A.F. *Die quinare und vegisimale Zählmethode bei Völkern aller Welttheile*. Halle: Schwetschke, 1847.

POWERS (St.). "Tribes of California". *Contrib. to N. Am. Ethnol.*, vol. III, 1876.

PREUSS, K.T. *Die Begräbnisarten der Amerikaner und Nordostasiaten. Inaugural-Dissertation*. Königsberg: Hartung, 1894.

PROMIS, C. *Le antichità di Aosta*. Turim: Stamperia Reale, 1862.

PROVANA, L.G. *Studi critici sopra la Storia d'Italia atempi del re Ardoino*. Turim: Stamperia Reale, 1844.

RABE. "The Sihanaka and their country" [Trad. do editor, J. Sibree]. *The Antananarivo Annual and Madagascar Magazine 1875-1878*, vol. III, Christmas 1877, p. 51-69.

RADDE, G. *Die Chews'uren und ihr Land*: ein monographischer Versuch, untersucht im Sommer 1876. Kassel: T. Fischer, 1876.

RALEIGH, W. *Relation des Voyages de Coréal*, II, 1722.

Realencyclopädie der classischen Altertumswissenschaft [Comumente designada como "Pauly-Wissowa", é uma enciclopédia alemã que aborda a Antiguidade clássica; com seus suplementos, ela supera amplamente a centena de volumes].

REINACH, S. "Les monuments de pierre brute dans le langage et les croyances populaires". *Revue Archéologique*, 3ª série, 1893, vol. XXI. Paris: Ernest Leroux.

Revue de l'Histoire des Religions, LXVII, 1913.

RIBBE, C. "Die Aru-Inseln". *Festschrift z. Jubelfeier d. 25 jährig. Bestehens d. Ver. f. Erdk. zu Dresden*, 1888.

RICHARDSON, J. "Remarkable Burial Customs among the Betsileo". *The Antananarivo Annual and Madagascar Magazine 1875-1878*, vol. I, Christmas 1875.

RIEDEL, J. "Alte Gebräuche bei Heirathen, Geburt und Sterbefällen bei dem Toumbuluhstamm in der Minahassa (Nord Selebes)". *Internationales Archiv für Ethnographie*, VIII, 1895, p. 89-109.

_____. *De sluik- en kroesharige rassen tusschen Selebes en Papua*. Gravenhage: M. Nijhoff, 1886.

RINK, H.J. *Danish Greenland*: Its People and Its Products. Londres: Henry S. King & Company, 1877.

RIVERS, W.H. *The Todas*. Londres/Nova York: Macmillan, 1906.

ROCCA, A.M. *Diario dei santi e beati che per la nascita, per la morte, o per il possesso del loro corpo appartengono al Piemonte o che lo illustrano colla loro demora*. Turim: Salesiana, 1907.

ROCHEFORT, C. *Histoire naturelle et morale des isles Antilles de l'Amérique*. Rotterdam, 1658.

ROHDE, E. *Psyche* – Seleenkult und Unsterblichkeitsglaube der Griechen. 2 vols. Leipzig, 1890-1894 e 1898.

ROLLAND, E. *Faune populaire de la France* – Noms vulgaires, dictons, proverbes, contes et superstitions. 13 tomos. Paris: Maisonneuve, 1877-1915.

ROLLET, É. "La taille des grands singes". *Revue Scientifique*, 1889.

ROOS, S. "Bijdragen tot de kennis van de taal, land en volk op het eiland Soemba". *Verhandelingen van der Bataviaasch Genootschap van Kunsten en Wetenschappen*, XXXVI. Batavia: Bruining en Wijt, 1872.

ROSENBERG, H. *Der Malayische Archipel*. Leipzig, 1878.

ROTH, H.L. *Great Benin*: its customs, art and horrors. Halifax: F. King & Sons, 1903.

_____. *The natives of Sarawak and British North Borneo*: based chiefly on the mss. of the late H.B. Low, Sarawak government service, 2 vol. Londres/Nova York: Truslove & Hanson, 1896.

ROTH, W.E. *Ethnological Studies Among the North-west-central Queensland Aborigines*. Londres: E. Gregory, Government Printer, 1897.

RUETE, S. "Der Totenkultus der Barabra". *Globus*, LXXVI, Uraunschw., 1900, p. 338-339.

SAHAGÙN, B. *Histoire générale des choses de la Nouvelle-Espagne*. Paris: G. Masson, 1880 [Trad. de Jourdanet].

SAINTYVES, P. *Les saints, successeurs des dieux*: essais de mythologie chrétienne. Paris: E. Nourry, 1907.

SAROGLIA, C.C. *Eporedia sacra*. Ivrea, 1887.

_____. *Memorie storiche sulla Chiesa d'Ivrea*. Ivrea, 1881.

SAVILLE, M.H. "Exploration of Zapotecan Tombs in Southern Mexico". *American Anthropologist*, vol. 1, 1899, p. 350-362.

SAVIO, F. *Gli antichi vescovi d'Italia dalle origini al 1300* – Descritti per regioni: Il Piemonte. Turim: Fratelli Bocca, 1898 [Disponível em https://ia801406.us. archive.org/9/items/gliantichivesco00savigoog/gliantichivesco00savigoog.pdf].

SCHOMBURGK, R. *Reisen in Britisch-Guiana in den Jahren 1840-1844.* 3 vol. Leipzig, 1847-1848.

SCHOOLCRAFT, H.R. *The Indian Tribes of the United States*: Their History, Antiquities, Customs, Religion, Arts, Language, Traditions, Oral Legends, and Myths. 2 vol. Filadélfia: J.B. Lippincott, 1884.

SCHRADER, O. *Reallexikon der Indogermanischen Altertumskunde* – Grundzüge einer Kultur- und Völkergeschichte Alteuropas. Estrasburgo: Karl J. Trübner, 1901.

SCHULZE, W. "Zur Geschichte lateinischer Eigennamen". *Abhandlungen der Königlichen Ges. der Wiss. zu Göttingen*, 1904. Berlim.

SCHURTZ, H. *Altersklassen und Männerbünde*: Eine Darstellung der Grundformen der Gesellschaft. Berlim: G. Reimer, 1902.

_____. *Urgeschichte der Kultur*. Leipzig/Viena: Bibliographisches Institut, 1900.

SCHWANER, C. *Borneo*. 2 tomos. Amsterdã, 1853-1854.

SÉBILLOT, P. *Le Folklore de France*. 4 vol., 1904-1907 [Editado atualmente sob o título *Croyances, mythes et légendes des pays de France* [Ed. estabelecida por Francis Lacassin]. Paris: Omnibus, 2002].

_____. "Le culte des pierres en France". *Revue de l'École d'Anthropologie de Paris*, t. XII, 1902.

_____. *Les coutumes populaires de la Haute-Bretagne*. Paris: Maisonneuve, 1886.

_____. *Traditions et superstitions de la Haute-Bretagne*. 11 vol. Paris: Maisonneuve, 1882.

SEIDEL, H. "Ethnographisches aus Nordost-Kamerun". *Globus*, LXIX, 1896.

SELER, E. *Gesammelte Abhandlungen zur amerikanischen Sprache-und Alterthumskuunde*. 5 vol. Berlim: A. Asher, 1902-1915.

SHAW, G.A. "The Betsileo: II. Religious and Social Customs" – with a lithograph. *The Antananarivo Annual and Madagascar Magazine, 1875-1878.* Christmas 1878.

SHORTLAND, E. *Maori Religion and Mythology*. Londres: Longman/Brown/ Green and Longmans, 1882.

SIBREE, J. *The Great African Island* – Chapters on Madagascar. Londres: Trabner, 1880.

SIEVERS, F.W. *Reise in der Sierra Nevada de Santa Marta*. Leipzig, 1887.

SIMONS, F.A. "An exploration of the Goajira Peninsula, U.S. of Colombia". *Proceedings of Royal Geographical Society*, 7, 1885.

SIMPSON, W. *The Buddhist praying-wheel*: a collection of material bearing upon the symbolism of the wheeland circular movements in custom and religious ritual. Londres/Nova York: Macmillan, 1896.

SITTL, C. *Die Gebärden der Griechen und Römer*. Leipzig: Teubner, 1890.

SMIRNOV, J.N. *Les populations finnoises des bassins de la Volga et de la Kama: Étude d'ethnographie historique* – Iᶜ partie: Groupe de la Volga ou groupe bulgare: I. Les Tchérémisses; II. Les Mordves. Paris: Ernest Leroux, 1898.

SOLOMON, V. "Extracts from Diaries Kept in Car Nicobar". *The Journal of the Anthropological Institute of Great Britain and Ireland*, vol. XXXII, jan.-jun./1902, p. 202-237.

SOMERVILLE, B.T. "Ethnographical Notes in New Georgia, Solomon Islands". *The Journal of the Anthropological Institute of Great Britain and Ireland*, vol. XXVI, 1897, p. 357-412.

SPENCER, B. & GILLEN, F.J. *The Northern Tribes of Central Australia*. Londres: Macmillan, 1904.

_____. *Native Tribes of Central Australia*, 1899.

SPIETH, J. *Die Ewe-Stämme*: Material zur Kunde des Ewe-Volkes in Deutsch--Togo. Berlim: D. Reimer, 1906.

SQUIER, E.G. *Aboriginal monuments of the state of New-York* – Comprising the results of original surveys and explorations. Washington, 1849.

STANDING, H.F. "Malagasy Fady". *Antananarivo Annual and Madagascar Magazine 1881-1884*, vol. VII, Christmas 1883.

STEINEN, K. *Unter den Naturvölkern Zentral-Brasiliens* – Reiseschilderung und Ergebnisse der Zweiten Schingú-Expedition, 1887-1888. Berlim: Reimer, 1894.

STEINMETZ, R. "Der Endokannibalismus". *Mittheilungen der anthropologischen Gesellschaft in Wien*, vol. 26, 1896, p. 1-60.

_____. *Ethnologische Studien zur Entwickelung der Strafe*. Leiden, 1892.

STEVENSON, M.C. "The Zuñi Indians: Their Mythology, Esoteric Fraternities, and Ceremonies". *Twenty-third (23rd) Annual Report of the Bureau of American Ethnology to the Secretary of the Smithsonian Institution 1901-1902*. Washington: Government Printing Office, 1904, p. 3-634.

_____. "The Sia". *Eleventh annual report of the Bureau of Ethnology to the Secretary of the Smithsonian Institution, 1889-1890*. Washington: Government Printing Office, 1894, p. 9-157.

STEVENSON, R.L. *In the South Seas*, 1890.

STOBÆI, J. [João Estobeu]. *Eclogarum physicarum et ethicarum libri duo, recensuit Augustus Meineke...* 2 vol. Leipzig: Teubner, 1856-1864.

STOLLE, F. *Das Martyrium der thebäischen Legion*. Breslau: Müller/Seiffert, 1891.

STRAUSZ, A. *Die Bulgaren*: Ethnographische Studien. Leipzig: Grieben's, 1898.

STUHLMANN, F. *Mit Emin Pasch im Herz von Africa*. Berlim, 1894.

SWAN, J.G. "The Indians of Cape Flattery, at the entrance to the Strait of Fuca, Washington Territory". *Smithsonian Institution Contrib. to Knowl.*, XVI, 1870. Washington City.

_____. *The Northwest Coast*: Or, Three Years Residence in Washington Territory. Nova York: Harper & Brothers, 1857.

TAYLOR, R. *Te Ika a Maui*: Or, New Zealand and Its Inhabitants. Londres: Wertheim and Macintosh, 1855.

TERNAUX-COMPANS, M. *Recueil de documents et mémoires originaux sur l'histoire des possessions espagnoles dans l'Amérique à diverses époques de la conquête*. Paris: Librairie de Gide, 1840.

THEAL, G. *Records of the Cape Colony*. 36 vols, 1793-1831. Government of the Cape Colony, 1897-1905.

The American Philosophical Society. Filadélfia, desde 1838 [Disponível em https://www.amphilsoc.org/publications/proceedings].

The Journal of the Anthropological Institute of Great Britain and Ireland, vol. 1-36, 1872-1906. Londres: Royal Anthropological Institute of Great Britain and Ireland [Disponível em http://www.jstor.org/journal/janthinstgreabri].

The Journal of the Polynesian Society [Disponível em http://www.jstor.org/journal/jpolynesiansoc].

The Sacred Books of the East (SBE). 50 vol. Oxford: Oxford University Press, 1879-1910 [Disponível em http://sacred-texts.com/sbe/index.htm].

The Zend-Avesta: The Vendîdâd. Londres: Clarendon, 1895 [Trad. de James Darmesteter].

THOMAS, C. "Report on the mound explorations of the Bureau of ethnology". *Twelfth Annual Report of the Bureau of Ethnology to the Secretary of the Smithsonian Institution, 1890-1891*. Washington: Government Printing Office, 1894, p. 3-730.

TIBALDI, T. *La regione d'Aosta attraverso i secoli*: studi critici di storia. 5 vol. Turim: Roux e Viarengo, 1900-1916.

Transactions and Proceedings of the Royal Society of New Zealand, 1868-1961 [Disponível em http://rsnz.natlib.govt.nz/index.html].

TREGEAR, E. *The Maori Race*. Wanganui [N. Zel.], 1904.

_____."The Maoris of the New Zeland". *The Journal of the Anthropological Institute of Great Britain and Ireland*, vol. XIX, 1890, p. 96-123.

TROMP, S.W. "Das Begrabnis bei den Sihongern". *Berichte der Rheinischen Missionsgesellschaft*, 1877.

_____. "Uit de salasila van Koetei". *Bijdragen tot de Taal-, Land- en Volkenkunde van Nederlandsch-Indië*. Den Haag, 5 vol., III.

TURNER, G. *Samoa, a Hundred Years ago, and Long Before: Together with Notes on the Cults and Customs of Twenty-Three Other Islands in the Pacific*. Londres: Macmillan, 1884.

TURNER, L.M. "Ethnology of the Ungava District". *Eleventh Annual eport of the Bureau of Ethnology to the Secretary of the Smithsonian Institution, 1889-1890*. Washington: G.P.O., 1894, p. 167-350.

TYLOR, E.B. *La civilisation primitive*. 2 vol. Paris: C. Reinwald, 1876-1878.

_____. *Primitive culture*: researches into the development of mythology, philosophy, religion, language, art, and custom. 2 vol. Londres: John Murray, 1871.

UGHELLI, F. *Italia sacra sive de Episcopis Italiae, et insularum adjacentium, rebusque ab iis praeclare gestis, deducta serie ad nostram usque aetatem* – Opus singulare provinciis 20. distinctum, in quo ecclesiarum origines, urbium conditiones, principum donationes, recondita monumenta in lucem proferuntur. 9 vol. Roma, 1642-1648 [2. ed. aum. e atual. por Nicola Coleti, em 10 vol. Veneza: Sebastianum Coleti, 1717-1722].

USENER, H. *Götternamen*: Versuch einer Lehre von der religiösen Begriffsbildung. Bonn: F. Cohen, 1896.

VALETON, I.M.J. "De modis auspicandi Romanorum". *Mnemosyne*, t. XVII, 1889, p. 275-325, 418-452; t. XVIII, 1890, p. 208-263, 406-456.

VALLA, F. "Della poesia popolare sarda". *Archivio per lo Studio delle Tradizioni Popolari*, XIII. Palermo, 1894.

VALLENTIN, F. *Les Alpes cottiennes et graées, géographie galloromaine*. Paris, 1883.

VAN BAARDA, M.J. "Ein Totenfest auf Halmaheira". *Ausland*, 65, 1883.

VAN BALEN, J.A. "Iets over bet doodenfeest bij de Papoea's aan de Geelvinks' baai". *Tijdschrift voor Indische Taal- Land- en Volkenkunde*, XXXI, 1886, p. 556-575.

VAN BIERVLIET, J.-J. "L'homme droit et l'homme gauche". *Revue Philosophique de la France et de l'Etranger*, t. XLVII, 1899, p. 113-143.

_____. "L'homme droit et l'homme gauche – L'asymétrie des fonctions chez l'homme droit et l'homme gauche". *Revue Philosophique de la France et de l'Etranger*, t. XLVII, 1899, p. 371-389.

VAN DER TUUK, H. *Bataksch-Nederduitsch Woordenboek*. Amsterdã, 1861.

VAN HASSELT, J.L. "Die Papuastämme an der Geelvinkbai (Neuguinea)". *Mitteilungen der Geographischen Gesellschaft (für Thüringen) zu Jena*. Vol. IX, t. 3-4; vol. X, 1890-1891.

_____. "Die Nuforesen, äussetliches Vorkommen, Kleider, Verzierungen, Waffen, Häuser". *Zeitschrift für Ethnologie*. Vol. 8, 1876, p. 134-139, 169-202.

VAN LIER. "Kleine Notizen und Correspondenz – Begrafensgebruiken op de Tenimber-eilanden". *Internationales Archiv für Ethnologie*, XIV, 1901, p. 216.

VENJAMINOV, I. "Les îles Aléoutes et leurs habitants". *Nouvelles Annales des Voyages, de la Géographie et de l'Histoire,ou Recueil des Relations Originales Inédites...* Vol. CXXIV, 1849, p. 112-148.

VERGUET, M.L. "Arossi ou San-Christoval et ses habitants". *Revue d'Ethnographie*, t. IV, 1885. Paris: E. Leroux.

VESCOZ, P.L. *Notices topographiques et historiques sur la vallée de Cogne*. Florença: J. Pellas, 1873.

VETH, P. *Borneo's Wester Afdeeling*. 2 t. Zaltbommel, 1856.

Vita e miracoli di San Besso, martire tebeo, compatrono della diocesi d'Ivrea. Turim: Artale, 1900.

VOTH, H.R. "The Traditions of the Hopi". *Field Columbian Museum of Natural History* – Anthropological Papers, VIII, 1905.

WAGNER, M. & SCHERZER, C. *Die Republik Costa Rica in Central-America- mit besonderer Berücksichtigung der Naturverhältnisse und der Frage der deutschen Auswanderung und Colonisation* – Reisestudien und Skizzen aus den Jahren 1853 und 1854. Leipzig: Arnoldische Buchhandlung, 1856.

WALDE, A. *Lateinisches Etymologisches Wörterbuch*. Heidelberg: C. Winter, 1910.

WEBSTER, H.C. *Through New Guinea and the cannibal countries*. Londres: T.F. Unwin, 1898.

WELLHAUSEN, J. *Reste arabischen Heidentums* – Gesammelt und erläutert. 3 vol. Berlim: Reimer, 1897.

WELLS, R. & KELLY, J.W. *English-Eskimo and Eskimo-English Vocabularies, Preceded by Ethnographical Memoranda Concerning the Arctic Eskimos in Alaska and Siberia*. Washington, DC: Government Printing Office, 1890 [Bureau of Education, Circular of Information, n. 2].

WHITE, J. *The Ancient History of the Maori*: his Mythology and Traditions. 6 vol. Wellington [N. Zel.], 1887-1891.

WILKEN, G.A. "Iets over de Schedelvereering bij volken van den Indischen Archipel". *Bijdragen tot de Taal-, Land- en Volkenkunde van Nederlandsch-Indië*, I, 1889.

_____. "Über das Haaropfer und einige andere Trauergebräuche bei den Völkern Indonesiens". *Revue Coloniale*, III, 1886; IV, 1887.

_____. *Het Animisme bij de volken van den Indischen Archipel*. Amsterdã/Leiden, 1884-1885.

WILKEN, N. & SCHWARZ, J.A. "Allerlei over het land en volk van Bolaäng Mongondou". *Mededeelingen Nederlandsche Zendelinggenootschap*, XI, 1867.

WILLIAMS, T. *Fiji and the Fijians*. Londres: Heylin, 1858.

WILSON, D. *The Right Hand*: Left-handedness. Londres: MacMillan, 1891.

YARROW, H.C. "A Further Contribution to the Study of the Mortuary Customs of the North American Indians". *First Annual Report of the Bureau of American Ethnology to the Secretary of the Smithsonian Institution, 1879-1880*. Washington: Government Printing Office, 1881, p. 87-230.

ZELLER, E. *Die Philosophie der Griechen in ihrer geschichtlichen Entwicklung* – Aristoteles und die alten Peripatetiker. Tübingen: L.F. Fues, 1876.

_____. *Die Philosophie der Griechen* – Eine Untersuchung über Charakter, gang und hauptmomente ihrer Entwicklung, 1844-1852. Leipzig. 1876.

Índice

Sumário, 5

Preâmbulo, 7
   por Marcel Mauss (1928)

Introdução, 9
   por Alice Robert Hertz (1928)

Resenha biográfica: Alice Robert Hertz, 15
   por Marcel Mauss (1928)

I – Contribuição para um estudo sobre a representação coletiva da morte (1907), 17
   1 O período intermediário, 19
     a) O corpo: a sepultura provisória, 19
     b) A alma: sua passagem temporária pela terra, 25
     c) Os vivos: o luto, 29
   2 A cerimônia final, 52
     a) A sepultura definitiva, 54
     b) O acesso da alma à morada dos mortos, 60
     c) A libertação dos vivos, 65
   3 Conclusão, 83

II – A preeminência da mão direita – Estudo sobre a polaridade religiosa (1909), 97
   1 A assimetria orgânica, 97
   2 A polaridade religiosa, 101
   3 As características da direita e da esquerda, 106
   4 As funções de cada uma das mãos, 111
   Conclusão, 119

III – São Besso – Estudo de um culto alpestre (1913), 122
   1 O contexto geográfico e social de São Besso, 123
   2 A devoção em São Besso, 127
   3 A comunidade de São Besso, 132
   4 São Besso na planície, 137
   5 A Lenda de São Besso, 144
   6 A gênese de São Besso, 155
   Conclusão, 165
   Apêndice, 167

IV – Contos e provérbios coletados na frente de combate entre os soldados [*poilus*] da Primeira Guerra Mundial, originários do Departamento de Mayenne e de outras regiões, 175

1 Cantos e movimentos dos pássaros, 175
Cotovia, 176
Galinhola, 177
Coruja uivante / coruja / corvo, 178
Galo / galinha, 179
Cuco, 181
Gaio, 182
Melro, 184
Sabiá, 185
Poupa, 185
Canário, 186
Chapim real, 187
Ganso, 187
Pega, 187
Pombo bravo, 188
Tentilhão, 190
Pica-pau, 190
Pintassilgo, 191
Corruíra, 191
Pintarroxo, 193
Verdelhão, 194
2 Os animais rastejantes, 194
3 As festas, as atividades e os dias, 196
Festa dos Vinhateiros, 197
Lenhadores, 198
Março, 198
Semana Santa, 200
Páscoa, 202
Festa das Colheitas, 204
Festa de São João, 204
O tronco de Natal, 206
4 A previsão do tempo, 206
Páscoa, 210
5 Crenças, superstições etc., 215
Serão dignas de crédito?, 215
O lobisomem, 216
As sacas de carvão, 216
Os salteadores, 216

Fadas, 217

Crenças diversas, 217

Velório, 218

História divertida, 218

V – Seitas russas (1917) – Resenha crítica do livro do professor de Teologia Karl K. Grass, *Die Russischen Sekten. Leipzig*, 1907, 219

Referências, 235

Coleção Antropologia

– *As estruturas elementares do parentesco*
Claude Lévi-Strauss
– *Os ritos de passagem*
Arnold van Gennep
– *A mente do ser humano primitivo*
Franz Boas
– *Atrás dos fatos – Dois países, quatro décadas, um antropólogo*
Clifford Geertz
– *O mito, o ritual e o oral*
Jack Goody
– *A domesticação da mente selvagem*
Jack Goody
– *O saber local – Novos ensaios em antropologia interpretativa*
Clifford Geertz
– *O processo ritual – Estrutura e antiestrutura*
Victor W. Turner
– *Sexo e repressão na sociedade selvagem*
Bronislaw Malinowski
– *Padrões de cultura*
Ruth Benedict
– *O tempo e o outro – Como a antropologia estabelece seu objeto*
Johannes Fabian
– *A antropologia do tempo – Construções culturais de mapas e imagens temporais*
Alfred Gell
– *Antropologia – Prática teórica na cultura e na sociedade*
Michael Herzfeld
– *Arte primitiva*
Franz Boas
– *Explorando a cidade – Em busca de uma antropologia urbana*
Ulf Hannerz
– *Crime e costume na sociedade selvagem*
Bronislaw Malinowski
– *A vida entre os antros e outros ensaios*
Clifford Geertz
– *Estar vivo – Ensaios sobre movimento, conhecimento e descrição*
Tim Ingold
– *A produção social da indiferença – Explorando as raízes simbólicas da burocracia ocidental*
Michael Herzfeld
– *Parentesco americano – Uma exposição cultural*
David M. Schneider
– *Sociologia religiosa e folclore – Coletânea de textos publicados entre 1907 e 1917*
Robert Hertz